住居計画入門

住まいをめぐる文化・歴史・空間

柳沢 究
森田一弥
前田昌弘
編著

小池志保子
室﨑千重
佐野こずえ
清水郁郎
魚谷繁礼
権藤智之
政木哲也
*
島田 陽
木村吉成
松本尚子
松村 淳
岩崎 泰
北 雄介
辻 琢磨
清山陽平
野田倫生
著

学芸出版社

はじめに

本書は、現代日本において住居のことを考える上で知っておくべき事項を、幅広く論じる。大学や専門学校における「住居計画学」「住生活論」「住宅論」「住居学」などの授業で教科書として使うことを想定しているが、家づくりのことを考えるすべての人にとって役立つ参考書となるように書かれている。

計画の教科書は一般に、理論や手法などを中心に説明するのであるが、本書がそれらに比べてユニークな点は、歴史や文化などの背景の解説に多くの字数を割いている点であろう。結論としての理論・手法＝ハウツーを学ぶだけではなく、歴史・社会・文化・生産などの多様な文脈からどのようにその理論・手法が導かれたのか、そのプロセスを考え理解することが、未知の課題にも応用可能な「知」の修得につながると考えるからである。

住居は最も身近な日常生活を形づくる場であり、世の中で最も数が多く、その中で過ごす時間が最も長い建築である。それゆえ住居については（他の建築と違って）誰もがある程度は知っており自分なりの考えを持っている。しかし身近なだけに、自身の限られた経験や思い込みにとらわれやすくもあり、深く考えるためには、体系的な視点と幅広い視野が欠かせない。

人間の生活や社会に広く関わるがゆえ、住居計画が扱う内容は実に多様である。本書は、各校での授業内容の独自調査を元に、その多様なトピックを緩やかにまとめあげるべく、著者全員での議論を幾度も重ねながら編まれた。基本的な執筆方針は以下のようである。

① 住居計画学を「住まいの設計の前提条件を広範に扱う実践的な学」と捉える。
② 現代において住まいをいかに捉え、いかにつくるかという問題意識を根本にすえる。
③ 各節においてテーマ（問い）を明確にし、住居について学ぶこと・考えることの面白さを大切にする。
④ 教科書としての基礎的事項をおさえた上で、著者の専門分野については先端的な内容を積極的に盛り込む。
⑤ 可能な限り住宅の実例に即して具体的に論じる。
⑥ 住まいの条件（歴史・社会・文化・技術）と形（空間・構成）の関係を重視する。
⑦ 歴史的な住居と現代の住居を分けず、一貫して説明可能な論理を重視する。
⑧ 基本的に日本の庶民・中流階級の住まいを対象とする。

本書は全８章・39節からなる。各節は４頁前後で完結した内容であり、興味のままどこから読んでも構わない。授業にあたっては、担当教員が各節を自由に組み合わせることで、幅広い授業ニーズに対応できるよう配慮されている。およそ１～３本の節が１回90分の授業に相当するボリュームである。コラムでは、実際の住宅設計との関わりや最新の動向、重要な関連事項などについて、一線で活躍する建築家や若手研究者に寄稿いただいた。ぜひ一読されたい。

編著者代表・柳沢 究

目次

【時代区分について】
本書では日本における時代区分を表す用語をおおむね以下の基準で用いる。

- ・近世：16世紀後半～19世紀後半（安土桃山時代から江戸時代末まで）
- ・近代：19世紀後半～1945年（幕末・明治維新から第2次世界大戦終結まで）
- ・戦前：20世紀初頭～1945年（大正時代から第2次世界大戦終結まで）
- ・戦後復興期：1945年～1955年（第2次世界大戦終結から神武景気の始まりまで）
- ・高度成長期：1955年～1973年（神武景気から第1次オイルショックまで）
- ・安定成長期：1973年～1991年（第1次オイルショックからバブル経済崩壊まで）
- ・ゼロ成長期：1991年～（バブル経済崩壊以降）

序章

住まいとは、計画とは

0-1 人間にとって住まいとは

「住まいとは何か」という問いは無数の答えに開かれている。古今東西、建築家や建築学者に限らず、様々な人々が「住まいとは何か」を論じてきた。ここでは、それらのうち代表的なものをいくつか紹介したい。

1｜住まいをあらわす言葉

本書では、「人が住むための場所や建物」を広く意味する平易な語として「住まい」または「住居」を用いる。住まいは「住む」が名詞化したものであり、住むという行為に意味の重心がある。「住む」とは場所を定めて生活することであり、落ち着いた状態に至るという意味で「澄む」「済む」にも通じる。漢字の「住」に含まれる「主」は灯火の象形であり静止することを意味する。動かない木が柱であり、人が留まることを住という。住まいを表す語は、家・家屋・家庭・住宅・住戸・住み処など他にも多くあり、それぞれが異なるニュアンスを持つ。よく使われる語の意味を確認しておこう❶❷。

【いえ(家)】 記紀・万葉の頃から使われる、住まいを表す最も一般的な日本語である。歴史が深いだけに、土地・家屋から所帯や家族・家系といった人間集団まで、幅広い意味を持つ。「家」の字は犠牲を横たえた廟所を表し、先祖とのつながりを含意している。

【住宅】 建物としての住まいを指す語。「宅」の字は建物の中の人を象る。和語では「や（屋）」(屋根から転じて家屋や業種などを表す)、英語ではhouseとほぼ同義。居住用途の建物を指す行政・法律用語でもある。

【住居】 建物に限らず広く人の住む場所を指す。「居」は腰を掛ける人の象形であり、建物を含意しない。洞窟や橋の下は、住宅ではないが住居にはなりえる。英語ではdwellingが近いニュアンスを持つ。建物だけでなく、住み手や生活との関係を含めて使われることが多い。

【家庭】 封建的な「家」に対比される、より開明的な生活の場を意味する語として、明治時代から使われる。英語のhomeと対応し、夫婦・親子といった家族間の情緒的な結びつきを意識して用いられる。

住宅・住居・家庭という語は、それぞれが住まいの物質的･空間的な側面（住環境）、生活行為の場としての側面（住生活）、情緒的･観念的な側面（住居観）を代表していると考えることもできる❸。

2｜住まいの目的論と方法論

古今東西を問わず住まいに関する思想や論説は数多い。それらの住居論は、大きく目的論と方法論に分けることができる。住まいの目的論は、住まいとは何か(What)、人間にとっての住まいの意味や住まいが実現すべき目的や価値を論じる。「人は何のために生きるのか」という問いと同じく、哲学的な主題である。対して住まいの方法論は、住まいをどのように（How）つくるべきかという、実践的あるいはテクニカルな主題である。「幸せに生きるにはどうすればよいか」という問いに似る。

住居計画学は住居をいかに計画するかを考える学であり、基本的に方法論である。ただし方法とは何らかの目的を実現する手段であるから、方法論には必ず目的論が含まれることには注意がいる。例えば「動線は短い方がよい」という住居計画の方法論→5-2は、「住居は安楽な場所であるべき」という目的論を暗黙の前提としている。しかし、もし「住居は刺激的な場であるべき」とその目的を変えれば、「動線は長くアップダウンしている方がよい」という正反対の方法論も導かれうる。

本書では、住まいや生活に関する様々なHowを紹介するが、それぞれがどのような目的論を前提としているかを、方法論自体を目的化してしまわないように、常に意

❶ 住まいをあらわす漢字の象形[1)]

ハード／物理的環境・建築			
家 イエ (家督・血族)	ヤ	家屋	house
		住宅 住戸	residence
	スマイ	住居	dwelling
	ウチ	住処	habitation
		家庭	home
ソフト／行為・状況・関係			

❷ 住まいをあらわす言葉のニュアンス

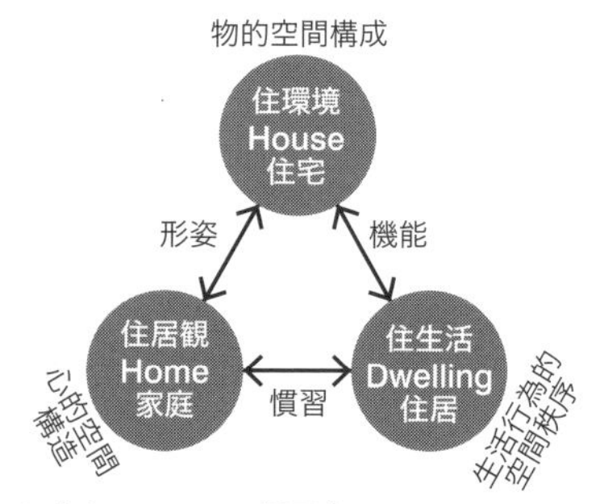

❸ 住まいの３つの側面[2)]

識して読んでほしい。住まいの目的、つまり住まいに何を求めるかは、時代や地域、また文化や人によって大きく変わることもあるからである。

以下に、よく知られる住居論をいくつか紹介する。相矛盾する内容もあるが、いずれが正しいというものではない。それぞれが住まいに対して異なる角度から光を当てたものであり、このように様々に語られてきたこと自体が、住まいの多面性・多義性を示している。

3 目的論的な住居論

うたかたの住まい

> ゆく河の流れは絶えずして、しかも、もとの水にあらず。淀みに浮ぶうたかたは、かつ消えかつ結びて、久しくとどまりたる例なし。世の中にある、人と栖（すみか）と、またかくのごとし。（鴨長明『方丈記』1212）

鎌倉時代初期、地震や戦乱・大火で廃墟と化した都や貴族の豪邸を目の当たりにした鴨長明は、所詮この世は死ぬまでの仮住まいであり、人の生活も住まいも水に浮かぶ泡のように儚く虚しいという、仏教的な無常観に基づく厭世的な住居論を提示した。また、その実践として山中に1丈（約3m）四方、すなわち「方丈」の庵を結び住んだ❹❺。その住まいは簡単に解体して牛車2輛で運び、別の場所で組み立てることができたという。このような質素な草庵での超俗的な暮らし方の理想は、現代に至るまで日本人の心を捉え続けている。

住むための機械

> 住宅は住むための機械である。入浴、太陽、温水、冷水、好みどおりの温度、食品の貯蔵、衛生、比例による美。肘掛け椅子は座るための機械である。
> （ル・コルビュジエ『建築をめざして』1923）

18〜19世紀、産業とエネルギーの革命の産物として機械技術と鉄・コンクリート・ガラスなどの工業材料が登場する。その新技術により実現した移動するための機械＝車・船・飛行機のように、住まいもまた住むという行為を衛生的・効率的にサポートする、合理性に裏打ちされた道具であるべきという宣言である。機械という比喩は過激に響くが、住まいが持つべき機能や合理性の重要性を表す名句として、今なお有効性を保っている。

人間存在を承認する住まい

> 住まいとは、定位と同一化よりなる。我々は、自分がどこに、いかに存在するかを知り、自らの存在を意味あるものにする必要がある。定位と同一化は、具体的に組織化された空間と建築化された形態によって充足される。
> （C・ノルベルグ＝シュルツ『住まいのコンセプト』1984）

人間は生きていくために、自分がどこにいるのか（定位 orientation）、そして自分が自分であること（同一化 identification）を、常に確認せずにはいられない。その拠り所となるのが住まいであるという。住居は寄る辺のない世界の中にあなたの居場所を提供し、他の誰でもないあなたがその住人であると認めることで、あなたの存在を承認してくれる。それが人間にとっての住居の本質的な意義であると論じる。では、そのような住まいは、どのようなプロセスを経て実現されるのだろうか。

生きられた家

> 家はただの構築物ではなく、生きられる空間であり、生きられる時間である。…家が住み手である私の経験に同化し、私がそれに合わせて変化し、この相互作用に家は息をつきはじめ、まるで存在の一部のようになりはじめるのである。（多木浩二『生きられた家』1976）

初めての家に住み始めた頃の違和感、そして、それが次第に薄れていった過程を思い起こしてみよう。掃除し、家具を置き、カーテンを掛け、ポスターを飾る。生活の場として仕立てる様々な配慮や活動、そこで過ごした経験が時間とともに空間に織り込まれることで、その家が

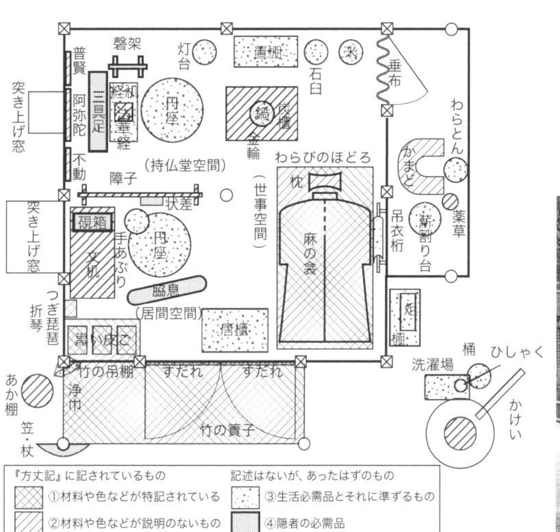

❹『方丈記』に描かれた草庵の復元平面図[3)]

❺ 復原された方丈（河合神社）

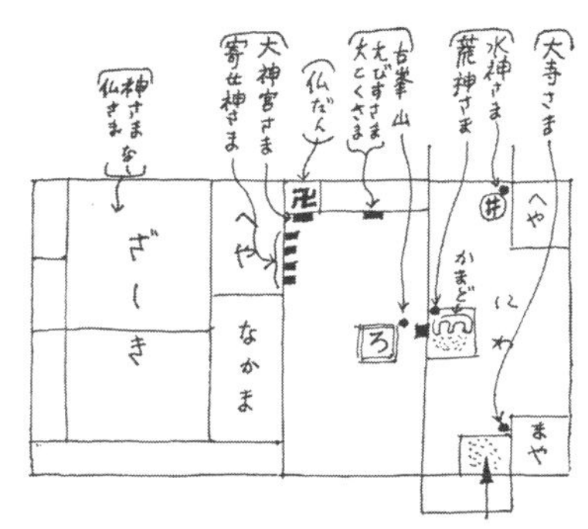

❻ 農家（会津地方）の中の神様の分布[4)]

あなたにとって他にない特別な意味を持つ場となっていく。人が住むことを通じて初めて、家は「生きられる」のである。

文化的記憶の保存装置としての住まい

こういうふうに神様の分布図をつくってみますと、土間回りの神様と、茶の間回りの神様は明らかに神様の質が違うといえるのです。　　（今和次郎「神棚の構え」1944）

会津地方のある農家では、土間に火や水の神といった狩猟や原始的農耕に関係する古い原始的な神が、板の間に中央の文化と結びつく比較的新しい神仏が、祀られていた❻。これは、住まいの中で土間と板の間が成立した年代を反映したもので、個々の生活や時代の枠を超えた人々の集合的な文化的記憶が、神々の配置という形で住まいの中に刻まれていることを示している→1-1。

労働力の再生産の場

消耗と死とによって市場から引きあげられる労働力は、どんなに少なくとも同じ数の新たな労働力によって絶えず補充されなければならない。（K•マルクス『資本論』1867）

経済学の立場からは、住まいは「労働力の再生産」の場ときわめてドライに位置づけられる。資本主義経済において商品価値の源泉は労働力にあるが、労働力は働いただけ損耗する。それを再度働けるまで回復し、さらに新しい労働力＝子どもを産み出す役割を担う場が、住居であり家庭である。この目的論にかなう方法論は、いかに効率的に労働力を再生産する住居をつくるか、である。産業革命とともに興った近代建築運動が労働者の劣悪な住環境❼の改善を担ったことは偶然ではない。現代でも企業が快適な社員寮を用意し住居手当を支払うのは、つまるところ良質な労働力の確保のためである。もちろん住まいがそれだけの場であってよいはずはない。

人権としての住まい

すべて国民は、健康で文化的な最低限度の生活を営む権利を有する。　　（『日本国憲法（第25条第1項）』1946）

住まいの確保は、健康で文化的な最低限度の生活を営む権利（生存権）に不可欠な条件である。住まいを拠点に人は地域との関わりや就労といった社会参加を果たすことができるからであり、安心して暮らすことのできる住まいは人間の尊厳や幸福の基盤でもある。この目的の実現のために福祉政策や公営住宅の整備が行われる。しかし経済格差の拡大につれ、安定した住まいを確保できない「居住の貧困」が拡がりつつある→2-2。

4｜方法論的な住居論

近代建築の5原則

①ピロティ（中空に建物を浮かべ地面を交通や庭に活用）
②屋上庭園（屋根を一定の湿度で保護、日光浴や植栽の場に）
③自由な平面（間仕切り壁を構造的役割から解放し自由に配置）
④横長の窓（荷重を支えない外壁の大きな窓で室内を明るく）
⑤自由な立面（外壁はもはや軽い膜のような壁でしかない）
（ル・コルビュジエ&ピエール・ジャンヌレ「新しい建築の5つの要点」1926）

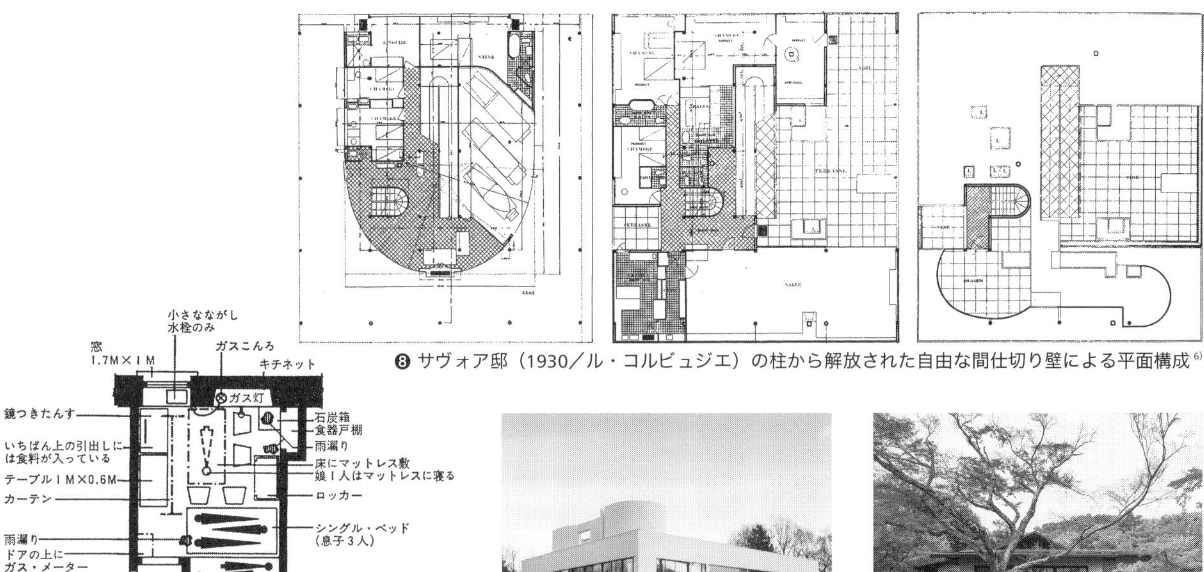

❽ サヴォア邸（1930／ル・コルビュジエ）の柱から解放された自由な間仕切り壁による平面構成[6)]

❼ 20世紀半ばになっても残っていたイギリスの労働者の過密居住の事例（1948／グラスゴー）[5)]

❾ サヴォア邸外観[7)]

❿ 聴竹居（1928／藤井厚二）[8)]

産業革命による技術革新（主に鉄筋コンクリート）を活かし、従来の伝統や慣習に捉われない「住むための機械」としての住まいを実現するために提示された方法論。地面から浮かび上がった生活空間、大きな窓と機能に応じた自由なプランニングがつくる、明るく衛生的な住環境は、白い箱型のデザインと合わせて、世界中の住宅建築の近代化に大きな影響を与えた❽❾。

其の国の建築を代表するものは住宅建築である

> （欧米と日本とで）歴史・人情・風俗・習慣および気候・風土を対比せば、すべて非常に相違のあることが知られます。ゆえに、われわれは我が国固有の環境に調和し、その生活に適応すべき真の日本文化住宅を創成せねばなりません。
> （藤井厚二『日本の住宅』1928）

ル・コルビュジエが世界中に適用可能な普遍的方法論を提唱したのと同じ頃、住宅はその土地固有の気候や文化に適合させるべきと主張したのが藤井厚二である。住まいは土地に固定され、かつ人が生活する場だからである。明治維新以降、西洋化の波に翻弄されていた日本の住宅事情→3-4に対して、藤井は科学的な手法に基づく建築環境工学を開拓し、一連の実験的な住宅「聴竹居」❿→4-4の実践・居住を通じて、環境に調和したあるべき日本の住宅の姿を提案した。

家の作りやうは夏をむねとすべし

> 家の作りやうは、夏をむねとすべし。冬はいかなる所にも住まる。暑きころわろき住居は、堪へがたきことなり。
> （吉田兼好『徒然草（第55段）』1311頃）

日本の気候に合わせて快適に暮らすためには、蒸し暑い夏に涼しく過ごせるよう、開放的で風の通るつくりにすることがよいとする方法論である⓫。日本の伝統的住居の特質を表す格言として、長らく日本人の住居観に強い影響を与えてきたが、夏の暑さが厳しさを増し、また断熱や冷暖房技術の発達した現代にはそぐわないという異論も上がっている→6-2、6-3。

住宅は芸術である

> 住宅は芸術である。誤解や反発を承知の上でこのような発言をしなければならない地点にわたしたちは立っている。
> （篠原一男「住宅は芸術である」1962）

都市化と建築生産の工業化が進展し、住まいもまた商品となり産業の一部となる時代に、建築家が個別に関わる住宅にできることは文化や芸術としての空間の創造であるとした篠原一男の主張は、「谷川さんの住宅」⓬をはじめとする芸術性の高い住宅作品とともに、建築家による前衛的住宅の提案→3-5を思想的に支え、後の日本の建築文化に大きな影響を与えた。

家族と社会の出会い方を制御する空間装置

> （住居は）…家族という共同体とその上位の共同体とが出合う場面を制御するための空間装置である。
> （山本理顕『住居論』1993）

国家や地域社会といった大きな公的共同体の中にある小さな共同体が家族であると考えるとき、家族とその外側の社会との出会い方を、「閾（しきい）」と呼ばれる中間的な空間→5-4の仕掛けによりコントロールすることこそが、住居の役割であると山本理顕は論じる。⓭は、家族が社会を代表する単位であった時代（上）と、家族の中の個々人が直接社会とつながる現代（下）とでは、閾のあり方が変わることを示している。

住めば都

> 住みなれれば、どんなに貧しく不便な環境であってもそれなりに住みよく思われるものだ。
> （『広辞苑』）

「住めば都」ということわざは、人間の持つ環境に対する柔軟な適応力と場所に抱く愛着の心情とを端的に表した至言である。しかしこれを、「だから結局のところ住まいはどんなものでもよい」という方法論的な住居論として拡大解釈することには問題がある。低質な住環境を改善する機会を見過ごしたり、あるべき住まいの姿の模索を放棄することにもつながりかねないため、建築や住居の専門家は特に注意しなければならない。

⓫ 徒然草に描かれた住まいのイメージ（『徒然草絵抄』1691）[9]
夏の暑さのほか、蔀戸より引違い戸のほうが明るい、高い天井は冬寒く灯が暗くなるなどの見解が述べられる。

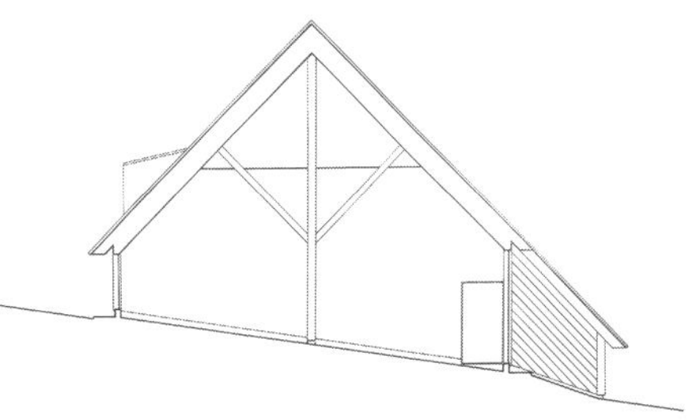

⓬ 谷川さんの住宅（1974／篠原一男）[10]
周囲の地形から取り込まれたむき出しの土の斜面が家形の内部空間に包みこまれた異色の住宅（別荘）。クライアントの一遍の詩を元に構想されたという。

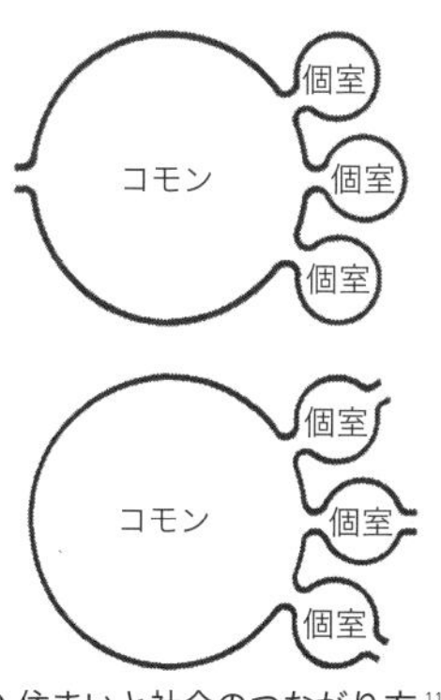

⓭ 住まいと社会のつながり方[11]

0-2 住まいの発生

私たちの祖先ホモ・サピエンスは数万年前にアフリカを出発して、長い旅に出た。以来、行き着いた先々で、彼らは多様な住居を創出した。人類の最も重要な発明品である住居がどのように生まれたのか考えてみよう。

1 | 文化としての住居

動物の巣と人間の住居

私たちの祖先は、その進出先で生きるための住居を次々と創出していったが、その住居は他の生物の巣とどう違うのだろうか。

人間以外にも、大なり小なり住居のようなものをつくる生物がいる。クモは糸でネット状の巣を紡ぐ。ハチは泥や土、ミツロウで複雑に入り組んだ多室の巣をつくり、ツバメやカラスは樹上に巣をかける。北米のクリークに棲むビーバーは湖面に枝を積み上げて小屋のような巣をつくる。その入口は水中にあるが、泳ぐのが得意なビーバーには苦にならないし、天敵のオオカミに発見されることもない*1。

こうした動物の巣と人間の住居の決定的な違いはなんだろうか。動物たちは巣づくりを誰かに習うわけではない。生まれながらに巣づくりを知っている。一方、人間は放っておいても住居をつくれるようにはならない。人間の住居は長い学習期間の中で様々な方法—木の切り方、加工の仕方、材料の組み合わせ方など—を習得しなければ、つくることができない。人間が生まれてから習得するものを文化だと考えれば、住居は高度な文化なのである。

2 | 住居の原型の探求

人間は住居の原型をどのように見てきたのだろうか。

19世紀フランスの建築家・建築理論家ヴィオレ・ル・デュク（1814-1879）は、始原の小屋（プリミティブ・ハット）を考えた❶*2。おそらくヨーロッパではないどこかの世界で、人々が住居らしきものを建設している。円錐形のそれは、円周上に生えた若木の枝を切り払い、枝葉を落としていない頂部をロープか何かで束ねたかたちをしている。円周上の1箇所には柱のあいだに横材を通して入口をつくっている。壁には草を葺いているようだ。周囲には、木や草を抱えた人々が集まっている。

一方、同じくフランスのマルク・アントワーヌ・ロージエは、1753年に出版した『建築試論』*3の中で、建築の美はその起源にあると主張し、その扉絵に「田野の小屋」と題する絵を示した❷。倒壊した古代神殿の上に座した女神と思しき女性が遠方の小屋を眺めている。女神は左手にコンパスと指矩（さしがね）を持ち、右手は小屋に向けられ、女神の傍らには天使が立っている。小屋は葉を茂らせた4本の木とそこに架けられた横木からなり、屋根は軒桁に架かる木が棟木を支える。この四柱、梁、三角形の屋根組は、ギリシャ・ローマ時代の円柱、エンタブレ

❶ 始原の小屋 1)

❷ 建築美の起源の小屋 2)

❸ ショーヴェの洞窟内に描かれた壁画 3)

チュア、ペディメントの原型であり、ロージエは、「これ以上豊かな原理はありえない」と述べる。

ヴィオレ・ル・デュクやロージエの考察は、厳密には考古学的なエビデンスに基づくものではなく、あくまで個人が夢想した建築の原型である。しかし、彼らの探求は住居の背後にある原理や普遍性、とくに今日の住居からは見出すことの難しい建築と自然との本源的な関わりを考察する手がかりを与えてくれる。

3 ｜人類史から見た住居

シェルターとしての住居

最初期の人類にとって、洞窟のような自然地形をその住処としていたことは想像に難くないし、原初の自然の脅威から身を守るにはむしろ最適の場所であっただろう*4。先史時代、現在のヨーロッパに先住していたネアンデルタール人の初源的住居、とくに南ヨーロッパで見つかった洞窟住居は、まさにこうしたシェルターだった。フランス南部アルデシュ県のヴァロン＝ポン＝ダルク付近で1994年に発見されたショーヴェの洞窟である❸。この洞窟には3万から3万2千年前に描かれた多数の動物壁画がある。野生の牛、馬、鹿に加えて、サイ、ライオン、ハイエナ、ヒョウなど、現在のヨーロッパでは見られない動物も描かれる。こうした壁画は、初期人類が現代の私たち以上に卓越した観察眼を備え、優れた描画法と芸術の素養を持っていたことを示している。また、描かれた動物のうちライオンのような大型の肉食獣は、初期人類にとって危険極まりなかっただろう。洞窟は過酷な暑熱や寒さから人類を守ると同時に、獰猛な動物からの避難所でもあったのである。

住居の原型的機能

住居が持つもっとも基本的な機能はなんだろうか。初期人類の時代と異なり、文化を複雑に発展させ、異文化間の交わりの果てにいる現生人類で、この問題を考えることはかなり難しい。文化人類学者の石毛直道は、世界各地の民族誌をひも解きながら通文化的比較分析を行い、住居の本質的、原型的機能はなにかという問題を探求した*5。

石毛は、日本人のあいだで見られる一般的な18の住居内行動—睡眠・休息、排泄、入浴・行水、化粧・着衣など—が、トンガ人、ダニ族、スワヒリ族など、アフリカとオセアニアの諸社会で見られるかどうかを分析した❹。その結果、「睡眠、休息、育児・教育、炊事、食事、家財管理、接客、隔離」はどの社会にも見られることから、少なくともこれらが現代の人間社会に普遍的な機能であることを明らかにした。ここから動物の巣でも見られる睡眠、休息、育児・教育、食事を除いたものが、人間に固有の機能である。すなわち、炊事、家財管理、接客、隔離である。

ここでいう隔離とは、男女の区別、住居に居住する集団内での兄弟と姉妹のような区別、外部の者との区別などが空間において表れることを意味する。これらは、言うまでもなく、接客や葬式、結婚式など、住居内で行われる多種多様な儀礼神事とも密接に関わる。また、自然資源の食材を様々な物を使って加工し、煮炊きすることも人間に固有である。さらに、家具や道具に加え、装飾品、金品、それに住居そのものや土地も含めた資産の管理も人間にしか見られない。これらの行為と行為に紐づく物の面から、動物の巣と人間の住居の違いを知ることができるだろう。

社会＼行動	ハツァピ族	ダトーガ族	イラク族	スワヒリ	メガルハ族	モニ族	西部ダニ族	トンガ	日本某家
睡眠・休息	●	●	●	●	●	●	●	●	●
排泄				●				●	●
入浴・行水				●				●	●
化粧・着衣									●
性交	●	●	●	●	●			●	●
育児・教育	●	●	●	●	●	●	●	●	●
洗濯								●	●
炊事	●	●	●	●	●	●	●	●	●
食事	●	●	●	●	●	●	●	●	●
家財管理	●	●	●	●	●	●	●	●	●
生業		○	○						
接客	●	●	●	●	●	●	●	●	●
信仰				○	○				●
隔離	●	●	●	●	●	●	●	●	●
知的活動									●
娯楽									●
美的活動									●
隠退									●

● 主として住居内空間でなされる行動
○ 住居内空間で行動の一部がなされる

❹ 住居の機能比較[4)]

4 ｜移動から定住へ

狩猟採集の生活と住居

初期人類が世界に拡散したグレートジャーニーから数万年を経た今日、人類は地球上のほぼすべての場所に住むようになった。こうした人間の居住域の広がりや人口増加は、紀元前1万年以降の気候温暖化の中で動植物の家畜化と栽培化、土器や鉄器などの物の創造、集団化、定住化などが複合的に起きたことによる。

定住化する前の人類は狩猟採集を営んでいた。狩猟採集自体は現生人類の祖先が誕生した20万年前よりもはるかに古い。人類がチンパンジーのようなサルから分かれた500〜600万年以降から、定住が始まるおよそ1万年前までの間、ずっと続けられてきた。実に人類史の99％以上に渡って人類は動物を狩猟し、自然資源を採集してきたことになる。

狩猟採集では、一定期間、一つの場所に住むが、動物や食用植物が少なくなったり枯渇したりすれば、人々は移動しなければならない。移動を前提とした生活が必要となり、そのために所有物や家財はそれほど多くならない。また、手に入れた食料は集団内で配分されるので、集団内の誰かが突出して大量に物や食料を蓄積することもない。そのために、物の多寡からくる不平等もあまり見られない。

このような生業形態では協働が必要になる。象のような大型動物や獰猛な動物は、一人では狩ることができない。居住地から何日も歩かねばならない遠方まで、動物を追うこともある。そのようなとき、人々は助け合い、協働しなければならない。それがなければ、集団全体の存続にも影響が及ぶことになる。

狩猟採集民の住居は、一般的に簡素である。所有物や家財の少なさに加え、移動を前提としたつくりになるために、部材やつくりもそれに応じた仮設的、一時的なものになる。

移動生活は一見すると大変そうだが、個人や集団の存続を支える食糧確保という観点では、合理的ですらある。また、風雨や洪水、寒冷、酷暑を避けるというシェルターとしての働きの他に、人間の暮らしにつきもののゴミや排泄物からも逃れることができるというメリットもある＊6。

農耕の生活と住居

こうした狩猟採集を基盤とする移動を前提とした暮らしは、動物の家畜化や植物の栽培化を伴って徐々に定住化へと進んでいった。

一般に、農耕が始まったのはおよそ1万年前で、それ以後、人類は定住を始めたとするのが定説である。しかし、定住と農耕の関係について、近年は新しい見方が議論されている。例えば、南メソポタミアの沖積層では、完全な狩猟採集ではなく、かといって定住化した農耕でもなく、沼沢地に繰り返し自生する植物やそれを食べに来る動物を狩る集団がかつており、こうした集団がやがて都市的領土を形成したという＊7。

定住への移行は、1箇所で同時に起きたわけではない。動物の家畜化や植物の栽培化も1年、2年でできる話ではなく、長期に渡る多くの試行錯誤の後に、様々な場所で達成されたものだろう。南北両半球の緯度30〜35度を中心に東西につらなる気圧の高い帯状地域、すなわち中緯度地域では、紀元前1万年以降、草原や疎林の後退とそれに代わる温帯性の森林の拡大が起きた。亜寒帯の草原に住んでいた大型有蹄類のトナカイやシカ、それにマンモスやウマなどの食用動物は減少した。草原で培った狩猟技術も森林では役に立たなくなる。自然や生態系、食糧確保の方法の劇的な変化によって定住が進んだと考えられる。

移動から定住への移行は、社会そのものを大きく変えた。もっとも顕著なのは食料貯蔵量の変化である。狩猟採集では、その居住形態から貯蔵が起こりにくい。しかし、毎年同じ場所で植物を栽培する農耕では、天候や病気、自然災害などにより、ある者は多く収穫し、ある者は少ないという差が生まれる。それが積み重なり、食料の貯蔵量に差が生じる。当然、多く持つ者から少ない者への無償の分配や有償の取引が起きる。それらはやがて非対称的な関係を生み出し、貧富の差を生じさせる。狩猟採集社会は、資源の極端な偏りがなく平等主義的社会になりやすいが、農耕社会は食糧貯蔵の差が貧富の差を生み出し、社会の階層化をもたらすことになる。

定住生活では、食料貯蔵に加えて、物の蓄積や拡大も可能になる。土地の拡充も、より大規模に食物を生産するために必要となるだろう。住居は堅牢になり、年間を通じた気候変化にも対応できるようになったのである。

しかし、狩猟採集は古くて遅れた生業形態なのだろうか。狩猟採集に取って代わった安定した生業としての農耕が、今日の人間の繁栄を築く起点となったのだろうか。たしかに農耕は、国家の誕生と発展を支えた。多大な労働力を投下し、効率的に植物を栽培することで、新たな人口集積が起こり、やがて都市の発生にいたった。

ただし、そのために人民には賦役が課され、疫病が流行し、定地での農耕や家畜飼養のために人々は土地に縛り付けられた。それは人々を支配していくシステムが完成していく過程でもあった。このように考えると、狩猟採集と農耕、すなわち移動と定住のどちらがより優れているのかは簡単には決められない。

死者の弔い

移動と定住のもっとも大きな違いは、死者と生者の関係である。マレーシア、ボルネオの熱帯雨林に暮らす狩猟採集民プナンが一定期間をすごす森のベースキャンプには、数棟から十数棟の高床式の小屋が建てられる❺。小屋にはたいてい夫婦とその子どもたちが住む。この小屋を拠点として、老人や小さな子ども以外の人々が森で狩猟と採集を行う。

住居は高床の床面と差し掛け片流れの屋根を持つ簡素なもので、床面を支える柱は自然の生木をそのまま使っている。床上には一本梯子を登って上がり、野生動物が床上に来ないように、床上に上がったら梯子を引き上げる。床上の一角には炉が設置され、煮炊きができるようになっている。

プナンは、誰かが亡くなったとき、数少ない家財道具をすぐにまとめ、それまで暮らしていた簡素な森の住居を捨てて、他所に移動する＊8。死者の霊は恐れの対象である。死者が出たときに、プナンはすぐに、死者の霊が来ない場所に逃避する。土地に定着せず、身軽に移動する生活の一つのメリットだが、定住した農耕民はこうはいかない。その場に住み続けながら、死者の魂を鎮め、冥界に送らなければならない。そこで、遺骨の扱いから儀式の方法、死者の魂の弔い方までをこと細かに定めた宗教的儀礼が発達することになる。仏教やキリスト教のような世界宗教に限らず、葬式や祖先祭祀の作法が極めて複雑で精緻なのは、こうした理由による。

5｜原風景としての住まい

ロージエにとっては、四柱、梁、三角形の屋根組を持つ簡素な小屋がすべての建築の原型であり建築美の根源だった。一方、人類にとって、というより、私たち一人ひとりも、それぞれの建築の原型を心の中に持っている。それは原風景の建築とでも呼べるものである。子どもの頃、横たわる砂丘から見た真っ青な空や透明な光、風、海、波、空気といった風景や光景、景観に加えて、がらんとした家の中に一人ぼっちで佇む自分、暗い部屋が呼び起こす恐れ、夕陽の西日が差し込む部屋など、私たちの記憶の中の情景に、住居が登場することがしばしばある。

文学評論家の奥野健男は、人の心に刻まれた様々な風景の中で特に深く刻まれているこの原風景は、日常生活の創造と想像力のためのリソースであり、作家にとって文学の母胎であると指摘している＊9。

作家が自らを生み出した時間と空間、風土に立ち帰り、自らの創造の源泉から多様な表現を生み出すとしたら、建築を紡ぎ出す人間にも同じことが言えないだろうか。

建築家の仙田満は、かつて、50人の建築家の原風景をまとめた＊10。子ども時代の住まいや遊び環境、長じて建築家になった後の自らの作品への影響などを、インタビューとスケッチによって表現してもらったものである❻。多くの建築家にとって、子ども時代の住居やそれを取り巻く風景は、作家と同様に心象風景の一つとして心の内奥にある。普段は意識しないが、折々、それらを引っ張り出して回想しているのである。もちろん、個人にとってのこうした原風景は、建築家ばかりでなくすべての人間が心の内奥に持っている→ column 06。

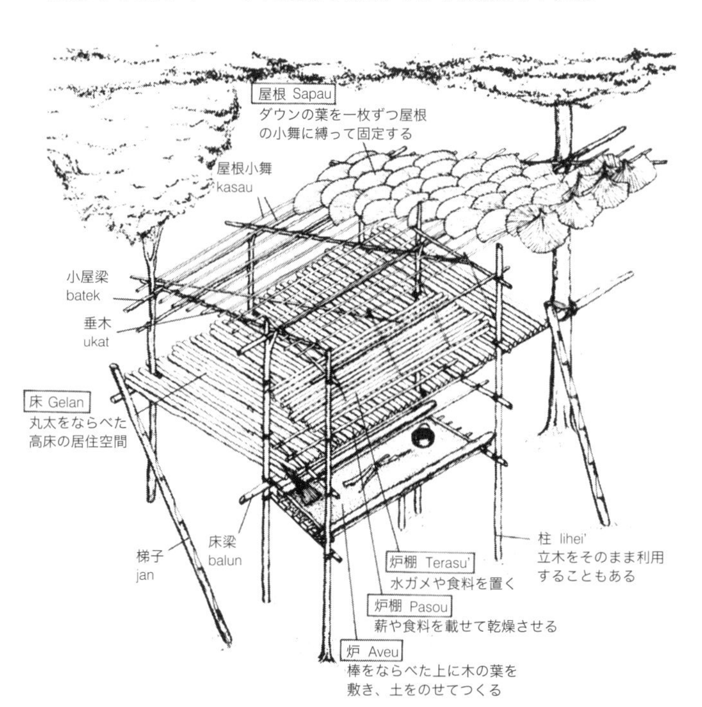

❺ プナンの住居[5)]

❻ 原風景としての住空間（芦原義信による）[6)]

0-3 住まいを計画すること

人が住まいをつくるとき、本能や気分のおもむくままにつくり始めることはほとんどなく、工事の前に、どのように住むか、どのようにつくるか、本当につくれるのか、あらかじめイメージしながら検討する。なぜだろうか。

1｜目的と実態の間で行き来する計画

目的があって計画がある

「計画」とは、事を行う際に定められた目的を効率的・効果的に達成するための方法や手順をあらかじめ考え整理することである。まず目的があって初めて計画があるのだから、方法も手順も目的に照らして検討される。住まいの目的は、時代や地域・文化ごとの思想や価値観に大きく影響される→0-1。日本の住居計画は一定品質の住宅を大量供給するという目的の下に始まり、量から質（規模や性能）の重視、多様な価値観への対応などへと目的が移ってきた。たとえ1軒の住宅であってもそこで求められる目的は、人やライフステージによって異なる→2-2。もし住宅を効率的・効果的につくる必要がないのであれば、計画は必要ない。しかし、限られた予算と期日の中で満足いく住まいを完成させようと思えば、計画が欠かせない場合がほとんどである。

実態が計画の出発点となる

ゴールに至る道筋を考えるためにはまず現在の位置を知らねばならないように、実態に基づいた正確な現状認識と問題把握が計画の出発点となる❶。建築計画学のパイオニアの一人・西山夘三は、庶民の住生活の向上という目的に対し、膨大な住み方調査による実態把握を通じて、食事と就寝の場を分けることが小さな家での生活の秩序化に有効であるという方法論を導いた→4-3。

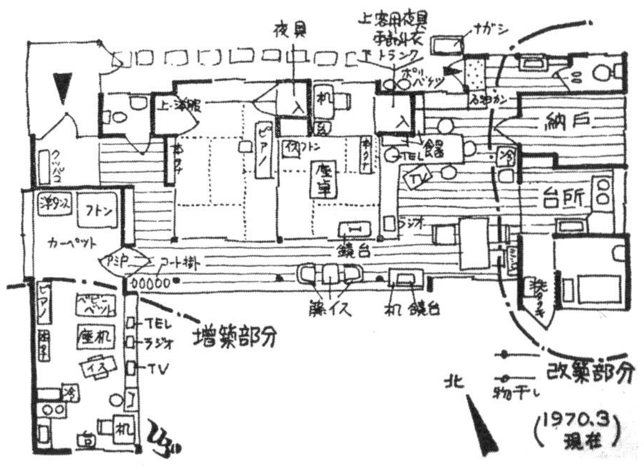

❶ 森博士の家（1951／清家清）の住み方（1970／西山夘三）[1]
建築家の名作住宅の20年後の住み方を調査。各場所の使い方や増改築状況から空間と生活の関係を読み取ることができる。

身近な例で考えると、「より快適な住まい」をつくりたいのであれば、その視点から見た住まいの実態、つまり現在の住まいの快適さの状況、その満足度、そもそも自分にとって「快適さ」とは何か、などを理解する必要がある。場合によっては目的（求める快適さの質や程度）を設定し直すことになるだろう。

計画は「意地悪な問題」

実態の観察から問題を見出しその解決を目的とした方法を考えることが、計画行為の基本的な構えである。しかし住まいや生活・社会の問題は、必ずしも自然科学のように論理的検討から最適解を導きえないことには注意がいる。たった1軒の住宅の計画であっても、考慮すべき条件は生活要求から経済性・技術的制約・法規・周辺環境まで多岐に渡り、解決すべき問題を明確に定めることは難しい。また、生活の利便性を目的に家を大きくするという解が同時に隣家への悪影響という別の問題を生むように、無数のトレードオフ関係が複雑に絡まっている。問題を定式化できず、一つの解が新たな問題を示すような類の問題は「意地悪な問題 wicked problem」❷と呼ばれる。意地悪な問題では、事前の合理的手続きにより唯一解を得ることはできず、ある状況に対してある解を提示し、その結果を受けて次の問題と解を考えるといった、目的と実態を行き来するような漸進的かつ対話型のプロセスが必要とされる。

2｜なぜ住まいを計画するのか

住居計画の個別性・社会性

人の住む場／建築としての住まいの実現を目的とした計画が「住居計画」である。その中には、目指すべき住まい像の構想、その実現のため満たすべき条件の検討、具体的な建築物や空間を設計する行為が含まれる。

WICKED PROBLEMS（意地悪な問題／厄介な問題）の特徴

- 明確に定義できない
- 終了規則がない
- 解は正誤ではなく良否
- 解の完全な検証はできない
- 常に一発勝負
- 解を網羅的に列挙できない
- すべて本質的にユニーク
- ある問題は他の問題の徴候
- 多数の方法で説明可能
- 計画者は解に責任を負う

❷「意地悪な問題」の特徴（H. リッテルと M. ウェバーにより1973年に提唱）[2]

住まいは基本的に一品ずつの注文生産であり、個別に特殊な土地に建つ。住居は一個人が所有する物の中でサイズも製作に要するコストも最大級である。住居は個人の所有物であると同時に街や景観を構成する社会的存在でもある。住居はその都度特殊な条件に適合させねばならない上に、事前の試作やつくり直しは難しく、失敗したときの損失は甚大で、影響は長期にわたり、近隣にまで及ぶ。住居を含む建築の生産において、成功可能性を高めるために計画行為が必須とされる大きな理由である。住居１軒１軒に計画があり、社会全体で無数の計画が行われる状況は、住居の計画手法の一般化・理論化を要請する。住居計画学という分野が必要となる所以である。

公的な住宅供給や工業化住宅、マンション・建売住宅などの商品化された住宅では、ほぼ同じ住宅を繰り返し建設することも多い。この場合、個別の計画が減る代わりに、不特定多数の居住者のニーズに適合する汎用性の高いモデルの計画が求められる。また大量生産を合理化するために、部品生産や施工の効率化、品質管理に関わる計画が、一品生産の住宅に比べ重視される。

住まいの自力建設とブリコラージュ

商品化住宅をカタログで選び購入する行為の対極にあるのは、住まいの自力建設（セルフビルド）だろう。個人の住まいは無計画または最小限の計画でつくることが許される数少ない建築でもある。時間と手間をかけて自らの住まいを自ら建設する自由と不自由は、住まいの原点である❸❹。住まいの一部を自ら製作することは、高い精度を求めなければ、手間はかかるが決して不可能ではない。

ありあわせの道具と材料を用いた試行錯誤で臨機応変につくる行為「ブリコラージュ」は、理論と予測に基づく計画的制作プロセスである「エンジニアリング」と対をなす概念である。与えられた住居に受動的に住むだけでなく、主体的に住居に働きかけ住みこなしていくためには、ブリコラージュの精神が欠かせない。

住居計画の役割

住居計画の役割は、❺のように三つのスケールに分けて考えることができる。その第一は人の生活行為と住まいの物的構成の関係の調整である。個々の居住者の要求やライフスタイルを把握し、それに応じた機能や空間構成を決定することが、人が住むための場を提供するという住居の目的実現のための根幹となる→4-3。必ずしも計画時の要求や生活に最適化することが正しいわけではない。要求や生活の側を変えることや将来的な変化を許容する幅をもたせることも計画に含まれる。

住まいを建築として実現する際には、構造・環境・設備・材料・意匠など建築諸分野の知識や技術を総合的に用いる。各分野は高度に専門分化しており、一つの建築としてまとめるときには相矛盾する場合もある。目的や条件に応じて、その矛盾や対立を整理・調停し総合的な判断を下すことは、住居計画の第二の役割である。

第三の役割は住居が社会的な存在であるがゆえに必要となる、自然的・社会的環境の中への位置づけである。生態系や街並みをはじめとする広義の環境との適合性に配慮する必要がある。特に住居の形態やボリュームは近隣に大きな影響を与えるため、関係者が納得しうる一定の論理性・倫理性が求められる。

大規模な集合住宅や大量に供給される住宅は、社会に対してより直接的かつ大きな影響を及ぼす。アメリカのプルーイット・アイゴー団地の失敗❻は、社会的要因や都市計画上の問題とあわせて、周辺街区との断絶や死角の多い空間構成、曖昧な公私の境界設定など、空間計画上の問題が要因となったことが指摘されている。

❹ 沢田マンション（1971～／沢田嘉農）
建設業者ではない施主が自力建設した５階建集合住宅。車用スロープや屋上農園などを備える。

❸ 蟻鱒鳶ル（ありますとんびる）（2005～／岡啓輔）
70cm ずつコンクリートを打ちながら設計を考え、住み手自らの手で十数年にわたり建設が続く。

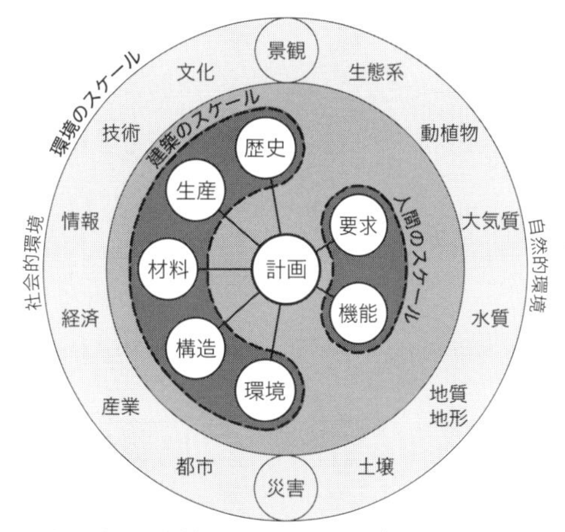

❺ 住居計画の役割の３つのスケール[3)]

3｜住まいの生産プロセスにおける計画

住まいの計画は、広義には住まいを実現するためのあらゆる計画行為を含むが、実務上は「企画／計画／設計／施工」という4段階のプロセスの一部として、やや限定的に用いられる❼。計画と設計は不可分であるが、設計は建築の形態決定に重心があるのに対し、計画は生活行為の把握や諸条件の整理などを含むより包括的な内容を扱い、特に規模や機能の設定など、設計を行う前提条件を整える点に重きがおかれる。

誤解を恐れず単純化すれば、「家族4人が快適に暮らせる家をつくる」という目的を設定するのが企画であり、それを実現する「面積は120m^{2}程度」「全員が個室を持つ」「周囲の景観に馴染むデザイン」といった条件を設定するのが計画、それに具体的な形を与えるのが設計である。以下、戸建の注文住宅を新築するケースを想定し、一般的なプロセスの概要を見てみたい。

企画：誰がどこにどのように住むのか

企画段階では、住まいをつくる目的や意図を明快にし、住まいの方向性を構想する。個人住宅の場合は施主（住み手）が企画の中心となる。誰が・どこに・何年くらい・どのように暮らすのかといった前提を、必要に応じて専門家の支援も得ながら検討する。予算（資金計画）や工期（完成時期）、敷地や法規の制約など、実現可能性を左右する全体的な条件の検討も企画段階に行う。設計時によく用いられる「コンセプト」とは、ここで設定した目的や意図を、計画や設計時の指針となるよう、わかりやすい言葉で表したものと言える。企画段階の検討の結果、新築ではなく中古住宅をリノベーションする、マンションや建売住宅を購入する、あるいは今の家に住み続けるといった結論に達することもあるだろう。

計画：どのような条件を満たすべきか

企画段階で決めた内容を実際に居住のための空間として実現するために、基本的な形態や構造形式の検討を行いながら条件を整理し、相互の問題点や矛盾を解決・調整し、設計のためのより具体的な条件として練り上げる。計画は施主自身が行うこともあるが、基本的に施主と設計者が相談しながら進める。考慮すべき事項は❺で示したように広範であり、その詳細な検討内容は本書の全体そのものである。

企画／計画／設計段階の検討時に理解しておくべき条件の性質には以下のようなものがある。「与条件」という言葉も使われるが、条件は与えられるのではなく、主体的に設定するものと考えることが重要である→ column 02。

外部条件／内部条件

外部条件とは例えば、気候や地形などの立地条件、法規や慣習などの社会的条件、適用可能な技術・材料などの技術的条件である。住み手や設計者が関与できない場合でも、必ずしも固定条件ではないことには注意したい。

内部条件は住み手が住まいに対して求める希望や要求であり、主に予算・工期・規模・機能・意匠・管理・将来計画などに関する条件が提示される。習慣や癖など住み手自身が意識していない潜在的条件や、住み手が当然と考え明示しない条件もある（例えば、家の中で靴を脱ぐことは日本では条件として示されない）。内部条件と外部条件は対立することが多く、両者のバランス点をどこに見出すかが計画の要となる。

質的条件／量的条件 ❽

言葉やスケッチで表される質的条件は住まいの性格を方向づける。対して量的条件は面積・数量・コスト・時

❻ プルーイット・アイゴー団地（1956／ミノル・ヤマサキ）[4]
スラム・クリアランスとして建設された集合住宅群。当初は合理的計画が高く評価されたが、次第にバンダリズムや犯罪の温床となり住民が減少、荒廃が進んだ末に、1972年に爆破解体された。

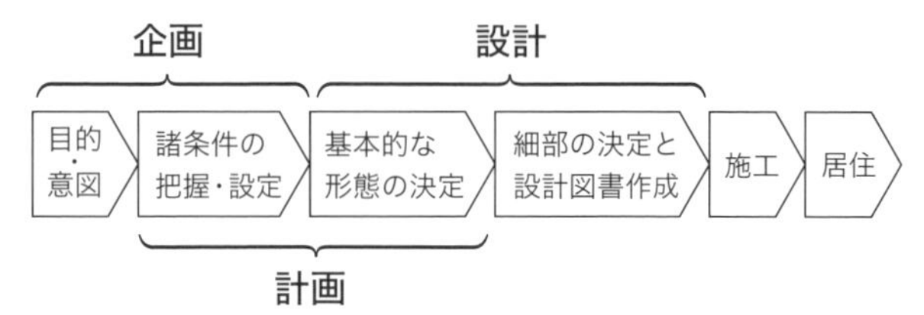

❼ 企画／計画／設計のプロセス

質的条件	・性格や意匠に関する条件（明るく開放的である／日本的な住宅） ・生活や行為に関する条件（家事負担が少ない／友人を泊めたい） ・環境から要求される条件（周囲の景観に調和する／緑を豊かに） など
量的条件	・予算・工期に関する条件（総予算／完成時期／設計期間…） ・機能・性能に関する条件（耐震性／断熱性／設備の能力…） ・規模や寸法に関する条件（部屋の面積／廊下の幅／建物高さ…） ・数量に関する条件（家族の人数／部屋数／器具の数…） など

❽ 質的条件と量的条件[5]

間などの数字で表され、しばしば質的条件の制約となる。例えば「友人を泊めたい」という質的条件は、面積やコストの量的条件から実現できない場合がある。質的条件は必要に応じて量的条件に変換すると検討や合意形成が行いやすい。「家事負担が少ない」「明るく開放的」といった質は、動線の長さや開口部の数・面積といった量に、ある程度は置き換えて考えることができるだろう。

固定条件／変動条件／不確定条件

固定条件が少ないほど計画は難しくなる。敷地・自然環境・法規・予算・安全性に関わる条件は比較的固定されているが、条件のほとんどは時間に伴い大小の変動をする。居住者の数や年齢・生活・必要な機能・近隣環境はもとより、早々に住み手が変わる、住宅という用途そのものが変わる可能性もある。事故や災害など予測できない不確定条件もある。

あらゆる条件に対応することは不可能なので、現実的には想定期間を設定し、固定的な条件を手がかりに変動の幅やパターンを予測し、許容できる変動や除外する条件を決断しながら計画することになる。省資源や良質なストックの蓄積の観点からは、想定期間は100年以上を見据えたい。このような条件整理の一連の決断のあり方が、その住まいの個性として表れる。

設計：どんな形の家か

計画段階で検討した条件を満足するよう、利用可能な要素を組み合わせて、全体はもとより細部にいたるまで検討を繰り返し、具体的な形態と仕様を決定する段階である。設計者が中心となって行い、決定した内容は設計図書としてまとめる❾。それを元に工事金額を見積もり、予算内での実現可能性を確かめる。設計は一般に基本設計と実施設計の2段階に分けて進められる。

基本設計

基本設計では、施主（住み手）がプロジェクトを進めるかどうかを判断するために、打合せを繰り返しながら諸条件に応える建築の全体像を作成する。また全体の工事費を概算する。戸建住宅の場合、縮尺1/100程度の平面図・立面図・断面図・配置図、また内外のパースや模型を作成する。見積りのために、大まかな仕上げ材やキッチン・床暖房・発電設備といった大型の設備機器の選定まで行う場合が多い。

実施設計

基本設計に基づき詳細部分を含むすべての形態・材料・仕様を決定する。構造計算を行い構造部材やその接合方法を決め、電気・水道・ガスなどの設備系の詳細を設計する。住宅の場合は、縮尺1/50の平面詳細図・断面詳細図のほか、展開図・矩計図・構造図・設備図などを作成する。仕様書を含む実施設計図書には施工に必要なすべての情報を明示し、これを元に詳細な工事費を積算する。

サイクルの繰り返しで完成度を高める

以上では、わかりやすさのため企画／計画／設計を区別しながら説明したが、実際には各段階は不可分に重なりあっている。また、プロセス全体としては❼のように直線的に進むが（ウォーターフォール型）、特に実施設計以前の段階では、一連のサイクルとフィードバックを繰り返しつつ、条件を統合・調整・再設定しながら完成度を高めていくことが一般的である（アジャイル型❿）。

4｜施工と居住の段階

施工

設計図書をもとに物理的な建築物を構築する段階である。設計者は設計の最終段階として工事監理を行い、状況に応じて設計の修正も行う。

居住

住まいは人が住んで初めて完成する。居住の段階は、計画・設計の妥当性や価値を検証するプロセスの一部でもある。もちろん住居と生活が合致することが望ましいが、大小の不一致は必ず生じる。その原因は条件設定やその実現手法の問題であることもあれば、住み手や社会の不測の変化であることも多い。いずれにしても、居住段階の実態とその評価は、住み手にとっても設計者にとっても、次に新たな住まいを計画する際の、決定的に重要な情報となる→ Colum 06。

一般図	詳細図	構造図	設備図	その他
配置図	平面詳細図	基礎伏図	電気設備図	工事概要書
平面図	断面詳細図	床伏図	空調設備図	特記仕様書
立面図	展開図	柱・梁伏図	換気設備図	標準仕様書
断面図	天井伏図	小屋伏図	給排水衛生設備図	仕上表
屋根伏図	矩計図	軸組図	ガス設備図	面積表
など	部分詳細図	構造詳細図	など	構造計算書
	建具表	配筋図		案内図
	外構詳細図	部材リスト		パース
	など	など		など

❾ 住宅設計時の設計図書の例

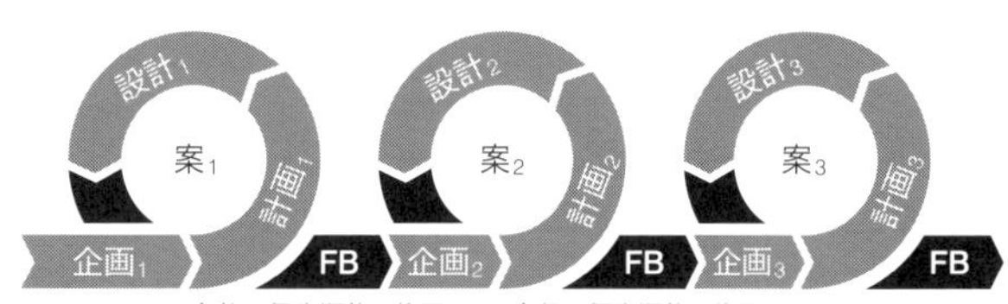

❿ アジャイル型の企画／計画／設計プロセス
条件や決定事項に変更が生じる前提で、細かな検討と具体化を繰り返しながら徐々にプロジェクトを進めていく。

column 00

住まいの種類と供給数

柳沢　究

集合形式や所有形態あるいは供給方法などによって、住まいは様々に分類される。その種類によって計画時の留意点は異なるため、現代日本においてよく見られる住まいの種類とその特徴について、簡単に整理しておこう。

集合形式による分類 ❶

住まいと生計をともにする人の集まりを「世帯」→2-1と呼ぶ。単身居住者も1世帯である。1世帯が住むことのできる住まいの構成上の単位が「住戸」である。住戸は他の住戸と空間的に区画されており、一般に専用の出入口や台所・トイレなどの設備を備える。

独立住宅（一戸建住宅）：一つの住戸が構造的に独立した1棟の建物と対応する住宅。1階部分は地面に接し専用の庭や出入口を持つため独立性が高く、プライバシーの確保や計画の自由度に優れるが、土地の利用効率は低い。

集合住宅：複数の住戸が1棟を構成する住宅。広義には独立住宅以外の連続住宅と共同住宅を総称する語であるが、共同住宅と同義で使われることも多い。

【連続住宅】 複数の住戸が水平方向に連続して1棟となった住宅❷。長屋（長屋建住宅）。隣接する住戸で戸境壁を共有するため独立性をやや欠くが、建物が一つであるため土地利用や建設の効率に優れる。各住戸に専用の出入口や庭があり居住条件は独立住宅に近い。二戸建（二戸一）住宅、テラスハウス、タウンハウスも連続住宅である。持家の場合は一般に土地も別々に所有される。

【共同住宅】 複数の住戸が垂直（および水平）方向に連続し1棟となった住宅。土地、柱・壁・床などの構造、廊下・階段・出入口などの施設を共用する。分譲の共同住宅では土地の権利も共有する。独立住宅に比べプライバシー性・独立性に劣るが、土地の高度利用に優れるため都市部で多く建設される❸。一般にマンションやアパートなどと呼ばれる。なお「マンション」は主に民間企業により供給される中高層の共同住宅の俗称である。

団地：集団住宅地の通称。土地の集約的利用、住環境の保全、コミュニティ施設の整備、市街化の促進などを意図し、一定の計画のもとに一群の住宅地を造成し、集団的に住宅を建設したもの。独立住宅の団地もある。

用途による分類

専用住宅：居住のために使う部分だけからなる住宅。

併用住宅：居住の他に業務用途に使う部分を持つ住宅❹。職住一体の住居→C-4。店舗や医院のほか、工場や各種の作業場と一体になったケースがあり、作家や音楽家などが自宅に仕事場を持つ場合も含む。居住部と業務部のつながり方で「兼用住宅」と使い分けることもある。

併存住宅：同一棟内に店舗・事務所・倉庫などの業務施設を持つ共同住宅❺。業務部は住宅部と区画されている。業種によっては、動線の処理・騒音・臭気など設計上の配慮が必要な場合が多い。1階が店舗・上層階が住居であるものは「下駄履き住宅」などとも呼ばれる。

寄宿舎：世帯構成員でない複数人が共同生活を送る宿舎。水まわり施設が共同で、寝室が個別となっている場合が多い。寮やシェアハウスは法規上は寄宿舎となる。

所有・管理形態による分類

持家：そこに居住している世帯が所有している住宅。

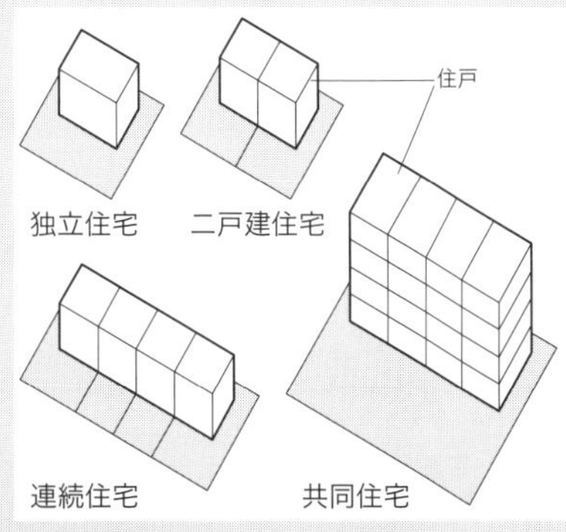

❶ 集合の形式による住宅の分類

❷ ドムス香里（1981／石井修）
2階建の連続住宅。戸境壁の合間に植栽が設けられ全体として緑豊かな環境を形成している。

❸ 幹線道路沿いのマンション群（京都）
容積率の大きい商業地域に指定された幹線道路沿いに高層マンションが林立する。

借家（貸家）：借主が所有者である貸主に家賃を払い居住する住宅。賃貸住宅。

【公的な借家】公的団体が所有・管理する賃貸住宅。地方自治体による公営住宅（県営住宅・市営住宅など）や都市再生機構（旧・日本住宅公団）、地方住宅供給公社によるUR賃貸住宅❻（旧・公団住宅）、公社住宅などがある。

【民営借家】個人や企業などの民間団体が所有・管理する賃貸住宅。

【給与住宅】会社・官公庁・団体・学校などが所有・管理し、その職員などが仕事の必要上あるいは給与の一部として居住する住宅。社宅・公務員宿舎・社員寮などと呼ばれる。雇用確保や労務管理が目的で、家賃が一般より安い場合が多い。

生産・販売形態による分類

注文住宅：注文があってから設計や建設を行う住宅。分譲住宅に比べて、居住者の個別的な要求に合わせた自由な設計ができる反面、設計や施工に時間がかかる。設計事務所に設計を依頼する場合と、工務店やハウスメーカーに設計と工事を合わせて依頼する場合がある。

分譲住宅：分譲・販売を目的に建設される住宅。注文をもとに建てるのではなく、不特定多数の居住者を想定して設計・建設された後に、いわば既製品として販売される。そのため個別の居住者の要求を設計に反映することはできない。建売住宅や分譲マンションの他にも、公的団体による積立分譲住宅もある。

【分譲マンション】建設後に各住戸が土地の所有権の一部（共有持ち分）とセットで分譲・販売される共同住宅。

【建売住宅】建設後に土地とセットで販売される独立住宅。大きな土地を分割して小規模な建売住宅を複数建設する「ミニ開発」では、ほぼ同じ設計の住宅が立ち並ぶ独特の景観が生まれる❼。設計や建設のコストを節約できるため、注文住宅に比して安価となる。

【売建住宅】宅地の販売と後日その土地に建てる住宅の工事発注とを同時に行う方法で建てられる独立住宅。建売住宅とは建設・販売の順序が逆であるため、「売建」と通称される。いわゆる「建築条件付きの土地」❽に建てられる。住宅の設計があらかじめ完了していることも多く、その場合は実質的には建売住宅と変わらない。

住まいの種類別に見た新築住宅数の統計

2022年の1年間に全国で約86万戸の新築住宅が着工した❾。その用途はほとんどが専用住宅である。併用住宅は1970年代頃までは都市部に多く見られたが、近年の新築数はごくわずかとなった。独立住宅と共同住宅の数は全国的には拮抗しているが、都市部では共同住宅が多くなる。持家率は長年6割程度であり、残りの借家は民営がほとんどである。持家の内訳を見ると、注文住宅（一戸建の持家）と分譲住宅はほぼ同数であるが、注文住宅には統計上の都合で売建住宅も含まれるため、実質的な戸建て注文住宅の割合はその半分、25%程度だろう（現存する住宅数＝住宅ストックの内訳→2-4）。

❹ 商店街に建つ店舗併用住宅（鳥取）[1]
この種の併用住宅では、1階道路側が店舗、1階奥と2階が住居となる場合が多い。

❺ 堀川団地（1950〜53／京都府住宅協会）[2]
早い時期に建設された併存住宅の例。1階が商店街、2・3階が共同住宅となっている。

❻ 千島団地（1977／UR都市機構）[3]
大規模なUR賃貸住宅。団地内に工房を備え、原状回復不要のDIYが可能な住戸を提供する。

❼ 同じデザインの建売住宅が並ぶミニ開発（1990年代／京都）[4]

❽ 売建住宅（建築条件付き土地）の広告[5]
土地の購入後に建てる住宅の設計と施工会社があらかじめ決まっている。

2022年の新設住宅着工総数：859,529戸					
用途	専用住宅	96%	所有・管理形態	持家	59%
	併用住宅	4%		借家	40%
集合形式	独立住宅	47%		公的借家	(1%)
	連続住宅	8%		民営借家	(37%)
	共同住宅	45%		給与住宅	(1%)
生産・販売形態*	注文住宅	49%		分譲マンション	(21%)
	分譲住宅	50%		建売住宅	(28%)

＊持ち家514,449戸を母数とする

❾ 新設住宅着工数の住宅の種類別割合（2022）[6]

【参考文献】

0-1

- 『日本語大辞典 第二版』小学館、2000-2002
- 白川静『字統』平凡社、2004
- 重村力『定住の構造―その生活学的考察と計画論的展開』早稲田大学、1992
- 西尾実校『日本古典文学大系 30―方丈記 徒然草』岩波書店、1957
- 島内裕子『方丈記と住まいの文学』左右社、2016
- ル・コルビュジエ、吉阪隆正訳『建築をめざして』鹿島出版会、1967
- クリスチャン・ノルベルグ＝シュルツ、川向正人訳『住まいのコンセプト』鹿島出版会、1988
- 多木浩二『生きられた家―経験と象徴』青土社、1984
- 今和次郎『住居論―今和次郎集 第4巻』ドメス出版、1971
- 松村淳『愛されるコモンズをつくる―街場の建築家たちの挑戦』晃洋書房、2023
- ウィリ・ボジガー、吉阪隆正訳『ル・コルビュジエ全作品集 第1巻』A. D. A. EDITA Tokyo、1979
- 藤井厚二『日本の住宅』岩波書店、1928
- 松隈章『聴竹居：藤井厚二の木造モダニズム建築』平凡社、2015
- 篠原一男『住宅論』鹿島出版会、1970
- 山本理顕『住居論』住まいの図書館出版局、1993

0-2

＊1 マイク・ハンセル『建築する動物たち』青土社、2009
＊2 J. リクワート、黒石いずみ訳『アダムの家―建築の原型とその展開』鹿島出版会、1995
＊3 M=A. ロージエ、三宅理一訳『建築試論』中央公論美術出版、1986
＊4 P. Oliver“Shelter, Sign, and Symbol”Overlook Books, 1980
＊5 石毛直道『住居空間の人類学』鹿島出版会、1971
＊6 西田正規『人類史のなかの定住革命』講談社、2007
＊7 ジェームズ・C・スコット、立木勝訳『反穀物の人類史―国家誕生のディープヒストリー』みすず書房、2019
＊8 佐藤浩司「さまよえる森の住まい」佐藤浩司編著『住まいをつむぐ』学芸出版社、1998
＊9 奥野健男『文学における原風景』集英社、1972
＊10 仙田満『こどもと住まい― 50人の建築家の原風景〈上〉』住まいの図書館出版局、1990

0-3

- 竹下輝和「建築計画の構成」建築計画教科書研究会『建築計画教科書』彰国社、1989
- 岡啓輔『バベる！―自力でビルを建てる男』筑摩書房、2018
- 加賀谷哲朗『驚嘆！セルフビルド建築―沢田マンションの冒険』筑摩書房、2015
- 原広司、鈴木成文、服部岑生、太田利彦、守屋秀夫『新建築学大系 23 建築計画』彰国社、1982
- 『企画と設計の新しい手法』日本建築学会近畿支部、1972

【図版出典】

0-1

1) 白川静『字統』平凡社、2004
2) 重村力『定住の構造―その生活学的考察と計画論的展開』早稲田大学、1992より作成
3) 復元：小泉和子、作図：生活史研究所
4) 今和次郎「神棚の構え」(『住居論―今和次郎集第4巻』ドメス出版、1971所収)
5) L. ベネヴォロ『近代都市計画の起源』鹿島出版会、1976
6) ウィリ・ボジガー、吉阪隆正訳『ル・コルビュジエ全作品集 第2巻』A. D. A. EDITA Tokyo、1978
7) 撮影：森田一弥
8) 提供：竹中工務店
9) 京都大学附属図書館所蔵（部分）
10) 篠原一男『篠原一男 住宅図面』彰国社、2007
11) 上野千鶴子『家族を容れるハコ、家族を超えるハコ』平凡社、2002

0-2

1) J. リクワート、黒岩いずみ訳『アダムの家―建築の原型とその展開』鹿島出版会、1995
2) M=A. ロージエ、三宅理一訳『建築試論』中央公論美術出版、1986
3) 東宝ステラ『ヴェルナー・ヘルツォーク監督作品　世界最古の洞窟壁画 忘れられた夢の記憶』東宝㈱出版・商品事業室、2012
4) 石毛直道『住居空間の人類学』鹿島出版会、1971
5) 佐藤浩司「さまよえる森の住まい」佐藤浩司編著『住まいをつむぐ』学芸出版社、1998
6) 仙田満編『こどもと住まい―50人の建築家の原風景〈上〉』住まいの図書館出版局、1990

0-3

1) 西山夘三『日本の住まいⅡ』勁草書房、1976
2) H. W. J. Rittel, M. M. Webber“Dilemmas in a General Theory of Planning”Policy Sciences, 1973
3) 建築計画教科書研究会『建築計画教科書』彰国社、1989より作成
4) パブリック・ドメイン（Wikipedia）
5) 岡田光正ほか『住宅の計画学入門』鹿島出版会、2010より作成

column 00

1) 撮影：前田昌弘
2) 提供：京都大学大学院工学研究科髙田研究室
3) 提供：UR都市機構
4) 小林大祐「京都人だけが知らない建売り住宅小史」『京都げのむ』No.2、京都CDL、2002
5) 共和木材工業㈱ HP「レインボータウン水口貴生川　建築条件付き土地のご案内」2019/6/6
6) 国土交通省「住宅着工統計」2022より作成

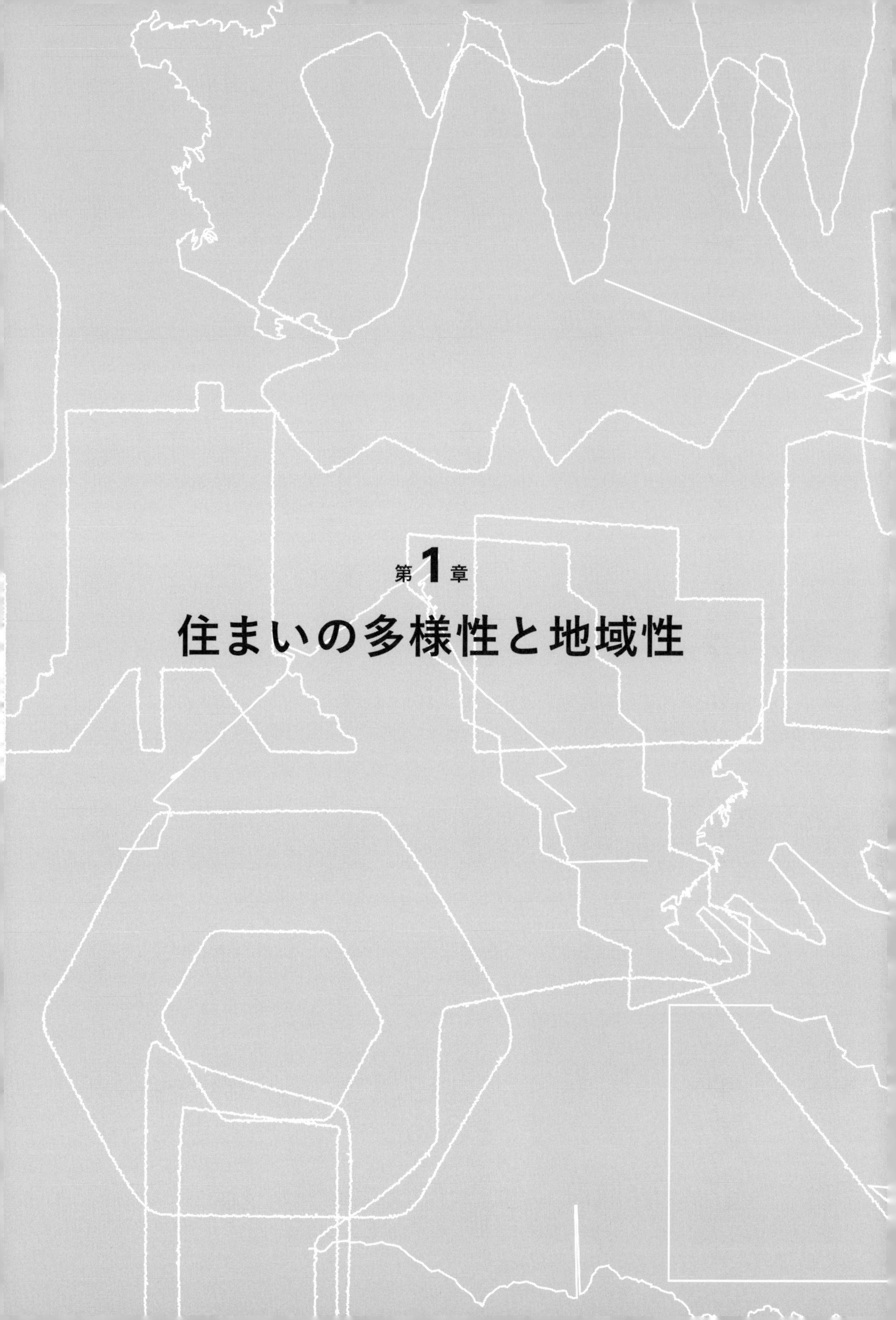

第**1**章

住まいの多様性と地域性

1-1 世界の多様な住まい

人類は極域から砂漠にまで住み着いた稀有な生物だが、それを可能にしたのは人類が住居をつくり出したからである。ところが、物質であるこの住居を様々に想像して単なる物質以上のものとするのも人類だけである。

1 | 風土と建築

建築家なしの建築

現在の世界人口をおよそ80億人として、一家族が父、母、子ども2人の総勢4人からなる核家族だと仮定すると、世界には20億の家族がいることになる。実際はこんなに単純ではないが、あくまでも仮定の話である。そして、1家族が1戸の住居に住むとしたら、世界には20億戸の住居がある。この中に、大工のような専門職に頼らず、住宅産業や建設会社とも関わりなく、住民が自力で建設した住居はどれくらいあるのだろうか。例えば、日本の総住宅数6000万戸程度のほとんどは大工が建設したり、住宅メーカーや工務店が建設したりしたものである。しかし、いわゆる先進国とそれ以外の地域の人口比から考えて、世界的にみればこうした住居はそれほど多くないと考えられる。むしろ、工場産品ではなく地域で産出される資源を使い、固有の文化や社会のあり方を反映して住民自身によって建てられた住居が世界の住居の大多数を占めるのである。

こうした住居のことを、「その土地特有のもの」を意味するヴァナキュラーという語を冠して「ヴァナキュラー建築」と呼ぶ❶。もちろん、その土地特有のものは建築物に限らず、言語、衣装、食などから目に見えない慣習までいろいろあるが、外部から客観的に識別できる文化的指標がアイデンティティであるとすれば、ヴァナキュラー建築は人々のアイデンティティともなる。

この語または概念が建築の世界で有名になったきっかけは、建築家・著述家ルドフスキーがニューヨーク近代美術館で1964年に開催した「建築家なしの建築」展である。「無名の工匠」によるアノニマスな建築を「風土的」「無名の」「自然発生的」「土着的」「田園的」というキーワードでまとめた展覧会は、力強い建築の姿を浮かび上がらせ、建築界に大きな衝撃をもたらした*1。

ル・コルビュジエをはじめとする巨匠たちによって始められた近代建築運動も、1960年代には勢いを弱めていた。近代建築に代わる新しい方向性を模索するために、地域に固有のヴァナキュラーな建築を建築家や研究者が目指すようになったのも自然な流れだった。

「建築家なしの建築」は、現代の建築生産とは異なり、住居のかたちを生み出すロジックが地域の文脈、すなわち自然環境、生態系、地形によって実に多様であることを示している。例えば、降水量がほとんどないペルーの砂漠海岸では、葦と泥で単純だが十分な強度のシェルターを建てる。一方、冬季のヒマラヤ山脈では頑丈で耐候性のある材料が必要である。また、定住した社会では部材の耐久性が重要だが、移動民にとってはそれほど問題ではない。0-2で紹介したプナンのような狩猟採集民にとって、住居は数日もてば十分である。

ところが、こうしたヴァナキュラー建築は、地球環境の変化や大規模な開発、都市化によって、大きな変化を余儀なくされている*2。パプアニューギニアの森林でツリーハウスに住むコロワイ族❷は森に生息する精霊がもたらす災いを恐れており、ツリーハウスは災いから居住者を守る役割を果たすと信じられてきた。しかし今日、彼らの中にも、森を出て政府が開設した町に定住したり、教育や医療のために都市に移住したりする若者や家族が増えている。ツリーハウス自体も減り、地上に建設された住居に住む人が増えている。

風と土と精神性

建築を取り巻くその土地固有の自然の中で、人は生まれ育ち、長い時間を生きていく。その過程で、自然は人間の精神性すら形成していく。哲学者の和辻哲郎は、単なる自然ではなく、精神構造に刻み

❶ ヴァナキュラー建築（スンバ島）

❷ コロワイ族のツリーハウス[1)]

込まれ、自分自身の存在を実感させ保証するその土地固有の気候を「風土」と呼んだ*3。土地柄や地味とも言い換えられる風土は、人間にとって精神的な支えともなる。

住居もまた、風土と密接に関わる。和辻によれば、住居の固有な様式は「家をつくる仕方」を固定したものであり、その仕方は、寒暖、風雨、地震、湿度、防火などによって生まれる。それゆえに、風土の中で生まれた住居の様式は人間が自らを理解し、自らを知るための表現ともなる。

風土は自然気候そのものでなく、自然気候の下で生み出される観念でもある。さらに、人間の身体、住居を含み、究極的には個人の精神性までを包括するとなれば、以下のような風土と住まい、人間の関係が考えられる。

精神＜身体＜衣服＜住まい＜風土＜自然（気候）

風土の基盤となる熱帯や寒帯、温帯モンスーン、砂漠など、多種多様な気候は、人間の精神性にどのような影響を与えるのだろうか。建築計画学の畑聰一は、地理学者鈴木秀夫の説*4を参照して、砂漠と森林の空間でこの問題を考えた*5❸。畑は、自然環境の違いを実践される宗教の違い、すなわち一神教と多神教の違いと読み換え、そこでどのような思考や世界観が生まれ、共有されるかを説明した。風土や気候、自然がそこに居住する人間精神の深奥にどのように作用するかを検証するのは容易ではないが、砂漠に固有な牧畜民のテントや、森林によく見られる簡素な小屋といった物質的特性だけでなく、住居の象徴的意味作用を読み解く上でも、こうした視点は有用である。

中庭のある住居

人間の自己了解の仕方にまで関わる空間として、アフリカ北部からイベリア半島南部にまで広がる中庭型住居がある。イベリア半島の中庭型住居は、8世紀初頭から始まるイスラム支配時代に北アフリカから伝わった。1492年のグラナダ開城まで続いたレコンキスタ（国土回復運動）で、イスラム教の同半島支配は終わるが、住居はそのまま残った。それゆえに、現在のスペインで見られる中庭型住居は、例えばモロッコのフェズで見られる住居とその形態においてほとんど変わりない❹。

このフェズを含むマグレブ（モロッコ・チュニジア・アルジェリア）の中庭型住居は、一般に外部に固く閉じ、開口部が極端に少ない*6。通常、街路からの入口は1ヶ所しかなく、その通路は台所や物置を兼ねている。通路を進むと、広々とした中庭に出る。息子や娘、その家族や親族からなるその共住集団は、居室を分け合って住むが、その居室には外部からアプローチできず、すべて中庭を介して入るようになっている。

乾燥と暑熱が厳しいために開口部を少なくすることに加え、敵対する勢力や集団の攻撃からの防御、さらにイスラム教原理により女性が外部から見えないようにするためなど、いくつかの理由がある。中庭型住居という形式は、単に居室に囲まれた中庭を持つ空間としてあるだけでなく、砂漠に生きる人々の自然との関わりや世界のあり方、宗教的観念にまで関わる。人間が自らを理解し、自らの存在を確認するための、すなわち自己了解の形式なのである。

日中は高温のために居室に滞在することはあまりなく、代わりに中庭が多様に使われる❺。中庭は、食事はもちろん、日中は洗濯物干し場、穀物や野菜の乾燥場、昼寝などに使われる。周囲の居室部分がヴォールト屋根になっていることから、太陽の動きに合わせて中庭につくられる日影の場所が刻々と変わる。住民はそれに合わせて

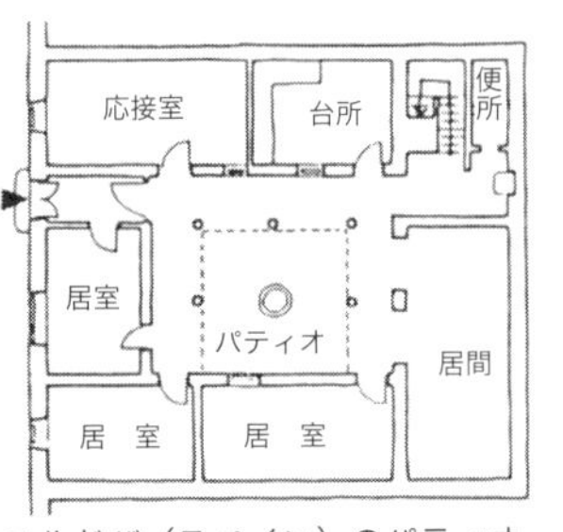

コルドバ（スペイン）のパティオ

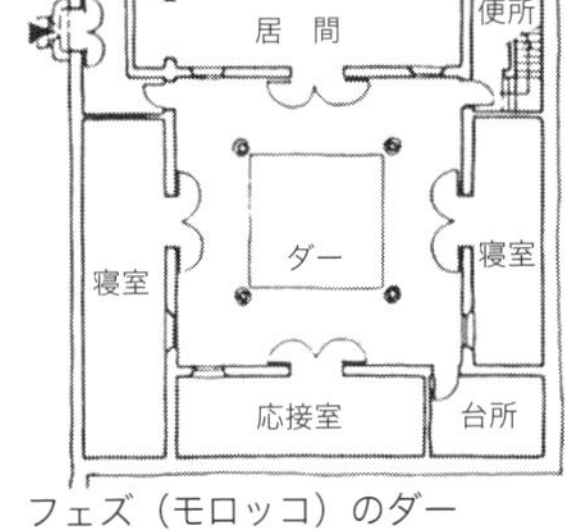

フェズ（モロッコ）のダー

❹ コルドバとフェズの中庭型住居[3)]

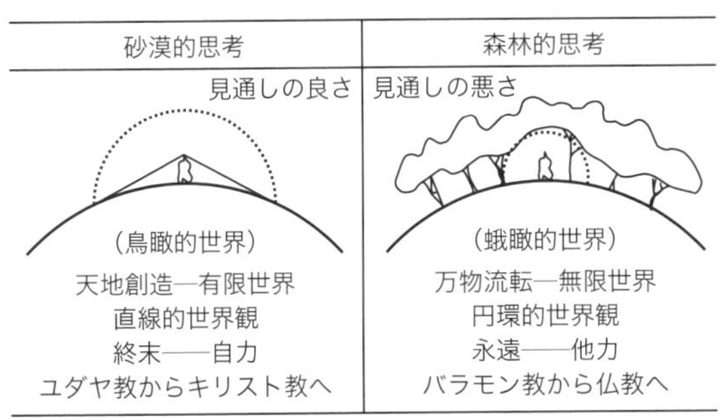

❸ 森林の思考と砂漠の思考の違い[2)]

❺ 多用途に使われる中庭[4)]

❻ 夜には団らんの場所になる[4)]

洗濯物や野菜の置き場所、昼寝の場所を変えていく。この中庭がもっとも賑やかになるのは、夜になってからである。中庭を囲む居室から住民がたくさん出てきて、一族団らんの様相を呈する❻。1日の寒暖差の大きな北アフリカでは、夜中になると風が出てきて涼しく、快適な時間を過ごすことができる。

中庭は今日においても、宮脇檀の松川ボックス（1971）など、パティオと呼ばれてしばしば住宅設計に取り入れられるように、デザイン言語としても有用である。一方、今日のコルドバのパティオは、従来の中庭の在り方から大きく変化した。草花や木々で装飾し、それを自分たち以外の人にも積極的に観賞してもらうための、いわば展示空間になっている❼。

2｜気候・自然環境がもたらす特異性

ヴァナキュラーな住居はその場所で産出できる材料を使って、土地の形状に合わせて建てられる。生態系や自然環境、地形、地質など、与えられた条件やリソースから何が使えるかを、長年、住民が自らの生活を実験台として試行錯誤してきたようなものである。ここでは多様な住居のあり方を概観してみよう。

極域の氷の住居：ブリザードから避難する

アジアの果てまで遠征した初期人類の一団は南洋に向かい、別の一団は北上して1年を通して雪氷に覆われた北極に進出し、地続きであったユーラシア大陸からアラスカに渡り、北米大陸に行き着いた。狩猟採集を営む極域の民（シベリアではエスキモー、カナダではイヌイット）は、氷の住居をつくる。ブリザードが吹くと気温は急降下し、ときにマイナス70度以下にもなるため、外にいれば凍死から逃れられない。そこで、イヌイットはブリザードの予兆があると移動を止め、雪氷面に掘り込んだ穴の周囲に切り出した氷をドーム型に積み上げて、イグルーをつくる❽。その中に、食糧と毛皮の交易のために捕獲した動物、少ない家財道具をすべて入れて、ブリザードが過ぎるのを待つ。内部は簡素な一室空間だが、簡単な煮炊きをするための場所や寝るときの寝台のような段差がつくられる。風の侵入を防ぐために、前室を設けることも多い*7。

バリ人の住居：人体との密接なつながり

インドネシア、バリ島のバリ人の住居には、古来、指先の関節の長さから、両手を水平に広げた長さまで、様々な人体寸法（身体尺）が用いられてきた。住居はいわゆる分棟形式で、頭（屋敷寺）、腕（夫婦や息子・娘など各人の居室）、へそ（接客など共有の多用途空間）、脚（厨房）など、人体のメタファーからなる屋敷構成を持つ❾。日中は暑熱が厳しいが、人々は居室内にほとんどいない。代わりに、居室前の軒下や中央にある基壇上の壁のない共用空間の床上で過ごす。居室の扉や窓は日中でも閉め切ってある。夜風が出てきて多少涼しくなるころに部屋に入り、窓や扉を開け放つと、熱された空気が屋根や窓の上部に開けられたスリットから抜けて、涼しい外気が入ってくる。屋内で気持ちよく過ごす工夫である。

ディンカ族の住居：土を使いこなす

世界で最も新しい国家、南スーダンはアフリカ東部の赤道直下にある。暑熱に加えて、雨季には多量の雨が降る。ただし樹木は少なく、屋根材に使われる程度である。牧畜民ディンカ族の住居は地床式で円形平面を持つ❿。壁には竹を円形に配した上に土を塗り重ねる。この土壌は黒色綿花土と呼ばれ、農業にはよいが住居の材料には向かない。乾季には収縮して大きな亀裂を生じ、雨季には膨潤して亀裂が閉じることに加え、雨水に容易に流出する。そのため、壁面の劣化が激しく、しばしば崩落したり、ひびが入ったりする。

現在は、この土にコンクリートを混合するなどして高品質化する試みが進められているが、実用化には至っていない。今のところ代替の部材もなく、内戦などによって国内の住宅産業も育っておらず、市場で工場産品がほとんど出回っていないため、今日でも、人々はこの厄介な素材と付き合っている。

モンスーンアジアの住居：洪水と生きる

タイ中部のアユタヤは、チャオプラヤー川沿いの水濠都市として中世から栄えたアユタヤ王国の旧王都である。今日でも、周辺には多数の運河が流れその周囲に集落が営まれている。この地を覆うモンスーン気候の特徴は明瞭に分かれた雨季と乾季である。雨季には多量の雨が降り、河川や運河は氾濫するが、冠水した水は稲作に欠か

❼ 美しく飾られたコルドバのパティオ

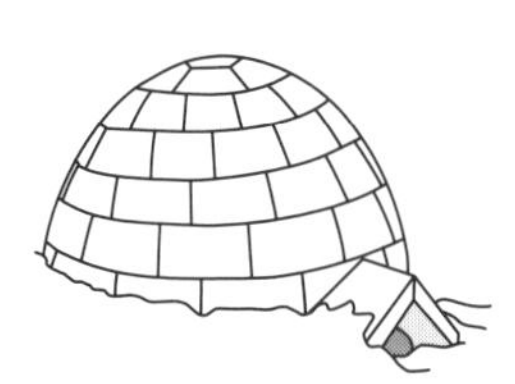

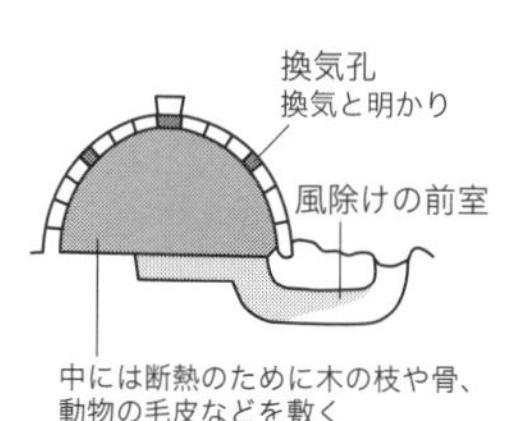

❽ 極北のイグルー

せない。高床住居は床下に十分な高さを持ち、2m 近く冠水しても床上での生活が可能である⓫。もちろん家具や家畜、車、バイクなどは、床上や高台に避難させる。乾季には、床下は多用途な空間として利用されるが、各家で小型の手漕ぎボートを複数所有しているのも、この地の特徴である。

道路が敷設されるまでは、舟運が主で、住居の入口は運河側にあった。各家は、屋敷の運河側に船着場を持っており、運河から順に、住居、その周辺の菜園や果樹園、住居後方に森林があり、その森林を超えたところが水田であった。

黄土高原の住居：乾燥した大地で地下に住む

中国の黄土高原は、人間が居住する自然環境の中では、極域に次いで過酷かもしれない。年間の平均降水量は450mm で平均気温は 10℃ 以下になる。風積土の黄土が400 ～ 700m の厚さで堆積している。冷涼かつ極度に乾燥しており、地表面にほとんど植物は育たない。半乾燥地に属し、冬の寒さが厳しい夏雨地帯である。

この地の住居は窰洞（ヤオトン、窯洞）と呼ばれる下沈式住居である⓬⓭。乾燥した地表面から 10 数 m 掘り下げたところに各辺 10m 程度の広場となる共用空間を配し、そこから水平に掘り込まれたヴォールト天井の横穴式居室に入る。居室群は各家族成員の部屋に加え、トイレ、物置、家畜小屋などからなる。広場は、菜園や庭としても使われる。

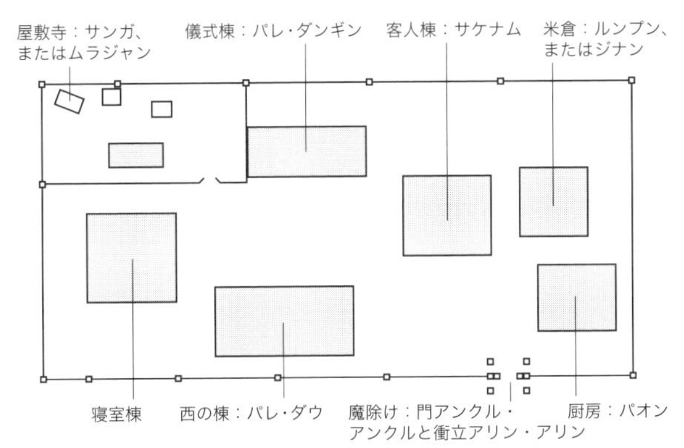

❾ バリ人の屋敷構成と住居群

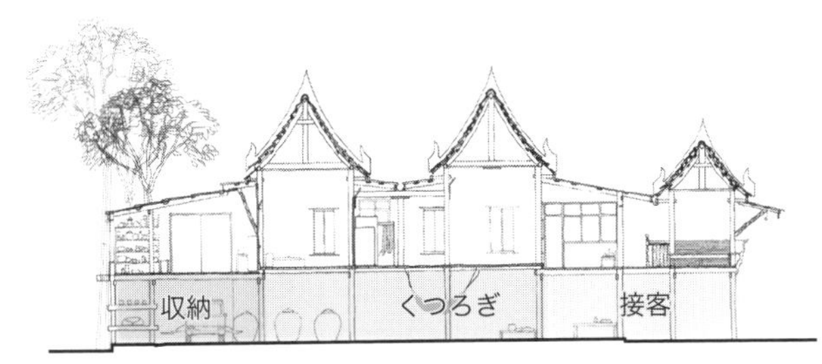

⓫ アユタヤの住居断面図[5)]

3 │ 私たちの祖先はいかに建造物を生み出したか

狩猟採集をしながらアフリカを出発した人類の祖先は、その後、長い時間をかけて世界各地に移動し、様々な環境に適応した。このとき、人類にはなにが起きていたのだろうか。初期人類のまわりには、原初の、本源的とも言える自然が広がっていたに違いない。それは、険しい地形、暑熱、風雪、荒々しい動植物からなる「飼い慣らされていない」自然であり、今日、人間が改変した二次的自然とは大きく異なるものだった。初期人類は、その圧倒的な巨大さや恐ろしさ、手強さに各地で対面しながら、移動を続けたのである。そうした自然との対峙は、人類の内面すなわち心そのものも長い時間をかけて変化させていった。

ドルメン（巨石建造物）

人類と自然との関わりを想起させるそのような建造物の例に、ドルメンや神殿がある。ドルメンは、大きな石柱の上に横石を置き、その上にまた横石を重ねるようにして積み上げられた巨石建造物である。先史時代につくられたものが多く、ヨーロッパやアジア、アフリカなどの各地に存在する。また、南米に到達した初期人類は数々の神殿を建造したが、それらは自然への畏怖や憧憬を表すものだった。そうした自然との関わりは、もちろん巨大建造物だけでなく、今日まで続く居住にまで引き継がれている。

ドルメンは、先史時代の人々の宗教的儀式や祖先崇拝、あるいは社交的な集まりの場としても利用された可能性がある。イギリス諸島に見られる多様なストーンサーク

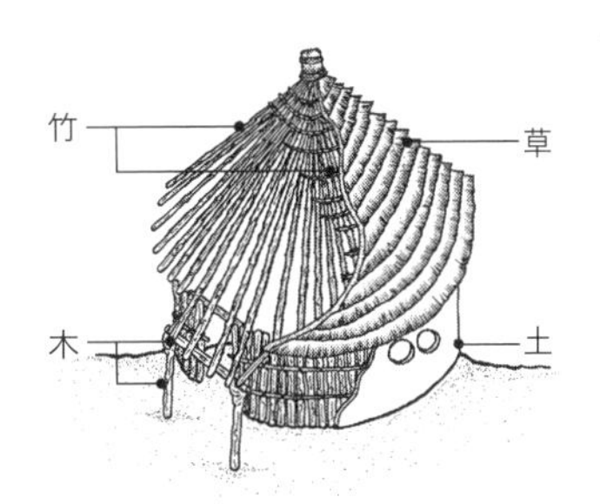

❿ 南スーダンのディンカ族の住居

⓬ 中国湖南省の窰洞

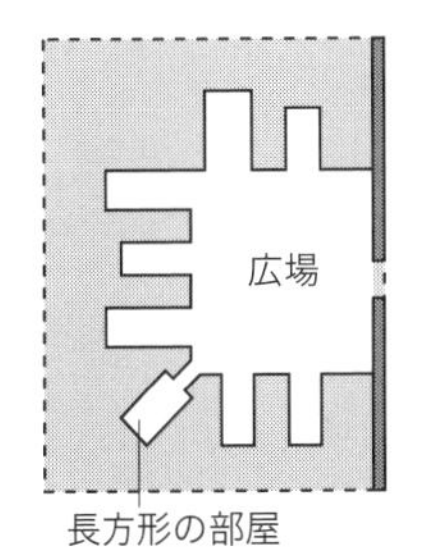

⓭ 黄土高原の窰洞（平面）

ル（環状列石）は古代人の手による円形のドルメンで、紀元前4000～1500年に諸島各地に建造された。自然災害や気候変動の影響を受けやすい地域に建造されることが多く、人類と自然が常に隣接してきたことを示唆する。

ストーンヘンジは、イギリス南部・ソールズベリーから北西に13km程に位置する環状列石で、直立した巨石が円陣状に並んだイギリス先史時代の遺跡である⓮。紀元前2500～2000年に立てられたというのが通説であり、土塁や堀はさらに遡る。馬蹄形に配置された高さ7mほどの巨大な門形の組石（トリリトン）5組を中心に、直径約100mの円形に高さ4～5mの30個の立石（メンヒル）が配置されている。この用途は正確には明らかでないが、夏至の日に、ヒール・ストーンと呼ばれる高さ6mの玄武岩と、中心にある祭壇石を結ぶ直線上に太陽が昇ることから、設計者には天文学の高い知識があったのではないかと考えられている。このことから、太陽崇拝の祭祀場、古代の天文台など様々な説が唱えられている。

モニュメントから神殿へ

南米にも、古代文明が建設した多くのモニュメントや宗教的祭祀施設、神殿が存在する。そもそも人類がアンデス地帯に到達したのはおよそ紀元前13000年前である。当時、人々は狩猟採集をしていたが、やがて氷河が後退すると植物栽培と動物飼養が始まった。動物飼養は今日の牧畜につながる。紀元前3000年頃になり植物栽培から農耕定住に至ると、アンデスの山間部では神殿が建造され始めた。古代アンデスでは、自然界の力や祖霊を崇拝していたため、神殿は神聖な場所として重要視されていた。それは、神殿内部で発見された副葬品からもわかる。神殿は常に高地に建てられ、山や太陽、月、星などの自然界の神々に奉献された。

コトシュ遺跡で発掘された「交差した手の神殿」⓯は、紀元前2500年頃の建造と推測されている。初期の神殿であるために全体は1辺9m程度の小ぶりな正方形で、石を芯にした土壁、壁龕、段違いの内床、部屋中央の炉、煙道を持つ*8。これらの特徴を備えた神殿はアンデスの他地域でも見られることから、同種の宗教観が広範に広がっていたことが示唆される。

4｜信仰と住居　宗教的観念と住居の関係

世界中にはひどく風変わりな形式の住居があるが、人々がそうした住居を建設するのはなぜだろうか。また、住居内外の生活には様々な規則めいたことや、してはならないこともある。それは住居とどう関わるのだろうか。住居の形式や空間の構成が人間の心、すなわち宗教的観念や信仰とどのように関わり、規制や禁忌と関わるのかを考えてみよう。

家の神

はじめに、日本の場合を考えてみよう。かつて、日本の家の中心にあったのは生命の連続性である。肉体と精神からなる個人から別の個人へと生命がつながること、すなわち婚姻により成員が再生産され、集団としての家族が持続、拡大することが、かつての日本の家の中心ごとであった。その生命の連続性を守る様々な象徴が「家の神」と総称される超自然的存在であり、人は家の各所でそのような存在を敏感に感じていた⓰。家が置かれる土地、その上に建てられた家、その家の各所に、「それぞれ、たましいがやどって、そこに住む人の吉凶をつかさどっているというふうに昔の人は見た」*9。家は単なる物質ではなかったのである。

この家の神はもともとは祖先神であり、農家の場合は寝間にまつられていた*10。しかし、神は不浄なものと一緒にできないので、多くの地方社会では穢れと解釈される出産時や月経時には専用の小屋を使った。その後、江戸時代の初めに宗門改が実施され、祖先神は仏として仏壇にまつられるようになり、仏壇は外来者にも見える座敷などに置かれるようになった。

家には、人間だけでなく神もいる。神は、人間とは異なる存在であり、超自然的な様相を呈する。こうした人間以外の存在と住居の関係をさらに見てみよう。

⓮ ストーンヘンジの全体像[6)]

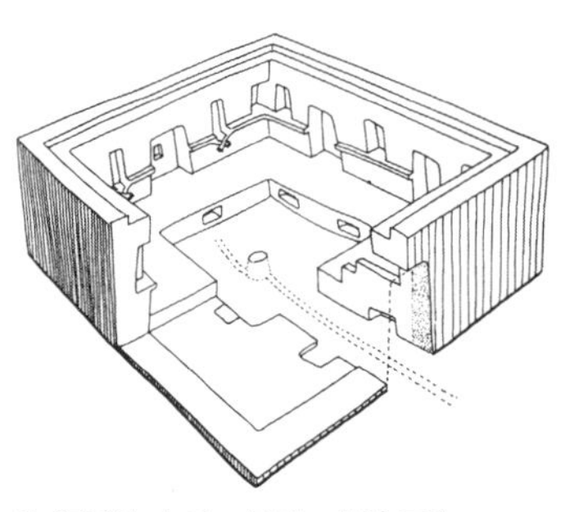

⓯「交差した手の神殿」概念図[7)]

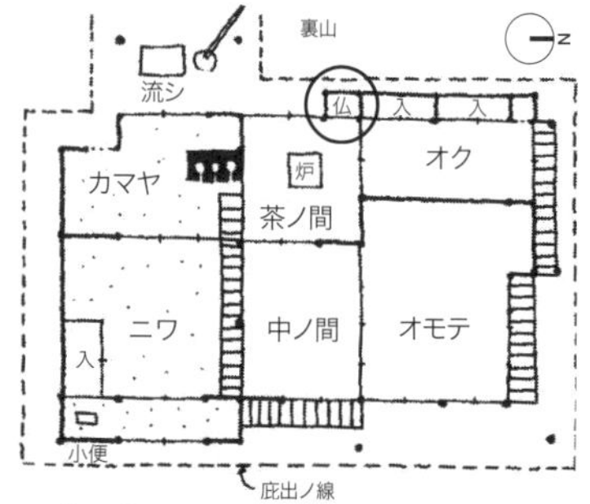

⓰ 家の神が祀られる場所[8)]

暗闇の家

東南アジア大陸部の中央に位置するタイの北部山地には、北方の中国南部や旧ビルマ南部から越境してきた少数民族が多く住む。中でも、チベット・ビルマ語系の言語を話す集団であるアカは独特な住居に住む。一見すると、ごく普通の入母屋屋根の高床住居だが、内部は、ほぼ同じ大きさで対称形の男女の居室に分かれている⓱⓲。アカの家でもっとも興味深いのは、もともと開口部が入口の扉しかなく、窓もないため、屋内は日中でもほぼ真っ暗であるという点である*[11]。それゆえに、日中、屋外から住居内部に入ると、目が暗順応するまでなにも見えない。一方、夜はランプの明かりが灯るために、視覚は確保されていた。

アカの住居が日中でも暗いのはなぜだろうか。近代以降の常識に反して、なぜ彼らは暗闇の中で生活するのだろうか。これを知るにはアカの文化を理解することが少なからず必要となるが、中でも死生観や祖先の霊の存在が重要である。

中央の壁を挟んで手前と奥に対称に並ぶ居室のうち、奥側の女性の居室には祖先を祀る祭壇がある。アカはこの祭壇で祖先祭祀を行う。祖先は霊的存在だが、霊的存在は人と正反対の属性を持っている。人は調理されたものを食べる一方で霊は生ものを食べる。また、人が昼間に暮らす一方で霊は夜に暮らす。だから、霊的存在がしばしばあらわれる住居は、人のために明るいばかりではなく、霊のために暗いことも必要なのである。

アカの世界には人と霊がいることを、アカの住居は端的に表している。霊的存在と人が共存する世界こそが、アカが現実に生きている世界であり、住居はアカが理解している世界を写し出しているのである。

5｜宇宙のなかの住居

住居は小宇宙（ミクロコスモス）だと言われる。宇宙(コスモス)そのものではない。その意味はなんだろうか。そして人と小宇宙の関わりはなんだろうか？

書物としての住居

日本人の家を訪れて、床上を平然と土足で歩き回る外国人のエピソードは滑稽だが、その滑稽なことを、人はしばしばしてしまう。人が暮らすどのような空間にも、規則ほどではないが、誰がどこに座るか、なにをどこに置くか、誰がそれに触ってもよいか、誰が先にそれをするかといった決まりごとがあり、はじめのうちはそれらを知らないからである。

およそどのような社会のどのような住居にも、そうした不可視の決まりごとやオーダー（秩序や規律、慣習）が複雑に重層している。住居のこうした特徴は、書物やテキストになぞらえられる*[12]。書物には未知の知識や考え方、興味深い物語が書かれているが、住居に書かれているのは、様々な決まりごとやオーダーが表象する社会関係であり、価値判断の基準や感性の源泉である。食事のとき、父親は一番テレビの見やすい位置に座るとか、来客があったときには普段使われることのない部屋に通されるとか、裸足で庭に下り立ったら母親に叱られたなど、人は、日々の暮らしの中でそうしたことがらを、自分の身体を介して、書物を読むように経験していく。そして、父親や来客とは誰なのかを知り、きれいや汚いとはどのようなことなのかを、暗黙のうちに身体に刷り込んでいく。

インドネシア、ティモール島のアトニ族の住居には、こうした意味がきわめて豊穣かつ重層的に織り込まれている*[13]。アトニには父系の大クランがあって、核家族単位の住居も父系的に営まれている。家族内では男性と女性の役割分担が明確で、男性は通常、農業や狩猟などに従事し、女性は家庭内での仕事、子どもの教育や家計

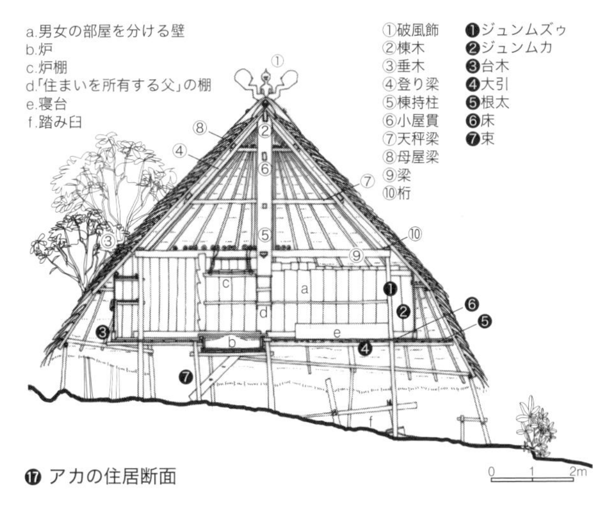

⓱ アカの住居断面

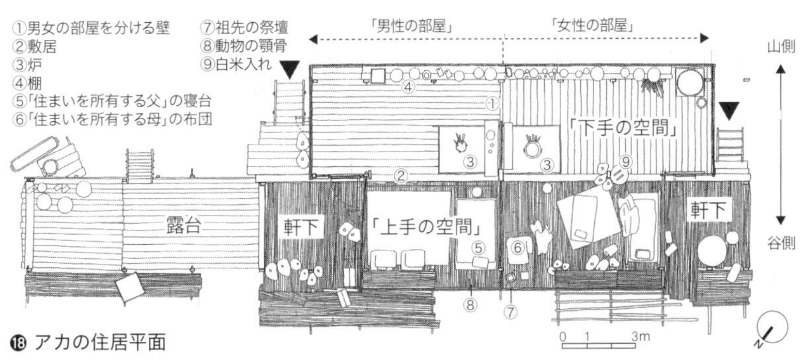

⓲ アカの住居平面

管理に専念する。

アトニの住居には入口が一つしかなく、先述のアカと同様に窓はない。内部は間仕切りのない一室空間だが、多様な意味や諸関係が積み重ねられており、また、全体としては二分割原理によって支配されている⑲。

住居内部は右が「男」や隠喩としての「南」「前」に関連付けられる一方で、左は「女」や「北」「後」に関連付けられ、全体では前後左右に四分割される。前と後の対立は屋外と屋内、男と女の対立に対応する。また、屋外と屋内は全体として両者を覆う屋根裏に対立し、下は女、俗なるものに関連づけられ、上は男や聖なるものに関連づけられるという対照性が生まれる。こうした空間概念ばかりでなく、婚姻儀礼で妻を与える集団は右側に、妻を受け取る集団は左側に位置するなど、社会関係すらも空間に表象される。このように、ほぼあらゆる文化事象、社会構造は住居を通して知ることができる。

住居はかたちを持つという本質があるがゆえに、人々は、そのかたちを模倣することで、同じ形式の住居を延々と再現することができる。その際に、形式の中に埋め込まれた意味もパッケージされる。住居は意味や概念、知識を埋め込んだ書籍となり、それらを世代から世代へと伝達するためのもっとも有効なメディアの一つとなる。住居に埋め込まれた意味や諸関係は、ある種の象徴表現である。それゆえに、デフォルメされたり、ときには失われたりもする。すべての意味を完璧に備えた完全な宇宙ではなく、それを矮小化した小宇宙なのである。

住居の人格化（生と死）

小宇宙としての住居には、そこに生きる人々にとって必要な意味や関係が埋め込まれている。人は日々、そうした意味を読んでいくが、その(小)宇宙のあり方(宇宙観)、あるいは世界のあり方（世界観）は、人々が自らの周囲の環境をどのように知覚し、認識し、理解するかによって決まる。その仕方は多様であり、また、普遍化できるものではない。それをもっとも端的に示すのは、物質としての住居を人格化し、あたかも生きている実体のごとく扱う社会の事例である。

インドネシアのスラウェシ島に住むトラジャの集落では、かつて、「草分け」の住居を含む複数の住居が火事によって消失した際に、人間ではなく消失した草分けの住居のための葬式が行われた⑳。草分けとは、その地に初めて辿り着き村を切り開いた遠い祖先の系譜に連なる者が住む住居であり、現代につながる自らの起源を保証する重要なものである。このように、住居の生物化の到達点はその死だが、住居が生きていることが当然の世界であれば、その死もなんら問題なく起こることだろう。

⑳ トラジャの葬式 9)

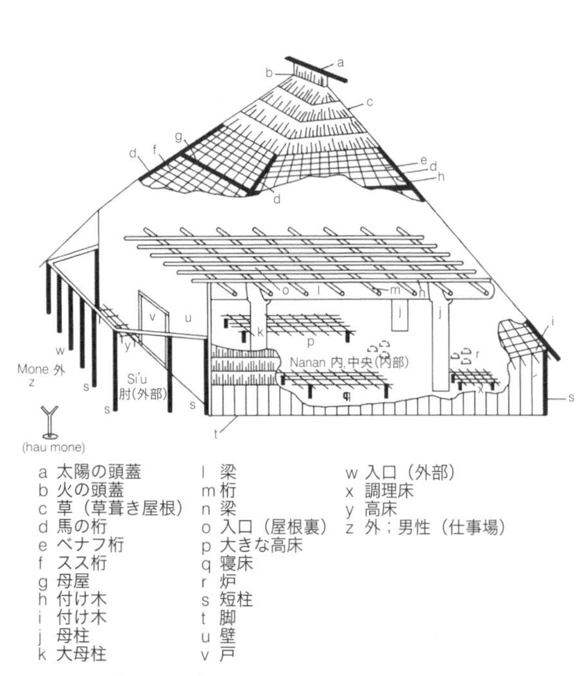

⑲ アトニ族の住居 9)

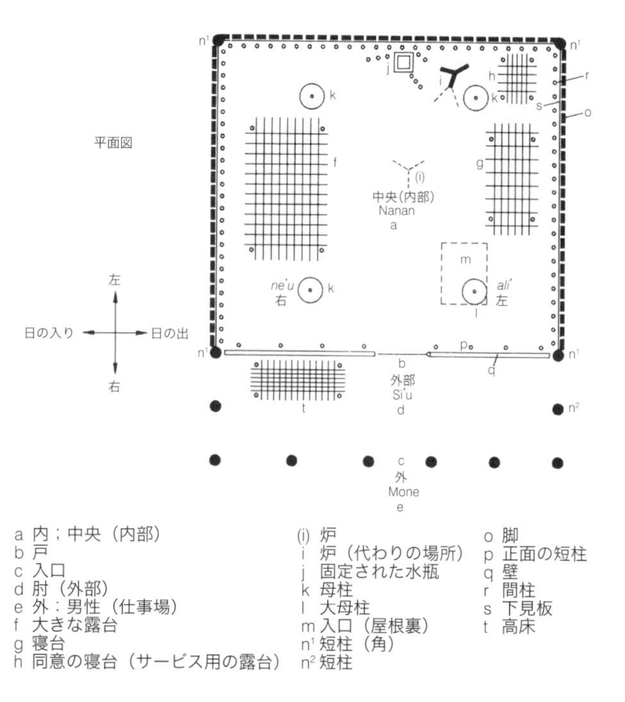

1-2 住まいと集落・街並み

80億にまで増えた今日の人類だが、個々にではなく、夫婦や家族として暮らし、また村、集落、町など、いくつものまとまりに分かれて生きるのがその特徴だと言える。こうした人類の多様な集まり方の形態を見ていこう。

1 | 住居と人の集合

農耕が始まった紀元前1万年頃には、世界で10万人足らずであった初期人類が、生物学上の奇跡とさえ言われる個体数の増加を成し遂げた理由はなんだろうか。かつて、建築人類学者の佐藤浩司は次のように述べた。

> 住居は人類のつくりあげた画期的な発明品です。住まいがなければ、人類がこんなにもひろく地球上を覆い尽くすことはなかったにちがいありません。住まいがなければ、人類がこんなにも集団の連帯をつよめることができたかどうかもわかりません。住まいを持つことによって、個体の変化ではとても対処しきれないほど多様な環境に、人類は柔軟に適応してゆくことが可能になったのです＊1。

佐藤が指摘するように、住居はまずはシェルターとして人類に必要であった、というより、人類は進出した先々でその地の自然、地形、生態に合わせて、生存のために住居をつくり、改変していった。過酷な自然や敵対する動物、異人種たちから身を守る住居を手にしたことが、今日の人類繁栄の起点になった。

集団の連帯についてはどうだろうか。家族や世帯のように、2人以上の個人が特定の共同目標の下に集まり、何らかの相互作用を行う社会的結合を集団とすれば、住居がある方が、集団の成員は持続的に増加し、目標を達成しやすいだろう。また、集まることで、より集約的に人力を確保し、経済活動を発展させたことは、西アジアや南米における古代都市の創出に関する研究で明らかになっている。

今日の複雑化した社会では、シェアハウスのように非血縁者の居住が当たり前に見られるが、人類の集合の契機は、もともとは地縁と血縁しかなかった。そうした契機によって創出された集団の一形態が集落である。集落は、信仰や慣習などを共有する集団が居住し、住民同士が相互に協力しあい、生活の維持・向上を図る生活扶助機能（冠婚葬祭）、生業の維持・向上を図る生産補完機能（草刈り、道普請）、農林地や資源、文化などを維持・管理する資源管理機能→ column 07など、一定の自律した政治経済システムを持つ。この集落に焦点を絞り、いくつかの事例を見ていこう。

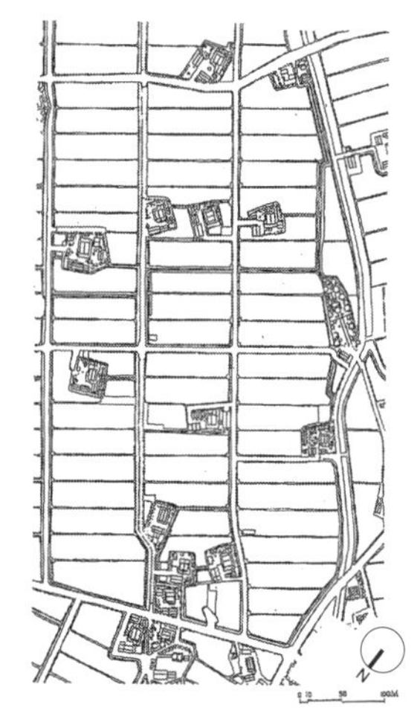

❶ 砺波平野における圃場整備前（左）と後（右）の散村の景観の違い[1)]

2 | 農村の立地形態　効率化の追求

土地所有の上に成立する農村は、その内外に土地を展開し、労働力を持続的に確保する必要上、定着性が高い。そのため政治、経済、宗教などに関わる緊密な社会組織が見られる。

散村、または散居村は、一般的な日本の集落形態であり、住居が比較的密集して配置される集村→ 3-3に比べると、住居が一定の距離を保って広く分散して配置されている。散居村は広い土地を必要とするが、集村は比較的小さな土地でも成立するため、都市近郊や商業地域でも見られるという違いがある。

日本の代表的な散居村である富山県の砺波（となみ）平野では、整然と区画された農地の中に住居が広く点在している❶。しかし、こうした景観は昭和40年代以降の圃場整備によって形成された＊2。以前は、道と水路が複雑に村内を走り、水田も不定形であった。

現在まで引き継がれた景観の特徴は、各戸と農地の関係である。各戸が所有する農地は屋敷周辺に、水路に沿ってまとまって確保されている。屋敷と農地が一体となって1世帯の経営単位をなしており、平野全体がこうした単位の集合とみなすことができる。

砺波平野は庄川が形成した扇状地なので、稲作の水利には有利だが、浸水しやすい。そのため、住居は周囲より一段高い土地に建てられていった。屋敷構えを構成するのは、母屋、納屋、蔵などで、周囲は防風林で囲まれる。防風林は季節風が南から吹くために屋敷南側に配されるが、一方で、南から北へと至る水流に対応したカミシモの秩序がある。母屋は座敷がカミ側にくるように配置され、納屋はシモ、農具小屋や蔵はカミ側に配される、という具合である。

3 | 漁村の立地形態

点在するか集積するかという違いはあるが、農村は農地という生活空間をその周囲に持つことから、相応に広い土地に立地する。これに対して、漁村はしばしば高密度居住となり、その様態は都心の人口密度に匹敵するほどである。海沿いの出漁好適地に住居が集中するのが主な理由だが、そのために様々な暮らし方、住まい方が発展した＊3。

高密度居住を住みこなす：伊勢湾答志島（とうしじま）

鳥羽市の沖合に位置する答志島の答志集落は、近隣の他の離島漁村のように海から立ち上がる急傾斜の斜面上に立地するのではなく、漁港近くのわずかな低地に集合し、密集度は高い❷❸。集落内のセコミチと呼ばれる道の幅員は1～1.5m程度しかなく、車は入り込めない。住居は、このセコミチに沿ってその両側に、玄関を向け合いながら建ち並ぶ。

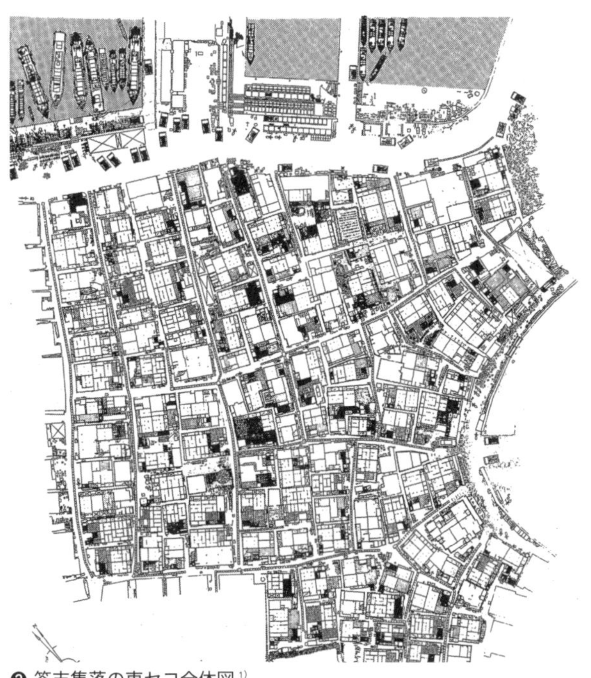

❷ 答志集落の東セコ全体図[1)]

❸ 伊勢湾の答志集落

住居は2階建が多いが、元々は平屋で、敷地面積いっぱいに建てられている。内部は玄関、台所、その奥に4畳半や6畳間をいくつか持つ。それでもかつては、隣家の軒先に雨垂れが落ちないように土地の境界から3尺の距離を取って住居を建設していた＊4。

答志では、住居はそれほど広くない。しかも、敷地が限られていることから建て増しは難しい。そのために、住居内部にもともと配置する場所がない洗濯機や生活財などが玄関前のミチ空間に置かれる、いわゆる「あふれだし」→4-1がごく普通に見られる。家電製品ばかりでなく、外流しもこのミチ空間に設置してあることが多い。これは生業を営むうえでも合理的である。漁撈は重労働であり、また、日々の食材も直接海から得る。漁から帰った後に、仕事着を住居内部に持ち込まずそのまま洗濯機で洗い、また、食材の海産物を外流しで下ごしらえする。近隣には同じ生業を持ち、同様の生活スタイル、生活時間で過ごす家族が暮らす。ミチ空間では隣家同士が声を掛け合い、話が弾んでいく。漁村では、漁撈に限らず様々なことを共有し、協働しなければならず、一般的に共同性は高いが、答志では、ミチ空間を介した近隣とのつきあいがそうした共同性を常に生み出している。

高密度集住における住みこなしは住居内部でも見られる。❹は田の字型平面を持つ典型的な住宅だが、盆正月や冠婚葬祭で人が多く集まるときには、1階のすべての部屋の建具を外し、一室の大きな空間をつくる。そこに、本島から帰ってきた子どもや親戚が集まり、儀礼や宴を開くのである。

迷宮の中の住居：エーゲ海の離島

高密度集住する日本の漁村以上に複雑な街並みを形成

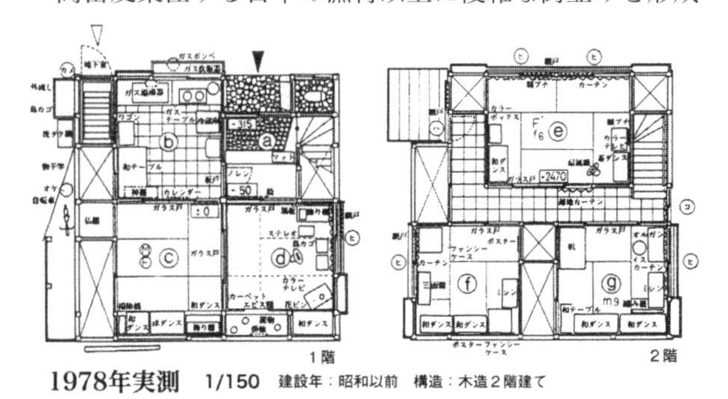

❹ 答志集落の住居内部[2)]

しているのが、多島海として有名なギリシャ、エーゲ海の島々である。中でもミコノス島は、石灰で白く塗られた小さな住居が道に沿ってびっしりと建て込み、迷宮のような様相を呈する❺。この島では外階段を介して上階に移動するが、手すりが彩色された外階段の連続が独特のリズムを生み出している。さらに、道を跨いでその上部に増築された住居群が街並みをいっそう複雑にしている。

ミコノス島のさらに南にあるサントリーニ島は、ヴァナキュラー建築の聖地とも言える島で、紀元前16世紀に大爆発を起こした火山が独特の地形を形成している。島は火山灰に覆われており、また、強風と暑熱でほとんど植物が育たない。島の北端にある町イアは、海から立ち上がるカルデラ地形の険しい斜面上に立地している。上下左右に複雑に建て込んだ街並みが斜面を覆う。住居は斜面を水平に掘り込んだ横穴式で、ヴォールト屋根を持った不定形の居室が並ぶ。

住民の生業は漁業だが、船を所有する船長の住居はキャプテンハウスと呼ばれ、斜面上端の平坦な地形に、矩型の形態で建つ。一方、船員たちは、斜面上に広がる不定形な横穴式の住居に暮らす❻。

4 | 山村の立地形態 森を切り開いて暮らす

平地や海沿いと違い、平坦な場所がない山地では、人々はどのように住居を建設して暮らしているのだろうか。人々の生活は平地でのそれとどう違い、生活空間や居住空間もどのように異なるのかを考えてみよう。

宮崎県北西部の九州山地に位置する椎葉村（しいばそん）は、耳川水系上流部にあり、周辺は1500～2000m級の山に囲まれる。総面積537km²の広大な村で、その96%が山林であり、耕地面積はわずか0.7%である。この地域では、現在でも狩猟採集や焼畑が見られ、山の神信仰も盛んである。椎葉村全域が急峻な斜面上にあり❼、そこで建設される住居も独特の形態をしている。斜面を掻いて平らにならしたとしても、その傾斜ゆえに、谷側に十分に広い土地を確保することは難しい。そこで住居は、必然的に横に長い「並列型」となる❽。

左右どちらからアプローチするかに関わりなく、入口側から炊事を行うドジ、家族が囲炉裏を囲みながら食事・休息などの場として使用するウチネ、若夫婦の寝室や出産部屋として使われるツボネ、最も広い空間で客間や盆、神楽の際の祭儀の間として使われるデイ、神棚が

❺ ミコノスの迷宮的町並み[2)]

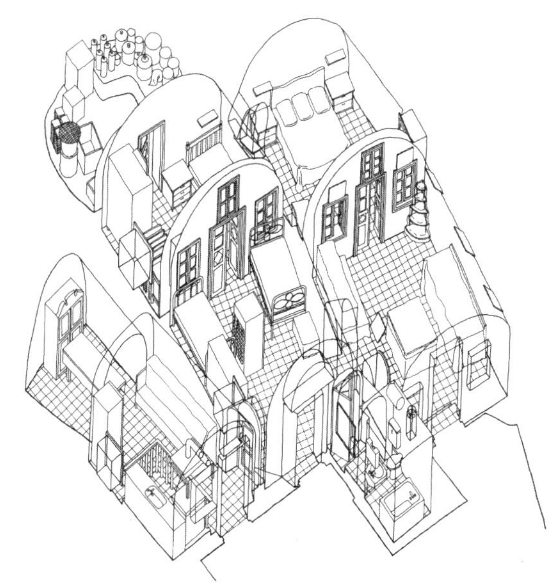

❻ サントリーニ島の伝統的な横穴式住居を民宿に改修した事例[3)]

❼ 椎葉村の断面イメージ

置かれ日常的には使われない神聖な座であるコザの順に、居室が一列に並ぶ。デイとコザには無目の敷居が通され、これより上側はオハラ、下側はシタハラと呼ばれ、オハラに上がれるのは上客だけであったという。居室の利用法からわかるように、住居内では、ドジから離れるほど私的要素が薄まっていく。

5｜神への供えとしての空間

これまで見てきた農山漁村は、生業や地勢を踏まえて形成されていた。そこでは利便性や機能性が求められる一方、人々の暮らしの基盤にある精神性、とくに宗教や信仰が人の集まりの形態や住居の形態を決める手がかりとなる場合もある。沖縄の離島集落を事例として、そうした宗教観念が創出する集落を見てみよう。

宮古島を中心とする宮古群島のうち、南西の沖合に面積 2.84km²、周囲 9.0km の小さな来間島（くりまじま）がある。生業は農業で、サトウキビや葉タバコ、マンゴーなどを生産している他に、観光業も盛んである。島の北西から南東方向へ 30m ほどの高さの断層崖が走っており、集落はこの断層崖のほぼ中央に位置している。人々はこの島を創世した神話的な三兄弟と父系血縁関係でつながっているとされ、各兄弟の末裔を本家とする集団ごとに集まり、儀礼を行う。

小さな集落にもかかわらず、ここには複数の御嶽（ウタキ）がある❾。御嶽とは、杜（ムイ）、山（ヤマ）、元（ムトゥ）、里の神、根所（ニードゥクル）などと呼称される聖地の総称である。来間島では、このうち男性最高神が降臨した場所である東の御嶽と、同様に女性最高神が降臨した西の御嶽、さらにこの両最高神が出会った中央のカーの御嶽（水の御嶽）が集落全体に関わる最重要な御嶽である。カーの御嶽は水が湧き出る井戸の近くにある。人の生存に欠かせない水を生み出したところで男女神が合一し、集落を創出したという神話的世界観が現在でも保たれている＊5。これらの御嶽に入ることができるのは、神と交信し託宣を得るツカサと呼ばれる女性役職者とその補佐の女性集団だけに限られている。また、集落内部にも大小様々な「里の御嶽」と呼ばれる拝所があり、近隣住民の信仰場所であるとともに、日常的に清掃や供物がなされる。

宮古島の本島北端にある狩俣集落は、近年までもっとも秘儀的な祭祀を行っていた。集落北方の森全体が聖域で、神事と深くかかわっている。その中には御嶽や拝所が存在する❿。

来間島と狩俣に共通するのは、北方に神が降臨する聖地があり、人の侵入が厳しく制限されること、その南に人の居住域である集落があり、さらに南には墓地があるという空間的な配列である。死者の領域である墓地のはるか南、南方の海域はいわゆるニライカナイと呼ばれる冥界である。集落は人のための居住域だけではなく、神をはじめとする人以外のものの領域でもある。

1. 東の御嶽
2. 西の御嶽
3. カーの御嶽
4. マスミノス
5. マーンツキ
6. ツメヤルズ
7. ツンティダススシャルダー
8. ツメルジャー
9. ヒマダ
10. アガルパス
11. マパイティン
12. マジュルガン
13. ナカマカニ
14. ウプドノ
15. ウプユムノス
16. ウプティダウマティダ
17. カンジャー御嶽

A 来間ガー（井戸）
B 雨乞い座のデイゴ

海
来間漁港

❾ 来間島の集落と御嶽

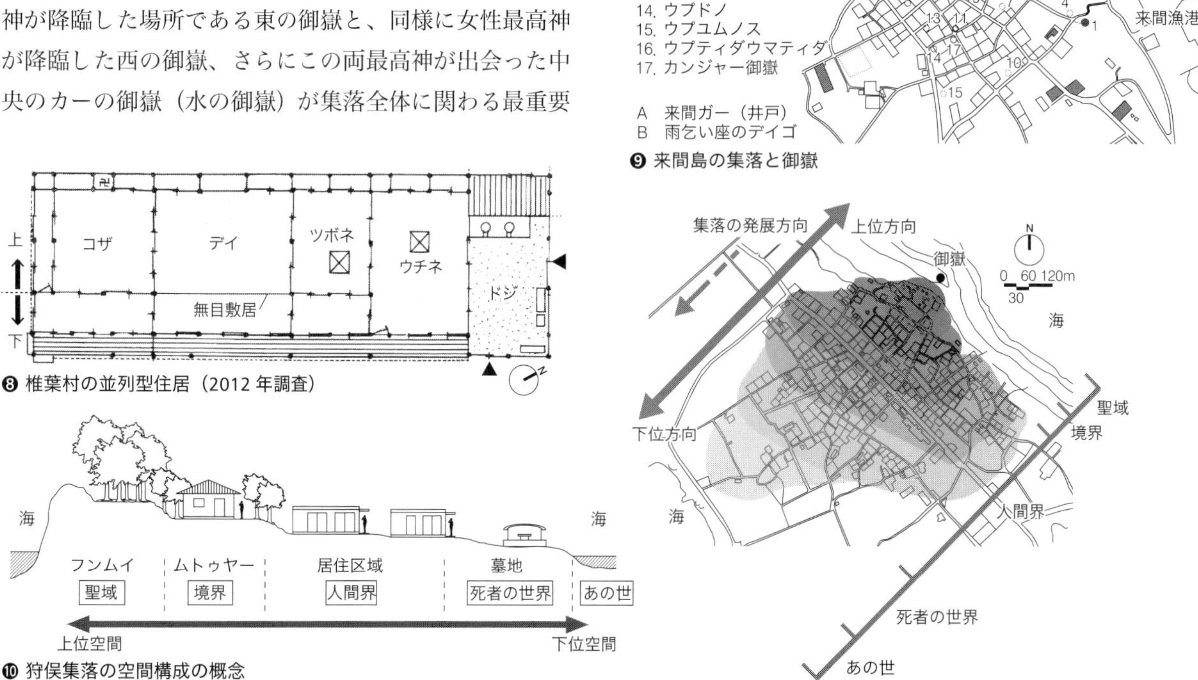

❽ 椎葉村の並列型住居（2012 年調査）

❿ 狩俣集落の空間構成の概念

1-3 風土・生業・材料による住まいの地域性

同じ場所で1年を通して暮らしていくためには、自然環境を考慮した工夫が必要である。日本の民家では自然環境に対してどのような工夫がされていたのか、さらに社会環境がどのように影響していたのかを見ていこう。

1 日本の住宅の地域性

日本の住宅は、自然環境（気候・地勢・資源など）と社会環境（文化・風習・生業など）の違いにより、変化に富んでいる。日本は比較的穏やかな気候で、豊かな水資源に恵まれており、植物素材が豊富に入手可能な地域も多いため、住宅材料として木材が多用されているが、植生や資源の違いにより地域性がある。

和辻哲郎は、「大雨と大雪との二重の現象において日本はモンスーン域中最も特殊な風土を持つ。」＊1と述べている。この言葉の通り、日本の住宅の地域性は、とりわけ大雨と大雪に大きく影響を受けている❶。

2 寒冷地の特徴

日本の寒冷地においては、寒さへの対策だけではなく、雪への対策も必要な地域が多い。寒さ対策としては熱の確保、雪の対策としては屋根や壁などへの工夫が必要である。また、職住近接の生活形態では、生業のための作業空間が必要であり、冬季の住宅外での作業が難しい積雪の多い地域では、住宅内での作業空間の確保が重要である。しかし、日本の民家は断熱性・気密性の高いつくりにはなっていない。

寒さへの対策

熱の確保としては、住宅の中心の広間に炉を置くことによって、住宅全体を暖めていた。一般的に広間の脇に土間と座敷が配置される。寒い地域ではさらに、囲炉裏を複数設ける、住宅の中心近くの土間にかまどを設けるなど、熱源を複数配している場合が多い。囲炉裏の火は決して絶やしてはならないという習慣を持つ家もあり、夏でも火を灯し続けていた。特に寒い地域では、土座に囲炉裏を設け、直接土に蓄熱することにより、住宅内の暖かさを確保していた❷。

住宅内での作業空間は、土間の空間を大きく取ることで確保される。土間を大きくすることによって、住宅全体が大きくなっている。土間は、作業空間や馬屋を内部に取り込む❸だけでなく、便所や風呂を設置していることもある。雪深い冬に日常生活や生業を営みやすい工夫である。

雪への対策

土壁や板壁に直接雪が長時間ふれていると痛みやすくなる。雪への対策としての壁の工夫を行っている民家と

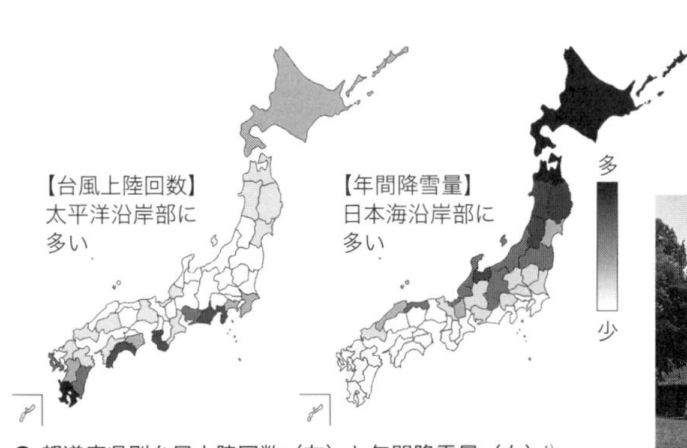

❶ 都道府県別台風上陸回数（左）と年間降雪量（右）[1)]

❷ 土座の囲炉裏

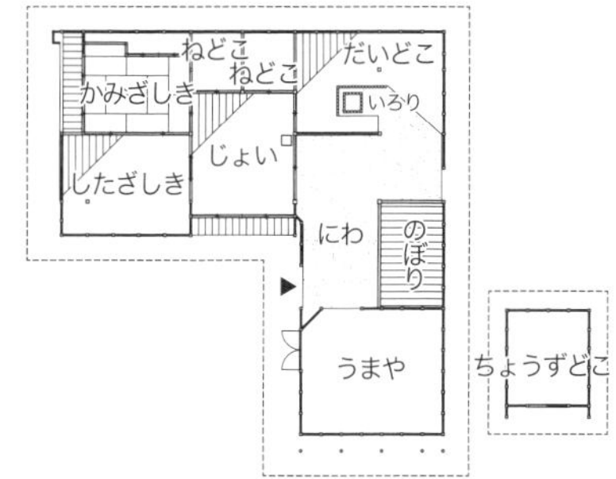

❸ 南部の曲り家（旧藤原家住宅）[2)]

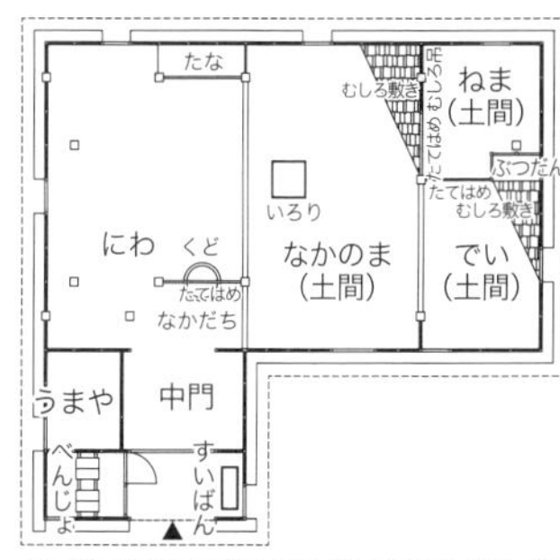

❹ 秋山郷の茅壁の家（旧山田家住宅）[2)]

しては、茅などの植物素材で外壁を覆う、秋山郷の茅壁の家❹やアイヌの家チセ❺が挙げられる。雪から壁を保護するだけでなく、茅などを厚く重ねることにより壁の中に空気の層ができ、断熱の効果も得られる。雪深い地域の理に適った工夫である。

屋根の工夫としては、雪が落ちやすい傾斜、雪が落ちる場所のコントロール、均等に雪が融ける方角などがある。飛騨の白川郷などで見られる合掌造は、大きな屋根を持ち、雪が屋根に積もると大きな荷重がかかる。そのため、屋根の傾斜を急にすることにより、雪が落ちやすくし、その雪を近くの水路に流せるようにしている。また、屋根面を東西にむけ、均等に雪が融けるように棟の向きを統一している❻。

日本海側沿岸部の町家では、庇を張り出して雁木を設置し、積雪時にも通行が可能な工夫をしている。個々の住宅の工夫が連なることにより、まち（通り）としての雪対策につながっている❼。

3｜蒸暑地の特徴

日本の民家では、障子を開け放てば、家の中を風が通り抜けるようになっており、夏の暑さを凌ぐ工夫は全国的に行われている。周囲に住宅の密集している町家では、建具を夏の室礼に変更したり→4-3、坪庭を設けたりして、風をさらに取り入れる工夫をしている。

風を住宅の中に取り込むことは重要ではあるが、強すぎる風の対策も必要である。日本の蒸暑地は台風の通り道でもあるので、大雨による水害に加えて、風害への対策も必要である。

台風がよく上陸する太平洋側の地域には、分棟型の民家が広く分布している。釜屋と主屋で屋根が分かれており、2棟が離れて建つ場合と、雨樋を挟んで隣り合う場合がある。分棟となる理由としては、屋根の大きさが小さくなるので、台風の風の影響を受けにくいこと、炊事を行う釜屋は火を扱うので、火災時に主屋に被害を広げないためなどの説がある。もともと完全に主屋と分離していたものが、利便性を高めるため、隣接するようになったとも言われている。

風への対策

台風の通り道に多い分棟型は、前述の通り屋根の大きさを抑えることで、風の影響を少なくしているが、家の外部における風害対策として、石垣や生垣・屋敷林（防風林）が挙げられる❽。

愛媛県愛南町外泊の石垣の里では、急斜面の山の中腹まで住宅が建ち並び、各住宅は軒に達するほどの石垣で覆われて、台風などの風から家を守っている。

周囲に風を遮るものがない場合、強い風が吹く方向に樹木を植えることで、風の影響を軽減することができる。富山県の砺波平野のカイニョと呼ばれる主に杉を使用した屋敷林、島根県出雲平野の築地松と呼ばれる主に黒松を使用した屋敷林が知られる。どちらもこの土地で生育しやすく、利用価値の高い樹木を植えている。

沖縄の住宅では屋根や軒は低く、屋敷囲いは福木や石垣、生垣をめぐらしてある。これらは防風や防火対策であると同時に、直射日光を遮り、柔らかい涼しい風を住宅に呼び込み、室内を快適にする働きを持っている。屋根は赤瓦を漆喰で固定し、風で瓦が飛ばないようにする。よい風を取り込むために門扉を設けないが、強すぎる風を和らげるために入り口に衝立のようなヒンプン（屏風）

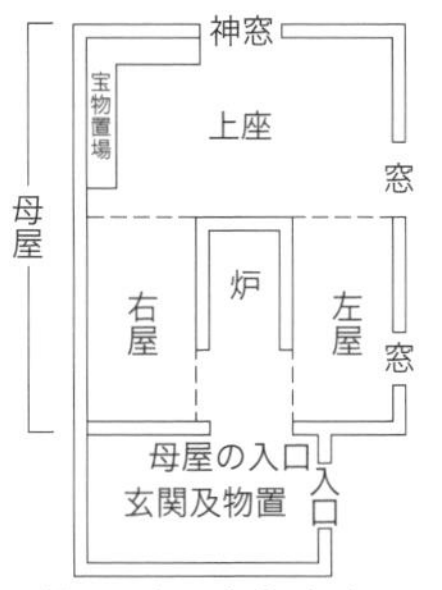

❺ チセ（復元／ウポポイ）[3)]

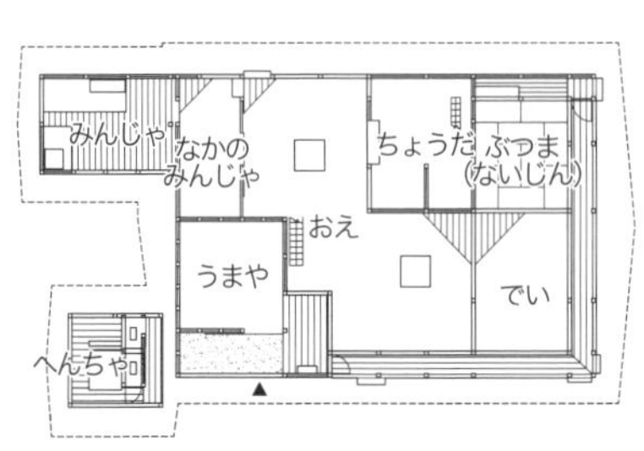

❻ 飛騨白川の合掌造の家（旧大井家住宅）

❼ 雁木（新潟県）

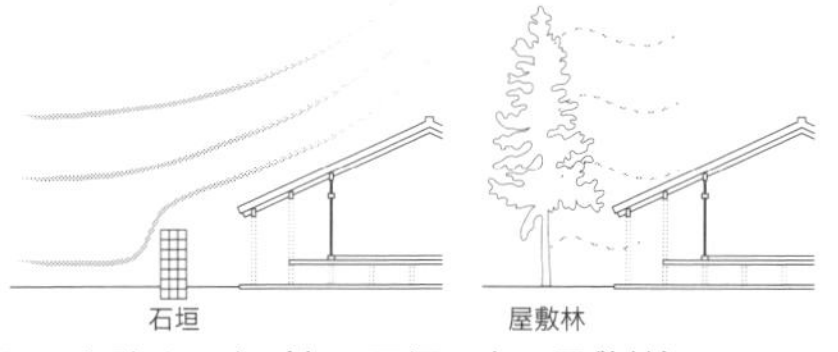

❽ 風を防ぐ工夫（左：石垣、右：屋敷林）

が置かれている❾。

水への対策

水害の被害を受ける地域では、敷地を高くしたり、高い場所に住宅を建てたりするだけでなく、日常生活している住宅とは別に水害時の避難場所として、水屋や水揚げ小屋と呼ばれる建物を設けている。

木曽三川流域の輪中では、川に挟まれた地域を水害から守るため、集落を堤で囲む輪中堤がつくられており、さらに堤が破れたときに備え、敷地を盛り土で高くし、さらに高くした場所に水屋を建て、日常生活に必要な備品や大切なものを保管している→6-5。

川が氾濫すると避難所までの道も冠水してしまう古座川流域（和歌山県）では、水揚げ小屋を設置している。川が氾濫すると母家より高い位置に設けた水揚げ小屋に自主避難し、水位によっては、より高い他家の水揚げ小屋に避難することもある。

4｜生業との関係

職住一体の生活スタイルであった近代以前は、生業によって住宅も大きく変化する。日本においては基本的に農業に従事し、地域の特性により、林業・漁業・牧畜を兼業していたが、漁業は近世以降専業化していった。農業が中心的な産業であったため、続き間に大きな土間を併設した典型的な農家が全国的に展開した→3-3。ここでは、兼業が住宅に大きく影響を与えた養蚕、馬飼、漁猟の住宅を取り上げる。

養蚕

養蚕とは蚕を飼育して、その繭から絹糸をつくる産業である。蚕を飼育するには、暖かく乾燥した環境が必要で、自然の状態では飼育が難しいと言われている。

白川郷や五箇山の合掌造❻や関東から甲州にかけて見られる兜造のように、屋根が大きいと小屋裏の空間が大きく取れ、作業工程により複数の層に分けることができる。破風にある窓から採光と通風が得られ、下層の囲炉裏からの熱と煙で、より暖かく乾燥した状態に保たれる。小屋裏が蚕を飼育する場として適していたため、さらに広い小屋裏へと変化していった。白川郷では、大家族制により養蚕を行っていたことも、家が大型化する要因となった。

但馬地方には、2・3階を蚕の飼育部屋として建てた養蚕農家住宅がある。階高はあまり高くないが、3階建で大壁、掃出し窓、抜気（ばっき）（屋根の上の小さな越屋根）などの特徴を持つ。合掌造と同様に温度管理と換気に適しており、養蚕に特化した住宅である。

馬飼

「西牛東馬」と言われるように西日本では牛が、東日本では馬が多く飼育されていた。牛小屋や馬小屋は主屋と別棟になっている場合が多いが、豪雪地域では飼育作業の効率や馬を寒さから守るため主屋に付随して馬屋を設けている。

長方形の直屋（すごや）に馬屋を接続して、L字形にした形式の住まいである曲り家は、関東以北に広く分布している。中でも岩手県南部地方では、藩の意向で特に馬の飼育が盛んであったため、曲り家が多く見られる❸。出入口は接合部の土間にあり、冬は雪深い外部に出ることなく、土間で作業しながら馬の世話をすることができた。他の豪雪地帯の合掌造、中門造、茅壁の家なども同様に馬屋を内部に取り込んでいる。

漁猟

漁で生計を立てるためには、道具が重要であり、舟は非常に大切にされている。天候や干満に応じて、場所を移動させたり、陸に揚げたりし、舟が傷まないようにしている。さらに風が強いところ、雨の多いところでは、舟を移動させるだけでなく、風雨から守るための小屋に収納することがある。小屋では、漁に出ることができないときの舟や道具の手入れ作業も行える。中でも伊根の舟屋❿は独特で、1階は舟の格納庫、2階が網の干し場や漁具置き場となっており、陸側には小道を挟んで居住棟がある。舟屋の1階は海側に大きく開口部が取られており、直接舟で出入りできるようになっている。住宅と一

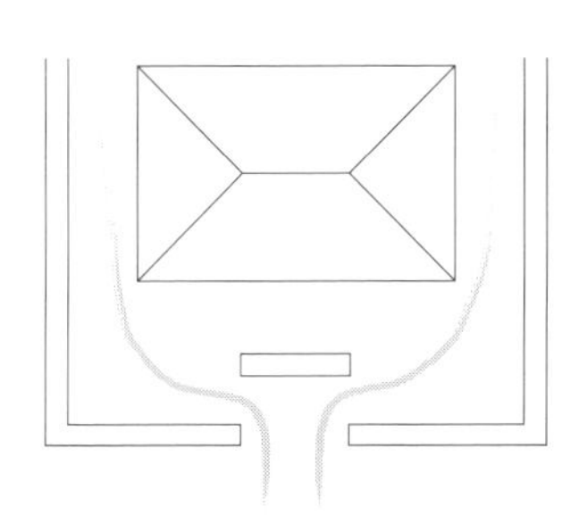

❾ 沖縄の家のヒンプン（屏風）

❿ 伊根の舟屋[4)]

体ではないが、富山県の筒石、八丈島、伊豆などでも舟小屋はつくられていた。

5｜材料・技術との関係

基本的に民家は、地場産の資源を多く用いて建てられていた。手に入りやすい材料を使用することにより、メンテナンスが日常的にできるようになっていた。地場産以外の資源は運搬をしなければならず、陸路や海路などの交通の発達した地域以外では調達が困難であった。そのため、山間部や離島など、資源が限られている地域では、特徴のある材料が使用された。

木

日本の住宅で最も使用されている材料は木材であるが、地域によって使用される樹種は違う。樹種が違うとはいえ、木材でつくられた軸組構法の住宅は印象が似ており、日本の民家に統一感を与えている。地域に適した建材は、その地域に生育している樹種と言われている。

針葉樹の杉、桧、ヒバ、唐松、椴松（トドマツ）など、広葉樹の楢、ブナ、栗、桜などがよく使われる。針葉樹は加工がしやすく、広葉樹は堅く、木の特性によって、使用される部位や用途は異なる。針葉樹は木目も一定で、加工がしやすいため、構造材や仕上げ材など広く使用されている。例えば、杉は日本の固有種で本州から九州にかけて広く分布しており、通気性や防水性にも優れ、用途も広い。ヒバは防虫効果や防腐効果が高く、土台や根太に使用される。広葉樹は木目の表情が豊かで、密度が高く堅いため、内装材に使用される場合が多い。

茅

茅はススキや葦などのイネ科の多年草の総称で、生育が早く、毎年茅場で茅刈りを行い、乾燥させて使用した。保温性が高く、雨にも強い、手がかからない材料であり、屋根葺材として住宅以外にも広く使用されていた。平野の農家の壁は土壁が多く、木材が豊富な山村では板壁も見られたが、雪深い地域では、茅は壁を覆う材料としても使用されていた❹。

竹

竹も生育が早く、容易に加工できる材料として、土壁の下地の竹小舞や竹垣、床や天井など、家の内外で使用されてきた。

竹は痩せた土地や潮風の強い地域でも生育するため、沖縄ではさらに主要な建築材であり、屋敷囲い、ヒンプン、壁、床、屋根葺材など多様に使われていた。特に本島北部や与那国島などでは、垣根をはじめ壁や床、戸、屋根裏の下地材料にまで使用されている⓫。

石

石材は束石や敷居石、石垣など、家の内外で湿気に強い材として、多様に使われる。特に束石は住宅を構成する重要な役割を持ち、床束が沈み込まないように接地面積を広げ、地面の湿気から柱を守っている。石場建ての場合は、地震時に倒壊を防ぐ免震効果もある。

特異な石の使用例として、長崎県対馬市の椎根の石屋根倉庫がある。島内で産出される板状の石で屋根を葺いた高床式の小屋である。小屋には貴重品や食糧・衣類が収められ、屋根を石葺きにすることで火災や強風から守った。火災時に被害を最小限にするため、火を使う主屋から離して配置されていた⓬。

土

土は土壁、漆喰、三和土（たたき）の土間などで、建築材料として使用される。近世以降、防火構造として土壁が導入され、木材の使用量の節減につながることから、畿内地方から日本全国に広がった。

暖房器具が囲炉裏から火鉢へと移行していく過程で、断熱性の向上のため、土壁だけでなく、天井にも土を使った「大和天井」が主に西日本で普及した。例えば、香川県では森林資源が乏しいため、民家は土を主体とした構造で、開口部が少なく、土で塗り固められた外観をしている。天井は梁の上に竹の簀子を敷き、土壁の材料を塗った大和天井として、気密性と断熱性を高め、防火効果も上げている。

漆喰は一般的に消石灰、スサ、ノリなどを水で混ぜてつくるが、台風の多い高知県の土佐漆喰はノリを混ぜない。ノリを混ぜていないので防水性が高く、調湿・防カビ・抗菌性の効果を持つ。風にも強い耐久性を持ち、時間が経つと白く変化するので、熱を遮る効果もある。

⓫ 与那国島の家[5)]

⓬ 椎根の石屋根倉庫（対馬の石葺屋根の家）[6)]

1-4 現代日本の住まいに見られる地域性

近代以降の技術革新とグローバル化の進展により、住まいの地域性がより重要になっている。暮らしやすさだけでなく、自然環境・災害の対策や文化の継承までも見据えた、日本の住まいに求められる地方性とは何か、考えてみよう。

1 | 現代における住宅の地域性

グローバル化の渦中にある現代日本において、住宅の地域性は一見薄れつつある。流通網の整備、近代的技術や工業材料の普及により材料や技術の地域性は限定的となり、設備機器→6-3の発達は室内環境への気候の影響を大きく減少させた。とはいえ、住宅の建つ地域の自然環境や社会環境が住宅の計画に及ぼす影響はいまだ大きい。台風や洪水、猛暑などの影響は、地球規模での気候変動の中その激しさを増している。グローバル化の反面、環境負荷の少ない生活の実現のために、土地の気候に適合した住まいの必要性はむしろ高まっている。地域の個性を育む歴史や文化・景観を大事にする考え方も広く浸透してきた。地域性は伝統的住宅だけの問題ではなく、新しい住宅の計画においても今後ますます重要となってくる。

2 | 現代に見られる寒冷地の工夫

寒さの対策

寒さや雪に対する対処として、開口部や屋根などの工夫だけでなく、住宅全体の断熱、間取りにまで工夫がなされている。まず、外気温の影響を極力少なくすることにより、住宅内の温度を快適に保つ、高気密・高断熱化が挙げられる→6-2。住宅内での寒暖差による体の不調を抑える手段としても注目されているが、寒さ対策としてだけではなく、住宅内の熱効率の向上や熱環境の平準化の手段として、地域を問わず広く採用されている。北海道の住宅は、寒さに対する対策が特に周到で、気密・断熱だけでなく、暖房の効率化のために、暖房器具を設置した居間を中心とした間取りとするなどの工夫もなされている❶。日本における住宅の断熱化の法整備が始まったのも北海道からである。

雪に対する屋根の対策

雪の対策は地域によって違いはあるが、建築基準法で積雪に関する基準が定められている。戸建住宅はこの適用外の場合も多いが、積雪荷重を考慮した構造を検討すべきである。積雪の多い地域では、独自に基準や手引きなどを定めている自治体もある。屋根の積雪への対処方法としては、「耐雪」「雪下ろし」「落雪」「融雪」がある❷。耐雪タイプは、比較的積雪量の少ない地域で採られる手法で、屋根に雪止め❸を設置したり陸屋根とする。落雪を考慮しなくてよいため、密集市街地で有効である。人力による雪下ろしタイプは、最も一般的な対処方法ではあるが、都市部においては、敷地の狭小化、敷地外への排雪による被害、また担い手の不足などから、推奨されていない。落雪場所が確保できる場合は、屋根の勾配や材料で雪を滑りやすくする落雪タイプが選択されている。融雪タイプは設備の設置や運転・維持管理の費用が必要だが、敷地の大きさや形状、積雪量に柔軟に対応できる。

日本において積雪は、多寡の違いはあるが毎年起こり得る自然現象である。大量の積雪により住宅が圧壊することもあり、雪の降る地域では、屋根の積雪への対処が安全上必要不可欠である。

落雪タイプ　耐雪タイプ　融雪タイプ

❷ 屋根の積雪への対処方法

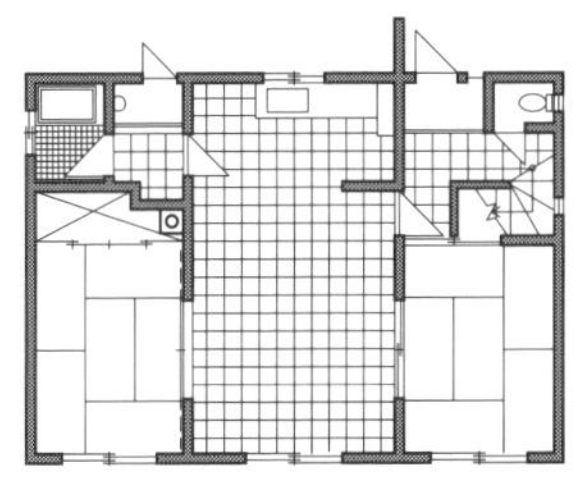

1階平面図　中2階平面図

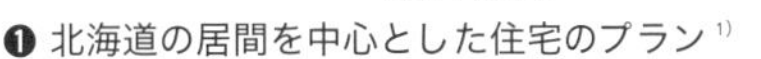

❶ 北海道の居間を中心とした住宅のプラン[1)]

❸ 雪止めのある瓦屋根（福井県）

❹雪囲い（岐阜県）

開口部への対策

積雪は屋根だけでなく、壁や開口部など、住宅内と外部空間が接している部分にも影響が大きい。

壁と窓の保護や通路の確保として、豪雪地帯では雪囲いを行う❹。積雪により壁や窓が破損しないように、屋根から地面に向かって木材を立て、その木材に沿って板や藁、葦などで囲っていたが、近年では波型のトタンやプラスチック板を使用している。軒先の通路として使用されることもある。雪囲いを常設する場合もあるが、特に出入りの多い玄関には風除室❺を設ける。風除室は雪への対策となるだけではなく、内部の暖かい空気を逃さないためでもある。雪により玄関が開かなくなることがないように、玄関自体を高く設置する場合もある。

バルコニーも常設的に囲われている場合があり、室内バルコニー（インナーバルコニー）と呼ばれる❻。雪国以外でも採用されているが、雪の多い地域では、バルコニーへの積雪や屋根からの落雪などの影響がない形状を心がける必要がある。

3｜現代に見られる蒸暑地の工夫

台風による風害と水害への工夫は、現代住宅でも行われている。また、湿気対策も必須となっている。日本においては、台風・水害・湿気は必ずしも蒸暑地に限定されるものではないが、蒸暑地では特に重大化しやすいため、ここで取り上げる。

暑さへの対策

風の通り道を考えた開口部の計画、夏の日差しを遮り、冬の日差しを呼び込む軒の出など、通風や採光のコントロールは、現代の住宅計画において必須である→ 6-2。

沖縄県では、様々な形の穴が開いたコンクリートブロック「花ブロック」が、外壁などに多用されている❼。沖縄の建築家・仲座久雄が発案した、強い日差しを遮りながら強い風を防ぎ、柔らかな風を呼び込む形態は、沖縄の風土とよく馴染んでおり、住宅以外の場所にも使われている。

暑さ対策ではないが、沖縄では鉄筋コンクリート造の住宅が全国でも飛び抜けて多い。これは台風による風害対策に加え、木材資源が少ないことやシロアリ対策、アメリカ占領期の影響も大きい。また、降水量は多いが梅雨と夏季に集中しており、ダムが整備される以前は慢性的な水不足であった。そのため、今も屋上に貯水タンクを設けている住宅が多い。これらも沖縄の住宅の地域性である❽。

風水害などへの対策

台風の通過地域では、風雨の被害を防ぐために雨戸が設けられている場合が多いが、近年は強化されたサッシやシャッターを使うことも増えている。

気候変動の影響により、全国で洪水被害が頻繁に起こり、治水事業だけでなく、住宅への対策も重要となってきている。浸水被害を防ぐための対策、浸水被害を受けても再建を容易にするための対策として、以下の6つの方法などが提案されている❾。

① 盛り土をして敷地全体を高くする
② 家の基礎を高くし高床とする
③ 防水性の塀で家を囲む
④ 住宅自体の外壁を防水性にする
⑤ 2階部分に水まわりを設けることで、1階部分の修復中も生活できるようにする

❺ 2階の玄関に続く風除室のある住宅（札幌）[2)]

❻ 室内バルコニー（岐阜県）

❼ 花ブロック（沖縄）

❽ 沖縄の住宅地の風景

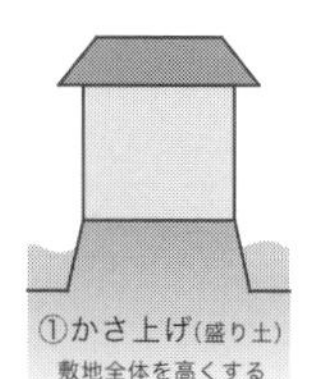

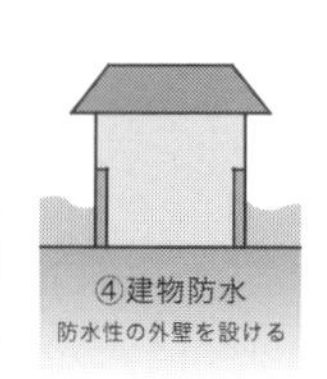

❾ 住宅の浸水対策[3)]

⑥ 水位が高い氾濫の場合でも、住宅が水流に流されず、屋上などから避難できるようにする

また、東南アジアの水上住宅のように、住宅を浮かせる耐水害住宅も開発され始めている。

やや特殊な事例ではあるが、鹿児島県では火山灰による被害への対策をほどこした「克灰（こくはい）住宅」がある。克灰住宅では、火山灰の混じった風雨を防ぐため、庇が深く、室内干しのできるサンルームを設置し、駐車場を住棟の下に配置しており、屋外には集灰溝、集灰桝を設けるなどの工夫がされている。

湿気への対策

湿気は木材の腐朽だけでなく、湿気を好むシロアリやカビの発生の原因ともなる。地面からの水蒸気によって住宅が傷まないよう、木造住宅は建築基準法で床の高さや床下換気の基準が定められている。温暖多湿な日本の気候下では、住宅の湿気対策はきわめて重要である。特に林間部の別荘地などでは、周囲に湿気が多い上に日常的に居住をしていないため湿気がこもりやすく、高床にするといった湿気対策が欠かせない。

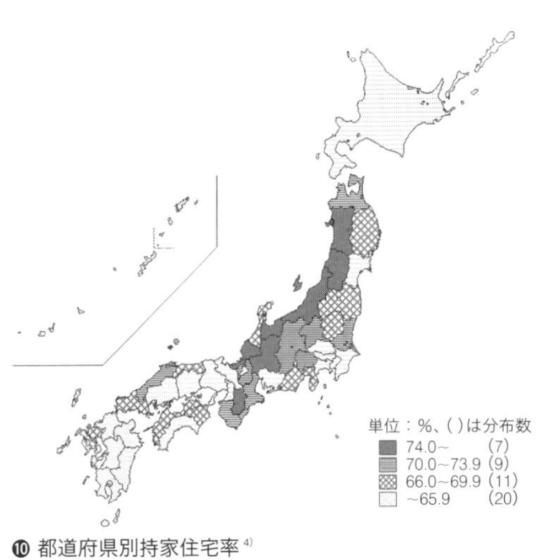

⓾ 都道府県別持家住宅率[4)]

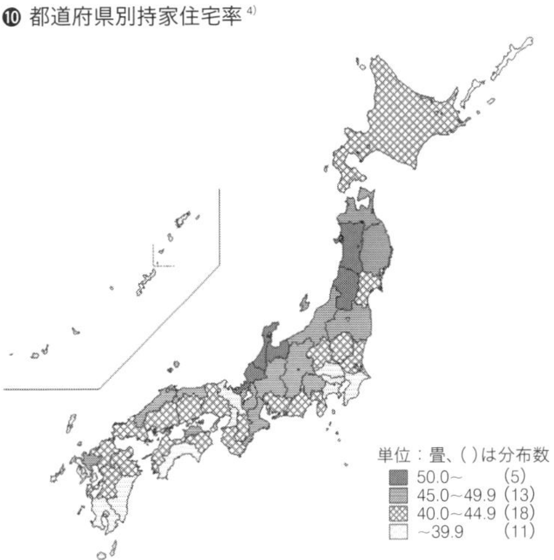

⓫ 都道府県別持家1住宅あたりの居住室の広さ[4)]

4 | 現代に見られる文化風習の影響

住宅に対する要望

全国で持家率が最も高いのは秋田県で、次いで富山県となっており、持家の居住室が最も広いのは富山県、次いで秋田県となっている。東北・北陸地方では、持家志向と居住室の広さを求める傾向が見られる⓾⓫。続き間に対する要求も東北地方に多いと言われており、三世代世帯の割合も東北・北陸地方で高くなっている。伝統的な家族形態や住宅を求める傾向が高い地域と言える。人口密度や土地価格の影響などもあるが、地域によって住宅に対する志向や生活スタイルに違いがあることがわかる。自らの経験に基づく考えだけではなく、住む人の生活地域・経験・年齢などを考慮した計画が必要である。

まちの伝統の継承

伝統的な祭礼は地域に根ざした行事として今も各地で催されており、まちや住宅のつくりに影響する場合もある。地域文化の継承という意味でも慎重に配慮したい。

京都の町家では、6月初旬頃から夏の室礼に建具替が行われる。八坂神社の祭礼である7月の祇園祭では、京都市内を町ごとの山鉾が、疫病の退散を祈る御霊会として巡行する。山鉾町では宵山に合わせて屏風祭が開催され、旧家や老舗が町家の表の格子を外して、所蔵する美術品、調度品を通りから鑑賞できるようにしている⓬。

滋賀県日野市にある馬見岡綿向神社の春の例大祭・日野祭は、850年の歴史ある湖東地方最大の祭りで、住民が桟敷窓から祭りを楽しむ伝統がある⓭。桟敷窓とは日野祭の日にだけ開けられる窓で、渡御行列や曳山が通る本町通や綿向神社の参道に面した民家の塀に設けられている。祭りの日は、前栽（せんざい）と呼ばれる前庭に桟敷を組み、普段は閉めている桟敷窓を開け、緋毛氈や御簾をかける。桟敷では家族や親戚が集まり、祭礼料理を食べながら桟敷窓越しに通りの行列を見る風習が残っている。伝統的な住宅だけでなく、新しい住宅にも桟敷窓が設けられており、地域の伝統・風習が現代にも継承されている。

⓬ 京都の祇園祭の時の町家の様子[5)]

⓭ 日野の桟敷窓[6)]

column 01

住まいの地域性を実感する

辻　琢磨

ささやかな地域性

住まいの地域性。建築を通してこの言葉を説明する際の代表例としては、国内では、雪国の雪下ろしを前提にした屋根勾配や、中国地方の石州瓦の家々と田園がつくる赤と緑の集落風景、琵琶湖西の針江地区の「かばた」に象徴される生活と水の関係などが挙げられよう。

こうした特徴的な気候や風土と紐づいた明快な事例だけでなく、つぶさに観察すればどの場所にも住まいの地域性は確かに存在する。そのような、ささやかな地域性の具体例として、今回は私自身が住みながら改修を続ける自邸での取組みを紹介したい。

地域性の理

私は今、妻と息子と３人で、静岡県浜松市北部の郊外住宅地の一角に住んでいる。我が家は、私も幼少期に二世帯で暮らしたことがある祖父母の家として半世紀前に建てられ、巡り巡って私が継ぐことになった。農地転用して宅地開発された住宅地は年中とても静かで、周囲は東側が道路、南北に隣家、西側には駐車場という立地である。敷地は90坪ほどで、北側に寄せられた建屋は南面に平入で玄関を構え、遠州瓦と思われる瓦屋根の妻は東西を向く❶。このような配置と屋根の向きは、周囲に同時期に建てられた住宅群に概ね共通している。

このあたりは遠州の空っ風と呼ばれる北西の風が冬場特に強くなるが、局所的な体感としては西風の方が強く感じられることが多く、その風に対抗すべく妻の向きを西に向けるのは理にかなっている。また建物を北に寄せ、南に庭を取ることで屋内まで日光を取り入れられる。その南には庇があった方が適切に日射を遮ることができるから平面（ヒラメン）が南を向き玄関が構えられている。

このような地域性は、様々な理が蓄積して編み上げられてきたはずで、自分も生活の中でその理をゆっくり実感できるようになってきた。

体感してきた地域性から建築を考える

私はこれまで、5年間に渡ってこの家に住みながら断続的に改修を重ねている。今計画しているのは事務所として使用する二階に外から直接アプローチするための外階段の増築である。この増築の設計を紹介することで、私が上記したような地域性とどう向き合っているのかを説明していきたい。

増築に当たってクリアしたいハードルは三つ。すでに一度増築された二階道路側の立面のバランスが悪いのが

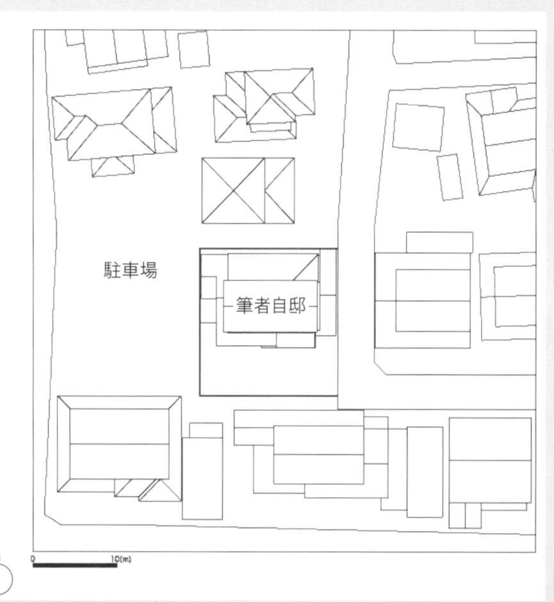

❶ 配置図

祖父の代で増築
③平入りの片持ち部分
①宙に浮く扉
②駐車スペース確保のため無柱

❷ 改修前の様子

一点❷。二つ目が、二階増築後、祖父がさらなる増築を画策し断念した妹の部屋へつながるはずだった、宙に浮く開き戸の存在❷①。最後が階段下を駐車場として使えるように特に開き戸の下部には柱を落とさないという条件である❷②。

まず、既存二階屋根は前述の通り全体としては東側道路に妻が向いているが、二階の増築によって一階外壁から道路側に 600mm ほど持ち出されたその片持ち部分だけが平入りとなっていたこともあり❷③、新設する外階段の屋根は、周辺に合わせて妻が道路側に向き直すように計画を始めた。最終的には、機能性と意匠性も考慮しながら、屋根付きの塔屋を立ち上げ、そこからやじろべえのように開き戸へ続く外階段を吊り、反対側の踊り場にかかる塔屋の屋根はカウンターウェイトとして遠州瓦を載せるという構造形式と形態に行き着いた❸。特に、塔屋の片流れ屋根とやじろべえの吊材❸②、階段ササラ桁と既存南側下屋のケラバ幕板❸①とで二つの切妻シルエットをつくり、自分が体感してきた周辺の建築における住まいの地域性を積極的に取り入れた。

ちなみに、一階の道路側倉庫は今後地域の方たちも使える工房に改修する予定❸③で、二階事務所の道路側にその窓口を設け、階段が両者をつなぐ計画となっている。自邸で私が進める DIY レベルの断続的な改修の機運が、周辺地域にも少しにじみ出てほしいと思い計画している。浜松は他の地方都市同様に巨大なホームセンターがいくつもあり、搬入に適した広い駐車場も家に備わっていることが多い。ホームセンターには顧客が使用できる簡易な工房が併設されているケースもある。外見だけでなく、プログラム（用途や機能）や市民精神のようなものも地域性と言えるのだとすれば、そのような形には現れにくい建築と地域性との創発的な関係も重要だろう。

生きた地域性

若い頃は、自分が住むこの遠州地方は、東海道の真ん中で、晴れが多く、雪は降らず、例えば企業の先行マーケティングで指定されるほど価値観が日本の中庸であり、何の変哲もない普通の地域だと思っていた。しかし建築を学び、ここに再び住み始め、ここまで記したように建築を通して家や庭、住まいと向き合う中で、地域性という言葉にようやく実感を持てるようになった。「普通の地域」という考え方自体が消えた。よく生える雑草の種類や、風の向き、最寄り駅を降りたときの凛とした空気の匂い。些細な要素が絡み合い、風景がこの地域の特徴として根付いている。

一方で建築設計はクライアントワークであるから、クライアントがいる場所と地域がどこであっても仕事の対象となる。私がこの家とこの場所から学んだ生きた地域性を、どの地域でも丁寧に見つけ建築に落とし込むことで、その地に生きる人たちが自分の地域について改めて考え、ひいては誇りを持てるようなきっかけを生み出していきたい。少し踏み込んで言えば、それはすなわち私が考える建築設計者の責務の一つである。

❸ 改修後のイメージ

【参考文献】

1-1
＊1 B. ルドフスキー『建築家なしの建築』鹿島出版会、1984
＊2 サンドラ・ピシク、本間健太郎・前田昌弘監訳『世界居住文化大図鑑』柊風社、2023
＊3 和辻哲郎『風土―人間学的考察』岩波書店、1979
＊4 鈴木秀夫『森林の思考・砂漠の思考』日本放送出版協会、1978
＊5 鈴木成文ほか『近傍概念に基づく住居集合計画の研究』昭和60年度科学研究費補助金（総合研究A）研究成果報告書、1986
＊6 畑研究室通史編集委員会『フィールドで考える②―東南アジア・地中海沿岸』畑聰一、2009
＊7 ジョン・メイ『世界の居住文化百科』柊風舎、2013
＊8 関雄二『古代文明アンデスと西アジア神殿と権力の生成』朝日新聞出版、2015
＊9 鶴見俊輔『家の神』淡交社、1972
＊10 宮本常一『日本人の住まい』農山漁村文化協会、2007、
＊11 清水郁郎「暗闇の住まいが語りかけたこと－これからの建築に向けて」『物質文化』96、2016
＊12 山口昌男「家屋を読む―リオ族（インドネシア・フローレス島）の社会構造と宇宙観」『社会人類学年報』9、1983
＊13 ロクサーナ・ウォータソン、布野修司監訳『生きている住まい―東南アジア建築人類学』学芸出版社、1997

1-2
＊1 佐藤浩司『住まいに生きる』学芸出版社、1998
＊2 菊地成朋「3章　環境の中の住まい―農村住宅」鈴木成文『住まいを読む―現代日本住居論』建築資料研究社、1999
＊3 地井昭夫『漁師はなぜ、海を向いて住むのか？―漁村・集住・回廊』工作社、2012
＊4 畑聰一「4章　高密度居住のしくみ―漁村住宅」鈴木成文『住まいを読む―現代日本住居論』建築資料研究社、1999
＊5 松井健「儀礼と口承伝承：宮古群島来間島の事例を中心に」『国立民族学博物館研究報告別冊』1986

1-3
＊1 和辻哲郎『風土―人間学的考察』岩波書店、1979
・今和次郎『日本の民家』岩波書店、1989
・市川健夫ほか『風と建築』INAX出版、2004
・神崎宣武ほか『舟小屋―風土とかたち』INAX出版、2007
・渡邊裕之ほか『水屋・水塚―水防の知恵と住まい』LIXIL出版、2016
・花岡利昌『伝統民家の生態学』海青社、1991
・安藤邦廣・乾尚彦・山下浩一『住まいの伝統技術』建築資料研究社、1995

1-4
・住田昌二『現代住宅の地方性』勁草書房、1983
・普久原朝充『沖縄島建築―建物と暮らしの記録と記憶』トゥヴァージンズ、2019
・岩間香・西岡陽子『祭のしつらい』思文閣出版、2008
・日本建築防災協会『わが家の大雨対策―安心な暮らしのために』2001
・日本建築学会『雪と建築』技報堂出版、2010

【図版出典】

1-1
1）サンドラ・ピシク、本間健太郎・前田昌弘監訳『世界居住文化大図鑑』柊風社、2023
2）鈴木成文ほか『近傍概念に基づく住居集合計画の研究』私家版、1986
3）畑聰一『南欧のミクロコスモス』丸善、1992
4）畑研究室通史編集委員会『フィールドで考える②―東南アジア・地中海沿岸』畑聰一、2009
5）作成：清水研究室
6）Ⓒ Julie Anne Workman（CC BY-SA 3.0）
https://commons.wikimedia.org/wiki/File:Stonehenge_from_north,_August_2010.jpg?uselang=ja
7）関雄二『古代文明アンデスと西アジア神殿と権力の生成』朝日新聞出版、2015
8）廣浦貞男「阿波南部の農民建築」『民俗建築』10号、1953
9）ロクサーナ・ウォータソン、布野修司監訳『生きている住まい―東南アジア建築人類学』学芸出版社、1997

1-2
1）鈴木成文『住まいを読む―現代日本住居論』建築資料研究社、1999
2）畑研究室通史編纂委員会『フィールドで考える①―日本・東アジア』畑聰一、2009
3）畑聰一・芝浦工業大学建築工学科畑研究室・栗原宏光『エーゲ海・キクラデスの光と影』建築資料研究社、1990

1-3
1）気象庁資料より作成
2）図面：『民家の案内』日本民家集落博物館、2006より作成
3）撮影：柳沢究
4）撮影：多田正治
5）提供：国営沖縄記念公園（海洋博公園）おきなわ郷土村
6）提供：一般社団法人長崎県観光連盟

1-4
1）住田昌二『現代住宅の地方性』勁草書房、1983より作成
2）撮影：柳沢究
3）日本建築防災協会『わが家の大雨対策―安心な暮らしのために』2001より作成
4）総務省統計局「統計Today」No.152、2019
5）撮影：永井美保
6）撮影：前田昌弘

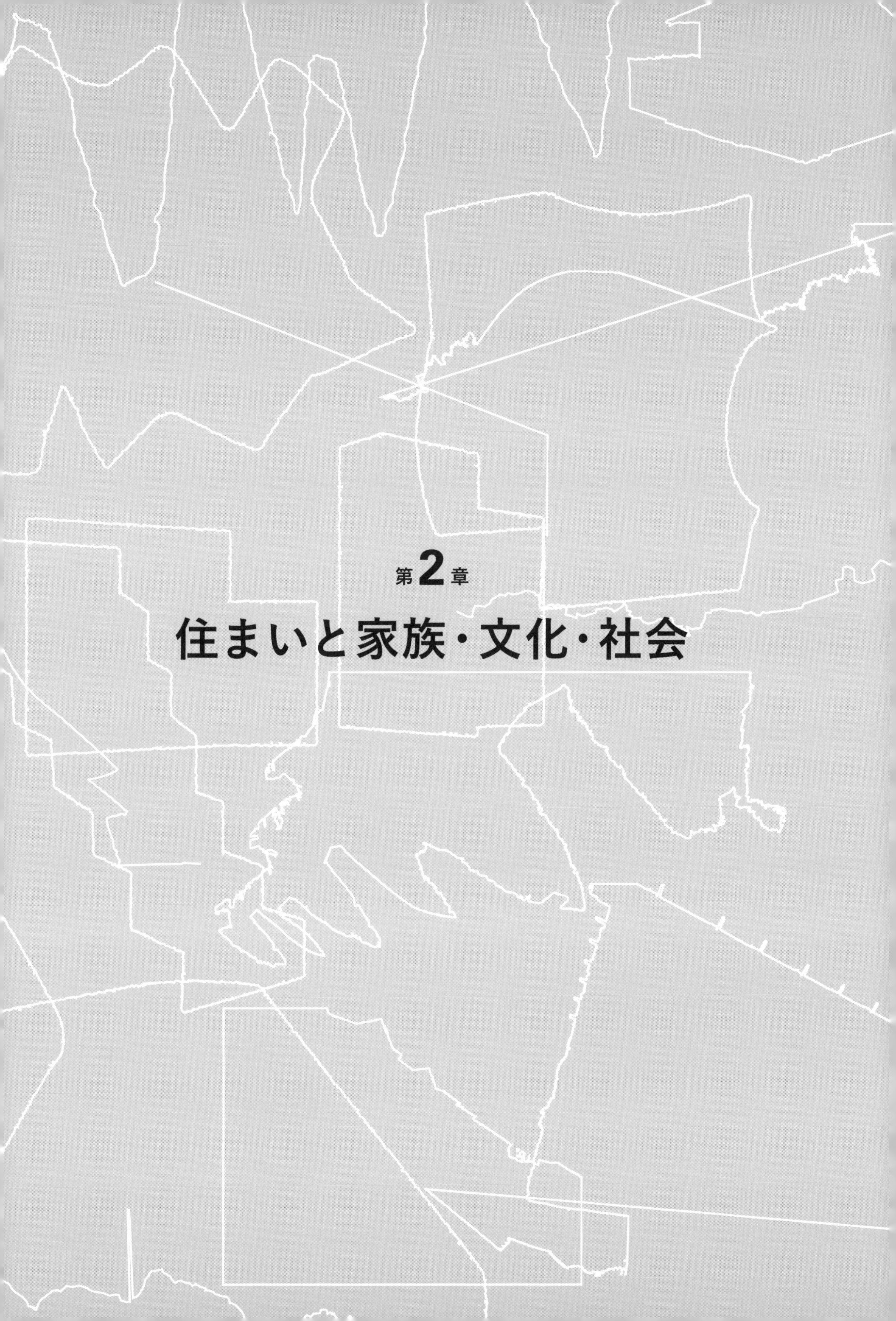

第2章

住まいと家族・文化・社会

2-1 家族と住まい

外で働く夫、専業主婦、子どもからなる家族は、戦後日本における標準世帯（近代家族）である。職住分離の進行により、地縁よりも家族内の結びつきが強くなる。家族関係の変化に伴う近代の住まいの変化を見てみよう。

1 | 家族とは何か

家族は定義が難しい

サルは群れを形成して暮らす。群れの構成は、単雄複雌型や複雄複雌型であり、単雄単雌型の群れは類人猿では少数派である。人間は、家族という集団で暮らす。私たちにとって身近な存在の家族であるが、実は社会学でも人類学でも家族の定義の合意は得られていない。共同性による家族の定義の試みを❶に示す。

社会学者の森岡清美は家族を「夫婦・親子・きょうだいなど少数の近親者を主要な成員とし、成員相互の深い感情的な係わりあいで結ばれた、第一次的な福祉追求の集団」と述べる。この定義を私たちは理念的に用いているとも言える。しかし、福祉追求の機能を持たない集団は家族と言えないのかなどの疑問があり、特定の機能や構成による家族の定義は極めて難しい。家族が果たすべき機能は何か（家族の機能）、どの親族を家族とみなすか（家族の構成）を中心に多くの議論がある。

家族機能論

社会に対して、また個人に対して家族が果たす働きを家族機能という。大きく分けて五つの機能（①性的機能、②社会化機能、③経済的機能、④情緒安定機能、⑤福祉機能）があると言われてきた。社会学者オグバーンは、近代化前の家族が担っていた機能:経済・地位付与・教育・保護・宗教・娯楽・愛情のうち、愛情以外の機能は近代化の中で企業・学校・病院などの専門的な制度に吸収されたと指摘する。社会学者パーソンズは、「子どもの社会化」（社会化機能）と「成人のパーソナリティの安定化」（情緒安定機能）を家族の本来的機能とした。

共同するもの	適用される例	適用されない例
血縁	親子・兄弟	養子・子のいない夫婦
性	配偶者・姻戚	同性カップル
名	養子・同姓配偶者	別姓の配偶者や子
居住	使用人・同居人	単身赴任・下宿する子
火（食）	同じ釜の飯を食う仲間	一緒に食事をしない家族
生計	扶養関係の親子や夫婦	独立生計の子
居住と生計	統計上の「世帯」	単身赴任・下宿する子

❶ 共同性による家族の定義の試み

家族機能の多くが外部化→4-1される中で、情緒安定機能が現代家族の機能として重要性を増し、家族・家庭が安らぎの場・憩いの場として位置づけられる。

家族の構成：ファミリー・アイデンティティ

ファミリー・アイデンティティは、社会学者の上野千鶴子が提唱した「誰をどこまでを家族とみなすか」という認知の水準である。家族は実体よりも意識の中に存在しており、❷に示すように、親子・配偶者間でも、家族の範囲は異なる。どこまでを家族と認識するかは人によって異なり、離れて暮らしていても家族であったり、同居していても家族ではなかったりする。また、時代ごとに変化する家族観によっても家族の構成は変化している。

統計では、定義の定まらない家族ではなく、世帯が単位として使用される。総務省統計局の世帯の定義は、「2人以上の一般世帯とは、住居及び生計をともにしている2人以上の人の集まりをいい、単身世帯とは、一人で1戸を構えて暮らしている人、間借りして一人で暮らしている人、寮・寄宿舎、下宿屋に住んでいる単身者一人ひとり」である。世帯とは、住居と生計をともにする集団であり、血縁よりも同居が優先される単位である。

2 | 近代家族の成立

拡大家族から近代家族へ

前近代の日本は、農耕などを生業として土地に根付いた暮らしを送っていた。家は生産の場であり、働き手となる多数の家族から構成された。三世代同居が一般的で、伝統的な拡大家族であった。家族よりも、生活共同体と

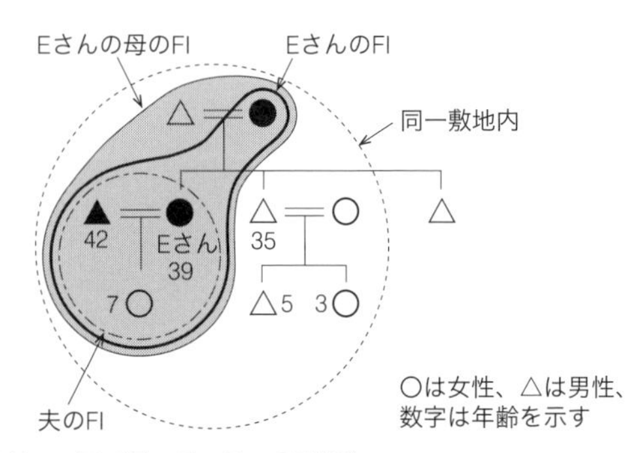

❷ ファミリー・アイデンティティの事例[1)]
グレー部分は、同一住居での同居範囲

しての地縁の結びつきが重視された。

家制度は、1898（明治31）年に明治民法において制定され1947（昭和22）年の制度廃止まで続いた日本の家族制度である。「家」を単位として一つの戸籍をつくり、戸主である家長が絶対的な権力を持って家族を統率（支配）する仕組みであった。戸主（家長）は家で一番年長の男性であり、家父長制的家制度と言われる。

日本国憲法により、個人の尊厳と両性の本質的平等が謳われる一方で、産業化・工業化の進展により家族内の男女平等は矛盾したプロセスを歩む。近代社会は職と住の分離により、賃金の支払われる労働と支払われない労働（家事）に二極分解する。これにより、外で働く夫（職／公共領域）と家を守る妻（住／家内領域）という固定的性別役割分業が成立し、専業主婦が誕生した。

若者は農村から都市へ流入し給与労働者となり、夫婦と子からなる核家族を形成した。生活共同体としての地縁との関係は薄れ、家族の中での情緒的絆が強まっていく。職住分離により生産の場ではなくなった住まいは、専用住宅となり、家族のやすらぎ・団らんの場の意味を持つようになる。

産業化の進展で誕生した近代家族の特徴には、①核家族、②家族の中での強い情緒的絆の結びつき（ショーターの「ロマンチック・ラブ革命」、バージェスの「制度家族から友愛家族へ」などの指摘）、③夫婦の固定的性別役割分業（専業主婦の誕生）、④子どもの誕生（P. アリエス）がある。日本における近代家族の一般的な成立は、第二次世界大戦の家制度廃止後である。

「小さな大人」から「子ども」へ

前近代は、子どもは「小さな大人」として労働力であり、庇護の対象外と見なされていた。近代になると、産業構造の変化により高度な教育が必要とされるようになる。子育てに長い時間と大きな教育費用が必要となり、労働力増加を期待しての多産から少子化へ転換していく。固定的性別役割分業では、母親は子どもが自立するまでのケア、父親は教育費を得るための給与獲得を担う。子の存在自体が“生きがい・よころび・希望”の意味を持つようになり、子どもが家族の重要な構成員となるのは近代家族になってからである。

大正時代の住宅図面には「小供室」「児童室」が現れ、子ども部屋の誕生が確認できる❸。大正デモクラシーに見られる生活改善の思潮、主婦や子どもの地位向上によって生じた変化である。子ども部屋が欧米では寝室であるのに対して、日本では勉強部屋の要素が強い。限られた住宅面積の中で、子ども部屋の確保は夫婦個室よりも優先され→4-5、子どもの未来のために教育を重視する家族の姿がうかがえる。小学校への椅子導入により、第二次世界大戦前に子ども部屋に勉強机と椅子が普及し、住宅の中で接客空間に次いで早く椅子化が進んだ。

3｜戦後標準世帯モデルとその解体

戦後の標準世帯：日本における近代家族

第二次世界大戦後、会社で働く夫・専業主婦の妻、子ども2人からなる4人家族が、高度成長期における標準世帯（日本における近代家族）となる。農村から都市部に出てきた若者世帯の住宅需要が増加し、都市郊外に多くの団地が建設された。この時期の住宅政策と住宅産業は、この標準世帯をターゲットに展開された。

本田由紀の示した戦後の日本型標準世帯モデルを見ると、仕事（父）・家庭（母）・教育（子）という三つの異なる社会領域が堅牢に一方向的矢印で結ばれ、循環する特質を持つ❹。性別と年齢に応じた明確な役割分業が成立しており、父・母・子は強い情緒的絆で結びつき、父性愛・母性愛が大きな意味を持つようになる。

標準世帯モデルからの乖離

バブル崩壊（1991年）以後、ゼロ成長期の時代になると、仕事・家庭・教育の循環からこぼれ落ちる層が顕在

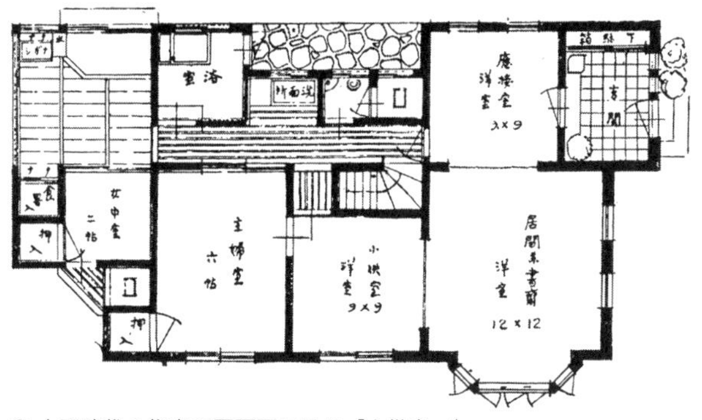

❸ 大正時代の住宅の平面図に見る「小供室」[2)]

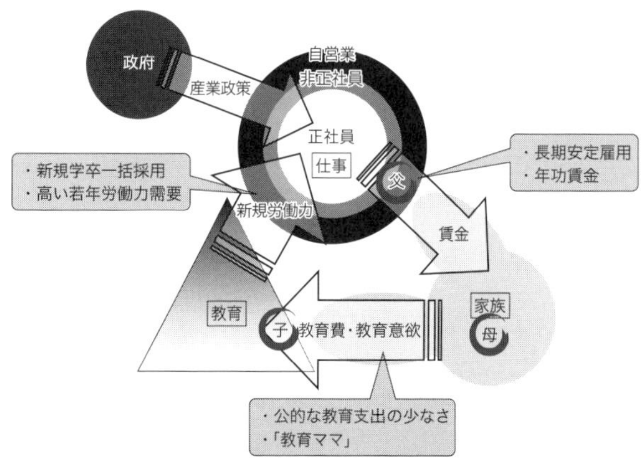

❹ 戦後の日本型標準世帯モデル[3)]

化し、標準世帯モデルの破綻が始まる❺。固定的性別役割分業意識が大きく変化しない中で、安定性・将来性のある仕事に就けない者、家族を養うに十分な賃金を仕事から得られない者の増加は、晩婚化・非婚化を進行させ、少子化にもつながった。日本は2008年より人口減少社会に転じ、世帯の小規模化が現在も進んでいる。

女性の高学歴化・社会進出が進み、固定的性別役割分業意識は徐々に変化しつつある。共働き世帯数は、1997年に専業主婦世帯数を上回り、2019年には専業主婦世帯数の2倍以上となる❻。ただし、現状の共働き世帯の半数は妻がパートタイムである。夫婦ともに外で働くことで、男性も家事の分担など家内領域の役割を徐々に担いつつある。長時間労働の見直しなど仕事観も変化しており、男女を問わずワークライフバランス（仕事と仕事以外の生活の調和）が意識される時代になっている。

4｜家族関係と住まいの空間

時代ごとの家族観は、住まいの平面構成にも表れる。近代家族の特徴と関係する住空間を❼に示す。①〜⑩の特徴と、それぞれに関連する住まいの空間の変化をみてみよう。

家父長制、主人のための住まい：接客本位型住宅

明治時代の給与生活者の住まいは、近世末の武士住宅を基本形とする接客本位型住宅である❽。接客空間（ハレ／表の空間）が最も条件のよい場所に位置し、住宅の大部分を占めた。一方、家族の日常生活の空間（ケ／裏の空間）は狭く、奥に位置する。生活面でも、主人（家長）が食事を終えてから他の家族が食事をするなど、序列・秩序が重視されていた。

給与生活者により中流家庭が増加し、女中の雇用が広がった。農村出身の未婚の女性が住み込みで働くことが多く、住宅内には女中部屋が設けられている。

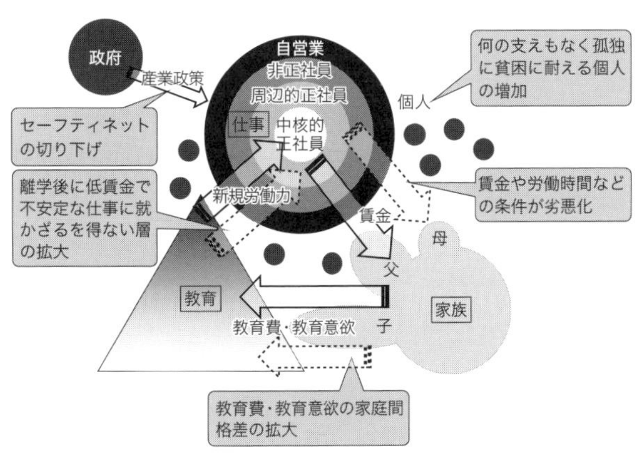

❺ 日本型標準モデルの破綻[3)]

「近代家族」の特徴	関係する住まい空間
① 家内領域と公共領域の分離	家の閉鎖性
② 家族相互の強い情緒的関係	茶の間・リビングルームの重視
③ 子ども中心主義	子ども部屋の優先確保
④ 性別分業 （男は公共領域・女は家内領域）	主婦の個室なし、夫の書斎／ 主婦にあわせた台所
⑤ 家族の集団性の強化	リビングルームの重視
⑥ 社交の衰退	接客機能の排除／家族中心の平面
⑦ 非親族の排除	女中部屋なくなる
⑧（核家族）	夫婦室＋子ども室＋共有空間 ⇒ nLDK
⑨ 家族を統括するのは夫である	主婦の個室なし、夫の書斎
⑩ 近代国家の基礎単位をなす	

①〜⑧落合（1989）、⑨⑩西川（2000）

❼ 近代家族の特徴と関係する住空間[5)]

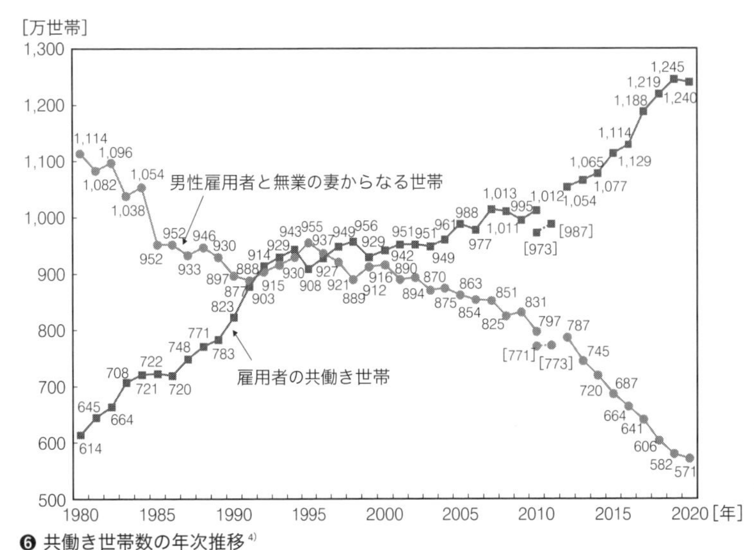

❻ 共働き世帯数の年次推移[4)]

❽ 接客本位型の住宅（大正時代の中流住宅）[6)]

家族と女中の領域分離：中廊下型住宅

家族中心の住居観は大正期の「住宅改良運動」→3-4によって推進された。家族の空間と女中の活動空間を中央の廊下が分離し、家族のプライバシー確保の役割を果たすとともに、部屋の通り抜けが不要となった。中廊下型住宅では、廊下を挟んで北側に台所・風呂・便所と女中部屋があり、南側に客間と家族の居室が配置される❾。座敷が玄関横へ配置されたことで、次の間が奥側になり茶の間となった。家族生活の中心となる茶の間が、台所近くの北側から座敷と並び南面するようになり、住宅の表側に家族の生活が現れ始める。

対等な家族と団らん：公私室型住宅

給与生活者の職住分離により、住宅が「憩いの場」「生活を楽しむ場」となり、接客空間を持つ住宅は減少する。戦後、家族一人ひとりの生活を重んじるプライバシー意識の高まりから、家族成員は個人の部屋を持ち、家族団らんの場所としてのリビングルームが普及する❿。また、「わたくし」を「おおやけ」より優先させる私事化により、家内領域と公共領域の分離が進み、個々の家族の自律性を高め、近代住居は社会から閉じていく。

また、戦後になると女中のいる家は激減し、主婦が一手に家事育児を担うことになる。民主化、女性の地位向上（男女同権）を背景に、家庭内労働の束縛から女性を解放するべく、ダイニングキッチンの開発・家庭電化製品の普及などによる家事労働削減が進んだ。家庭生活は、夫が外で働き妻が家事をする固定的性別役割分業により、夫婦が2人1組で支える暮らしであった。

個室群住居

個室群住居は、崩壊する近代家族の現状を捉え1968年に黒沢隆が提唱した居住形態である。黒澤は、近代家族の住居の特質は「単婚家族」（核家族）と、仕事場から分離された「私生活の場としての住居」およびそれらの収斂する「夫妻の一体的性格」であるとし、共働き世帯の増加により「夫妻の一体的性格」が失われ、夫も妻もそれぞれが独立した存在として社会とつながると考えた。労働の第三次産業へのシフトは住居内にも仕事関連の思考を持ち込み、純粋な「私生活の場」としての性格は薄れる。そして、近代住居の「社会―家庭―個人」という段階構成が、「社会―個人」という直接の関係に転換し、そのような個人の集まる住居では、個室が主となりパブリックスペース（居間）が附属的になるとした。「武田先生の個室群住居」→4-5では、並列された三つの個室と各部屋に対等に開かれたリビング（パブリックスペース）が配されている。

山本理顕の「岡山の住宅」→3-5は、さらに家族が集うリビングも住宅内からなくし、個人が直接社会とつながる提案となっている。

ワークスペースのある住宅／家事の協働

日本では2020年春から拡大した新型コロナ感染症の流行により、テレワークなどにより在宅で働く選択肢が現実的になった。住居内に、実労働を行う空間が再び必要となっており、住居は純粋な「私生活の場」ではなくなっている。現在も家族、仕事のあり方と連動して、求められる住まいの役割は変化しつつある。

共働き世帯が主流となった現在、家内領域の家事の夫婦協働と家事労働省力化は不可欠である。ロボット掃除機、食洗器などの家電の活用、家事代行サービス利用も増えている。男性も使いやすい人間工学的視点、夫婦が同時に調理できる空間の確保、家事代行の他者の使用など、キッチン計画の対象者も広がっている。

❾ 中廊下型住宅（1917／剣持初次郎）[7]
夫の書斎／主婦の個室なし／女中と家族の空間分離／茶の間重視

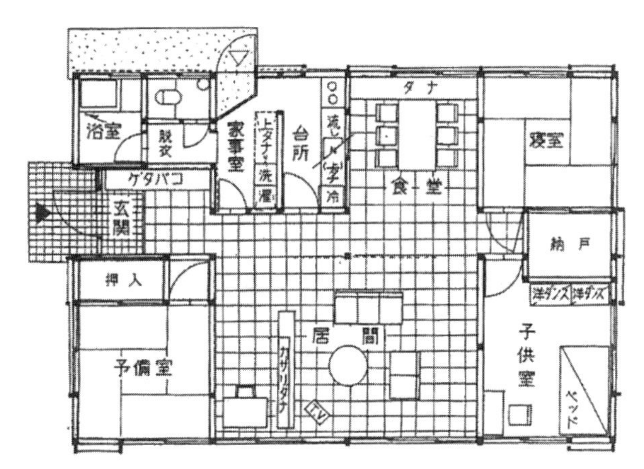

❿ 公私室型の住宅（1966／住宅金融公庫選定）[7]
家の閉鎖性／接客機能の排除／リビングルームの重視／子ども部屋優先確保／女中部屋なくなる／主婦にあわせた台所

2-2 多様化する家族と住まい

戦後日本の持家獲得モデルは失われつつあり、多様な家族の住宅確保を担保する住まいの選択肢が必要となる。家族の相互扶助機能の低下を、ネットワーク居住や非血縁者との共同生活で補完する住まい方も見られる。

1｜小さくなる世帯、多様化する家族

小規模化する世帯

我が国の世帯構成の変化❶を見ると、1960年代に主流であった夫婦と子からなる世帯（近代家族／戦後標準世帯）は1980年代をピークに次第に減少し、2010年以降は単身世帯が最も多い世帯類型となる。夫婦のみ世帯も増加しており、世帯人員2人以下が全世帯の半数以上を占める。世帯の小規模化には、高度成長期の雇用労働化の進展による労働人口の都市への流入に伴う世帯分離に加えて、それ以降の長寿化・少子化・社会の意識変化が背景にある。結婚観・仕事観の変化に加え若者の経済的安定性の低下による晩婚化・非婚化の増加、高額な子育て費用や子育て支援環境の不足などによる産み控えも生じている。長寿化により、高齢夫婦のみ世帯・配偶者との死別などによる高齢単身世帯も年々増加している。

多様化する家族

前節で見たように戦後確立した近代家族は崩壊しつつあり、近年は家族の多様化が進む。上野千鶴子は、「意識／形態」と「伝統／非伝統」の分類で変容する家族像を表現する❷。形態には、家族の構成員と暮らし方の二つの側面が想定されよう。

まず、構成員の多様化では、DINKsと呼ばれる共働きで子どもを持たない夫婦、母子・父子の一人親世帯、一人親世帯との結婚・同居により形成されるステップファミリーと呼ばれる新しい家族などがある。他に、養子縁組・里親・育親など、血縁関係によらない親子関係、同性同士のパートナーなど婚姻関係によらない家族もある。山田昌弘の『家族ペット』論*1は、現代はペットも家族の一員であり、人間の家族に求めることが難しくなった理想の家族の投影先がペットでもあると指摘する。

次に、暮らし方の多様化を考えてみよう。単身赴任や共働き別居など、仕事・子どもなどの様々な理由から別々の住宅で暮らす家族もいる。世帯が小規模化する中で、一つの世帯内では担いきれなくなった家族機能を、二つ以上の世帯で補いあう暮らし方も現れている。世帯分離した親世帯と子世帯が、互いの家を行き来して家族的機能を満たす暮らし方や、非血縁者が集まって暮らすことで家族が担っていた役割・機能の一部を補う住まい方がある。

多様化する家族の中には、安定的な居住の確保が特に困難な世帯もある。母子世帯は、日本の女性の雇用環境などから貧困、住宅困窮などの課題に直面しやすい。LGBTQのカップルは、同性婚が法律で認められていないため家族未満と見なされ、賃貸住宅の契約を断られるなど、住宅確保がままならない実態がある。

2｜ライフステージと住まいの選択

ライフステージとは

年齢による身体的状況、一生の中で節目となる社会的な環境の変化（就学・就職・結婚など）によるいくつかの段階を、ライフステージという。家族に着目すると、結婚・出産・子育て・子の独立・孫の誕生など、世代ごとに周期的に繰り返される家族形態の段階である。ライ

[年]	単独	夫婦のみ	夫婦と子	ひとり親と子	その他
1960	16.1	7.3	38.2	7.5	30.9
1970	20.3	9.8	41.2	5.8	23.0
1980	19.8	12.5	42.1	5.7	19.9
1990	23.1	15.5	37.3	6.8	17.4
1995	25.6	17.4	34.2	7.1	15.7
2000	27.6	18.9	31.9	7.6	14.0
2005	29.5	19.6	29.8	8.3	12.8
2010	32.4	19.8	27.9	8.8	11.2
2015	34.6	20.1	26.9	8.9	9.5
2020	38.0	20.0	25.0	9.0	8.0

（横軸：0 20 40 60 80 100[%]）

❶ 世帯構成の変化[1)]

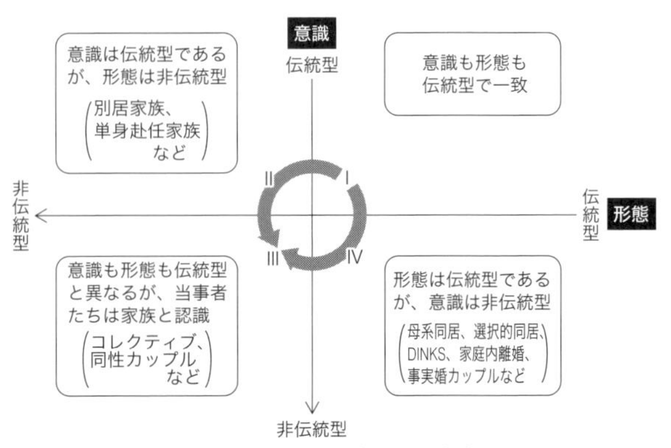

❷ 戦後の近代家族からの家族形態・意識の変容[2)]

フステージに応じて住まいへの要求も変化する。ただし、誰もが家族を形成する時代ではなくなっており、個人の多様なライフコースに応じた適切な住まいが選択できるという視点が不可欠である。

住宅双六：住まい獲得の「はしご」

上田篤らによる「現代住宅双六」❸は、戦後日本の高度成長期の都市居住者（近代家族）の住宅の住み替えを双六として表現したものである。誕生から実家暮らし、寮、木造アパートを経て、公団アパート、分譲マンションというように、賃貸から持家への住まいの「はしご」を順に登り、あがりの郊外庭付き一戸建住宅にたどり着く。双六とは遅かれ早かれ誰もがゴールするゲームである。1970 年代は、就職・結婚・子育てというライフステージに応じた標準的な住み替えが一般的に実現した時代であったことがわかる。2007 年に発表された「新・住宅双六」❹では、郊外庭付き一戸建住宅の先に、「老人介護ホーム」「親子マンション互助」「農家町家回帰」「外国定住」「都心の高層マンション」「自宅生涯現役」という 6 つのあがりが追加され、高齢期のライフスタイルの多様化が表現された。

1970 年以降の持家率の推移❺を見ると、20 ～ 50 歳代の持家率が低下している。特に、20 ～ 30 歳代の若者の持家率低下が約 15％と大きい。若者の経済的安定性の低下に加えて、所有意識の変化により持家志向も低下しており、住まい獲得の「はしご」を登れない人・登ることを志向しない人が現れている。さらに、近年のリモートワーク普及による居住地束縛からの開放によって、持家による居住地の固定化を望まず、状況に応じて住宅・居住地を移動するニーズも増えている。世帯形成と持家獲得を基本とする双六では、現代の住宅確保の様相は表現しきれなくなっている。

子育て期・後期高齢期を見据えた住まい

ライフステージごとに住まいに求められる機能は変化するが、持家の場合は世帯形成期・子育て期から高齢期に至るライフステージを同じ住宅で暮らすことも多い。例えば子育て期は、子どもを見守りやすい間取りや子どもの勉強空間の確保が重視されるが、子の独立後はこれらの空間が不要となる。住宅内に生まれた余剰空間を、これからの親世代の暮らしに積極活用する視点も必要となろう。加えて、高齢期には、身体機能の低下により生じる住宅内バリア箇所の住環境改善も必要となる→ 6-4。最期まで自分らしく暮らし続けるには、当初より家族周期などによる居住人数の変化、身体機能の変化を想定した住まいづくりが重要となる。

3｜家族と暮らす距離：ネットワーク居住

世帯分離した親世帯と子世帯が、互いの家を行き来して家族的機能（子育て、親の介護など）を補完する暮らしをネットワーク居住という。ネットワーク居住とは、「住居の空間的分散と家族としての共同性の再構築との

❸ 現代住宅双六（1973）[3]

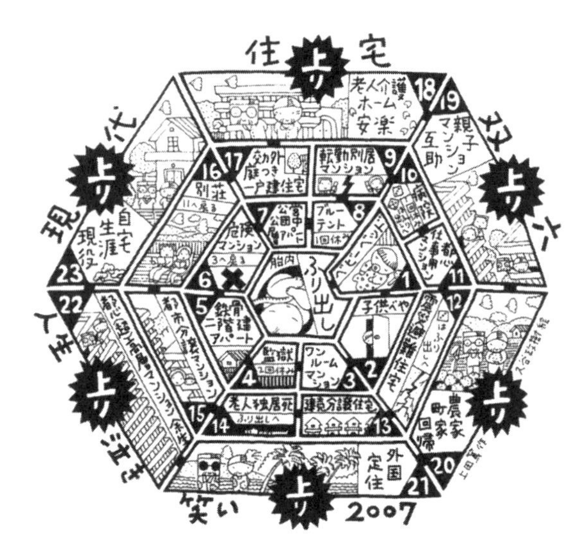

❹ 新・住宅双六（2007）[4]

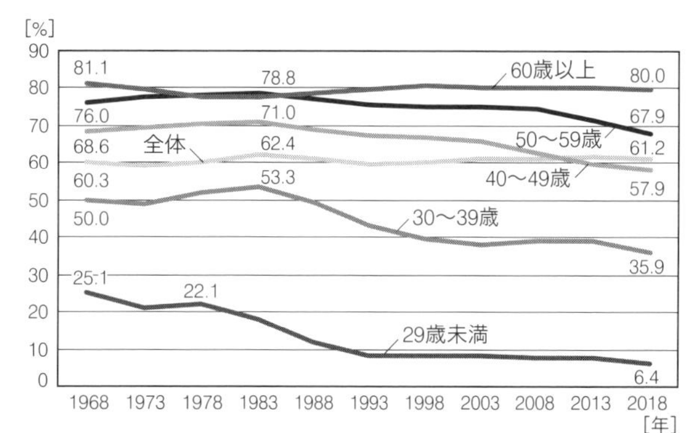

❺ 年代別持ち家率の推移[5]

絶えざる相互作用をその本質とし、必要に応じて複数の住居をダイナミックに利用しながら生活供給を満たしてくれる居住システム」と定義される*2。

同居・二世帯住宅

核家族化が進行する一方、高度成長期には土地価格の高騰により子世帯資金のみでの住宅確保が困難となる。親の土地・資金に頼った子世帯の住宅確保において、再び同居が選択肢となる。1975年にハウスメーカーが商品化した二世帯住宅は、かつての三世代同居とは異なる各世帯のプライバシーを保った完全分離型二世帯住宅である。食事や家事の共同など、生活共同の要望程度に応じて建物内で互いに行き来できるなど多様なプランがある。二世帯住宅は、家事・育児・介護の生活共同が最も行いやすいが、それ自体が負担になることや、プライバシーの面で問題となる場合もある。夫の親世帯よりも妻の親世帯との二世帯住宅の場合に、生活共同が多く見られる。

隣居・近居

子世帯と親世帯が同居よりも生活の独立性を保ちながら家族としての日常的な交流ができるネットワーク居住には、隣接した独立住居で暮らす「隣居」、「スープの冷めない距離」と表現される程度に離れて暮らす「近居」がある。世帯間の空間距離が近いほど、行き来の頻度が高い傾向がある。子世帯が仕事と子育てを両立するために、親世帯の子育て支援に期待して、子世帯が近居する場合が多く、妻の親世帯との近居が多い。

公営住宅、UR都市機構などの公的賃貸住宅において近居の優遇入居も実施されている。

遠居・遠距離介護

子世帯の仕事などにより親世帯と同居・近居が難しい場合は、日常的な生活共同は難しく、世帯ごとの生活となる。しかし、遠居の老親に介護が必要となると、介護保険による介護サービスやIoTを活用した見守りなどで対応できる部分はあるものの、不足部分の生活支援や家族による情緒的な支援のために、子が遠距離介護に通う事例も少なくない。

4｜家族機能を補完する非家族との集住

「家族または世帯を単位」とする社会から「個人を単位」とする社会へ変容しつつある。家族が担ってきた相互扶助機能が弱まり、小規模化した家族内では生活を支えきれないケースも増えてきた。このような中で、非血縁者が集まって暮らすことで、家族機能の一部を補完しあう住まい方が現れている。

コレクティブハウジング

1970年代にスウェーデン・デンマークで生まれた暮らし方である。子育て中の核家族・一人暮らし・共働き夫婦・高齢者などの多様な、多世代の人々がともに暮らす。必要な住宅機能がコンパクトながら揃う住戸群と、コモンキッチン、コモンダイニングなどと呼ばれる共用空間から構成される集合住宅である。居住者が主体的に住まいの運営に参加し、生活を協働しながら社会的にも精神的にも自立しつつも、支えあいのある住環境の実現が目指される。

事例ごとに詳細は異なるが、当番制で食事をつくりともに食べる、緩やかに見守りあうなど、生活の一部をともにする。先駆的な事例には、コレクティブハウジング社の「コレクティブハウスかんかん森」→5-6、「スガモフラット」❻などがある。その他に、阪神・淡路大震災後の神戸市公営住宅には「ふれあい住宅」として高齢者が集まり暮らす実践もある。

シェア居住

シェア居住とは、家族・恋人以外の他人と住宅の一部を共有する暮らしである。個人の部屋を持ち、住居の一部（リビング・浴室・トイレ・キッチンなど事例により異なる）を共有する。規模は3人程度から30人以上のものまで様々ある。間借りとの違いは、プライバシーが確保された上での共同、家主と居候ではなく居住者同士が対等の関係、という点にある。居住者の入居目的は、他者との交流・気分転換・家賃の節約など多様である。一人暮らしの若者が一時期の住まいとして選択する場合が多いが→column 05、以下のように、家族や高齢者などの多様な世代、世帯がともに暮らす事例もある。

●母子世帯向けシェアハウス

母子世帯は、賃貸契約条件や家賃負担から、住宅確保

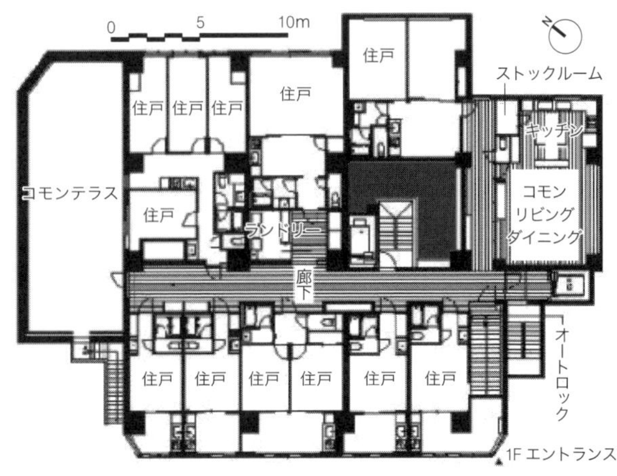

❻ スガモフラット（2007／コレクティブハウジング社）[6]

が困難となる場合が多い。離婚などによる別居直後の住宅確保は、求職中の場合、特に困難である。住宅確保の選択肢の一つに、比較的低家賃の母子世帯向けシェアハウスがある。家具・食器などが備え付けられていることで入退去が容易であり、生活基盤を整えるまでの期間限定で居住する者が多い。住宅確保以外のメリットに、同じ立場の人といることで孤立せず精神的に助けられる、子ども同士が遊べる、ゆるやかに見守りあえるなどがある。デメリットには、現状の物件の多くは個室が狭いため、小さい子どもとしか暮らせないこと、プライバシー確保が難しい点などがある。

●グループリビング

一人暮らし、夫婦のみ高齢者など、世帯単独での生活に漠然とした不安を抱える高齢者が、複数人の仲間と一つ屋根の下で助け合って暮らす住まい方である。見守りなどの家族機能を、高齢者が集まってともに暮らすことで、お互いに補完しあう。自立した生活ができる比較的元気な高齢者が居住対象であるため、介護度が重くなると居住継続が難しくなる場合もある。日本では1980年代から仲間同士で暮らす試みが始まり、1990年頃からは知らない人が集まって暮らす実践に展開した。先駆事例には、「COCO湘南台」❼がある。

ソリデール事業

高齢者の持家の空部屋に、若者が間借りして暮らす住まい方である。同居することで、高齢者にとっては若者との交流が見守りとなり、若者にとっては低廉な家賃での住まいの確保になる。2003年にフランス(パリ)で、高齢者の孤独死をなくすことを目的に始まった取り組みで、2022年次で4,500組以上の同居実績がある。日本では、2016年から京都府が自治体初の取組みとして展開し❽、その後、京都府京田辺市、奈良県大和郡山市にも広がっている。

5｜セーフティネットとしての住宅

高齢化・雇用の不安定化・個人化する社会を背景に、住宅確保が困難な世帯は年々増加している。住宅セーフティネット法の対象となる住宅確保要配慮者は、低所得者・被災者・高齢者・障害者・子どもを養育している者など、住宅の確保に特に配慮を要する者と定められている。2017年には、外国人やDV被害者などに加えて、地域の実情に応じて児童養護施設対象者・LGBTQ・UIJターンによる転居者も含まれることになった。

住宅セーフティネットの根幹であるべき日本の公営住宅は、全住宅数に占める公的賃貸住宅の割合が3.6%と少ない。公営住宅の入居要件である収入面での入居資格を持つ世帯は、全世帯の25%程度を占めることから、民間賃貸住宅での住宅確保が不可欠となる。高齢者・障害者・外国人の入居に対して拒否感を持つ賃貸人が7割程度いる実態に対して、対策が打ち出されているものの、現状の成果は小さく、安定的な住宅確保につながっていない。今後さらに住宅確保要配慮者は増加すると考えられ、住宅政策→2-4のあり方を問い直す必要がある。

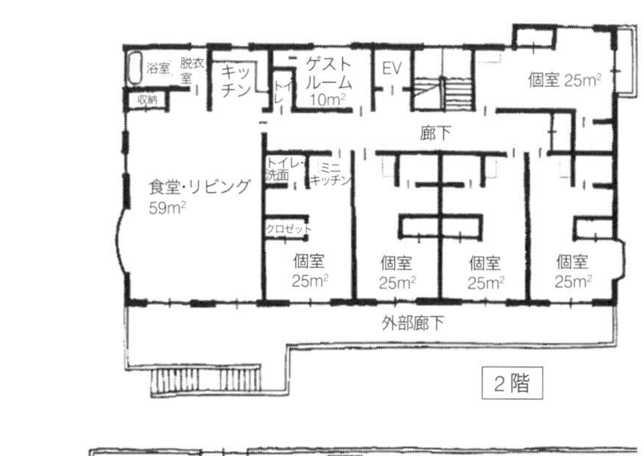

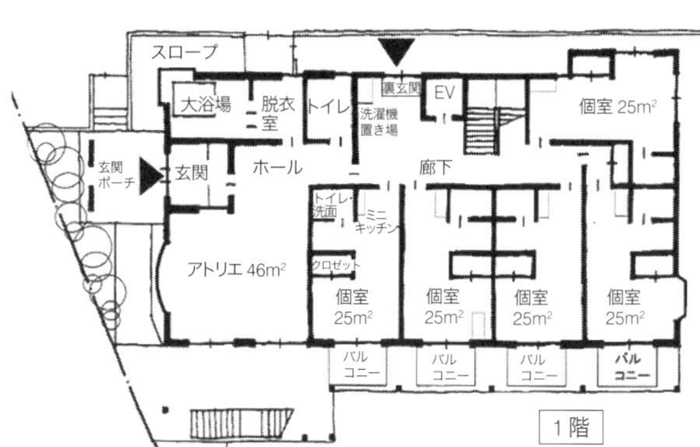

❼ COCO湘南台(1999/COCO湘南)[7]

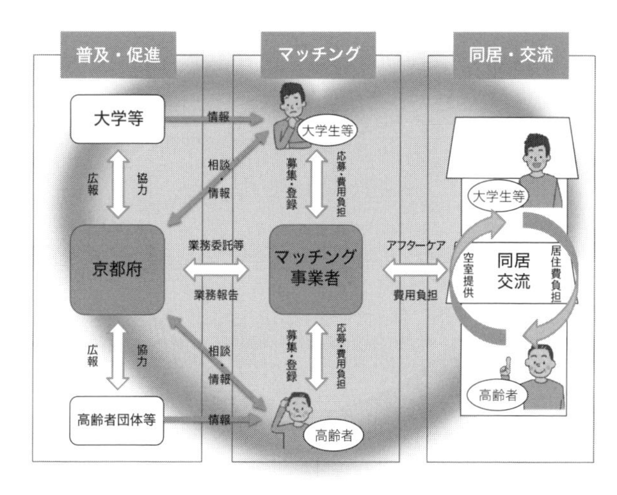

❽「京都ソリデール」事業のしくみ(京都府)[8]

2-3 生活様式から見た日本の住文化

日本の生活様式は、近代化に伴う西洋文化を取り入れながら変化してきた。現代は、欧米の生活様式と従来の日本の生活様式が共存する。衣食住の観点から日本の住まいの現状に至る変化を概観する。

1 | 起居（ききょ）様式：ユカ座・イス座

起居様式とは

起居様式とは、生活の中での姿勢に関わる生活様式である。畳など床の上に座り、布団を敷いて寝るのが「ユカ座」、椅子やソファに座り、ベッドで寝る欧米風の生活を「イス座」という。日本はユカ座生活を基本としてきたが、明治維新以降は住生活の近代化を目指す国策により、西洋文化由来のイス座が徐々に浸透する。家族観の変化も相まって、生活様式と住宅の間取りが変化していく。

西洋の伝統的な起居様式はイス座である。西洋の椅子は、古代エジプトにて王座の椅子として現れ、権威の象徴として発展した。中世には、庶民の日常座具として一般化する。

日本では、奈良時代に儀式用に使用された倚子（いし）は存在するものの、支配階級も日常生活はユカ座であった。平安時代の寝殿造では、床の上に置く畳の大きさ、縁の模様・色で身分を区別した。鎌倉時代に畳が部屋に敷き詰められると、畳床全体を高くした上段の間が設けられ、微妙な床高さにより権威を表現したため、権威の象徴としての椅子を必要としなかった❶。日本の住生活では、ユカ座にあわせた多様な座具がある。畳は、座具・寝台として機能する、日本のユカ座生活を支える特徴的な床材である。

明治維新以降のイス座の浸透

幕末の開国以降、日本は生活様式でも西洋文化の移植に努力する❷。その一つが椅子の採用である。1871（明治4）年の官庁への椅子の採用を皮切りに、小学校・病院など、遅れて会社などでも導入される。

1883（明治16）年に鹿鳴館が建設されて欧化全盛期を迎えた頃、上流階級の住宅には外国人の接客空間として洋館が併設される→3-4。その後、この接客空間は中流住宅内に洋風応接室として設けられるようになり、住宅内にイス座の空間が初めて現れる。

1920（大正9）年に結成された生活改善同盟会の「住宅改善の方針」には、第一項に「住宅は漸次イス式に改めること」第二項に「住宅の間取り設備は在来の接客本位を家族本位に改めること」と示されている。

第二次世界大戦までのイス座の進行は、応接室は家族の日常生活への支障が少なく容易に普及したが、日常生

❶ 今和次郎が描いた武家住宅の上段の間 [1]

❷ ハリスの江戸登城（1857）[2]
椅子に座るハリスと対等の高さにしようとする苦心が見える。

❸ 学生下宿生活の起居様式（1947／西山夘三）[3]

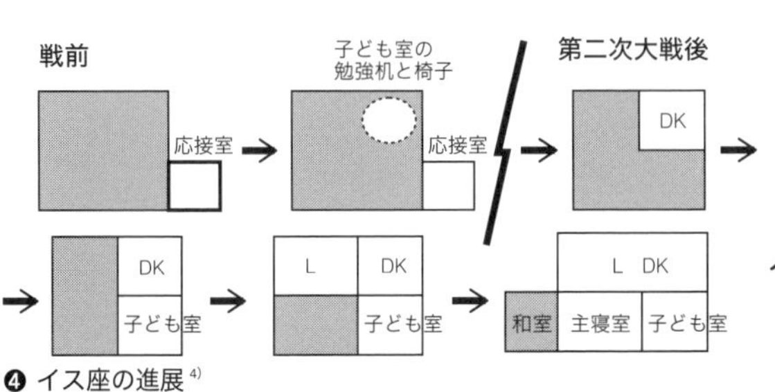

❹ イス座の進展 [4]
グレー部分がユカ座、白い部分がイス座の空間。

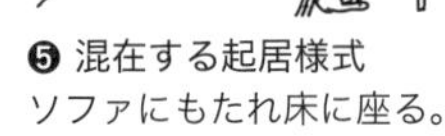

❺ 混在する起居様式
ソファにもたれ床に座る。

活は依然として畳生活が支持されていた。生活面で取り入れられたのは、学校の椅子導入の影響による子どもの勉強机・椅子に留まった。西山夘三が描いた学生生活の様子から起居様式の混在がわかる❸。

ユカ座の生活様式から抜けにくかった理由には、①固定式家具を置くには日本の住宅面積が狭いこと、②家具購入費・部屋全体を暖める冬季暖房費が必要となる経済的制約、③家具生産の不足、④家では和服が多かったこと、などが挙げられる。

日常生活において本格的にイス座が普及するのは、第二次世界大戦後である。公営住宅に採用されたダイニングキッチンによる椅子の普及、子ども部屋への二段ベッド導入、公私室型住宅のリビングルームの普及、最後に主寝室のベッド化が進み、ほぼ現在の私たちの生活様式に至る❹。

イス座とユカ座の共存

イス座はかなり浸透したものの、現在の日本の起居様式は、イス座とユカ座が混在する。こたつとソファが同室に置かれたり、ソファにもたれて床に座わったりする❺。他にも、ダイニングテーブルに隣接したリビングで床に座ってテレビを見るなど、同空間内でのイス座とユカ座の混在は珍しくない。住宅内の和室が大幅に減少しても、床やじゅうたんに直接座ったり、寝転がったりするユカ座の生活が継続するのは、室内で靴を脱ぐ履床様式と、床での自由な姿勢でのくつろぎ行為を好む日本人の志向が要因であろう。

2 | 履床（りしょう）様式

日本の履床様式

履床様式は、床と履物の関係にかかわる生活様式である。住宅内で下足のまま過ごす欧米の靴履き式に対して、日本は下足を脱いで住宅内の床に上がる、上下足分離の脱ぎ履き式である。履床様式は起居様式と深く関わっており、履物を脱いで床に上がることはユカ座での畳生活を発展させた。

日常生活の多くの部分に西洋文化が浸透する現在でも、住宅内での上下足分離の生活は変化せず継続している。一方、施設は土足使用への転換が進んだ。明治・大正期の百貨店では入口で履物を脱ぎ下足番に預けていたが、大正末期頃から東京の松坂屋・三越に続き大阪の三越・大丸などが土足での利用に踏み切る❻。大丸は客の入りが3倍、売上が2倍になったという。上下足分離を継承する施設は、くつろぎ感が重要な旅館、家庭生活と近い環境として幼稚園・保育園などである。

❼は欧米と日本の住宅内での履物の模式図である。欧米は、ベッドルーム以外では下足のままで生活する。日本は玄関で靴を脱ぎ、裸足やスリッパに履き替えて生活する。室内でも部屋ごとにスリッパを脱いだり、履き替えたりするため、住宅内の履き替えは複雑である。

日本の上下足分離のメリットには、多湿の気候風土下でも室内床が汚れにくいため床の掃除が楽であること、靴などによる住宅の傷み・摩耗が軽微で長持ちしやすいこと、ユカ座生活でのくつろぎには綺麗な床面が望まれること、むれにくく足の衛生上もよい、などがある。デメリットには、靴の脱ぎ履きスペースが必要なことがある。

日本独自のスリッパ慣習

日本の住宅内のスリッパは、欧米とは異なる日本独自の使われ方をする。欧米ではベッドルーム内のプライベート空間で使用するが、日本では玄関で靴を脱いですぐスリッパを使用する。来客用スリッパを備える場合もある。また、便所用・台所用など専用スリッパが用意される場合も多い。この独特のスリッパ慣習の要因には、ユカ座とイス座の併存、畳室と洋室の併存、日本人特有の

❻ 下足のままで百貨店へ（1926／大阪朝日新聞広告）[5]

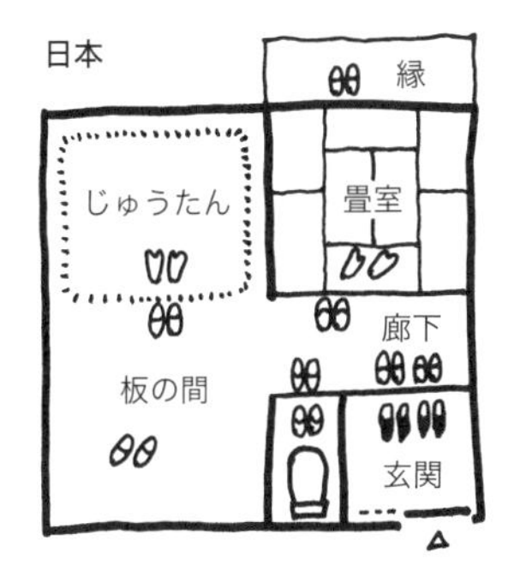

❼ 欧米と日本の住宅内での履き替え[4]

❽ 便所の専用草履（1886／モース）[6]

床に対する感覚がある。これは、便所の床に「不浄感」、畳の床に「清潔感」、スリッパを履く床には「寝ころびたくない」という感覚である。便所の汚れを他の室内に持ち込まないよう専用スリッパが用意される。❽から草履がスリッパに置き換わったことが想像できる。和室はもちろん、直接座る絨毯の上では同室内であってもスリッパを脱ぐ。床ごとに履き分けが発生するため、住宅内にスリッパが散乱しやすい。

3｜日本の食生活・衣生活と住まい

日本の食事様式の変遷と住まい

日本の伝統的な食事様式は、各自の膳（料理を載せて人に供する台）で食事をする膳形式であった。箱膳❾は各自の食器の収納でもあり、食事机でもある。膳を片付けると他の用途に使える空間となる。囲炉裏を囲んでの食事は、家長をトップとして序列で席が決まっていた。

明治中頃から一つのテーブル（卓袱台）を家族が囲んで食事をする新しいスタイルに変わり始める。家族関係のあり方が徐々に変化する中で一家だんらんを求めるようになり、かつ生活の合理化を進める気風もあって、卓袱台は広く普及した。食生活の洋風化（洋食用の大きい皿、中央の料理を取り分ける食べ方）も卓袱台の利用につながった❿。食事後は卓袱台の足をたたんで片づけ、その部屋に布団を敷いて寝ることも多く、住宅の狭さから部屋は多用途に使われた。

第二次世界大戦後まで卓袱台での食事が続いていたが、戦後の公営住宅でのダイニングキッチン採用をきっかけに、イス座のダイニングテーブルが一般住宅にも新たな生活の象徴として広く浸透する。ダイニングテーブルで食事を取るスタイルは、現代の多くの家で定着している。住宅内の日常生活におけるイス座の本格的進行はここから始まったと言える。食事場所がイス座となり固定されると、その部屋では寝なくなるため、食寝分離→ 4-3が確立できる。

日本の衣生活と住まい

衣食住の中では衣生活の洋式化が最も早く進行した。幕末の軍人服から洋服が採用され、明治中期以降には一般のサラリーマンの仕事着、男子学生の制服として普及が進む。今和次郎の調査⓫⓬からもわかるように洋服は男性から普及し、女性の洋服化は男性より半世紀遅れて大正末〜昭和初期頃から進行した。家庭内では和服を着ることも多く、住まいの中で洋服が一般化するのは第二次世界大戦後であった。

洋服の普及は、起居様式のイス座化を促し、中流住宅における洋風応接室の普及にもつながった。衣服の変化により住宅内の収納家具は、和服用箪笥から洋服用箪笥（クローゼット）に変化した。近年はウォークインクローゼットも増加している→ 4-6。

4｜日本の入浴慣習・就寝慣習

日本と西洋の入浴慣習⓭

欧米人の入浴は洗うことが主目的である。浴室は汚れを落とす場所で、洗い場はなく浴槽の中で体を洗い、シャワーで流す。シャワーだけですませることも多い。

❾ 箱膳

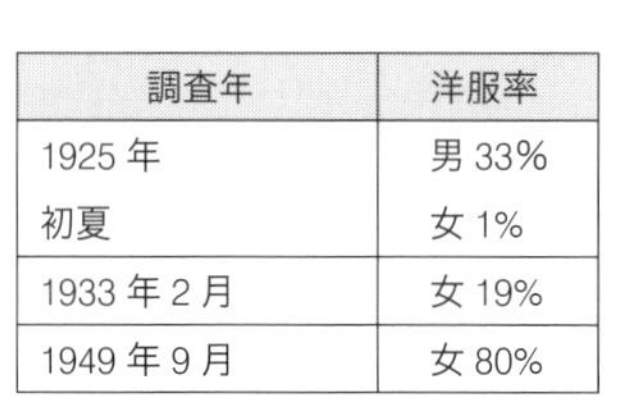

調査年	洋服率
1925 年	男 33%
初夏	女 1%
1933 年 2 月	女 19%
1949 年 9 月	女 80%

⓫ 東京銀座の女性の洋服率 [8)]

❿ 卓袱台での食事風景（1911／福田琴月）[7)]

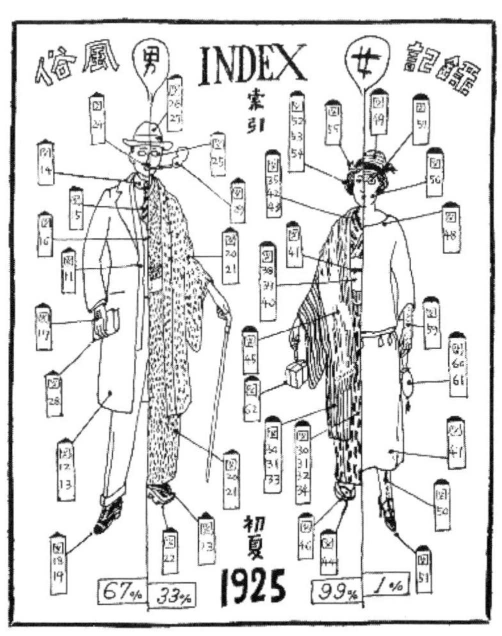

⓬ 東京銀座 1925 年の和装・洋装比率（今和次郎）[9)]

日本人の入浴は、洗うことに加えて、体を温める・疲労回復・気分転換・楽しみなど多目的である。体を洗い場で洗い、浴槽につかり温まる。近年はシャワーですませることも増えているが、賃貸住宅を探す際に浴室とトイレのセパレートにこだわる人は多い。

浴槽形状も入浴方法に対応している。洋式浴槽は浅くて長い。脚をのばして寝そべるように入浴する。和式浴槽は深くて狭い。しっかりと肩まで浸かる全身浴がしやすいが、深さがあるため高齢化などにより身体機能が低下するとまたぎにくい。近年は、和式と洋式のメリットを組み合わせて、適度に体を伸ばしながら肩まで浸かることができる和洋折衷浴槽が多く使われている。

入浴慣習の違いは、入浴介助の大変さとも関わる。浴槽内で肩までお湯につかるには多様な福祉用具を活用し、介助にも体力と時間が必要となる。これに比べるとシャワー浴が基本の場合は介助の負荷は小さくてすむ。

最後に、欧米と日本の浴室関連空間の住宅内の配置と成立過程を見てみよう⓮。西洋の浴室は寝室圏にあり、入浴は個人的な行為である。近世ヨーロッパでは、ベッド横に水差しと洗面器が置かれ、体を拭くだけであった⓯。それが寝室近くに近代的な浴室として設備化された。日本の浴室は家事圏にあり、浴室は家族共用である。水と火を使う台所と浴室の近接は合理的であり、都市部中流住宅では女中が働く空間として水まわりが北側にまとめて配置された。現在は、設備的制約が少なくなり浴室を寝室近くに計画することもある。

就寝慣習：主寝室の確立

西山夘三による大阪の長屋の住み方⓰に見られるように、戦前は1室に家族が集まって寝る集中就寝が一般的であった。戦後日本の住生活の近代化を進める上で、食寝分離と就寝分離→ 4-3が二大原則とされた。主寝室の確立は子ども室よりも遅く、日本の住宅内で最後に洋式化が進む。主寝室のベッド化は、1970年代頃から進行した。

主寝室の確立が遅れた理由には、ソフト面では、欧米の夫婦中心に対して、日本は親子中心の家庭生活であること、日本の育児期の親子同寝慣習がある。欧米では乳幼児から別室就寝の割合が高い⓱。また、日本の学歴社会を反映して子どもの勉強部屋の確保が優先されたことがある。ハード面では、住宅が開放的な間取りであったため独立した部屋が確保しにくかったこと、住宅が狭小であり部屋数が不足していたなどの事情がある。

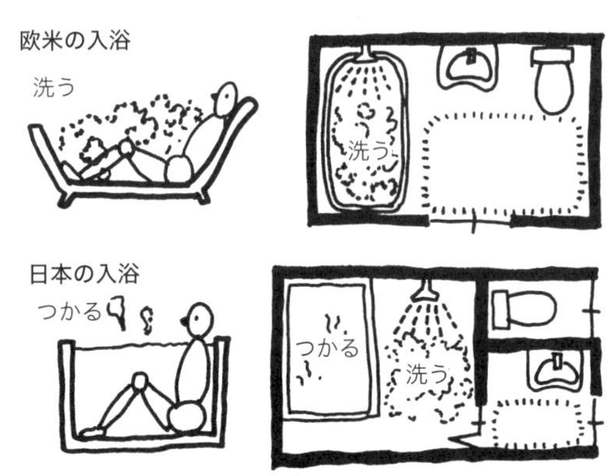

⓭ 西洋と日本の入浴慣習と浴室 [4]

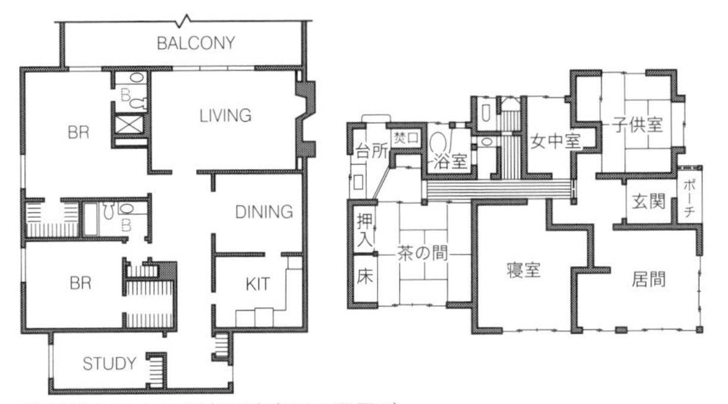

⓮ 欧米と日本の浴室関連空間の配置 [10]
左：寝室に付属したアメリカの浴室（1971）、右：台所の隣にある日本の浴室（1923）。焚口が台所と近接する。

⓯ ベッドサイドの水差しと洗面器 [11]

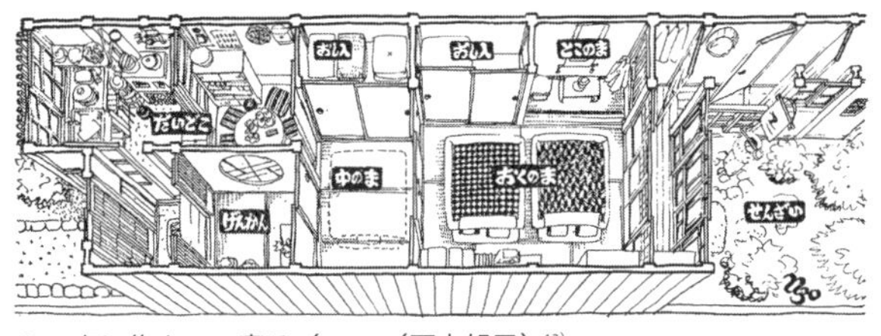

⓰ 1室に集まって寝る（1975／西山夘三） [12]

イタリア	6.4%	フランス	38.9%
イギリス	7.1%	日本	54.4%
ドイツ	8.6%	韓国	61.4%
カナダ	12.4%	中国	66.2%
ロシア	19.1%	インド	70.0%
アメリカ	23.0%	ベトナム	83.2%

⓱ 各国の母子ベッドシェアの割合 [13]

2-4 社会課題と住まい 住宅政策

戦後復興期や高度経済成長期に生じた住宅難を解消するための住宅政策によって、国民の住生活は向上し都市開発がなされてきた。住宅不足はすでに解消され、人口減少時代のいま、住宅政策に何が求められているだろうか？

1 ｜住宅政策とはなにか

住宅政策とは、住宅の入手や建設、保全、利用などに伴う問題を解消するために国や地方自治体が行う政策である。例えば、都市部に人口が急激に流入すると、住宅の量的な不足によって流入人口を収容できず、不法居住地など質的に劣悪な住環境が形成される。日本では、第二次世界大戦後の復興期や高度成長期に都市部への急激な人口集中が起き、その都度、住宅難を解消するための住宅政策が導入されてきた。それでは、現代における住宅政策の課題とはどのようなものか。

統計で見る日本の住宅事情

統計データを利用すれば、日本の住宅事情について様々なことが調べられる。例えば、建設される新築住宅の数や広さ、価格、地域別の住宅供給状況などである。また、住宅の所有状況（持家／貸家）や住宅負担の大きさなどの社会的な実態を明らかにすることができる。

【新設住宅着工戸数の推移】

❶は、1年間に着工された新しい住宅の戸数の推移を示している。これを見ると住宅着工戸数は常に経済活動全体の影響を受けて変動し続けてきたことがわかる。商品として売買される分譲住宅→0-3の着工戸数は高度成長期から増加し、総戸数における割合は大きくなっている。1967年以降40年間に渡り、日本の総着工戸数は100万戸を超える水準で推移してきたが、2008年に発生した世界的な金融危機（リーマンショック）の影響で大幅に減少する。その後は100万戸を超えていない。このことは、日本が2008年に人口のピークを迎えて人口減少に転じたこととも関係する。

【住宅ストックの姿】

❷は日本国内で居住されている住宅ストック（既存住宅）の種別ごとの床面積比率を示している。横軸は住宅総数に占める戸数の割合（ストックシェア）、縦軸は1住戸あたりの床面積(m²)を表している。この図より、住宅ストック全体の6割が持家、4割が借家であり、さらに、持家と借家の床面積比率は8：2と、日本が持家を中心とした社会であることがよくわかる。このような状況は、戦後から続く一連の住宅政策と密接に関わっている。

戦後の都市部における持家の増加

我が国の都市部における庶民の住居は、近世まで長らく長屋などの借家住まいが一般的であった。しかしながら明治期以降、産業の近代化とともに都市部へ人口が集中するようになる。当初受け皿となったのは住み込み先となった商家や、地主が経営する借家であった。一方で

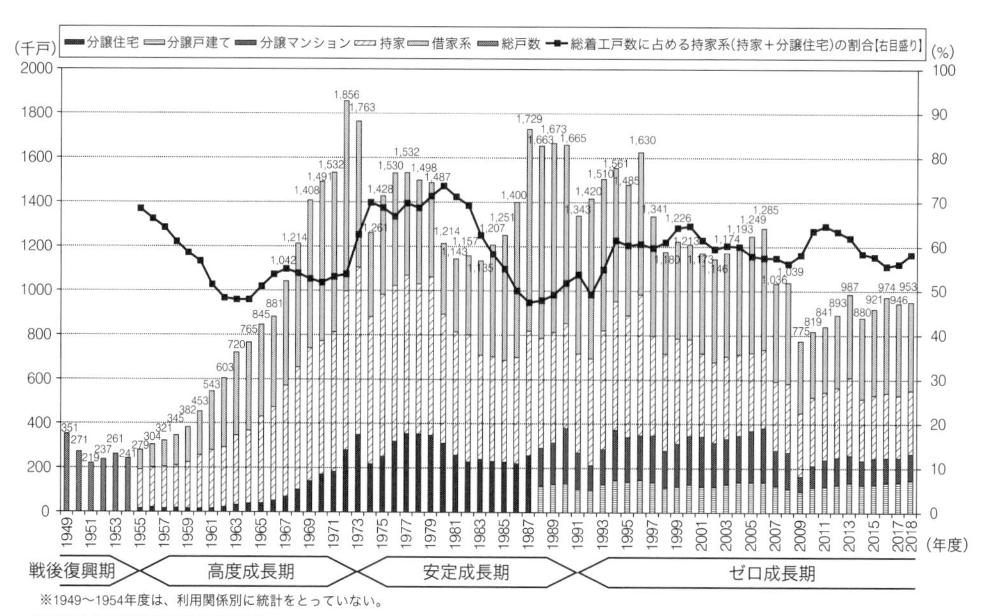

※1949～1954年度は、利用関係別に統計をとっていない。

❶ 新規住宅着工戸数の推移 [1)]

中流階級の拡大により新興住宅地開発が進み、都市部における持家は少しずつ増え始める。大都市の郊外電鉄沿線において民間の分譲地開発が活性化するのも大正末期から昭和初期である。それでも都心部の土地は大地主による所有が依然多くを占めた。

戦後は、1946 年に制定された財産税により、都市部の不動産の多くが徴収され、借地権者などに払い下げられることになった。これにより都市部の土地の所有形態は、大地主制から多人数による小規模所有に転換した。戦前まで成立していた借家経営は、小規模化した家屋では採算が取れなくなり、都市部の居住形態が借家住まいから持家へと大きく変わる契機となった。

2 | 住宅政策の萌芽

震災と戦災からの復興

我が国の住宅政策の始まりは、1910 年代から供給され始めた公共住宅に見ることができるが、これは主に木造長屋で供給量も限定的であった。集合住宅を組織的に供給したのは関東大震災の復興期に始まった同潤会→ 5-1が最初である。関東大震災の直後 1924 年に各地から寄せられた義捐金を基に設立された同潤会は、不燃化住宅団地の建設・経営によって罹災者の救済を行った。特に有名なのが、被災地 15 ヶ所に建設された、当時としては革新的であった鉄筋コンクリート造の集合住宅である❸。

同潤会の改組（1941 年）に伴い住宅営団が設立されるが、戦時中は住宅供給をほとんど停止する。第二次世界大戦の終戦とともに、戦災により日本全国で 420 万戸の住宅不足があったとされる。被災した都市部ではバラックと呼ばれる一時しのぎの小屋が大量につくられたり、廃車となったバスや市電の車両を仮設住宅に再利用したりと、住宅事情は困窮を極めた❹。

戦後住宅政策の三本柱

このような終戦直後の厳しい住宅難を解消するために戦後の住宅政策はスタートした。また、経済発展とともに三大都市圏に生じたかつてないほどの人口集中とそれに伴う大量の住宅需要への対応が、その方向性を決定付けた。

主な政策は、長期・低金利の融資により持家取得を支援する住宅金融公庫(1950 年設立)、住宅に困窮する低所得層向けの住宅供給を行う公営住宅法(1951 年制定)、そして大都市圏を中心に中間層向けの団地やニュータウン開発を行う日本住宅公団（1955 年設立）である。住宅金融公庫・公営住宅法・住宅公団は「住宅政策の三本柱」と呼ばれる。

住宅金融公庫の目的は持家の奨励であり、これは資本主義的な政策であったのに対し、公営住宅は地方公共団体が計画・建設主体となり賃貸住宅を多く供給するという社会主義的な特徴があった。大規模住宅団地開発を推進した住宅公団は、都市圏の郊外宅地開発の先駆けとなった❺。

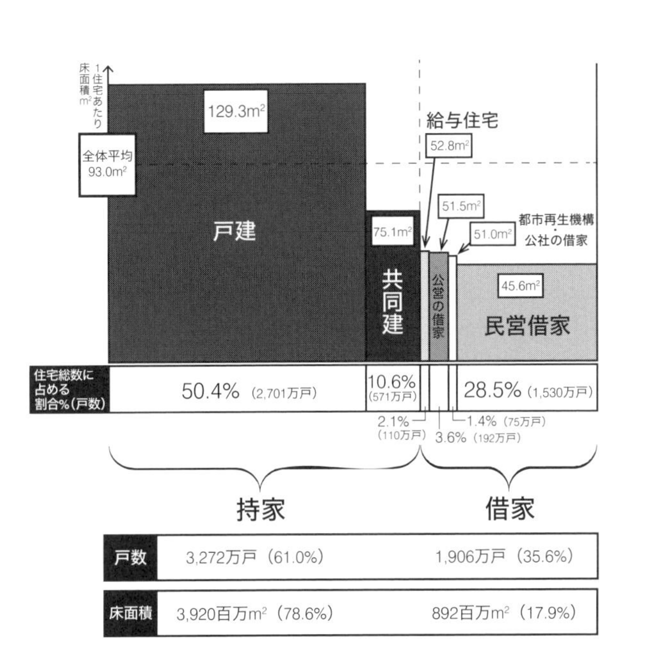

※数値は居住世帯あり住宅総数を示す。なお、空き家等を含む住宅総数は6,241万戸。
※持家3,272万戸の内数として、「戸建」に「長屋建」分30万戸（0.6%）が含まれている。「その他」は含まれない。
※持家・借家の他、不詳（175万戸（3.3%））がある。

❷ 住宅ストックの姿（2018）[2)]

❸ 同潤会清砂通アパートメント（1927）[3)]

❹ 戦後の電車住宅（京都）[4)]

❺ 日本住宅公団の香里団地（1958）[5)]

3 | 住宅政策の課題の変遷

戦後から 80 年に渡る住宅政策の変遷を考える上で、大きく三つの時代区分を設定するとわかりやすい（経済状況に応じた時期区分は目次（p.6）参照）。

一世帯一住宅の実現と大規模宅地開発：第一期

まず第一期は戦後復興期・高度成長期（終戦～ 70 年代初）である。前項で述べた戦後住宅政策の枠組みが整えられてから、住宅難の解消を示す「一世帯一住宅」が果たされるまでの急激な住宅供給が行われた時期である。

住宅公団は設立以来、都市部における大規模団地建設を行ってきたが、1968 年に全国の住宅総数が世帯総数を上回って以降、すなわち一世帯一住宅の実現以降は、都市郊外のニュータウン計画・開発へと方向転換を行った。背景には 1960 年に始まった国民所得倍増計画があり、これを期に日本の経済成長が本格化した。1963 年には大規模ニュータウン開発を法的に根拠付ける新住宅市街地開発法が制定された。その結果、1972 年には年間住宅建設数がピークの 186 万戸に達し、「住宅元年」と呼ばれた。

量の充足から質の向上へ：第二期

第二期は安定成長期（70 年代初～ 90 年代半ば）にあたり、住宅政策が持家促進へと傾いていく時期と捉えられる。経済成長の勢いは、1973 年と 1978 年のオイルショックの到来によって鈍ることになり、代わりに持家政策に支えられた住宅建設が経済政策（内需拡大）の要として位置づけられることになる。

住宅難が解消されたとはいえ、都市部では多くの人が狭小で粗末な住宅に住まざるを得ない状況が続いていた。そのため住宅政策の方針は、住宅数の量的な確保から、住宅の質の向上へと転換する。まずは世帯の構成員が「一人一室」を有する住宅の建設が目標とされ、後に世帯人数に応じた適切な住宅規模と設備を示した居住水準が設定された。この水準を満たした住宅建設が継続的に推進されることにより、住宅の質は高められたのである。

住宅市場とストック重視：第三期

第三期はゼロ成長期（90 年代半ば～現在まで）で、国内人口と経済のピークを迎えた後の時期にあたり、住宅市場の自由な競争を重視する方向に変わった。

それまでの大規模な住宅建設が前提としたのは同質的な住宅需要であったが、住宅の居住水準の向上に伴い国民の住宅への要求は多様化する。そのため、計画的に住宅建設を推進する住宅政策の役割は終わり、住宅供給の担い手は様々なニーズに対応できる住宅市場（民間企業による住宅開発）へと移行する。

そして人口減少や少子高齢化など社会経済情勢の変化へ対応すべく、住宅政策の焦点は新規住宅の「建設」から、既存住宅の「ストック」重視へと変わっていく。安全・安心で良質な居住環境および住宅ストックの形成や、中古住宅が流通しやすい市場整備を支えるべく、住宅の

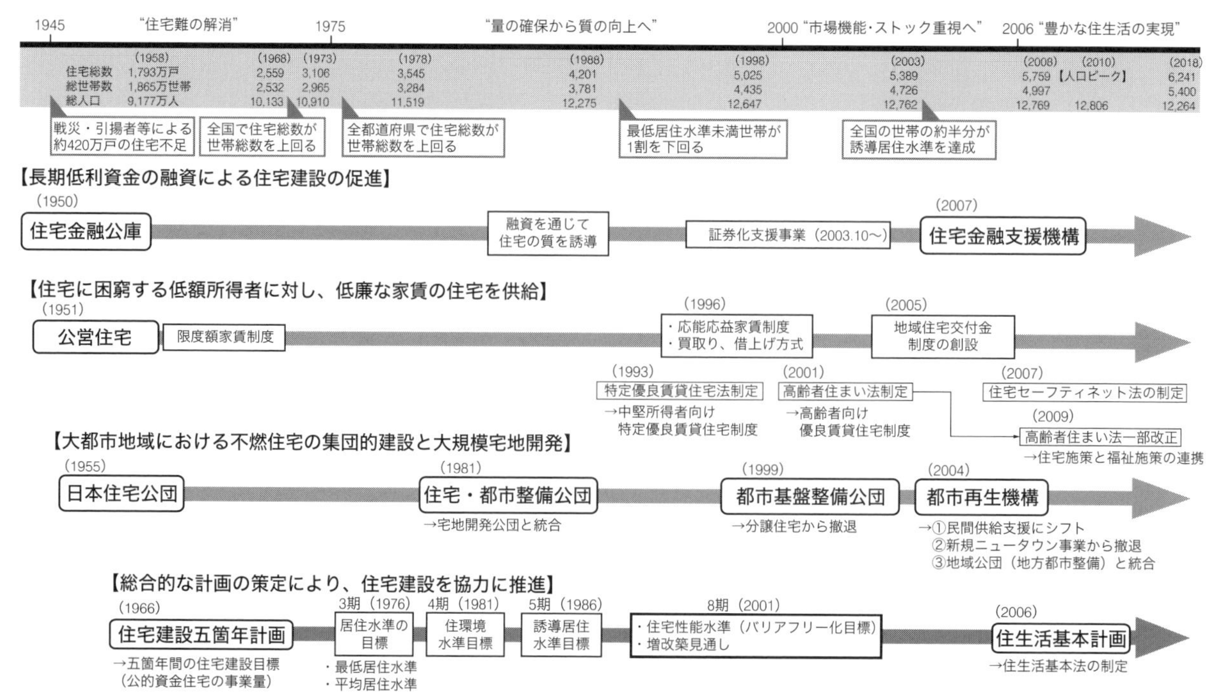

❻ 住宅政策の変遷 [6)]

品質確保の促進等に関する法律（「住宅品確法」1999年）や長期優良住宅の普及の促進に関する法律（2008年）などの法整備が進められている。

住宅政策の三本柱の変化

住宅にまつわる課題の時代的変遷に伴い、住宅政策の三本柱と呼ばれた施策もそれぞれ変化してきた❻。

【都市圏での大規模宅地開発】

住宅公団は住宅供給から都市開発、そして都市整備へと事業の主軸を変えていく。1981年に住宅地開発を行っていた宅地開発公団と統合し住宅・都市整備公団となる。1999年には都市基盤整備公団に名称を変え、分譲住宅事業から撤退する。2004年には都市再生機構（UR都市機構）へと改編、新規ニュータウン開発から撤退し、民間による住宅供給支援へとシフトした。

【低所得者向け住宅供給】

当初は幅広い世帯が入居可能であった公営住宅は、数度の法改正を経て入居条件が低額所得者に限定され、公的住宅の中における福祉住宅としての役割を担うようになる。特に1996年の大規模改正では、応能応益方式という入居者の収入に応じて家賃が定められる方式が導入され、一層福祉的な側面が際立つことになった。

【長期・低金利融資による持家取得促進】

資金力の少ない個人が持家取得のために長期融資を受ける住宅金融であるが、1970年代から銀行など民間企業による住宅ローンが拡大し始め、住宅価格の上昇の要因となった。この結果、住宅着工数が増加するとともに、適正な水準を大幅に上回る住宅バブルが発生した。特に相続税対策として建てられた賃貸住宅が増え、この傾向はバブル経済の破綻（90年代初め）まで続くことになった。

一方で住宅金融公庫は、1972年に住宅地の開発事業者への融資をはじめ、民間開発業者による宅地開発を促進することになった。注文住宅を「建てる」だけでなく、建売住宅→0-3を「買う」ことが一般的になったのもこの時期からである。住宅金融公庫は2007年に廃止され、住宅ローン市場の自由化は一層進んだ。

4 | 住宅政策の今日的課題

空き家の増加

日本の人口は2008年にピークを迎えた。人口の減少は、空き家の増加に直結する。❼に示すように、全国の空き家数は増加を続けている。2018年には約850万戸の空き家が確認され、全国の住宅ストックに占める空き家の割合（空き家率）は13.6％にのぼることが明らかになった。長年人が住んでいない空き家は経年劣化が通常の住宅よりも進む。管理不全な空き家は、住環境における防犯・防災・衛生上のリスクとなり、景観の悪化にもつながる。

空き家を生み出さない対策と、空き家の利活用には、空き家の所有者などの当事者だけでなく、地域コミュニティでの取組みや行政の支援が必要である。

福祉政策としての住宅政策

高齢単身世帯や生活困窮者は、孤独死や家賃滞納の可能性があることから賃貸住宅への入居が困難である。このような住宅確保に配慮を要する人々は年々増加している。安心・安全な住環境の構築のためには、住宅市場主導の住宅供給だけでなく、要配慮者の円滑な入居を支えるセーフティネットとしての役割が、住宅政策に改めて求められている。

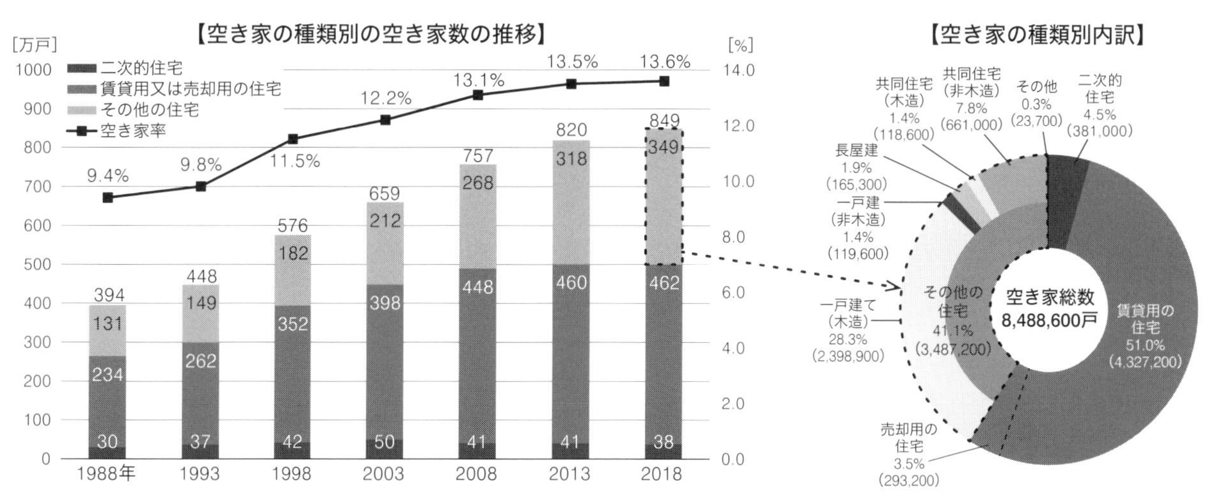

❼ 空き家数・空き家率の推移および空き家率の種類別内訳（2018）[7]

column 02

住まいを設計すること　住み方と生活

島田　陽

ありとあらゆるものが、量産化、商品化されつくしつつあるこの世界で、オーダーメイドでつくり上げられている数少ないものの一つが、設計された住宅だ。これから子育てをする、まだ若い会社員、アトリエを兼ねた居場所をつくりたいデザイナーやアーティスト、セミリタイアして老後の居場所を定めたい人など、僕たちの住宅のクライアントは様々で、皆それぞれに量産的なハウスメーカーの住宅に飽き足らず、自分の為に仕立てられた空間を欲するところに日本の住宅設計の拡がりがある。

住宅を建てるのには決して安くない金額がかかるが、それを建築家に依頼してつくるのがとんでもない贅沢かというと、そうでもない。僕たちが設計する住宅の多くはハウスメーカーによる住宅と大差ない予算か、ときに安かったりもする。それは工務店との地道な関係や安い素材を美しく見せる工夫によっても成り立っているが、何よりもそれぞれのクライアントが、なけなしの予算の中で本当に大事なものは何かを選び取り、絞り上げる事で試合前のボクサーのように引き締まった建築が仕上がっていくのだと思う。

「六甲の住居」は大変なローコストで、引き締まった住宅の好例だ。家型が高く持ち上げられて下をガラス張りとしたこの住宅は、人力でしか搬入、施工できない敷地にあり、軽量化、ローコスト化の為に構造面でも引き絞られている。人力で搬入できるようすべての部材は100kg以内に抑えられ、外周を均等に回るバルコニーは鉄板をボルト締めしてつくられている。バルコニーは水平構面として働き、そのおかげで2階床面はデッキプレートを敷き並べただけで構成されている。最もローコストな外壁材の一つとして採用されたガラスによって囲まれた1階は開放的な、半外部的な場所としてバルコニーで日射を遮り、上階にしっかりした断熱を施して浴室や寝室などのプライベートな場所とした。

床鋼板 t=4.5
屋根筋交い：1-M16
屋根梁：H-100×100×6×8
桁筋交い：
C-100×50×5×7.5
柱：H-100×100×6×8
梁：H-148×100×6×9

❶「六甲の住居」構造ダイアグラム

住人と持ち物の関係

クライアントの要求は多種多様だが、住宅設計において最も大事なことの一つは彼らの持ち物との関係だと言える。持ち物を綺麗に仕舞い込み、ミニマルに暮らしたい人から、雑多に溢れかえるモノの間で暮らしたい人まで様々だ。この「六甲の住居」の住人は雑多なものと活き活きと暮らすことを望まれていた。そこで1階の天井高を十分に取ることにした。すると1階では視界の半分以上は上空に浮かぶ天井のデッキプレートで占められて、あまりに散らかった印象を与えない。

雑多な暮らしが予想される住宅の多くで、こうした高天井による実践を行ってきたが「宮本町の住居」では遂に一切収納がなく、天井を含むすべての空間にまでモノが溢れ返るようにしてしまった。僕が学校で住宅設計を教える際に一切収納がない設計案には注意をするとは思

❷ 宮本町の住居[1)]

うが、要望次第ではありえるのが住宅設計の一筋縄ではいかない所だ。クライアントの要望は仕舞い込んでしまうとモノの場所がわからなくなるので収納は要らない、家族も閉じこもられると寂しいので個室も不要というものだった。この住宅では計13枚の床がそれぞれ約700mmの段差で連なっていて、すべての床が隣の床から机のように、もう一段下の床からは棚のように使える。収納は用意していないが、1階のスラブから700mmや1400mmの高さに浮かぶ床の下は収納として使うことを想定した。暮らし始めてすぐに家中にモノが溢れかえったのだが、住人がモノの居場所をあれこれ思案するうちに森の中のような不思議な秩序が発生し、個室のない家族のプライバシーも溢れ返るモノによって保たれているようだった。

緩衝空間としての半外部空間

「六甲の住居」をウェブサイトで見て連絡してきたオーストラリア人のための「ハミルトンの住居」では、施主がミニマリストで一切のものを隠したがったので、これまで紹介した2軒の極端な例とは好対照だ。敷地のあるブリスベンにはクイーンズランダーというベランダ付き高床式住宅の伝統があり、その様式を異邦人として観察し「半外部空間と内部空間を等価に扱う」ことだと読み替えて設計した。高温多湿なブリスベンで暑さを避ける為に発達したベランダ空間は気候やコミュニティなどの外部環境との緩衝空間、インターフェイスとして機能する。

地域の住宅の建ち方に隠れている知恵

日本においても縁側などの半外部空間が同様に機能していた筈だが現在では顧みられなくなってしまった。この住宅での経験から、半外部空間の大切さを学び、その後なるべく設計に取り入れようとしている。「ハミルトンの住居」では地域の住宅の建ち方に隠れている知恵を参考にしようと現地の特徴的な様式を参照したが、「園部の住居」では周辺の何の変哲もなく見える新興住宅地に「テラス囲い」という様式が生まれつつあるのを発見し、参照した。簡易なサンルームというべき「テラス囲い」はテラスをガラスや波板などで囲ったもので、その流行はこの敷地周辺に限ったことではないのだろうが、雨や雪の多いこの地域では有用らしく、多くの住宅に備えられているのを発見した。この住宅ではその「テラス囲い」を参照した半外部空間と軒下空間をシンプルな家形に内蔵し、半外部空間の緩衝空間としての有用性を復活させようとした。大きな扉のある半外部空間は、扉を開くと軒下空間に変わる。波板越しのフラットな光に包まれた明るい空間、直射光や反射光で照らされたリビングから仄暗い和室まで様々な光の状態がつくり出された。

周辺の環境を損なわない建ち方

設計とは言うなれば、敷地や条件を愛する方法を見つけることだ。予算や法規、要望でがんじがらめになった状況をポジティブに整理し、周辺の環境を損なわず、むしろよくするような建ち方を探し続けている。例えば「山崎町の住居」では通常の2階建てのボリュームを建てると、これから移り住む住宅地の状況を自ら悪くするのではないかと考えて1階の床面を700mmほど地面に埋めた。そうすることで屋上と庭が近くなり、住宅地の角の圧迫感を減らせると考えたのだ。

住人に能動的に暮らしてもらうために

ただ、条件や法規といった他律的な要素だけでなく、建築の内在する論理や構造による自律的な在り方も大切だ。長い時間を過ごす住宅では商業空間や公共建築を設計する際よりはシンプルな素材で飽きが来ないように設計することが多く、幾何学的な、比較的シンプルな平面としている。それは設計時の価値観や要望にぴったりと合わせすぎると、暮らし方を固定してしまい、施主の人生すら超えて長い時間を過ごす可能性のある住宅では不自由さを感じさせることもあるかもしれないと考えているからだ。ある意味では暮らしと対立するような構造や形式を他者として導入することで、住人に能動的に暮らし、使いこなしてもらいたいと考えている。

❸ ハミルトンの住居 2)

❹ 園部の住居 3)

❺ 山崎町の住居 4)

【参考文献】

2-1
・上野千鶴子『近代家族の成立と終焉』岩波書店、1994
・落合恵美子『近代家族とフェミニズム〔増補新版〕』勁草書房、2022
・落合恵美子『21世紀家族へ―家族の戦後体制の見かた・超えかた 第4版』有斐閣、2019
・西川祐子『近代国家と家族モデル』吉川弘文館、2000
・本田由紀『社会を結びなおす』岩波ブックレット、2014
・フィリップ・アリエス、杉山光信・杉山恵美子訳『〈子供〉の誕生―アンシァン・レジーム期の子供と家族生活』みすず書房、1980

2-2
＊1 山田昌弘『家族ペット―やすらぐ相手はあなただけ』サンマーク出版、2004
＊2 大月敏雄・住総研『近居―少子高齢社会の住まい・地域再生にどう活かすか』学芸出版社、2014
・西條節子『高齢者グループリビングCOCO湘南台』生活思想社、2000
・葛西リサ『母子世帯の居住貧困』日本経済評論社、2017

2-3
・西山夘三『日本のすまいⅠ』勁草書房、1975
・西山夘三『日本のすまいⅡ』勁草書房、1976
・E. S. モース『日本人の住まい〔新装版〕』八坂書房、2000
・今和次郎『今和次郎集』1巻、4巻、8巻

2-4
・平山洋介『マイホームの彼方に』筑摩書房、2020
・日本住宅公団『日本住宅公団10年史』日本住宅公団、1965
・西川祐子『住まいと家族をめぐる物語』集英社、2004
・塩崎賢明『住宅政策の再生―豊かな居住をめざして』日本経済評論社、2006

【図版出典】

2-1
1) 上野千鶴子『近代家族の成立と終焉』岩波書店、1994
2) 住環境の計画編集委員会『住環境の計画1―住まいを考える』彰国社、1992
3) 本田由紀『社会を結びなおす』岩波書店、2014
4) 厚生労働省「厚生労働白書」令和3年版、2021
5) 上野千鶴子『近代家族の成立と終焉』岩波書店、1994をもとに加筆修正
6) 西山夘三『日本のすまいⅡ』勁草書房、1976
7) 青木正夫ほか『中廊下の住宅』住まいの図書館出版局、2009

2-2
1) 国勢調査より作成
2) 上野千鶴子『近代家族の成立と終焉』岩波書店、1994をもとに作成
3) 上田篤・久谷政樹「朝日新聞」1973年1月3日
4) 上田篤・久谷政樹「日本経済新聞」2007年2月25日
5) 「住宅土地統計調査」より作成
6) コレクティブハウジング社HP
7) COCO湘南台HP
8) 京都府HP「次世代下宿「京都ソリデール」事業」

2-3
1) 今和次郎『今和次郎集 第4巻―住居論』ドメス出版、1971
2) 『画報近代百年史1 1850～1872』日本図書センター、1989
3) 西山夘三『これからのすまい 復刻版―住様式の話』相模書房、2011
4) 住環境の計画編集委員会『住環境の計画1―住まいを考える』彰国社、1992より作成
5) 大丸二百五十年史編集委員会『大丸二百五十年史』大丸印刷株式会社、1967
6) E. S. モース『日本人の住まい〔新装版〕』八坂書房、2021
7) 農林水産省HP「明治期の農林水産業発展の歩み」https://www.maff.go.jp/j/meiji150/eiyo/04.html
8) 今和次郎『今和次郎集 第1巻―考現学』『同 第8巻―服装研究』より作成
9) 今和次郎『今和次郎集 第1巻―考現学』ドメス出版、1971
10) 左：『House & Home』1971年1月号、右：『住宅』第8巻、1923年1月号
11) “Doreen Yardwood：The English Home”B. T. Batsford Ltd., London, 1979
12) 西山夘三『日本のすまいⅠ』勁草書房、1975
13) Viara R. Mileva-Seitz“Parent-child bed-sharing：The good, the bad, and the burden of evidence” Sleep Medicine Reviews, Volume 32, April 2017より作成

2-4
1) 国土交通省「住宅着工統計」より作成
2) 総務省「平成30年住宅・土地統計調査」より作成
3) 『同潤会十八年史』同潤会、1942年（部分）
4) 提供：NPO西山夘三記念すまい・まちづくり文庫
5) 「れとろ探訪―香里団地」毎日新聞（地方版／大阪）2018年4月19日
6) 国土交通省住宅局「これまでの住宅政策の制度的枠組みの変遷」2010
7) 総務省「住宅・土地統計調査」（1988～2018）より作成

column 02
1) Ⓒ 新建築社
2) Ⓒ Christopher F Jones
3) Ⓒ 新建築社
4) Ⓒ 鈴木研一

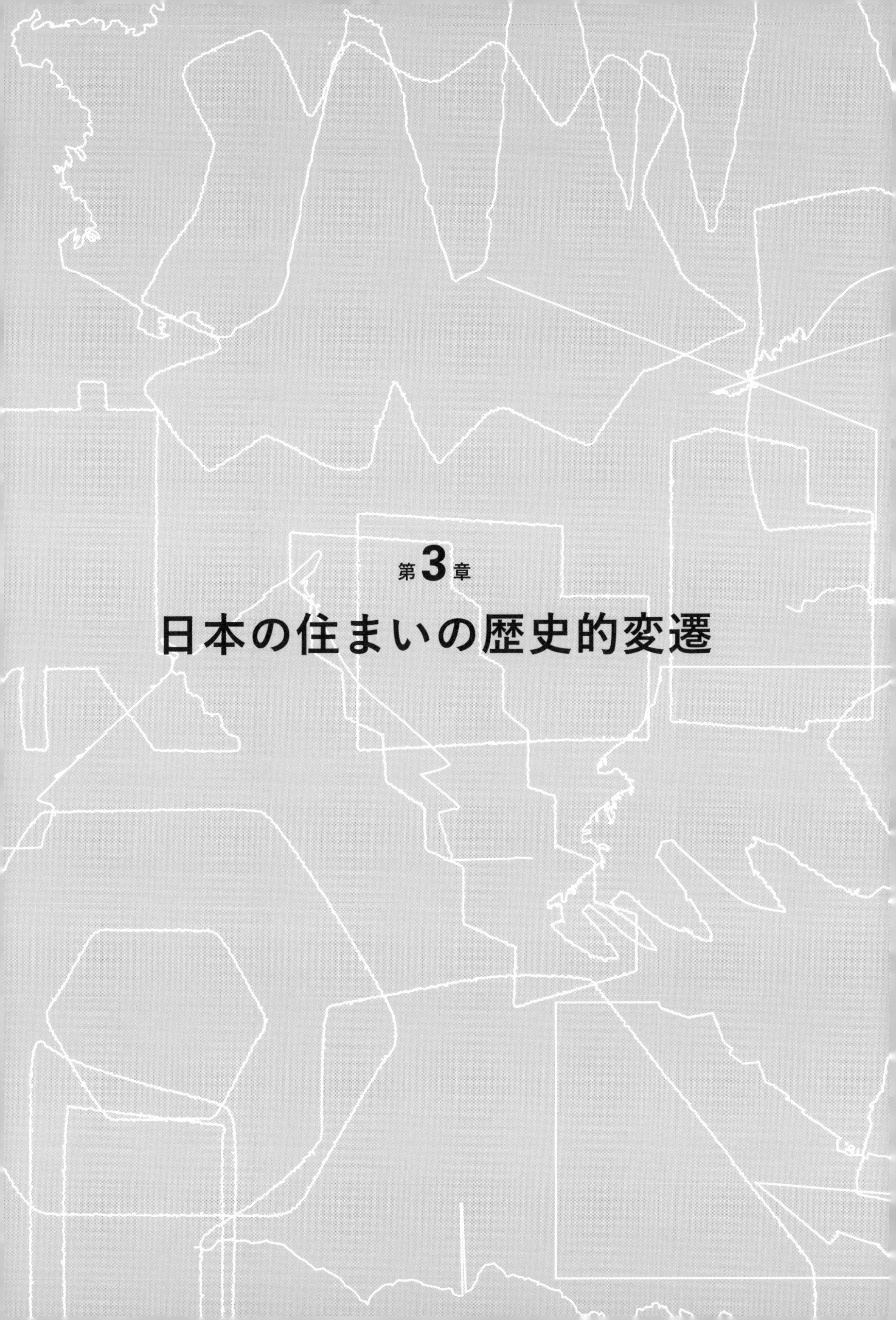

第3章

日本の住まいの歴史的変遷

3-1 日本的な住空間の成立

日本的な住空間の重要な要素の一つである地面から浮き上がった床の発生から、寝殿造の成立、書院造への展開まで。
どのようにして現代の「和室」、すなわち畳・建具・天井に包まれた空間が成立したのだろうか。

1 | 土間と床　竪穴住居と高床住居

4世紀の古墳から発掘された家屋文鏡には、古代日本の住居と思しき4棟の建物が描かれている❶。2棟は地面が床＝土間となっており、2棟は地面から浮いた床＝高床を持つ。日本の住居は以降、土間と床を組み合せながら発達していく。床の高さの差は、発生的には地勢への対応や食料の保存、居住性の向上のために生じたものと考えられるが、次第に土間は作業の場、床は生活の場と、用途に対応する。そして一つの建物の中に土間と高床を併せ持つ庶民の住まい→3-2、3-3と、本節で詳しく見る寝殿造や書院造など、基本的に高床の建物で暮らす富裕層の住まいへと分化する。

寒冷・乾燥地由来の住まい：竪穴住居

人類が初めに住んだのは、おそらく自然の洞窟や岩陰を利用した横穴式の住居であったろう。日本列島で人がつくった住居として確認できる最も古い形式は、地面を掘り下げて土間床とし、そこに屋根を伏せた竪穴住居である❶A、❷。竪穴住居は、生活に必要な内部空間の高さを垂直な壁を建てることなく確保できる住居形式であり、寒冷な乾燥地を中心に世界中で見られる。半地下の空間は保温性に優れる反面湿りやすいため、敷地は水はけのよい丘陵や段丘の縁が選ばれた。時代が下ると居住性を高めるために、土間の一部に板敷の床を設けたものや、地面を掘らずに地表面を床とする平地住居❶Bが登場する。平地住居は寒冷地の住居形式として明治初期まで残存していた（土座の民家やチセなど→1-3）。

温暖・湿潤地由来の住まい：高床住居

床を地表から高く上げる高床は、温暖で雨の多い湿潤な土地に適した形式である。同様の土地に適した水稲栽培（稲作）が普及し、人々が乾燥した高台から灌漑に便利な低湿地へ移り住むと、高床の有効性は高まることになる。高床の建物はもともと穀物を湿気や動物から守り保管するための倉庫❶Cであったが、次第に祭祀者や首長などの重要な人物の住まいとしても用いられるようになったと考えられる❶D、❸。

安全性あるいは快適性のために地表から持ち上げられた床は、結果として見下ろす／見上げるという視線の差を生み、やがて高い床は身分や権威と結びつく。また、板張りの床の上では火や水を扱いづらいため、炊事や農作業は、別棟の土間のある建物で使用人が行うことになる。こうして後の寝殿造に見られる、床の上のみで暮らす富裕層の住まいの原型ができあがってくる。

2 | 床の上に広がる大空間　寝殿造

開放的な一室空間と様々な移動式の装置

平安時代の上層階級の邸宅のつくりを寝殿造（しんでんづくり）と呼ぶ。その基本形式は❹に示すような母屋（もや）と庇（ひさし）からなる架構に由来する同心円状の構成である。柱2本の頂部に梁を渡した門形を、桁でつないで並べ、屋根を架けた空間が母屋である。内部空間を広くするために外周へ張り出したやや屋根の低い空間が庇である。庇のさらに外側に付く庇は孫庇（まごびさし）、最も外側は簀子縁（すのこえん）と呼ばれる吹きさらしの廊下である。このような母屋・庇の関係を屋根形状に率直に表すと入母屋造となる。建物の内外は柱の間に吊られた蔀戸（しとみど）や半蔀（はじとみ）、妻戸（つまど）（両開き戸）で区切られた。

内部はすべて靴を脱いで上がる板敷きの高床である。母屋・庇・孫庇の境には柱や段差があるが、壁や戸など

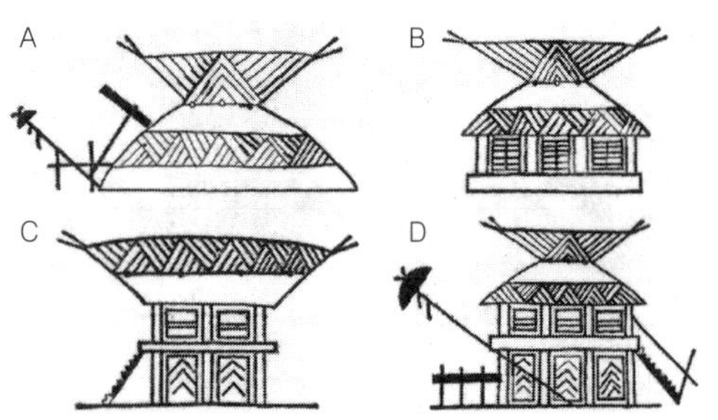

❶ 家屋文鏡（4世紀／佐味田宝塚古墳）に描かれた住居[1)]
A：竪穴住居　B：平地住居　C：高床倉庫　D：高床住居

❷ 土葺きの竪穴住居（復元／三内丸山遺跡）[2)]

❸ 高床住居：祭祀権者の住まい（復元／吉野ケ里遺跡）階段は見学用

の固定的な間仕切りはごくわずかで、天井もなく屋根裏まで吹抜けていた。つまり寝殿造の内部は、地面から浮いた床の上を柱・梁・屋根で覆っただけの、いわば広々としたワンルーム空間であった⓯左。

そのような開放的な空間に暮らすために、様々な移動式の家具・調度によって用途に応じた場所を整える行為が室礼（しつらい）である❺。座る・寝る場所には畳や茵（しとね）が敷かれた。当時の畳は床材ではなく、ソファのような家具の一種である。身のまわりの品々の収納には二階厨子（ずし）・二階棚、可動間仕切りとして屛風・几帳（きちょう）・御簾（みす）・帳台（ちょうだい）などが用いられた❻。洗髪や用便にも運べる道具が使われた。開放的な寝殿造の中で例外的に、塗籠（ぬりごめ）は壁と建具で囲われた閉鎖的空間である。元は寝所であったが、夏の蒸し暑さに適さず、次第に物をしまう納戸へと変わった。

寝殿造の配置構成：ハレとケ

寝殿造の住まいは❼に示すような、寝殿（中心となる棟）と対屋（たいのや）をはじめとする母屋と庇からなる複数の棟が、渡殿（わたどの）や中門廊（ちゅうもんろう）といった線状の建物で連結された複合的な建築群である。そのうち南庭（なんてい）を囲む一角は、公的な儀式の場として寝殿の母屋・南庇と一体的に使われるハレ（晴）の空間であった。対して寝殿の北側は、日常生活の場となるケ（褻）の空間である。❺でも、ハレとケの境界となる母屋と北庇の間が、押障子で強く区画されていることがわかる。台所や畑などの日常生活を支える諸機能も敷地内の北方に位置していた。

中門廊は寝殿と南庭という寝殿造の枢要部へのアプローチである。後世には簡略化され、玄関の原型となった。小規模な住宅であっても寝殿と中門廊が省略されないことは、この二つが当時の住まいにおいて特に重要な要素であったことを意味する❽。

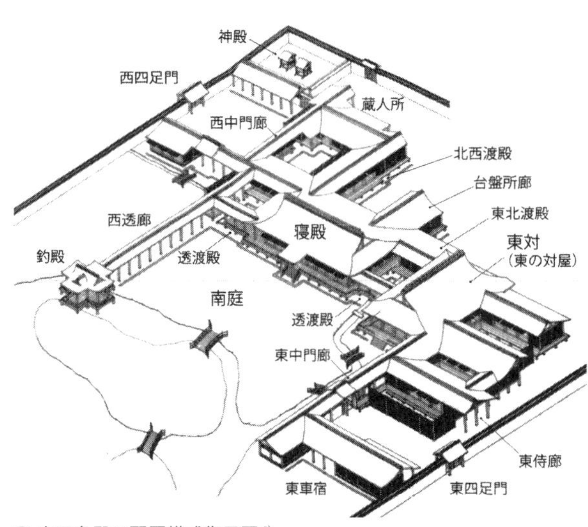

❼ 東三条殿の配置構成復元図[6)]

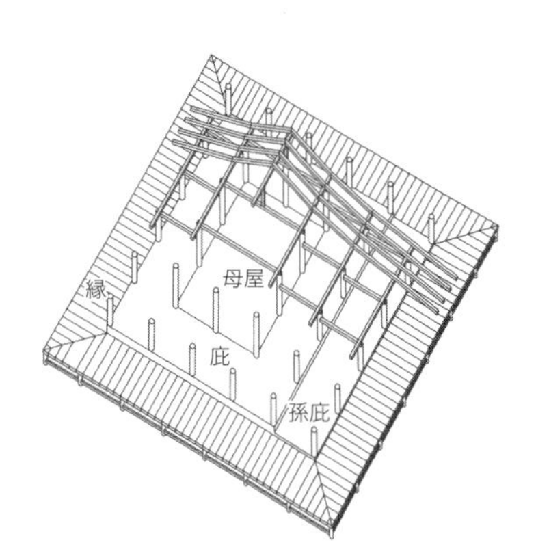

❹ 寝殿造の基本形式：母屋と庇[3)]
母屋／庇／孫庇が同心円状構成をなす。

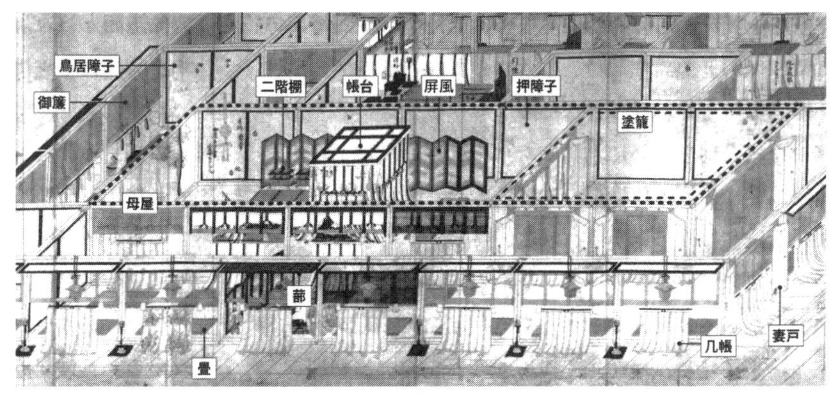

❺ 1115年の東三条殿・寝殿内の儀式時の室礼（『類聚雑要抄』（部分）12世紀）[4)]
南庭（図の下側）に面した南庇と母屋が主要な儀式の場としてしつらえられている。

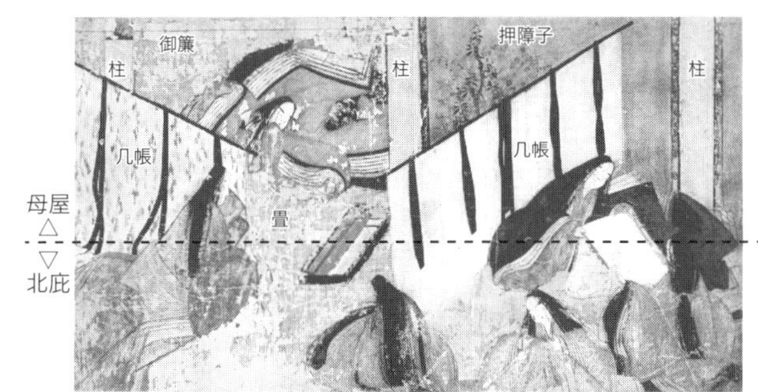

❻ 絵巻物に見る寝殿造の内部（『源氏物語絵巻』12世紀）[5)]
寝殿を北から見ており図の上側が母屋内部となる（48帖「早蕨」）。

❽ 小規模の寝殿造（『法然上人絵伝』（部分）14世紀）[7)]
中央に寝殿と中門廊からなる居住棟、左右に別棟の厨と厩がある。

3｜用途に応じた空間分化　寝殿造の変化

平安末期から鎌倉期にかけて寝殿造に様々な変化が生じる。特に私的生活の場であった寝殿北側が肥大し、母屋・庇・孫庇の構造とは無関係に、用途に応じて内部が仕切られるようになった❾。この頃に張られるようになった天井も、間仕切りを自由にした一因である。引違いの建具が普及し、柱は円柱から角柱に変わった。

新たに支配権を握った武家の住まいは公家の寝殿造を踏襲したが、室町時代になると、公家的な儀式・行事を行う寝殿、武家的な会合・文芸のための会所、日常生活をおくる常御所など、用途ごとに建物を使い分けるようになった❿。武家の作法では対面による主従関係の確認が重視されたため、寝殿に代わって会所が、つまり接客の場が住まいの中心的位置を占めることになる。

これらの変化は、新しい生活様式や文化・技術の発展により旧来の寝殿造の形式が崩れ、新しい住まいの形式へと移り変わる過程を示している。この過渡期の武家の住まいのつくりは主殿造とも呼ばれる。

4｜日本的住空間の確立　書院造

移動式装置の固定化による書院の形成

中世を通じて徐々に進んだ寝殿造の諸変化は、最終的に書院造というスタイルに収束する。書院造は書院と呼ばれる建物を中心とする、近世の武家の住宅形式である。書院の初期の姿は慈照寺の東求堂同仁斎⓫や園城寺の光浄院客殿（1601）に見ることができる。

住まいとしての書院造の要点の第一は、それまでは移動式だった各種装置が建築に固定されたことである。机・棚・厨子・帳台は、付書院・違い棚・帳台構えなどの座敷飾りとして造り付けの家具となった。座敷飾りの中心である床の間の原形も、書画の前に置き花や燭台・香炉を飾るための卓である。家具であった畳は床材として敷き詰められた。屏風や几帳などの間仕切りは、明障子などの引違い戸（遣戸）として柱の間にはめこまれた。引違い戸で仕切った部屋を行為に応じて使い分けるようなると、部屋のサイズは小さくなる。空間と行為の結びつきの強まりを背景とするこれらの変化は、天井の設置と併せて、室内の居住性を格段に向上させた。畳・障子・床の間といった要素に代表される日本的な住空間⓯右と畳敷きの床で寝起きする生活様式は、書院造とともに確立し、やがて農家や商家にも広まっていった。

ヒエラルキーを表現する空間構成

書院造のもう一つの重要な特徴は、それが身分と主従関係を基軸とする階層的な武家社会を支える空間的装置であったことである。書院造の住まいは、主従関係を確認する対面儀式にふさわしい場として、「格」の異なる空間を段階的に連ねることで構成される。

格の違いはまず入口からの距離によって示される。例えば二条城二の丸御殿⓬は複数の建物からなるが、入口（車寄）から最も遠い白書院が将軍の生活の場、それに続く黒書院が御三家との、大広間が諸大名との対面の場であった。遠侍は登城した大名の控え室である。このような、入口から遠い「奥」に私的な場を置き、手前の「表」を公的な接客の場とする領域の使い分け、また入口から奥へ進むほど格が高くなる空間の序列は、近代にまで見られる日本の住宅の特徴の一つである。⓭は、元旦の儀式の際に将軍が行為や対面相手の格に応じて、私的な御座の間から白書院・大広間の上段・下段へと部屋を使い分けていた状況を示している。

個々の建物内でも同様の階層性が見られる。二の丸御殿大広間では、格の高い順に上段の間・下段の間・三の間・四の間が渦巻き状に連なっている。最も格の高い上段の間には、そこに座る将軍の背景として富と権勢の象徴である座敷飾りが設けられる⓮。格の違いは床の高さや天井の高さ・意匠によっても示されている→2-3。上段の間の床は文字通り下段の間より一段高く、さらに一段高い床の間がこの階層的空間構成の焦点となる。このよ

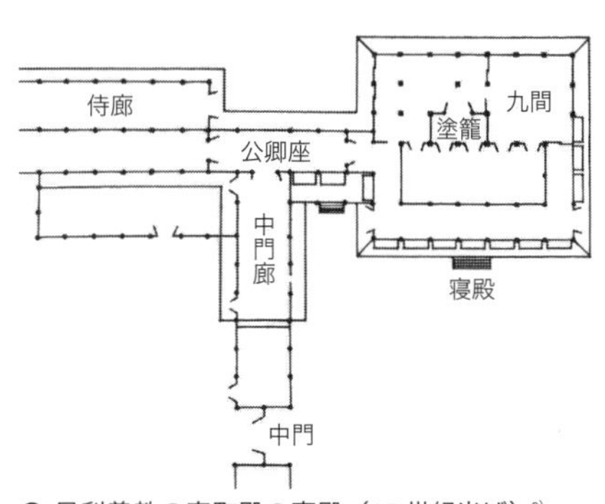

❾ 足利義教の室町殿の寝殿（15世紀半ば）[8]
北庇が大きく拡がり小部屋に仕切られる。

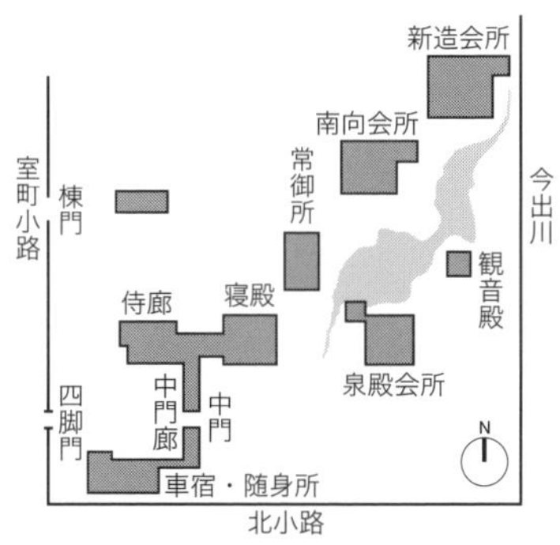

❿ 足利義教の室町殿の配置図[9]

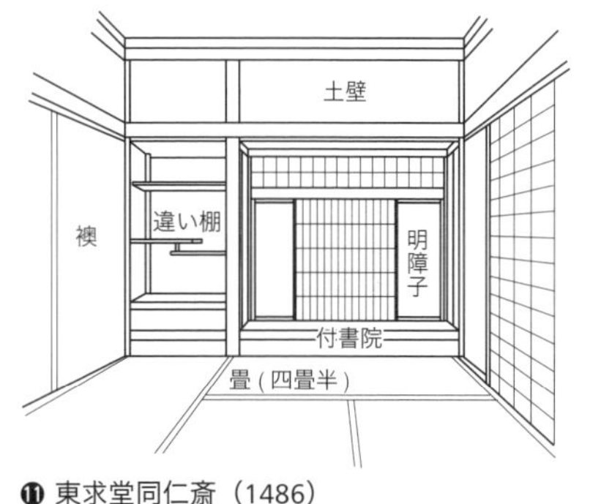

⓫ 東求堂同仁斎（1486）
付書院・違い棚を備えるが床の間はまだない。

うな床の高さによる空間秩序の表現は、床の間を背にする席を上座とする習慣として、現代まで残っている。

5 | 室内空間の変遷と「和室」の完成

高床の住まいから寝殿造、そして書院造へと展開した流れは、室内空間の質に注目すれば、柱梁や屋根・床板といった建築の骨格がそのまま表れた荒々しく開放的な空間から、畳と天井と建具とで優しく包まれた空間への変化であり、いわゆる「和室」の確立するプロセスであった⑮。その背景には、対外的な儀式のための場から居住者の生活の場へという、住まいの主目的の転換がある。ただし書院造においても、対面という儀礼的行為の場の提供は住まいにおける重要な機能の一つであり続けた。

このような来客者への対応を重視する接客本位の考え方は、武家以外の住まいにも接客用の座敷を家の最もよい場所に置く慣習として定着した。また、書院造は草庵茶室→ Column 03の影響を受けて数寄屋造(すきやづくり)を生み、和室の意匠はより洗練されていく→ 6-1。

近代以降の和室は、ときに封建時代の様式であると批判されもしたが、モダニズム的美意識との融合をはかりつつ、長く日本の住空間の基調であり続けた。しかし今日では、ユカ座の習慣や引違い戸の使用が根強く残る一方で、畳や障子が一つもない住宅も珍しくなくなった。伝統的な和室が帯びた「格式」のある空間秩序が、堅苦しいものとして避けられているのは一つの理由であろう。

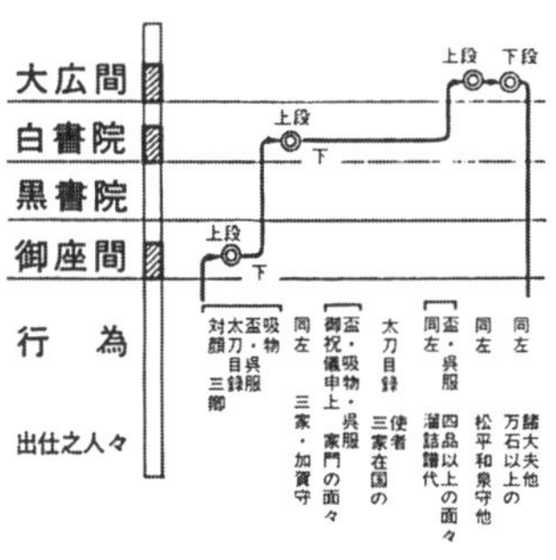

⑬ 江戸城本丸御殿における元旦の儀式の際の将軍の行為と部屋の移動[11)]

⑭ 二条城二の丸御殿大広間の上段の間・下段の間を使った対面の様子[12)]

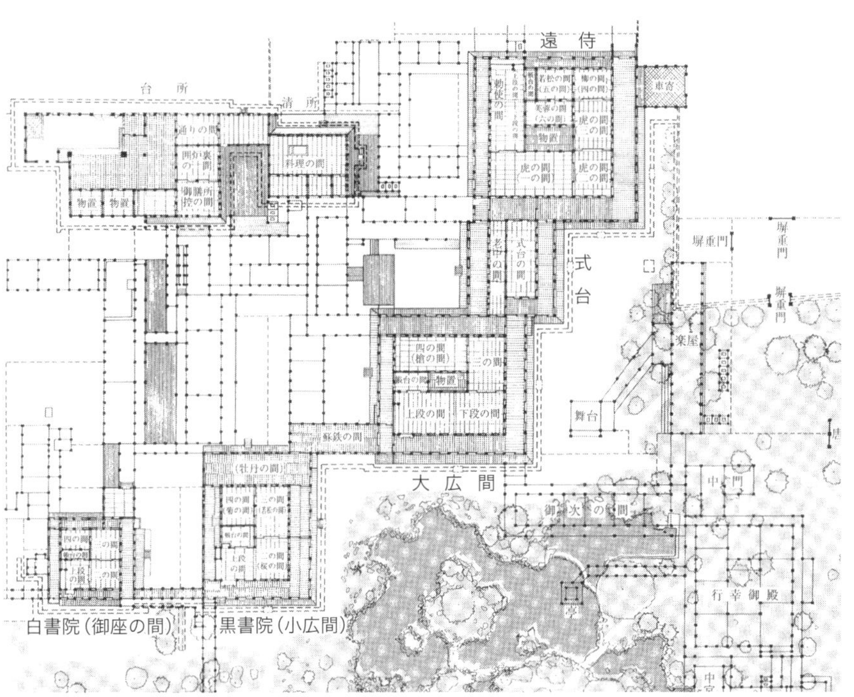

⑫ 二条城二の丸御殿（1603）[10)]
渦巻き状に部屋が並ぶ階層的構成の建物（白書院・黒書院・大広間・遠侍）が連なっている。

古代の室内―熊野神社長床(ながとこ)（12～13世紀）
【寝殿造の空間モデル】
屋根と床の空間と可動の室礼

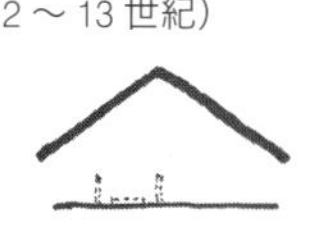

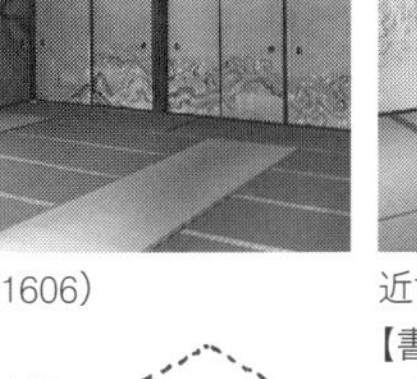

中世の室内―龍安寺方丈（1606）
【主殿造の空間モデル】
天井・建具・壁で区画された空間
屋根は意識されないが、
部屋間の区画は弱い

近世の室内―修学院離宮寿月観（1824再建）[14)]
【書院造の空間モデル】
天井・壁・建具で
完全に包み込まれた空間

⑮ 室内空間モデルの変遷（図は、平井聖によるモデル[13)]）

3-2 町家の系譜
高密に住むかたち

町家が各所でブームである。そもそも町家とはなにか？ 町家はどのように発生し、変容し、現在どのような状況にあるのか？
町家は京都だけにあるものなのか？　ここでは町家に関する以上のような点について概観したい。

1｜町家とはなにか

町家の定義

町家の定義は様々である。ここでは、特権階級ではない一般の人々のための伝統的かつ典型的な都市型住居のことを町家としたい。

日本でも特に町家が数多く残存する京都においても、「京都市京町家の保全及び継承に関する条例」や「町家カルテ」「町家プロフィール」といった町家に関する制度によって様々な町家の定義がなされている。京都市では、平成10年以降、4回に渡り「京町家まちづくり調査」を実施しており、その中で町家の残存数を集計している。そこではひろく「昭和25年以前に建築された木造建築物で、伝統的な構法及び都市生活の中から生み出された形態又は意匠を有するもの」を町家と定義している。昭和25（1950）年というのは建築基準法の施行年である。

町家の形式

一般的な京都の町家（京町家）は、間口が狭く奥行が長い敷地の街路際に建てられる。両隣とは側面の壁同士で接していたり、ときには柱と壁を共有していたりする。2階建で屋根形状は切妻平入を基本とする。街路に面した表のファサードには下屋庇や格子が取り付けられる。この格子の寸法などは職種によって変わる。

平面構成は、通りに直交して通り土間（通り庭）があり、それと並行して畳間または板間が連続し襖や障子、板戸で仕切られる❷。奥には庭があり、この庭に後世になって便所や風呂が増築される。通り土間にはかまどを設え、その上部は吹抜けとなっている。街路に面した店の間から庭に面する座敷に向かう表から奥への軸性があり、座敷には床の間が設えられる。またこの座敷からは大きな開口により庭を臨める。各部屋の使い方は可変的で、ただ表から奥へのヒエラルキーがある。

京町家のモデュールは内法制→4-2になっており、畳や建具の寸法が規格化されていて他の町家での転用が容易である。敷地の間口寸法とモデュールの過不足は通り土間の幅により調整される。共通した平面構成と寸法体系の中で多様な職種に対応してきた京町家は、非常に汎用性の高い建築形式と言える。

平安建都以来の格子状の街路・街区により形成される京都で、このような建ち方が集合すると、オモテの通りに面して壁面線や庇のラインが揃った街並みが形成され、街区中央では庭が連担し、また増築部の集積した混沌とした様相となる❶。

町家の構造

町家は伝統的軸組構法でつくられる。つまり柱梁を木

0 2 10m N
1F PLAN

❶ 町家の集合した街区平面図（中京区夷町／1968年頃）[1)]

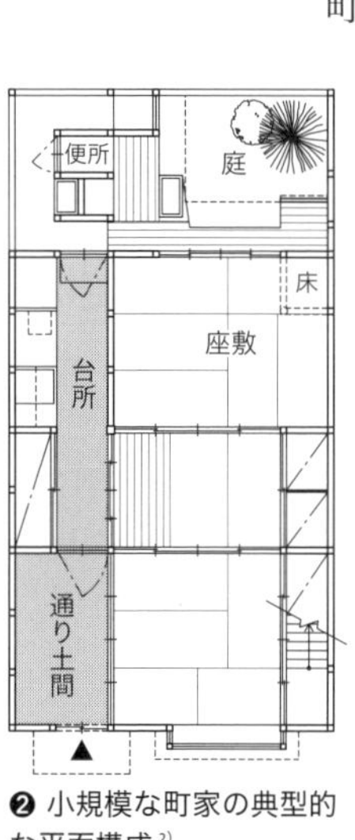

❷ 小規模な町家の典型的な平面構成[2)]

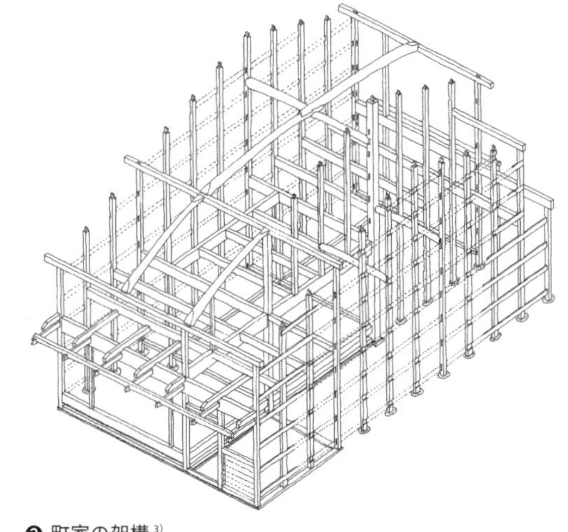

❸ 町家の架構[3)]

で架構し、柱梁の間を土壁で塗りこめる真壁造を基本とする❸。もともと石の上に柱を立てる石場建てでつくられていたが、1919年の市街地建築物法制定以後は、基礎の上に土台をしき、その上に柱を立て、また火打ちを設けることが求められるようになった。

地震に対しては、その揺れに対して固く踏ん張るのではなく、町家自身も揺れることで対応するとされる。

2 | 京町家の成立過程

町家の発生と成立

794年に造営された平安京はもともと、120m四方の街区を縦横8×4に分割した区画（戸主（へぬし））を最小単位とした土地割がなされていた。古代末から中世初にかけて、建物が街路に面して建つことを志向するようになる❹。ここに初期の町家の発生起源を見ることができる。洛中洛外図屏風などからは、店先で商いを行っている様子が確認できる❺。また街区の中央には共用の空地があり、共同の便所や物干し場として使用されていたようである。

近世になると街区中央の共用空地を塀で囲むなどして庭をつくり自然景観を見出した。そこは日常の雑踏から切り離された都市の中の自然であり、市中の山居と称される。この時期に現代に残る町家の原型が成立したと言える。

織豊期以降の町家

豊臣秀吉の治世下では、平屋建が支配的だった洛中の町家に対し、壮麗な街路景観を創出するようなヴィスタの効果を意図して2階建奨励策が出され、特に御幸町通（ごこまちどおり）などの景観が整えられた。当初は徳川政権下でもバロック的手法が引き継がれ、大手筋である二条通には2階建町家が建ち並んだが、17世紀半ば以降は奢侈禁令により2階の階高は低く抑えられる。同時に織豊期には豪華絢爛だった外観も、江戸期には抑制されたものへと変わる。

街区の中央では、商売がうまくいかなくなった際などに奥の庭や離れの建物を取り壊し、居住専用の長屋を建てて貸し出すなどされ、長屋へアプローチするために街路から路地がひかれた。このウラの長屋の平面構成も、オモテの町家とほぼ同様のものであり、この長屋も広義では町家に含まれるだろう。

近代に入ると禁門の変（1864年）により、市中が広範に渡って焼失した。よって現存する町家は、そのほとんどがこれ以降の建設になる。先述のように大正8年の市街地建築物法制定（1919年）などにより、町家の構造は多少変化し、またこの頃から出格子がなくなる。第二次世界大戦を経て昭和25年の建築基準法の制定（1950年）により、以後は町家に採用されていた伝統的軸組構法の使用が困難になった。京都市などの定義における町家が1950年以前に限定される所以である。

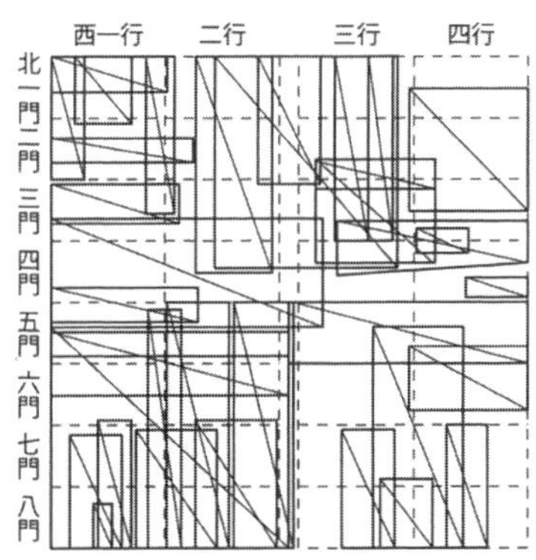

❹ 町家の発生[4)]
文治以後、鎌倉期の平安京の街区内の建物の配置を示した図。外周に沿って奥行の長い町家が建ち並んでいることがわかる。

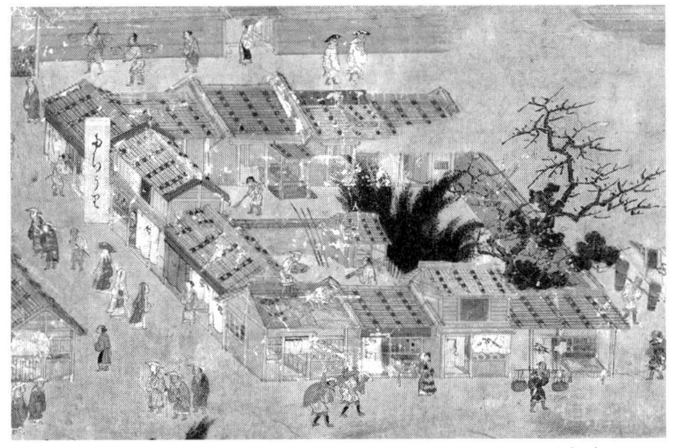

❺ 建ち並ぶ町家（16世紀前半／洛中洛外図屏風：歴博甲本）[5)]

3 | 日本各地と世界の町家

多様な京町家

京町家にも多様な様式がある。下京に多いのは表の街路に面した商家としての表屋造（おもてやづくり）❻の町家や、路地奥の居住専用の連棟長屋❼であり、西陣では織物工場兼住居

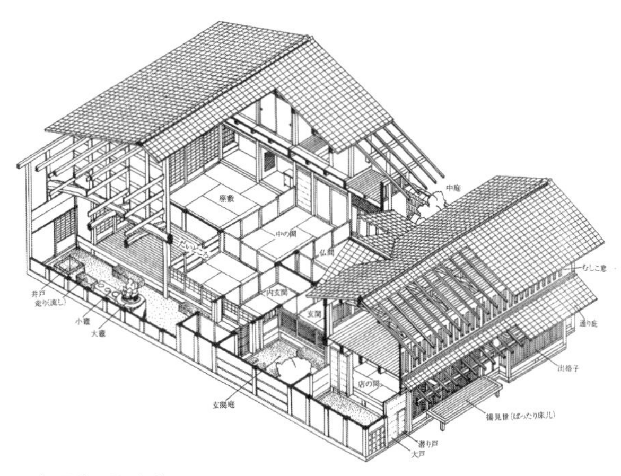

❻ 表屋造の町家[6)]

である織屋建❽の町家も数多く見られる。織屋建では表に居住空間、奥の吹抜けに土間の作業場が取られる。

祇園や上七軒などの花街には、今でもお茶屋建築❾としての町家が数多く残る。貸座敷を多数内包するお茶屋建築では、従来、庭に面して奥に取られていた座敷が、通りに面した表の2階にも取られる。

その他にも揚屋建築や大塀造といった、多様な様式の町家が建てられ、今も残存する。また、町家の多くは職住一体の住居であったが、居住専用のものは仕舞屋と呼ぶ。

日本各地の町家

農漁村の民家に対し、伝統的な都市型住居を町家と捉えたとき、かつてはすべての日本の都市に町家はあったのであり、そして今も数多く遺されている。その形式は、おおよそ京町家のそれと共通するが、宿場町や門前町といった都市の性格や、あるいは気候風土により多少異なる。

例えば積雪地域の街道沿いでは、屋根は妻入りとし、隣家と接さずに隙間を空けて建て、その隙間に雪が落ちるようにしている町家が多く見られる❿。またその隙間は路地となっていて、路地奥には職人などが居住する長屋が建ち並ぶことも多い。

大阪では明治から大正にかけての時期、人口が東京を超え、大大阪時代を迎える。当時の人口の9割が借家住まいで、その借家の9割が居住専用の長屋であった。

1944年から45年にかけて日本各地が空襲を受けた。その際に用いられた焼夷弾は日本の町家が建て詰まる木造密集地域を燃やせるよう開発されたものであり、京都をはじめ日本各地に現存する町家は、このときの空襲を免れたものである。

1975年に伝統的建造物群保存地区制度ができて以降、日本各地で町家が建ち並ぶ街並みが保全されるようになった。このような地域では、建物だけでなく伝統建築の補修工事に携わる職人の技術も継承されている。

世界の町家

もちろん国外においても、伝統的な都市型住居としての町家は数多く見られる。はじめ中国からシンガポールに持ち込まれたとされるショップハウスは、ペナンやバンコクなどの東南アジアで広まった。ショップハウスでは1階で生業を営み、2階が居住空間にあてられる⓫。ショップハウスの起源とされる中国の騎楼は、連続するアーケード空間が特徴的である。ハノイやホイアンなどで見られる町家は、煉瓦積みの境界壁を隣家同士で共有し、この壁に木の梁を架けて2階床を張る。いずれも敷地の間口が狭く奥行が長い点が共通している。

町家を英語にそのまま直訳するとタウンハウスとなる。これは西洋によく見られる主に居住専用の連続住宅である⓬。日本でよく見られる職住共存の町家はむしろショップハウスや騎楼⓭に近く、逆にタウンハウスは居住専用である点で路地奥の連棟長屋に近い。そのような共通性の一方で、表と奥をつなぐ通り土間や自然景観を見出して眺めるための坪庭に日本の町家の特異性が見出せる。

4 | 町家の現在

多様な用途での活用

現在も日本各地に町家は残っている。そして生活様式の変化にともない、その使われ方も変化してきている。

❼ 路地奥の連棟長屋の平面図 [2)]

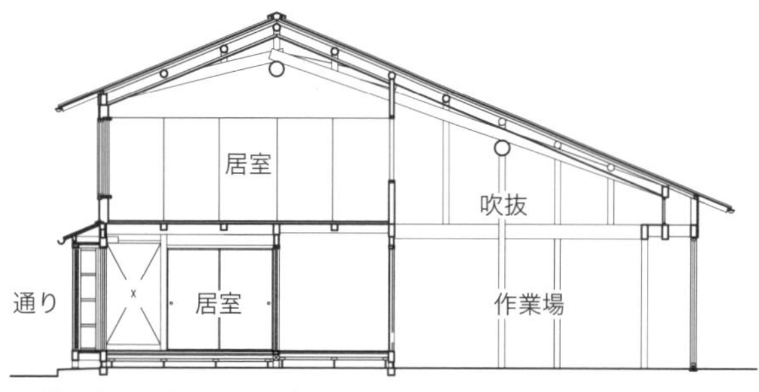

❽ 織屋建の町家の断面図 [2)]

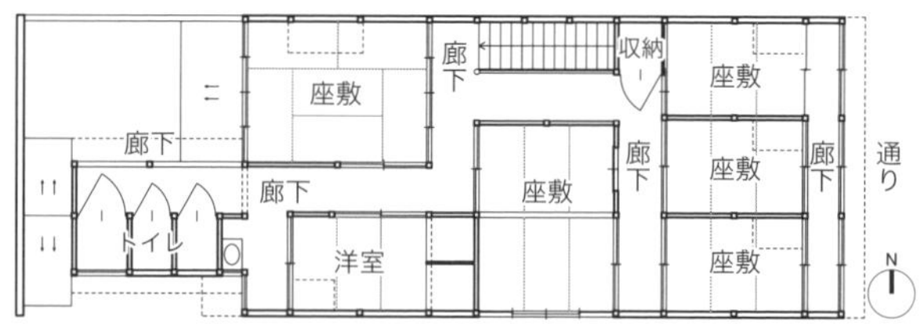

❾ お茶屋建築の2階平面図 [2)]

❿ 積雪地域（福島県川俣町）の町家

まずは庭に便所や浴室が増設され、通り土間の板間化と西洋式キッチンの導入が進んだ。それでも暗くて寒くて暑くて住みにくい町家は建て替えが進んだ。その一方で1990年代以降、飲食店や小売店舗など、住居とは異なる用途での活用が注目され始める⓮。

2000年代になると京都を中心に、改修した町家を商品として販売するビジネスモデルが確立され始める。2010年代前半にはシェアハウスやコワーキングスペース、宿泊施設といった様々な用途で活用されるようになったが、2010年代後半はインバウンドと土地価格の高騰が相まってほとんどが宿泊施設としての活用になる。そしてコロナ禍を経た2020年代前半は、建築費の高騰もあって海外資本によるセカンドハウスとしての活用が主流となっている。

町家の改修計画

伝統的軸組構法の木造建築は改修しやすい。壁や床の位置を容易に変更できる。柱が腐っていても、根継ぎや材の交換により健全化が容易である。何より、真壁造であれば壁と柱の位置も明確であるし、例え水に濡れても乾きやすく、仮に腐朽しかけていても早期に発見できる。

腐朽しかけた箇所を大壁で隠蔽し見かけをきれいにするような改修では町家の継承にはつながりにくい。町家を後世に継承するには、水仕舞と地盤に関する対応、および構造体を健全化する改修が必要不可欠になる。

町家保全のための施策

近代の鉄道線敷設に際し、鉄道線を挟んで旧市街の反対側や周縁に新市街を建設したアジアやヨーロッパの多くの都市とは異なり、日本では旧市街をそのまま中心市街とし、町家を近現代建築に建て替えてきた。登録有形文化財や伝統的建造物群保存地区といった制度によりごく一部の町家や街並みが保全されていることを除けば、京都のような歴史都市においても町家を取り壊すことを禁止するような法律はない。一方で保存の対象とされていない町家が滅失していく勢いは未だとどまるところをしらない。京都の町家は2009年には45,600軒あったのが2016年には40,000軒となった。大阪の長屋にいたっては1993年に63,600戸あったのが、2013年には10,000戸を下回っている。

町家の価値があらためて評価され、その保全活用が求められるようになった近年になって、ようやく保存に向けた施策がとられ始めている。例えば京都市では、町家の改修がしやすくなる制度（京都市歴史的建造物の保全及び活用に関する条例（2012）など）や、町家を取り壊しにくくする制度（京都市京町家の保全及び継承に関する条例（2017）など）も整備されつつあるが、他地域も含めまだ十分とは言えない。

⓫ バンコクのショップハウス

⓭ 広州の騎楼

⓬ ロンドンのタウンハウス

⓮ 飲食店に改修された町家「ラトナカフェ」（2002／森田一弥）[7]

3-3 農家の系譜
生活と間取りの変化

農家とは、日本人にとって最も土着的な生業、農業とともにある住まいである。すなわち、はたらく住まいである。農家には農作業と強く結びついた基本的形式が存在する一方で、地域的・時代的な多様性にも注目したい。

1｜農家の原型

日本最古の農家・箱木家住宅

全国に現存する伝統的な農家の大半は17世紀以降(近世以降)に建てられたもので、それ以前のものは極めて少ない。日本の夏の高温多湿な気候が、主な建材である木材の腐朽を進行させ、原始的な構造を持つ中世以前の農家は長い年月の利用に堪えることができなかったためである。現存する日本最古の農家は、神戸市北区の「箱木家住宅」である❶〜❸。15世紀頃（室町時代）から、この農家が立地する山田庄の地侍が住んでいた。士農工商に身分が分かれていない当時は、地主的農家が武士として活躍したとされる。

土間と草屋根

「箱木家住宅」に見られるように、農家の原型は土間と草屋根の組み合わせにある。広い土間は、夜間や雨天も屋内で農作業などをするために必要であった。土間を含む長方形平面の内部空間を覆う屋根にはススキや葦、稲藁など、その地域において容易かつ大量に採取できる干し草が葺かれた。

この土間と草屋根の組み合わせのルーツは、竪穴住居に求めることができる→3-1。時代が下り、農作業をする庶民の住まいが竪穴住居から平地住居へ移行し、また高床や畳が導入された後も、炊事や様々な作業に使える外の地面と連続した屋内空間としての土間は引き継がれることになった。土間または後述の土座（どざ）を持つ農家は、近世に至るまで長く継承された。

「屋敷」という構成単位

農家は基本的に農地と近接するため、都市部と比べ低密度な居住形式となる。農家が建つ敷地は「屋敷」と呼ばれる。農地の面積単位は「反」(＝300坪≒10アール)であり、これは1石の米が収穫できる田の面積である。屋敷の広さもこの単位で測られる。大正から昭和にかけて全国の農家を調査した今和次郎の記録によれば、屋敷の中には主に生活の場となる主屋の他に、農作業に必要な納屋や牛舎・馬屋、便所などの付属建物が配置された❹。

屋敷の集合の仕方はそのまま農村を構成する。今によれば、この度合いによって農村は集村と散村とに分けられる。集村は交易や防衛のため屋敷どうしが隣接したもので、後に町へと発展したものもある❺。一方で散村は、

❶ 箱木家住宅　主屋外観

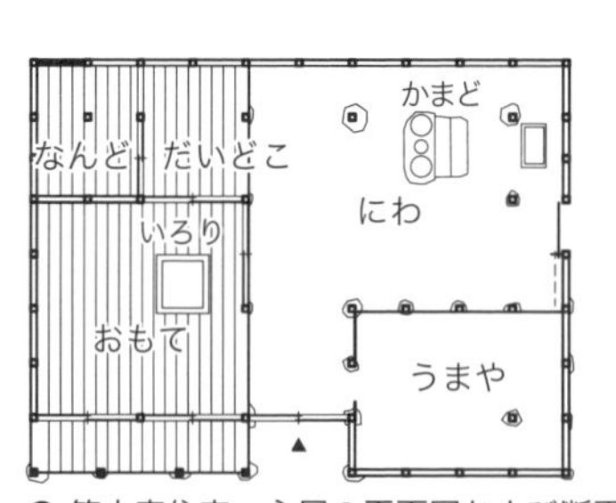

❸ 箱木家住宅　主屋の平面図および断面図

❷ 箱木家住宅　主屋内部

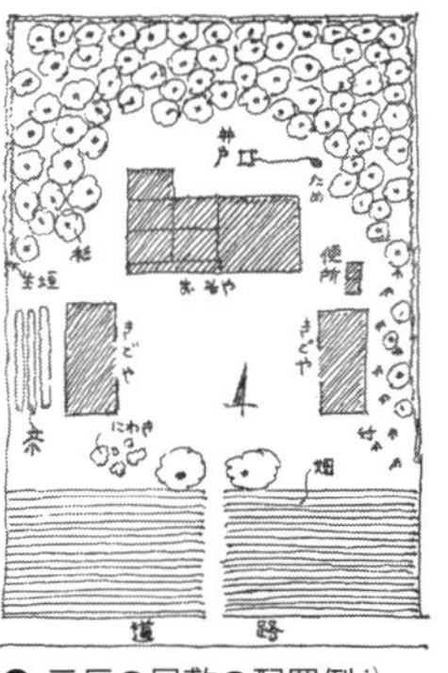

❹ 三反の屋敷の配置例 1)

❺ 集村の例 1)

比較的治安の安定した地域に見られ、生産性の向上のために田畑に囲まれた屋敷が点在する構成を取る→1-2。

2 | 農家の間取り

生業との関係

日本では地域的条件に応じて多様な農家の様式が存在した→1-3。多様な農家の中にも、家族の生活のためだけでなく農作業に活用されるという機能上の共通点がある。特に農家の間取りは生業（農業）のあり方と大きく関わっている。土間は農作業・手工業の行われる中心的な場所であり、床のある居間も同様の作業や雨天時の穀物の乾燥などに用いられた。これらの機能を果たしつつ、農家の生活様式に適合した基本的な間取りが生まれ、全国に分布することになった。

間取りの基本形式

全国の広い範囲に分布し、農家の生活様式に適合した間取りとして「三室広間型」と「四間取り（よまどり）（または田の字型）」がある❻。

三室広間型は、江戸時代前期には日本中に分布した最も基本的な形式であり、平面中央の大きな居間（広間）と、奥の客間と寝間の計三室から構成される。先述の箱木家住宅も広間型の一種であると言えよう。広間型の代表例として宮城県角田市の「旧佐藤家住宅」がある❼❽。大きな居間は、家族の食事や集まり、日常的な客応対に用いられた。客間は冠婚葬祭行事の際に、村人の集まる場所として使用された。寝間は家長夫婦の寝室である。

四間取りは、三室広間型の大きな居間を前後に分け田の字形の四室構成としたものである。表側の居間は客間のように利用しつつ裏側は家族の食事などに使い分けた。四間取りは近畿中心部の一般的な農家の間で広く普及した形式だが、他地方では特に大きな農家でのみ見られた。

上記の二つの形式とは異なり、接客空間を大きく確保した「前座敷型」と呼ばれる間取りがある。これは、三室広間型と同様に三室で構成されるが、表側の室が間口に対して広く取られて客間となり、その裏に寝間と居間が配置する形式である。

以上の形式において共通しているのは、住生活の基本である食事・睡眠・接客のそれぞれに室を割り当てていることと、表側の接客空間に対して奥側に寝間のような家族のプライベートな空間が控える配置パターンである。

間取りの複雑化

前項で取り上げた間取りの基本形式はいずれも、比較的入手しやすい木材と、簡単な構法によって成立するため広く普及した。特に三室広間型は東日本を中心に広く分布するのに対し、前座敷型は西日本に多い。これらの三室の間取りから移行したのが四室の四間取りである。

農家の様式は近世300年の間に大きく発展した。最も顕著なのが間取り・間仕切り形式の変化である。この発展の原動力となったのは、より快適な住居を得たいという住人の生活上の切実な要求であった。これが経済力・技術上の困難を克服して新しい形式を生むことになる。

時代が下るとともに農家の規模は大きくなり、部屋数

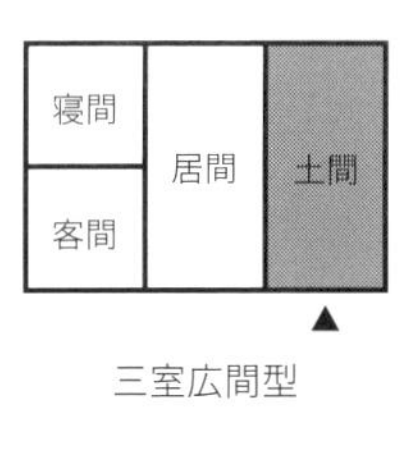

三室広間型

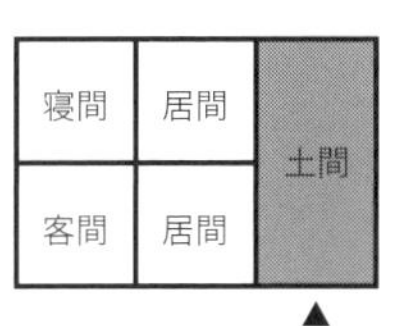

四間取り
(田の字型)

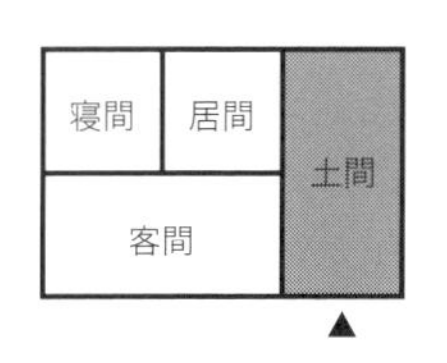

前座敷型

❻ 農家の間取りの基本形式

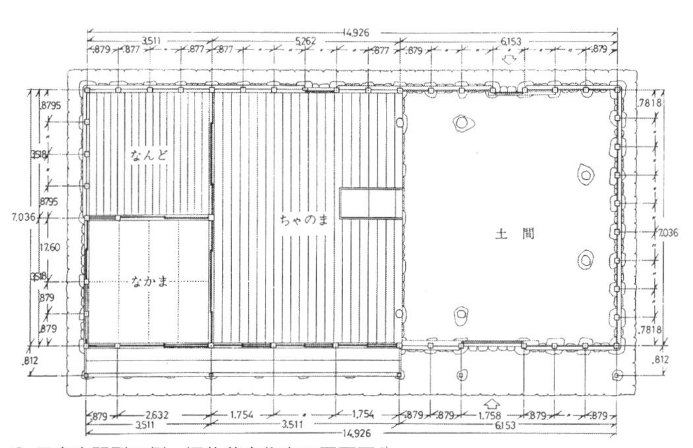

❼ 三室広間型の例・旧佐藤家住宅の平面図 [2)]

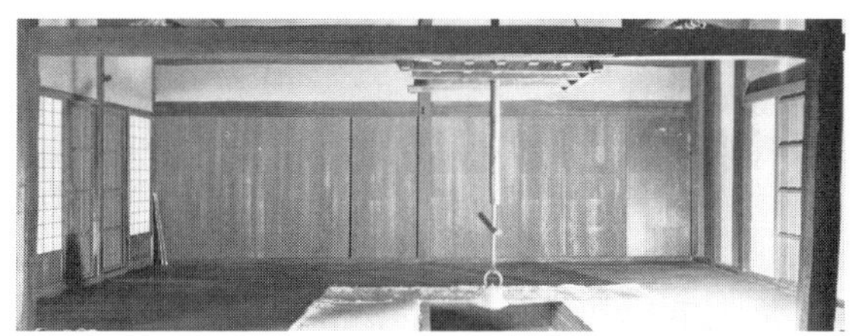
❽ 旧佐藤家住宅の内部 [2)]

も増加した。それと同時に日常生活空間の改良も図られた。まず居間と土間が拡張し、その次に客間が充実する。特に接客空間であった客間には、書院造の意匠が導入され、客間の表側に玄関が付属する事例も見られた。

江戸時代までは農家のほとんどは平屋建であった。2層以上床が張られたとしても、養蚕や物置としてのみの使用にとどまった。やがて馬屋、土間、寝間の上部に床が張られ、若い家族員や使用人の寝間や倉庫として2階が用いられるようになる。また、江戸時代後期以降は養蚕のために家全体を2階建てにする農家も登場した→1-3。

3 | 農家の構造と内部空間

構造の基本形式

現存する農家の構造の多くは、和小屋組と呼ばれる形式である。和小屋組では梁の上に多くの束を立て、母屋(もや)や棟木を支えている❾右。さらに束同士を貫(ぬき)でつなぐため、屋根裏で縦横に組まれた貫が幾何学的に見えるのが特徴である。この構造形式は江戸時代に入って時代が下るほど多くなり、幕末には農家の大半を占めるようになる。

和小屋組に至るまで、屋根自体を支える構造は大きく変化していない。基本的に草葺の場合は斜め材（扠首(さす)または合掌造）が屋根荷重を受け❾左、より重い板葺や瓦葺の場合は束が棟木や母屋桁の荷重を受けた。

時代に応じて大きく変化したのは柱梁の組み合わせである。間取りの複雑化に応じて、部屋の中に柱を立てずに大きな空間を支える必要があったためである。各室の四隅以外の柱を省略し、荷重をできるだけ四方の外壁側へ分散するようになった。

江戸時代後期には、居間と土間の境に他の柱よりも太い大黒柱が立てられるようになり、これが広い土間の上に架かる太い梁などの横架材を支えた。この太い柱と梁による力強い建築表現を天井を張らずにそのまま見せる大空間が、今日私たちがよく知る農家の意匠的特徴となった。

農家の建具

建具は他の部材と比べ製作が難しく貴重であったため、古い農家ほど建具の使用は限定的となる。よって古い農家では外部に面する戸口が少ない。戸口に建具を設けたとしても、防寒上や防犯上の理由により、主に格子窓や幅の狭い引き込み戸などであった。

内部の間仕切りを考える上では、寝間（納戸と呼ばれることが多い）が最も重要な室である。寝間はプライバシーの確保と防寒のために壁で囲われ、出入口に扉が付いた。貧しい農家では室を区切る建具は省略され内部は開放的な構成となったが、豊かな地域ほど多くの建具が使われた。

時代が下るに伴い建具は広く普及し、農家は外部に対して開放的になるとともに、内部は建具で分節され部屋数が増えた。

農家の天井と床

古い農家では、板張りの天井の代わりに囲炉裏の煙排出を考慮した簀子状の天井が架けられた。この上の空間は作物の乾燥や養蚕に用いられた。やがて板張りの天井が、主に接客空間の演出のため客間に張られ、次にプライバシーと防寒対策のため寝間に採用された。後に居間にも天井は張られる。

前述のように、農家の床の起源は竪穴住居の土間までさかのぼる。土間は土を叩き締めて平らにした床であり、タタキとも呼ばれる。土間の次に古いのが土座(どざ)であり、土間に直接敷いた藁や筵(むしろ)の上で生活した→1-3。やがて地面から浮かんだ床が張られるようになるが、はじめは天井と同様に簡素な竹簀が使用される。次第に板敷となり、さらにその上に敷く畳が普及する❿。書院造→3-1の影響から農家でも客間に畳敷きの床が使用されるようになったが、家族のための居間は長く板間の上に筵などを敷いて使用された。

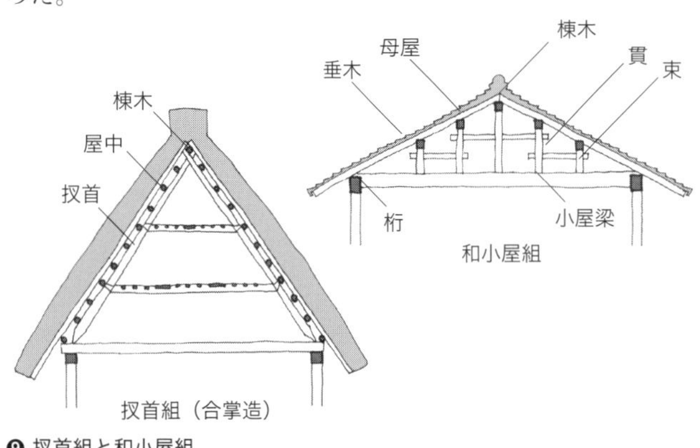

❾ 扠首組と和小屋組

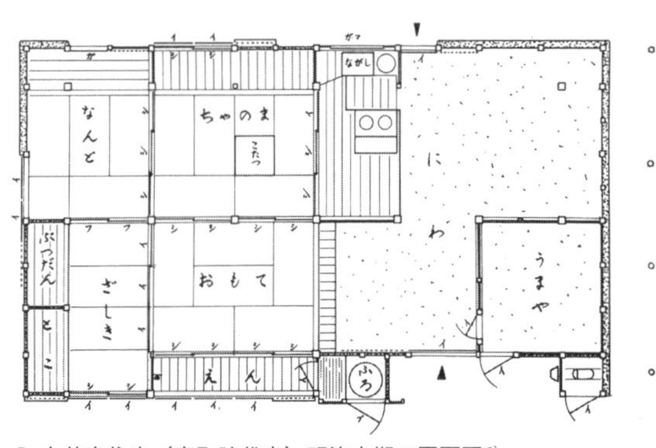

❿ 古井家住宅（室町時代末）明治末期の平面図[3]
当初は全室板の間の前座敷型であったが江戸期の改修で四間取りに変化、幾度もの改修を経て間取りが複雑化し畳が敷かれていった。

4 | 現代住居との接続

近代以降の変容と標準化

近代以降、とりわけ豊かな中・上流階級の農家では、座敷の拡大や玄関の充実など格式を高める傾向が見られたが、基本的な平面構成は大きく変わることはなかった。

ところが戦後、急速に農業が近代化・機械化し、それまで農作業に活用されていた土間の必要性が低下する。これにともない、土間の表側はリビングや応接室、子ども室などの個室に変わり、かつて炊事場だった土間の奥側も床が張られたイス座のダイニングキッチンへと変わっていく。もともと接客空間であった表側の室は、中廊下によって家族の生活空間から切り離され、より接客機能が高められた続き間の座敷となった。この続き間は冠婚葬祭や寄合などに使われ、農村コミュニティの継承・維持のために機能した。このような続き間座敷と個室・LDKなどの近代的要素が同居した平面形式は鈴木成文らによって「地方続き間型住宅」と呼ばれるものであり、全国の（旧）農村部に多く見られる⓫。

同時に、各地域で形成された農家の伝統的意匠も、高度成長期を経た生活様式や建設技術の全国的な画一化により失われていった。それに変わってしばしば見られるのが、一見伝統的な外観を持つ「入母屋御殿」である。これは標準化された現代の和風住宅として全国に量産されており、農家の今日的なスタイルの一つと言える⓬。

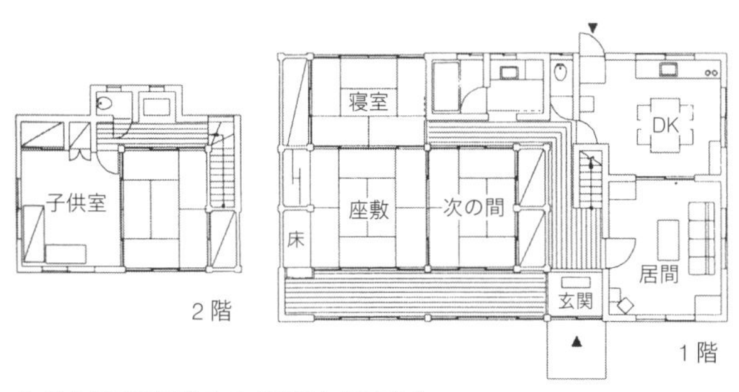

⓫ 地方続き間型住宅の典型的な間取り[4)]

⓬ 入母屋御殿の例

現代のライフスタイルと農家

農作業という営みによって、屋外、土間および室とが連続しているのが農家の大きな特徴であった。戦後から現代における建築家の住宅作品にも、同様の連続性を主題とする事例が見られる。

「私の家」⓭は、50m^{2}のワンルーム住宅であるが、屋内の床をすべて鉄平石張りとして農家の土間のようにしつらえ、同じ石張りのテラスに対して大きく開放することで、屋内と庭とを有機的に結びつけている。さらに移動式の畳ユニットの存在は、構造に捉われない土間と座敷の新しい関係性を示している。

「園部の住居」⓮は、戸外で行われていた庭仕事や庭遊びを開閉式のサンルーム（テラス囲い）に取り込むことによって、現代の住宅における新しい土間の在り方を提示している。また、1階の床をすべてモルタルの土間仕上げに揃え、巨大な建具によりサンルームを庭へと開放することで、土間を介した屋内と庭との大胆な連続性を実現している→ column 02。

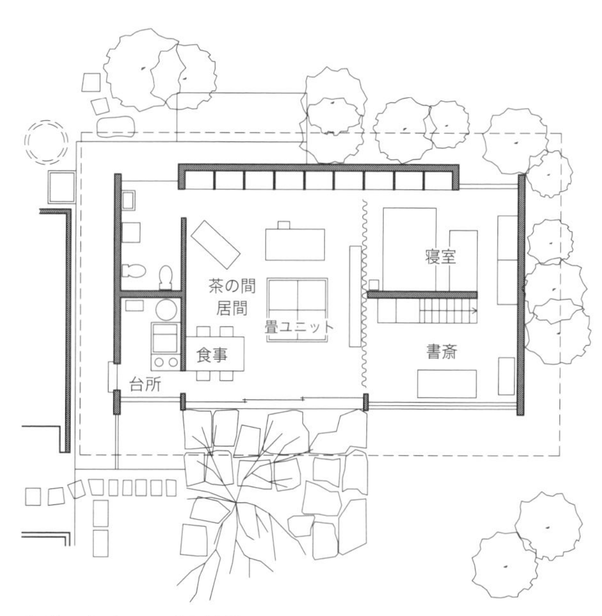

⓭ 私の家（1954／清家清）

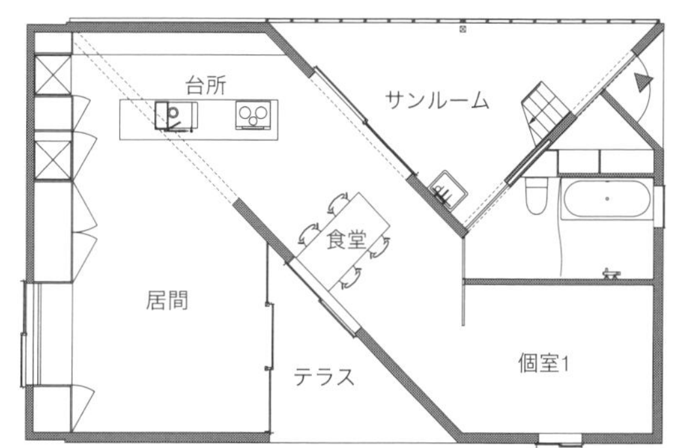

⓮ 園部の住居（2017／島田陽）[5)]

3-4 屋敷の系譜
庭付き一戸建住宅のルーツ

現代日本で一般的な一戸建住宅はいかに形成されたのか？　江戸末から現代にいたる都市中流層の住まいの変遷を追う。
その住み手は主として夫婦を中心とする核家族であり、仕事の場を外に持つ給与生活者であった。

1｜武家屋敷から給与生活者の住まいへ

江戸時代の初めに確立した書院造→3-1は、床の間付きの座敷という形で裕福な農民や町民の住まいに浸透していったが、その正統な担い手は武家屋敷であった。下級武士のごく小さな屋敷❶であっても、立派な玄関と座敷を軸とする接客本位の構え、表と奥の明快な分離、畳敷きの部屋を連ねる階層的構成などの書院造の特徴を備えている。配置を見ると、敷地を囲む塀と門があり、家屋のまわりには大小の庭が設けられ、座敷は南側の庭に面した最もよい場所を占めている。

現代の庭付き一戸建住宅にも通じる特徴が武家屋敷に見られるのは偶然ではない。明治時代に特権を失った武士は、農業や商売に転じた者もあったが、その多くが役所や企業に勤める給与生活者（サラリーマン）となった。現代住宅の直接のルーツとなる近代の給与生活者の住まいは、近世末の中下級武士の住宅を源流とするのである。

❷は明治中期の典型的な中流層の住宅（貸家）である。客用の広い玄関と日常使いの勝手口があり、床のある座敷と玄関脇の８畳間が接客用の空間であった。家族は主に座敷の北側と西側を使って暮らしていた。先に挙げた武家屋敷の特徴を、外観・平面構成ともに、ほぼそのまま引き継いでいることがわかる。

なお、通信技術が未発達の時代には、直接お互いの家を訪問することが最も確実なコミュニケーション手段であり、そのような訪問が現在に比べて頻繁になされていたことは、接客空間が家の中で重視されることの時代的背景として理解しておきたい。

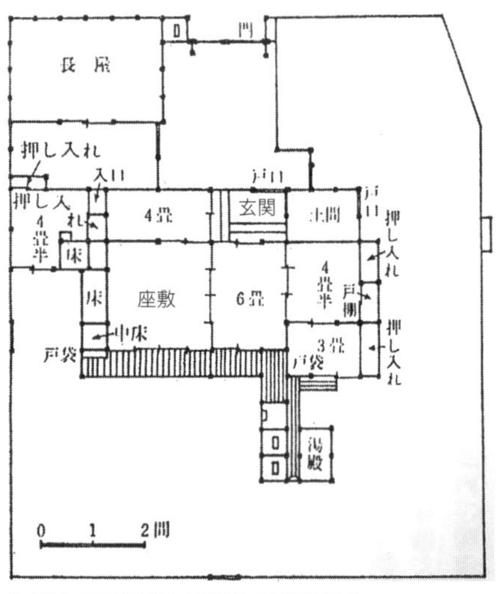

❶ 岡山の下級武士の屋敷（江戸期）[1]
式台のある玄関と西側３間が接客用、東側が家族の生活空間となっている。

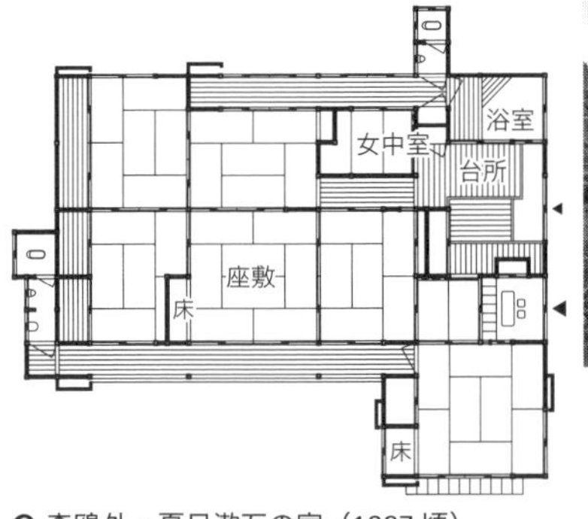

❷ 森鴎外・夏目漱石の家（1887 頃）
玄関脇の８畳は応接兼書斎として接客動線を玄関近くに集約する意図で設けられたが、実際には座敷が接客に使われた。女中室の南には中廊下の萌芽が見られる。

❸ きわめて開放的な明治初期の中流住宅の様子（1877 ～ 83 頃／E・モース）[2]

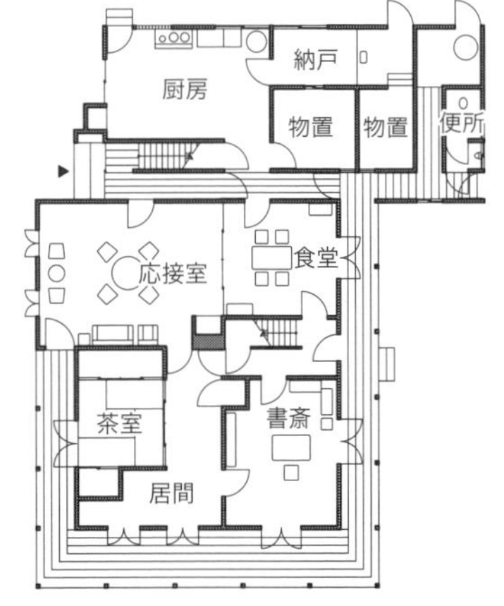

❹ 新島襄旧邸（1877）[3]
ベランダコロニアル様式を漆喰の真壁造・和風建具・和瓦などを用いて建てたもの。

2｜洋風化との格闘　和洋折衷の住まい

明治時代に入ると、社会全般に渡り欧米文化が輸入される中、住まいでも欧米住宅を模範とした洋風化が始まった。またその動きを推し進めるように従来の日本の住宅に対する様々な批判、例えばユカ座に対するイス座優位の主張、接客本位への批判、家事や衛生面での問題点の指摘などが展開された。部屋の通り抜けや声の筒抜けの不都合など、E・モースが描いたような❸、きわめて開放的な住まいのつくりに起因するプライバシーの欠如への批判も多かった。

住まいの洋風化は華族や大商人などの富裕層の住宅でまず導入された。完全な洋館住宅を建てる場合もあったが、多くの場合に和風と洋風をいかに両立させるかが問題となった。特に早いものでは、洋風建築を日本在来の技術や意匠で建てた「新島襄旧邸」❹がある。洋風の外観とイス座を採用したが、後に畳敷きの茶室も設けられた。その後主流となった和洋折衷の方法は、生活の場としての日本式の住まい（和館）の横に接客施設としての洋館を付加的に並べるもので、和洋館並列型住宅と呼ばれる❺。慣れ親しんだ日本的な生活と洋風化を簡易に両立できるこの形式は、玄関脇に洋風の書斎兼応接室を設ける形で、大正から戦前の中流層の住宅へも普及した❻。当時「先進的」であった洋風化がまず接客空間に導入されたことは、住まいの重心が引き続き接客にあったことを示している。

これら和洋折衷の住宅で生じた和洋の生活様式の混在＝「二重生活」に対しては、当時から❼のような批判も多く、戦後に至るまで日本の住まいの課題となる。

3｜和風住宅の近代化　中廊下型住宅

明治後期に登場し、大正期から戦前にかけて中流層の住宅の定形として数多く建てられたのが中廊下型住宅である。その平面構成の要点は、従来の続き間座敷を継承しつつも、欧米の住宅に範を取った中廊下を内部に設けることで、小規模な住宅であっても接客・居住・サービスのための空間を、それぞれ独立して使うことを可能としたところにある。例えば❽の住宅では、玄関と脇の洋風の応接間（書斎兼客室）に接客空間が集約され、西側の居住部とは廊下を通してのみ接続する。北側には台所や浴室など女中の働くサービス空間が集まり、南側の家族が日常的に使う続き間や寝室とは中廊下により隔てられている。食事の場である茶の間は台所に近い北側にあるが、時代が下がると南側に設ける例が多くなる。このような平面構成は、前項で触れた日本住宅への批判に応えて、客と家族の動線の交錯や女中の部屋の通り抜け、家族生活の軽視といった当時の諸問題を解決するために、町場における住宅建設の試行錯誤の繰り返しを通じて、

❺ 旧諸戸家住宅（1913／洋館 J・コンドル、和館 伊藤末次郎）[4]

❻ サツキとメイの家（2005）
戦前の小規模な和洋折衷住宅をモデルに再現されたアニメ映画中の建物。

「表の一部を西洋造となし裏手の一部を日本家につくりなせるもの十の八九を占む。…洋服に下駄はきたるに同じく体裁をなさざるものというべし」「西洋造の家に畳を敷きて坐すれば窓高くなりて風入りあしく夏の暑さ一倍甚しかるべく、日本造の家に椅子を置きて腰をかくれば光線下より眼を射りて常に天井の暗きを嘆ぜしむべし」
（永井荷風「隠居のこごと」1924）

❼和洋の二重生活に対する批判の例[5]

便所　女中部屋　茶の間　台所　中廊下　玄関　（増築部分）　寝室　居間　床の間　応接間　縁側

❽ 中廊下型住宅の例：川口邸（1932）[6]

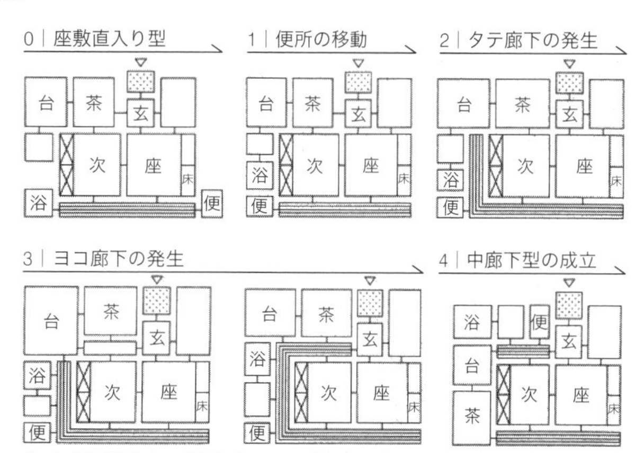

❾ 中廊下型住宅の形成プロセス（青木正夫によるモデル）[7]

徐々に完成されていったものである❾。

中廊下型住宅には、家族間のプライバシーが考慮されていない、接客や主人の占める空間が大きい（床の間のある「居間」は、実際には主人や客が使うことが多かった）などの限界も見られる。しかし、家族と非家族の空間分離によるプライバシーの確保、家族生活の重視（具体的には家族の居間・茶の間の南面化）、イス座の導入（洋風応接間の併用）などを実現した点で、和風住宅が近代化されたものと言える。

4｜家族本位の住まいへ　文化住宅

大正時代半ばには、中廊下型住宅の普及と並行して、家族の生活を第一とする欧米の住宅思想に基づく住宅改良運動が盛んになる。接客や主人の場所を中心にした接客本位ではなく、主婦や子どもの空間も重視した住まいが提唱された。その背景には、社会の中流層を形成する給与生活者とその家族のための専用住宅の需要の増大があった。職住が分離するからこそ、安息な家族本位の住まいが求められたのである。

1916年に住宅改良会が発足し、雑誌を通じた欧米住宅の紹介や住宅改善の啓蒙活動を展開した。こうした運動は国策にもなり、1920年には生活全般を見直す生活改善同盟会へと発展した。そこでは、和洋の二重生活を廃した完全なイス座の実現、台所の立式化・電化、居間中心の間取り、独立した寝室や子ども室の確保などを通じた、住まいの近代化＝洋風化が主張された。家族本位を象徴するイス座の居間を中心にすえた居間中心型の洋風住宅は、当時「文化住宅」とも称され、住宅博覧会などを通じて様々な提案がなされた❿。

しかし関東大震災（1923）以降、住宅の洋風化の熱は冷め、居間中心型の住まいは広く普及しなかった。衣食住全般に伝統的な生活様式が根強く残っていたこと、また居間中心型の間取りは小さな住宅での適用が難しかったことなどが原因とされている。

5｜居間と個室からなる住まい　nLDK 住宅

戦前からの流れと戦後のモダンリビング

「nLDK」という表現は、n 個の個室（寝室）と LDK（居間・食事室・台所）からできた住宅を意味する。これが住宅の空間構成を表す記号として通用するのは、個人のための個室と家族共用（主に洋風・イス座の LDK）の組み合わせが住まいの基本構成であるという、近代的な住居観が社会的に共有されているからである。

個室の確保・居間の重視・生活の洋風化などの変化は前述のように戦前の住まいにも見られたが、敗戦（1945）を契機とする日本の伝統的な住宅形式に対する強い否定と、アメリカ的な家庭像・生活文化への急接近が、この変化を加速した。そして高度成長期における公共住宅と中流層の一戸建住宅の大量供給を通じて、現在見られる nLDK 住宅の型が形成されたのである。

終戦直後、当時の世帯数の 1/4 にのぼる住宅不足が大問題であった。1946 ～ 49 年には深刻な資材不足から、新築住宅の床面積は 40 ～ $50m^2$ 以下と厳しく制限された。公共住宅の建設や持家政策への転換など様々な対策が取られた→2-4。その中で、アメリカ文化とモダニズム建築の強い影響を受けながら、民主的な家族団らんの場であるリビングを中心に個室を備えた近代的な住宅像「モダンリビング」が建築家を中心に提唱された。戦後間もない頃の「最小限住居」→4-4 や「立体最小限住居」⓫では、

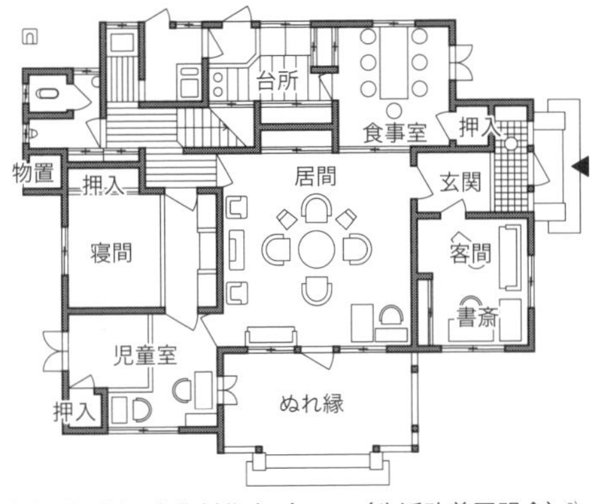

❿ 居間中心型の例：文化村住宅（1922／生活改善同盟会）[8]
平和記念東京博覧会に出品された住宅。1 階床面積は約 $84m^2$。

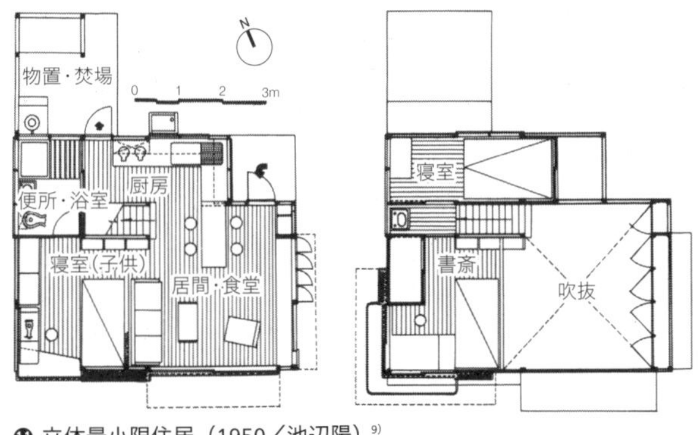

⓫ 立体最小限住居（1950／池辺陽）[9]

和室や格式ある玄関などの「封建的な」要素の排除、イス座の居間と食堂・台所の一体化、家事のための空間や個室の効率的配置など、厳しい建築制限下における合理性・機能性を追求する試みを見ることができる。

経済成長とリビングの大衆化

戦前にも見られた居間と個室を備えた住宅の形式が、より大衆的な住まいのプロトタイプとして認知されるきっかけとなったのは、食寝分離と隔離就寝を理論的根拠とし、標準設計に基づき各地で建設された51C型に代表される小規模な公共住宅であった→4-3。「2DK」などの記号で間取りを示す表記法も住宅公団→2-4が発祥である。60年代後半になると、その公団住宅にもリビングのあるLDK型の住戸が登場する⓬。

70年代の調査からは、リビングのない家であっても、家族の集まる食事室の横の和室や座敷に絨毯などを敷いて洋風に仕立て、ソファやテレビ・ステレオ・ピアノといった家具や家電製品を置いていた様子がわかる⓭。このような経済成長にともなう耐久消費財の増加と住み方の変化が、リビングを設ける推進力となった。特に家族が揃って鑑賞するテレビの普及は、団らんの場としてのリビングの確立に大きな役割を果たした。

こうして家族が集まる場であり耐久消費財の置き場でもある洋風・板の間のリビングが、中流層の住宅でも一般的になっていく。また、リビングなど家族が集まる部屋（公室）→4-4を設ける動きと表裏一体に、プライベートな部屋（私室）→4-5の確保が進んだ。このような公室と私室を区別しつつ備える形式を、公私室型住宅と呼ぶ。

住まいの商品化とnLDK住宅の定着

個室とLDKを組み合わせた住宅の平面構成は、80年代頃には全国的に似たような型へ収束した。都市部では「都市LDK型」が多い⓮左。「集合住宅型」はその集合住宅版であり⓮右、ファミリー向けマンションの多くはこの形式を取る。農村部では続き間を残した「地方続き間型」の間取りが全国的に見られる→3-3。

その背景には高度成長期に興隆した住宅産業の進展、すなわちメーカー製のプレハブ住宅→7-3、建売住宅、マンションなどの普及があった。共通するのは、不特定多数を対象に商品としての住まいを販売する手法である。多くの人がイメージしやすく買いやすい、汎用的な平面構成としてnLDKは定着していったのである。間取りのLDK型への画一化が進む一方で、外観や設備の面では商品としての差異(新しさや高級感など)が演出された。住まいは次第に「つくり」「建てる」ものから「選び」「買う」ものへと変化していく。

こうして確立したnLDK住宅は、共通して次のような特徴を備える。①夫婦＋子どもの核家族を標準的な住み手として想定、②家族共用の洋風LDKと個室（夫婦寝室と子ども部屋)、③各部屋は独立性を高めるために中廊下で連結、④主要な室（リビングや個室）を南・サービス空間を北に集約。全体として、戦前までの中廊下型住宅と多くの点で似通っている。ただし接客空間がほぼなくなり、個室を多く設けている点が大きな違いである。

個人のプライベート空間を確保しつつ、家族共用のリビングを最もよい場所に据えた点は、nLDK住宅の歴史的な到達である。しかし、皆が個室を必要とするのはライフステージの一時期であり、リビングに家族が揃う機会が少ない家も多い。一方、壁で小部屋に分割された構成は生活の変化や多様化に対応しにくい。外部に閉じた構え（接客の排除、北側の閉鎖性）は近隣関係の構築にも障害となる。公／私の使い分けの曖昧さ（リビングでの勉強や着替え、接客)、イス座／ユカ座の混在といった、日本の住生活との不一致に起因する混乱も少なくない。これらの諸課題に対して、60年代から現在まで、建築家を中心に様々な提案がなされている→3-5。

⓬ 公団住宅の初期の3LDK住戸（1964）[10]

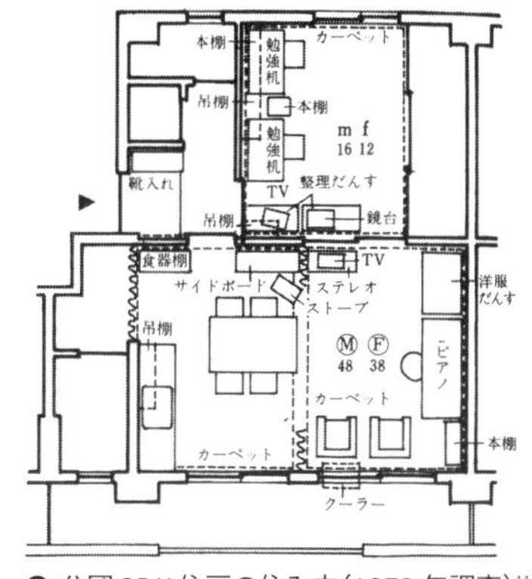

⓭ 公団2DK住戸の住み方（1973年調査）[11]
DKの隣室がリビングとして一体的に使われている。

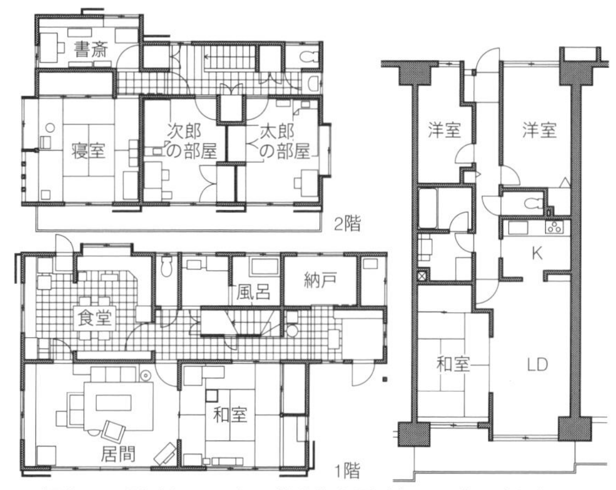

⓮ 都市LDK型（左 1975）と集合住宅型（右 1990）の例[12]

3-5 実験場としての建築家住宅

なぜ建築家は変わった形の住宅をつくるのか？　未来の暮らしや家族のあり方について熟考し、それを家として造形するのが建築家である。その実験的な建築が後世に大きな影響を与えることもあれば、何らかの失敗をする場合もある。

1 | なぜ日本の建築家は住宅を手がけるのか

建築家が手がけた住宅は難解で変わった形をしている、と思われている節がある。しかしそれは変な家をつくろうとした結果ではなく、個人や社会の状況に建築家が向き合い、その時代の技術や材料・思想・経済の問題に合理的あるいは美的に応答して生じた造形なのである。ここでは建築家が設計した住宅を「建築家住宅」と呼称し、関連する言説に触れつつ、その実験的な住まいが計画された背景や理由を探っていく。

> 建物の構想者こそ、建築家の定義である。建築家の仕事は、デザインすること即ち、新しい構築物が実現すべく、具体的なイメージを提示することである。今も昔も変わらず建築家に課せられた主要な責務は、提案した建物がいかなるもので、どのような形であるべきかを示すことである。
> （スピロ・コストフ『建築家：職能の歴史』1981）

建築家と住宅の関わり方

あなたが家を建てるとき、誰に家をつくってもらうだろうか。「建築家」という職業が日本に生まれたのは、開国した明治時代初期であり、江戸時代には大工棟梁が家を設計しつくっていた。また一口に建築家といっても、住宅を設計する際の姿勢には人により違いがある❶。現在の日本で住宅をつくる職能は多岐に渡るが、建築家が設計する住宅の数は、全体の着工数と比較するととても少ない。持家一戸建（注文住宅）の着工数に占める建築家住宅の割合は4%（11,000戸前後。2019年度）と推計されている＊1。なお、大半の注文住宅は中小規模の工務店により建てられ、大手住宅メーカーのシェアは3割程度である→7-2。

集合住宅が住宅タイプの大部分を占める国とは異なり、日本では持家取得を支援する政策→2-4により個人が自ら家を建てる場合が多く、結果として建築家が住宅の設計に携わる機会が増える。日本の家づくりはその時代の生活に対応した住宅づくりの壮大な実験場のようにも捉えられ、建築家はそこで大きな役割を果たしてきた。

特殊解としての建築家住宅

> 豊かな住まいとは何か？家族のあり方とは？建築家がそんな難解な問いと真正面から格闘した成果があの形なのだと、納得できることと思います。
> （たかぎみ江『図解ニッポン住宅建築』への寄稿2008）

建築家は施主の要望に応えて個別解として家をつくる。その際には住人のことだけに留まらず、環境や社会の要求を考慮し、つぎの時代を担うアイデアが詰まった住宅を設計する。建築家の試みの結果、もしかすると失敗する部分もあるかもしれないが、時代を超えて参照されるプロトタイプのような住宅がつくられることがある。

例えば「コアのあるH氏の住まい」❷は増沢洵により戦後すぐに建てられた平屋で、コア型住宅のお手本のように扱われている。キッチンや浴室が中央に固められ、そのまわりを回遊できる明解な平面構成は、建築後70年を経て名作住宅として今なお人々を魅了している。

主な注文住宅の担い手	
工務店	設計・施工をする、地域密着が多い。
建築家	設計と工事監理する、規模や業務範囲はさまざま、業態としては設計事務所となる。
住宅メーカー	工業化した住宅を設計・施工する、全国展開および地域限定のメーカーがある。
建築家タイプ分け	
生活重視型	生活上の利便性を追求し、住む人の要求を丁寧に聞いてまとめる。
技術者型	設計における技術面をスマートに解決する。
図面請負型	施主の書いてきた間取りをそのまま建てる。
規格設計型	標準設計として規格されたものをアレンジする。
芸術家型	社会的なテーマを住宅に埋め込もうとし、新しいアイデアや手法を提案する。必ずしも住みやすい家にはならない。アート作品として住宅をつくる。
地域型	特定のエリアを中心に設計する。施工を施主や一般の人とともに行う場合がある。

❶ 住宅の担い手と建築家のタイプ[1]

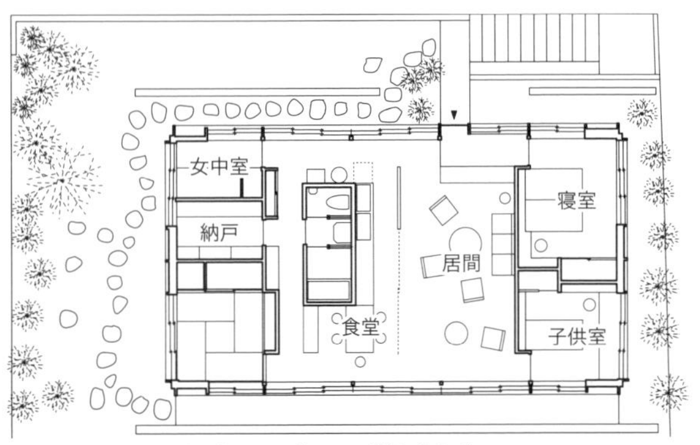

❷ コアのあるH氏の住まい（1953／増沢洵）[2]

原点としての住宅設計

建築家が設計できるものは住宅に限らず、小さなものでは茶室や東屋、大きなものでは美術館や競技場など多種多様だ。建築家の中には1万m^2を超える建築をつくる一方、並行して住宅の設計を行う人がいる。安藤忠雄は「ともあれ、自分の最後の仕事は住宅だと、これだけは強く心に決めている。」*2と住宅をつくり続けている。事務所の規模が拡大して公共建築や大規模な建物を手掛ける傍ら住宅を設計することは経営面で負担となる場合もあるが、それでも家をつくることを継続している。原広司は「ディスクリート」という、家族や地域住人、外国の人たちと一緒になることが可能、かつ1人にもなれるというコンセプトの出発点として自邸❸→5-2を計画し、同じ考えを用いて23万m^2の京都駅ビルの計画を進めた。

住宅を重視する姿勢は、世界的に活躍する多くの建築家に共通する。住宅は誰もが生活する場であり、人々に最も関係するビルディングタイプである。それを設計することは建築家の原点であり、住宅建築は建築家の設計活動の根幹を成すものとなっている。

時代を映す建築家住宅

建築家の建てた住宅は、挑戦的であるからこそ、時代や家族の状況を強く反映する。「中野本町の家」❹→4-6は伊東豊雄の代表作の一つであり、1970年代という時代と施主の心理状態を色濃く表した建築であった。その結果として、施主の精神状態の変化とともに役割を終えて解体された。このように強く直接に社会や家族の状況を住まいが映し出してしまったからこそ起こる出来事がある。次項では、建築家住宅の歴史を紐解きつつ、その時代の社会や住宅の状況を辿ってみたい。

2 | 戦後の住宅における建築家の取組み

小さな家の探究（戦後復興期）

戦後の復興期、深刻な住宅不足から住宅の大量供給が必要となった。しかし資材不足から建築統制があり、「立体最小限住居」❺→3-4や「最小限住居」→4-4などをはじめとする、小さくとも豊かな家の提案が行われた。住まいの民主化を目指し機能主義・合理主義が追求され、動線計画の単純化や個室の確保など、科学的に計画が進められた。イス座に代表される西洋の生活様式を日本人の暮らしの中にどう融合するのかも問われた→2-3。

建築家による様々な試みが小規模な住宅作品を通して行われる一方、このような状況への批判も起こった。八田利也（はったりや）というペンネームでまだ20代の磯崎新らが発表した論稿では、「悲劇の人・小住宅作家たちよ。…諸君がうみだした型の住宅がえんえんと連なっているではないか。いまや小住宅ばんばんざい。」*3と建築家が政策や社会の枠組みを問うのではなく、小住宅の設計に邁進する様子を皮肉に表現した。

都市に住むこと（高度成長期）

経済が発展するにつれて、各地で急速に都市化が進み、大都市に人口が集中した。人や建物が密集する街において、一定のプライバシーと通風や採光などの居住環境を確保するための追求はコンクリートによる無骨な表現として表れた。狭小で不整形なわずか6坪弱の敷地に対して、空間を機能ごとに6層積み上げて構成した「塔の家」（東孝光）→5-3が1966年に東京都心に建てられた。安藤忠雄は「住居を都市の諸悪から隔絶し、まさに、個の領域で、操作可能な内部空間の充実に、すべてを託した〈都市ゲリラ住居〉」*4という文章で都市に住む覚悟を宣言し、大阪に「住吉の長屋」（1976）を建てた。

郊外住宅地では阿部勤の自邸（1974）が建てられ、コンクリートの箱で私的な領域を囲いつつ、壁の角度を道路から傾けることで、敷地の四隅に利用可能な余白をつくり出した❻。隅の一つは交差点に面しており、角に植えられたケヤキがまちに緑を提供している。囲いをつくって外に向かって閉じ、内部に個人のための空間を展開する一方で、都市とのつながりをつくる建ち方である。

❸ 原広司自邸（1974）の模型

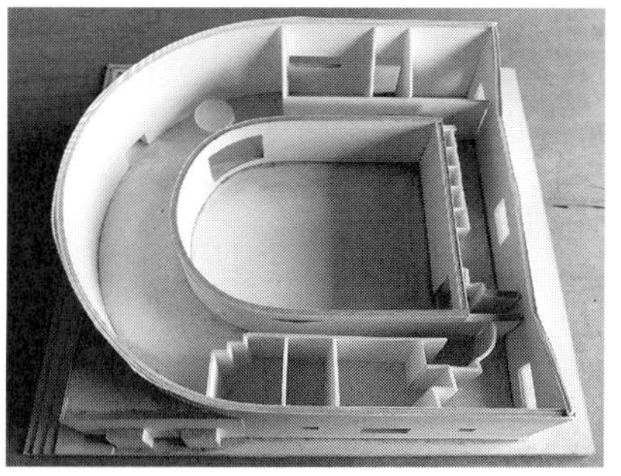
❹ 中野本町の家（1976／伊東豊雄）模型

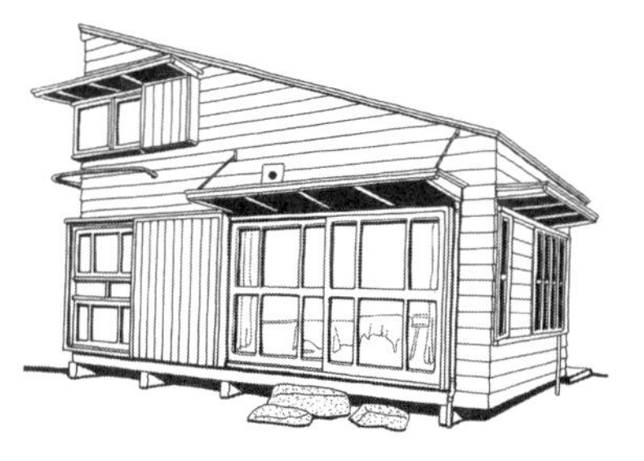
❺ 立体最小限住居（1950／池辺陽）[3]

家族と個人（安定成長期）

戦後からの試行錯誤を経て、住まいは基本的にnLDKという規格によって供給されるようになった。経済成長が鈍化し始めると、住宅の量より質が求められ、家族の形に疑問が投げかけられた。家族のための住まいにおいて、個人のあるべき姿が問われた。住み手の単身化が進み、バラバラになった個人が集まって住むことや他人と暮らすことが提案された。

「個室群住居」を提唱した黒沢隆による「ホシカワ・キュービクルズ」はワンルームマンションのように個室だけで構成された住まいである→4-5。黒沢は、「近代住居における『社会―家庭―個人』という段階構成が、いまや『社会―個人』という直接の関係に転化してしまった。」*5と述べる。近代の住居を居間LRと寝室BRの数で定義し、〈LR＋Σ BR〉と表した。一方、現代の核家族の子ども部屋は寝室BRではなく、勉強したり友人と遊んだりする多目的な個人用の部屋であり、〈LR＋BR＋Σ子ども部屋〉となるとして、むしろ子ども部屋に個室の原型を見出した。

山本理顕は社会の中の集団としての家族の関係を空間図式として描いた。❼は核家族の住宅の図式→0-1であり、子どもと親は互いに無関係に社会との接点を持ち、居間は社会から切断された家族の団らんの場であり、寝室は奥に閉じ込められている。「岡山の住宅」❽は❼の図式を具体的に住宅として計画したもので、塀で囲まれた中庭型住居である。台所や浴室などの水まわりと各個室が中庭（居間）を取り巻いている。玄関はなく、自立した個人が社会に直接に相対するように各個室は前庭に面している。

3｜住まいの前提を疑う（ゼロ成長期）

脱nLDKの住まい

平成（1989～2019年）はバブル経済の崩壊と阪神・淡路大震災や東日本大震災、原発事故などの経済危機や自然災害が多発した時代である。経済成長が停滞して先が見えない中で災害が頻発した。不安定な社会情勢を反映して様々なものを疑い、新しい解釈をする住宅が登場し、住宅を計画する上でこれまで当たり前となり固定化されている前提条件そのものを捉え直し、読み替える動きがでてきた。

社会学者の上野千鶴子はnLDK型の住まいのnが、家族の人数マイナス1である点に着目し、個室が与えられない構成員がいると指摘する。夫、妻、子ども2人の4人家族の場合、一般的には夫婦寝室と子ども部屋2室の3LDKが妥当とされる。このときのn＝3は4マイナス1の3である。他方、先の「岡山の住宅」をnLDKにならって表記すると、こちらは夫婦それぞれに個室が設けられているため、3LDKで表記され、nイコール家族の人数となり、Lは中庭に置き換わっている。

あるいは、nの個室そのものを解体しようとする試みとして、「梅林の家」❾や「森山邸」❿がある。妹島和世は個人の大切なものを重視して「梅林の家」の計画を進め、「ベッドの部屋」「机の部屋」と名付けた家具のような個室未満の小さな部屋を用意し、それを鉄板による薄い壁で構成した。通常とは異なる壁の厚みと部屋のサイズによって隣の部屋が近くなり、隣室の窓や吹抜けを通して視線が抜けていく。一方、西沢立衛は「森山邸」において、オーナーの住まいと友人の住居、三つの賃貸住居という合計五つの住宅を4層10棟に分解して計画し、個室がそのまま外部と接するという状況を生み出した。

家族を拡大する

様々な家族の形があり、拡大した家族のための住まいが計画された。単身者の家、多世代の暮らし、非家族の同居によるシェアハウス、職場と住まいが一体となった住居や小商いができる離れを併設した住宅など、多様な住まい方に対応した箱が設計された。その中でも、「ドラキュラの家」⓫は同性の1組の恋人のための住まいで、家という形式が剥ぎ取られている。何もない大きな一室の中央にキッチン、両端にベッドが置かれ、天窓から光が降り注ぐ。

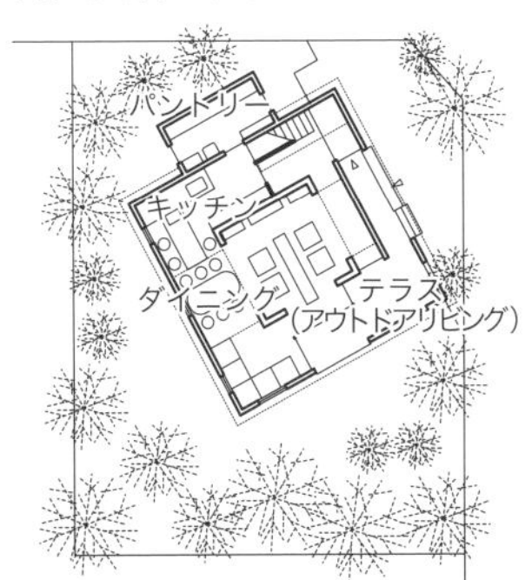

❻ 中心のある家（1974／阿部勤）[2)]

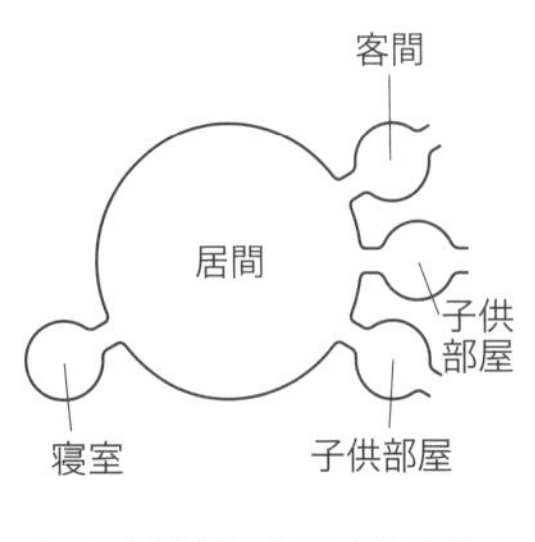

❼ 山本理顕による「核家族の住宅図式」[4)]

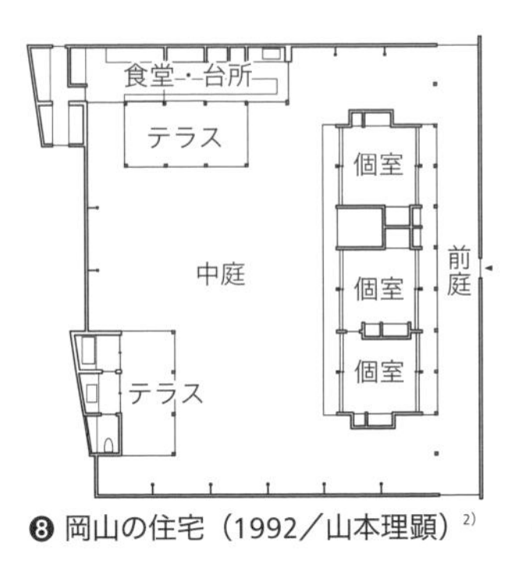

❽ 岡山の住宅（1992／山本理顕）[2)]

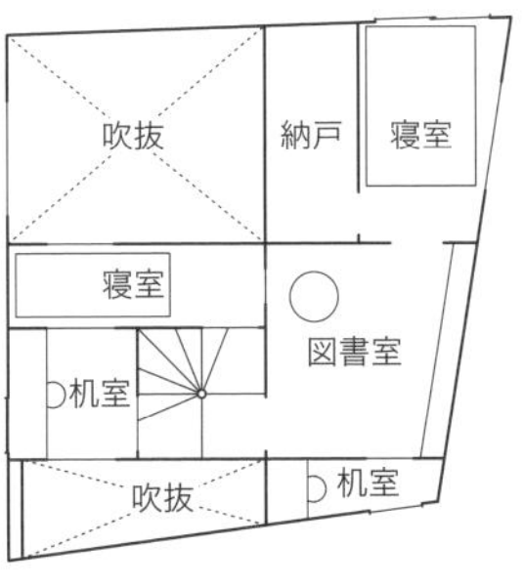

❾ 梅林の家（2003／妹島和世）[2)]

4｜現代における建築家住宅の課題

異なる場をつくる

絶対的な基準を失った現代において、住宅のあり方を探究することは困難な試みであるが、それでも建築家は模索を続けている。例えば、小嶋一浩は「ヒムロハウス」→ 5-2で、使われ方と空間の対応に着目して建築空間を「白」と「黒」に分類し、従来とは異なる部屋の捉え方をした。島田陽は住み手の要望に直接に応えることに疑問を呈し、「よく計画された住宅は、ともすれば人間の暮らしに寄り添いすぎる。それは、とても快適なのだろうけれど、あらかじめ想定された生活を固定化してしまう気がしている。…ある自立した形式を考えたほうが、住人がより自由に、能動的に暮らせるのではないだろうか。」＊6と述べて、正方形や三角形を連続させて平面をつくり、そのレベルを少しずつ変えて構成する住宅をいくつか展開している⑫→ column 02。

ここで取り上げられる事例には限りがあるが、家族それぞれの居場所があり、人々の交流を受け入れ、様々な活動が起こる場の仕掛けをつくりだそうとする建築家住宅の探究は続けられている。

住み続けられる家

これからの住まいには、気候変動にどう適応するか、進歩する技術をどう使うか、超高齢化社会にどう応えるかなどが問われている。例えば、約3,000枚の淡路瓦のダブルスキンで2階を覆い、日射と通風をコントロールした「淡路島の住宅」⑬のように環境を制御する技術を用いる試みや、自然エネルギーを住宅に利用するデザイン→ 6-2、空き家という建築ストックをリノベーションにより活用すること→ 7-5、材料を転用して積極的に再利用すること、建築資材の循環を含んで建築を計画すること、デジタルファブリケーションを用いて住宅建設のプロセスを開くことが試みられている。

デジタルファブリケーションとは、3Dプリンターやレーザーカッターなどの機器にデジタルデータを読み込んで造形する技術のことで、プロダクトの分野だけでなく、建築の分野にも応用されつつある。「まれびとの家」⑭はデジタル木工機械を使って家具のスケールで部材を組み立ててつくられている。この技術を使った住宅の試みは初期の段階だが、誰でも施工に参加できること、再生可能な素材や地域産材でつくることなどの可能性を持っている。

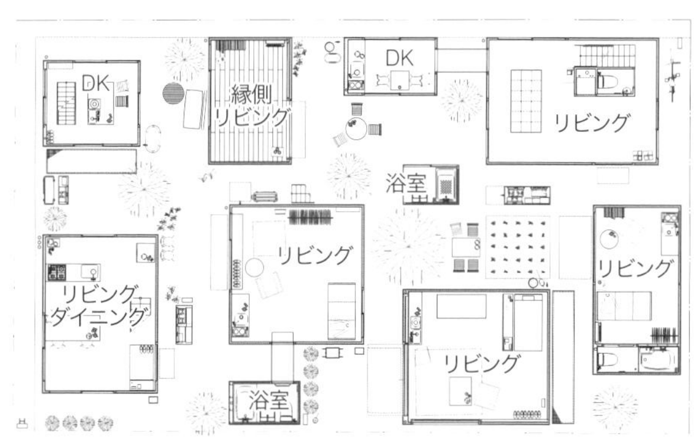

⑩ 森山邸（2005／西沢立衛）[5]

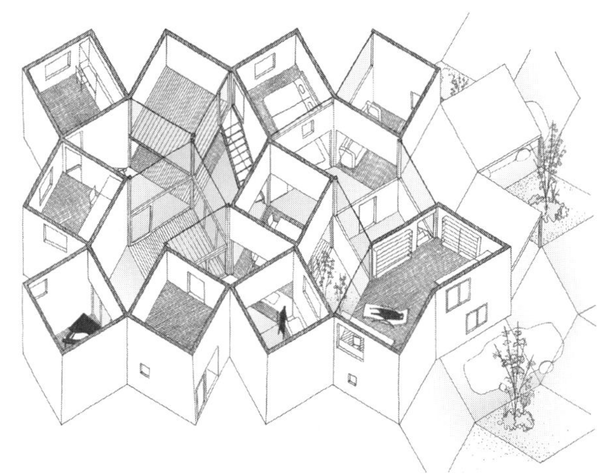

⑫ 北摂の住居（2015／島田陽）[6]

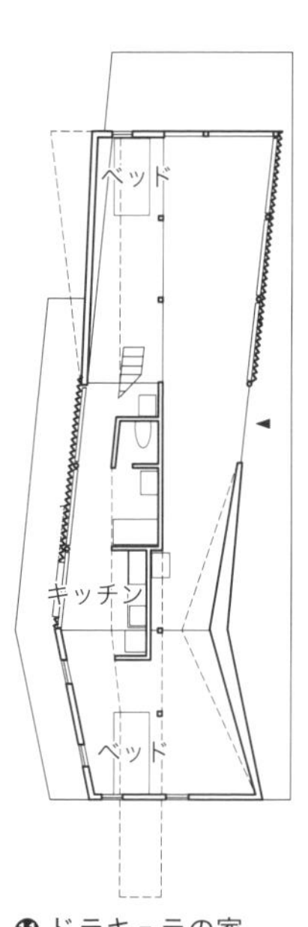

⑪ ドラキュラの家（1995／石山修武）[2]

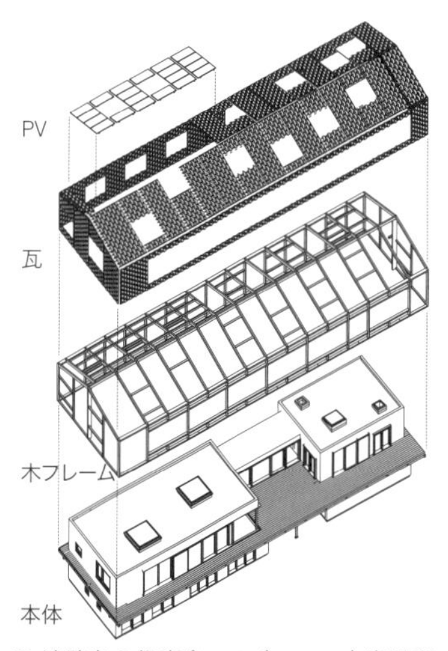

⑬ 淡路島の住宅（2018／SUEP. 末光弘和＋末光陽子）[7]

⑭ まれびとの家（2019／VUILD 秋吉浩気）[8]

column 03

日本の住まいと茶室

岩崎　泰

茶道と茶室

お茶のお稽古というと、正座がつらいのではないかとか、複雑な手順を覚えるのが大変なのでは、とか、お茶道具が高価で手が出ないのでは、などと敬遠する人も多いようだが、実際にお稽古をしてみると、日本の伝統文化について、これほど広く深く学べる習い事もないのではと思う。床の間に掛けられる掛け軸を通して様々な書画を学び、季節の花を知り、その生け方を学ぶ。たくさんの茶碗や茶入などを見ることで国内外の様々な陶磁器を知り、漆芸や指物など各種工芸を知る。各地に美味しい和菓子があることを知り、懐石では料理や器、作法について学ぶ。美しい四季のある日本の気候の中で、季節感を繊細に感じ、長い歴史の間に育まれた豊かな文化を享受し、日常生活を豊かに暮らす、そのためのヒントが茶道にはたくさん詰まっている。美しい日本の住まいを設計する上で、茶道や茶室について学ぶことは大変有意義であると思う。

室町時代中期に町衆の間で盛んになった茶の湯を完成させたのが村田珠光（1423〜1502）と言われる。「月は雲間なきはいやにて候」と不完全な表現の中に美を求め、隠者の「草庵」を茶室の範としたとされる。武野紹鷗（1502〜1555）は茶の湯専用の座敷として四畳半を茶室としたが、ここでは「唐物」と呼ばれる中国から渡ってきた舶来の道具が主に使われた。高価な道具を使うことが前提では、茶の湯が織田信長や豊臣秀吉らの権力者や富める人たちだけのものになってしまう、と村田珠光の始めた侘びの理念を本流としようとしたのが、紹鷗の弟子であった千利休（1522〜1591）だった。利休のつくった茶室で現存するものはないが、解体移築を経て唯一その遺構とされるのが、大山崎にある妙喜庵待庵である。間取りは二畳だが、建物全体は四畳半ほどあり、基本となる四畳半茶室を極限まで縮めていった様子がわかるようでもある。客の入口は躙口と呼ばれ、雨戸の一部を切り取ったような粗末な建具。壁は荒々しい土壁で、下地窓と呼ばれる窓は、土を塗り残しただけのもの。障子の桟には竹が使われ、天井にも竹が多用され、それまでにない侘びを体現する空間であった。一方で利休は秀吉の命を受けて黄金の茶室もつくったとされる。こちらは侘びとは対極の豪華絢爛な茶室。壁は金箔貼り、畳表は猩々緋、畳縁は金襴であったという。間取りは三畳ながら台子を置いて正式な点前ができるようになっており、なおかつ組み立て式でもあったという。利休は、茶道具においても楽茶碗や竹の茶杓、利休型の棗など、新たな道具を生み出した稀代のインダストリアルデザイナーであったが、それと同時に類い稀な建築設計者でもあったと言えよう。後に続く将軍家の茶道指南役として古田織部（1544〜1615）、小堀遠州（1579〜1647）、片桐石州（1605〜1673）らもそれぞれに自分の好みの茶室をつくり、それまでになかった茶室という建築様式をつくり上げていった。特に小堀遠州は作事奉行、片桐石州は普請奉行と土木・建築の専門家でもあり、より高いレベルで茶室という建築の深化に貢献をし、その後多くの茶人が各々の好みの茶室をつくり、様々に発展してゆく。

茶室とは、狭義には「茶事」を行うための場所である。茶事とは、亭主が客を招き、料理を振る舞い、菓子を出し、濃茶と薄茶でもてなす正式な茶会。初座と呼ばれる前半では懐石料理が供され、床の間には掛け軸がかけられる。主に禅語が書かれた一行書などがかけられ、その茶事のテーマが示される。後座と呼ばれる後半では茶事のメインである濃茶が出されたのち、少しくだけた雰囲気の中で薄茶が出され、床の間は掛け軸から花へと変えられる。

一座建立、直心の交わりが行われるのが茶室であり、そのための工夫が長い年月をかけて様々に行われてきた。例えば利休は「荒壁に掛物面白し」と言い、それまで張付壁という紙貼りの壁に掛け軸を掛けていたものを、荒々しい土壁に掛け軸を掛けるのが面白いと、価値観の転換とともに建築様式をも変えていった。それを受け左官職人たちは、より美しく見える壁を求め試行錯誤を重ね、技術を向上させていくのである。現代の建築設計者も、茶道や茶室をより深く理解した上で、それらを現代の生活空間の中に生かしていくよう、もっとチャレンジしてもよいかもしれない。

茶室を設計する

「明かり床の家」❶は、新築住宅の一部屋を茶室とした事例である。大手ハウスメーカーで住宅を新築しようとした建築主が、一室を和室にし、そこへ炉を切り茶室としようとしたが、ハウスメーカー側の対応では不安が拭いきれないということで、筆者が茶室部分のみの設計監理を担当した。亭主の要望を聞き図面をまとめ、大工、建具屋、表具屋、畳屋など職人を別途手配し、現場に赴き工事を監理した。床の間は東に面しているが、東からの光も室内に取り込みたいという建築主からの要望を受け、香川高松の栗林公園掬月亭の床の間をヒントに❷のような、菱格子の障子の入った明かり床を提案した。床柱は松の三寸八分角、床框は真塗り、畳床として、畳縁は遠州流の建築主に相応しいよう七宝紋とした。

戦後には「床の間追放論」なるものが唱われ、最近は和室も床の間もない家で育つ子どもも多く、「ゆかのあいだ」って何ですか？と聞く子どももいるほどだが、コロナ禍を経て住環境を見直す動きもあり、国際化が進む中で日本文化の再認識の必要性も高まるだろう。優れた鑑賞空間である床の間は、戸建住宅だけでなくマンションなどでも新しい形で日常に取り込む工夫をして、今後もっと見直されてよい日本の建築文化であると思う。

「四畳半茶室のある家」❸は新築住宅で一室を四畳半の茶室とした事例である。配置計画の段階で、南側には主庭、北側には茶室のための露地とした❹。茶室を使って茶事を行うためには露地も必要である。茶事に招かれた客は、寄り付きと呼ばれる部屋で身支度を整え、露地に出て外腰掛待合で待つ。亭主は蹲踞を清めたら枝折戸を開け、無言で迎え付きの礼をする、というのが茶事における重要なワンシーンである。茶室へ入るのに、わざわざ一旦外に出る、というところが肝要で、露地は清浄な別世界への禊の場なのである。茶事の動線とともに、日常生活の場である住まいの動線をもうまく整理することが、茶室付きの住宅を設計する上で重要なポイントである。

日常生活の中に、非日常である茶室をどのように取り込むか、その塩梅が設計者に課された課題の一つである。また茶室は基本的には外部からの客を迎える応接の場であるが、自分と向き合う場所としても活用されてよいかもしれない。日常的に床の間に季節の花を生け、好きな書画を掛け、お気に入りの器で一服の茶を飲む。お茶のお稽古を単なる習い事とするのではなく、日本の豊かな歴史や伝統文化を上手に生活の中に取り入れ、大切な人と交わり豊かな人生を送るための場所として、茶室は多くの可能性を秘めている。茶室を設計するために多くを学ばなければならず、大切なことはすぐにはわからない。十年二十年お稽古を続けて初めてわかることがある。建築設計を志す若者にあっては是非お茶を習い、継続して豊かな日本文化を学び、建築設計へと生かしてもらいたい。

❶ 明かり床の家

❷ 菱格子の障子を入れた明かり床

❸ 四畳半茶室のある家

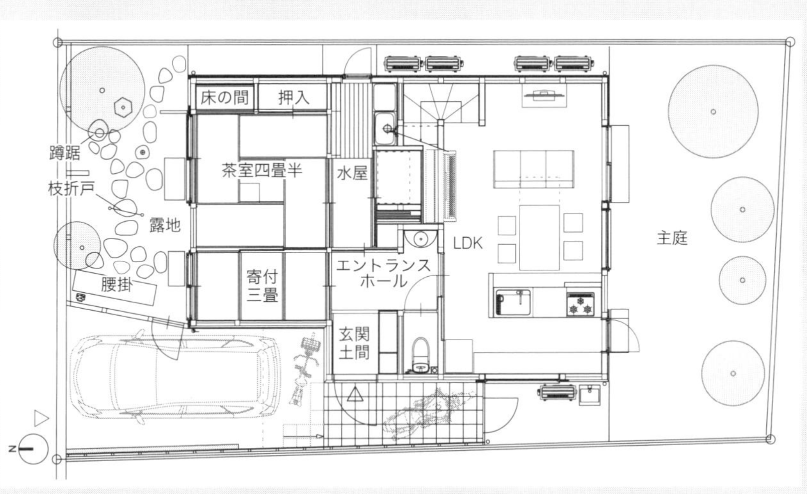

❹ 四畳半茶室のある家　1階平面図

【参考文献】

3-1
・小沢朝江・水沼淑子『日本住居史』吉川弘文館、2006
・平井聖『改訂版 図説 日本住宅の歴史』学芸出版社、2021
・平井聖『日本人の住まいと住まい方』左右社、2013
・杉本尚次『日本のすまいの源流―日本の基層文化の探究』文化出版局、1984
・藤田勝也『平安貴族の住まい』吉川弘文館、2021
・川本重雄『寝殿造の空間と儀式』中央公論美術出版、2012
・平井聖・鈴木解雄『日本建築の鑑賞基礎知識―書院造から現代住宅まで』至文堂、1997
・小泉和子・玉井哲雄・黒田日出男『絵巻物の建築を読む』東京大学出版会、1996

3-2
・平井聖『改訂版 図説 日本住宅の歴史』学芸出版社、2021
・大場修『京都人が知らない京町家の世界』淡交社、2019
・島村昇ほか『京の町家』鹿島出版会、1971
・京町家作事組『町家再生の技と知恵』学芸出版社、2002
・秋山国三ほか『京都「町」の研究』法政大学出版局、1975
・谷直樹・増井正哉『まち祇園祭すまい』思文閣出版、1994
・青井哲人「『都市組織』の世界史－都市をつくる町屋」世界建築史15講編集委員会『世界建築史15講』彰国社、2019

3-3
・文化庁『民家のみかた調べ方』第一法規、1967
・『日本建築史基礎資料集成二十一 民家』中央公論美術出版、1976
・今和次郎『民家論』ドメス出版、1971
・日本民俗建築学会『民家を知る旅－日本の民家見どころ案内』彰国社、2020
・大河直躬『住まいの人類学－日本庶民住居再考』平凡社、1986

3-4
・内田青蔵・大川三雄・藤谷陽悦『新版 図説・近代日本住宅史』鹿島出版会、2008
・平井聖・鈴木解雄『日本建築の鑑賞基礎知識―書院造から現代住宅まで』至文堂、1997
・住友和子編集室『図説・日本の間取り』建築資料研究社、2001
・青木正夫『中廊下の住宅―明治大正昭和の暮らしを間取りに読む』住まいの図書館出版局、2009、
・扇田信ほか『新建築学体系7―住居論』彰国社、1987
・鈴木成文『住まいを語る―体験記述による日本住居現代史』建築資料研究社、2002

3-5
＊1 矢野経済研究所「建築家住宅市場に関する調査」2020
＊2 安藤忠雄『建築家 安藤忠雄』新潮社、2008
＊3 八田利也「小住宅設計ばんざい」『建築文化』1958年4月号
＊4 安藤忠雄「都市ゲリラ住居」『都市住宅』1973年7月臨時増刊号
＊5 黒沢隆『個室群住居』住まいの図書館出版局、1997
＊6 島田陽「自律した形式の自由さ」『日常の設計の日常』LIXIL出版、2016
・五十嵐太郎監修『戦後日本住宅伝説― 挑発する家・内省する家』新建築社、2014
・藤森照信、下村純一写真『藤森照信の原・現代住宅再見』TOTO出版、2002
・二川幸夫写真、二川由夫編『世界現代住宅全集31　安藤忠雄　住吉の長屋、小篠邸、城戸崎邸』A. D. A. Edita Tokyo、2021

【図版出典】

3-1
1) 堀口捨己「佐味田の鏡の家の図について」『古美術』196、1948
2) 撮影：前田昌弘
3) 藤田勝也『平安貴族の住まい』吉川弘文館、2021
4) 『類聚雑要抄』巻1下・巻第2（部分）：東京国立博物館蔵 Image：TNM Image Archives
5) 藤原隆能ほか『源氏物語絵巻』、徳川美術館、1936、国立国会図書館デジタルコレクション https://dl.ndl.go.jp/pid/1685003（参照2023-12-02）
6) 川本重雄『寝殿造の空間と儀式』中央公論美術出版、2012
7) 『法然上人絵伝（模本）』巻第1（部分）：東京国立博物館蔵 Image：TNM Image Archives
8) 小沢朝江・水沼淑子『日本住居史』吉川弘文館、2006（「室町殿御亭大饗指図」国立国会図書館蔵を元に作図）
9) 船越徹ほか『茶室空間入門』彰国社、1992より作成
10) 日本建築学会編『日本建築史図集』（新訂第三版）彰国社、2011
11) 平井聖・鈴木解雄『日本建築の鑑賞基礎知識：書院造から現代住宅まで』至文堂、1997
12) 『大政奉還』（邨田丹陵）：聖徳記念絵画館所蔵
13) 平井聖『改訂版 図説 日本住宅の歴史』学芸出版社、2021
14) 提供：宮内庁京都事務所

3-2
1) 島村昇ほか『京の町家』鹿島出版会、1971
2) 作成：魚谷繁礼建築研究所
3) 京町家作事組『町家再生の技と知恵』学芸出版社、2002
4) 秋山国三ほか『京都「町」の研究』法政大学出版局、1975
5) 国立歴史民俗博物館所蔵
6) 谷直樹・増井正哉『まち祇園祭すまい』思文閣出版、1994
7) 撮影：森田一弥

3-3
1) 今和次郎『民家論』ドメス出版、1971
2) 大河直躬『日本建築史基礎資料集成二十一　民家』中央公論美術出版、1976
3) 『重要文化財 古井家住宅修理工事報告書』古井家住宅（千年家）保存修理委員会、1971
4) 鈴木成文『住まいを読む―現代日本住居論』建築資料研究社、1999
5) 提供：タトアーキテクツ

3-4
1) 平井聖・鈴木解雄『日本建築の鑑賞基礎知識―書院造から現代住宅まで』至文堂、1997
2) 阿吽社『図解300 明治・日本人の住まいと暮らし―モースが魅せられた美しく豊かな住文化』紫紅社、2017
3) 図面：同志社社史資料センター『新島旧邸』学校法人同志社、2024
4) 提供：米澤貴紀
5) 永井荷風「隠居のこごと」『麻布雑記―小説随筆』春陽堂、1924
6) 住友和子編集室『図説・日本の間取り』建築資料研究社、2001
7) 青木正夫『中廊下の住宅：明治大正昭和の暮らしを間取りに読む』住まいの図書館出版局、2009に加筆修正
8) 東京都立中央図書館所蔵資料（文化村住宅：平和紀念東京博覧會、ST/606.9/5058/1922）
9) 『現代日本建築家全集〈17〉池辺陽、広瀬鎌二』三一書房、1972
10) 『日本住宅公団10年史』日本住宅公団、1965
11) 扇田信ほか『新建築学体系7 住居論』彰国社、1987
12) 鈴木成文『住まいを語る―体験記述による日本住居現代史』建築資料研究社、2002より作成

3-5
1) 岡田光正ほか『住宅の計画学入門』鹿島出版会、2010に加筆修正
2) 尾上亮介・竹内正明・小池志保子『図解ニッポン住宅建築』学芸出版社、2008
3) 作画：野村彰
4) 山本理顕『住居論』住まいの図書館出版局、1993
5) 提供：西沢立衛建築設計事務所
6) 提供：タトアーキテクツ
7) 提供：末光弘和＋末光陽子/SUEP.
8) 提供：VUILD

第4章

住まいの機能と計画

4-1 住まいが担う機能

「機能的な家がよい」と誰もが言う。「デザインだけでなく機能も大事」などとも言われる。住まいの「機能」とはなんだろうか。安全性・利便性・快適性・表現性、いずれの機能を優先し、どのようにバランスを取るかに、住まいと住み手の個性が現れる。

1 「機能的な住まい」とは何か

機能（function）とは、あるものが備えている働き、特に、想定される目的の実現に対して貢献する役割のことをいう。住まいの目的は様々に議論されるが→ 0-1、基本は「住む」という行為に適切な環境を提供することである。そのために住まいが備えるべき機能は居住者の状況や文化的背景によっても変わるが、人類にある程度共通する住まいの普遍的な機能として、安全性・利便性・快適性・表現性の四つの視点から考えたい。

この四つの視点は、世界保健機構（WHO）が「健康的な居住環境の基本（1961）」として挙げる四つの条件、①早期死亡の防止（安全性）、②病気や傷害の予防（保健性）、③生活の効率化（利便性）、④快適性の具備、に準拠している。ここでは、保健性は広い意味での安全性に含まれると考え、社会的機能として表現性を加えた。

2 住まいの安全性

シェルターとしての住まい

動物の巣の最大の役割は、睡眠や子育てなどの無防備な状況における身の安全確保である❶。人の住まいも同様に、内と外とを隔絶するシェルターを設けることで、危険な自然現象（寒暑・風雨・災害など）や外部の干渉から内部を守ることが、その最も根本的な機能である。安全を確保する対象は、第一に居住者の生命・健康であり、次いで財産、そして居住者や財産を守るための住宅そのものである。現代の住まいでは、地震や強風・大雪などの自然災害に対する構造安全性、出火や類焼に対する防火安全性、犯罪行為や住宅内での事故→ 6-4、室内の化学物質などが原因で生じるシックハウス症候群などに対する日常安全性が主な課題となる❷。

ハードとソフト両面からの対策

安全性の基本は、地震動や火炎などの外力に抵抗する建物の強度や耐久性を高めるハード面の対策であるが、崖崩れや洪水などの災害には敷地の選択や住宅の配置計画、事前の避難計画などの対策が重要となる。火災に対しても、内装を難燃素材でつくり類焼しやすい外壁や軒裏の耐火性能を高める一方で、住宅では逃げ遅れによる死者が多いため、火災警報器の設置が義務付けられている。犯罪に対しては防犯錠や防犯ガラスといった対応も有効であるが、とりわけ日常的な近隣住民の交流が地域の防犯力を高めることが知られている。

近年、災害発生時の被害を抑えるだけでなく、被災から速やかに正常状態に復旧することで損害の総量を小さくする、レジリエンス（復元力・回復力）という考え方が注目されている❸。住まいのレジリエンスを高めるためには、耐震性や耐火性といった性能による抵抗力向上だけでなく、修理が容易な構造とする、近場で入手可能

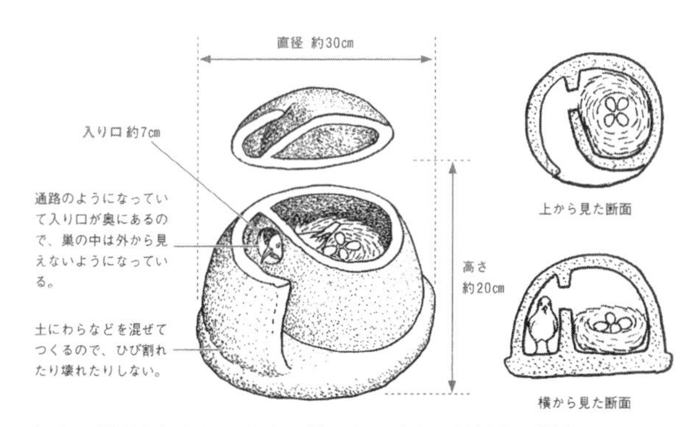

❶ 土で固められたシェルター状のセアカカマドドリの巣[1)]

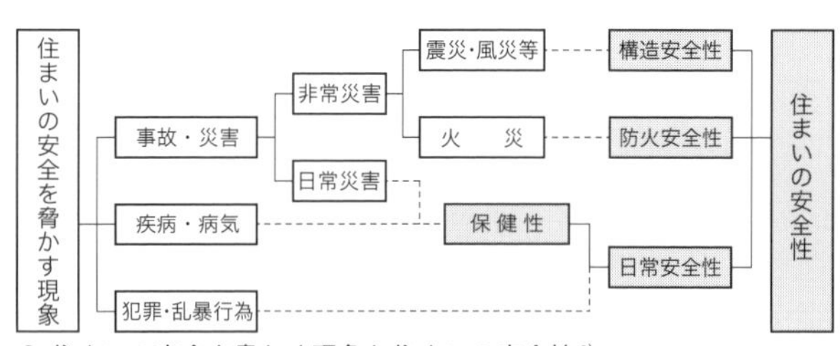

❷ 住まいの安全を脅かす現象と住まいの安全性[2)]

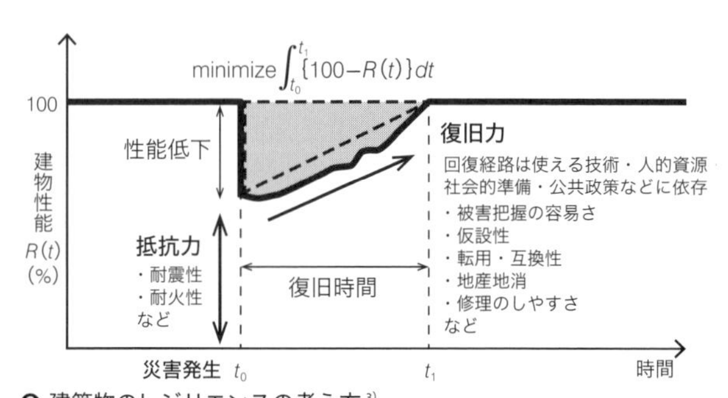

❸ 建築物のレジリエンスの考え方[3)]
災害発生時の損害を減らすことに加え、回復までの時間を短くすることで、グラフの三角形部分の面積の最小化をめざす。

な材料を使ってつくる、近隣との協力関係をあらかじめ築いておく、などの計画上の工夫も重要となる。

3 | 住まいの利便性

道具としての住まい

住まいにおける利便性（便利さ）とは生活行為の能率がよいこと、つまり得られる効能に対して必要な身体的・時間的・心理的負荷が小さいことと考えることができる。日常的に語られる住宅の機能性は、利便性を指すことが多い。調理にキッチン、仕事に書斎といったように、各生活行為に対して適切な設備、専用の場所や部屋を用意することで、住まいは生活をサポートする。利便性の観点からは、住まいは❹のような様々な生活行為に対応した空間的道具の集合体と言える。

道具を小さな負荷で扱うためには、まず操作の単純さ、そして人体寸法や動作寸法との適合性が求められる。住まいでは、家具や空間のサイズはもとより建具・階段・手すりまで、身体と触れる部位はすべて適切な寸法で計画されなければならない。各種の動作寸法は『建築設計資料集成』に多くの知見がまとめられている❺❻。例えば、キッチンのカウンター高さが適正寸法から数cm低いだけでも身体への負担は大きくなる。空間のサイズは大きすぎても小さすぎても行為の負荷を増す。動線→5-2や室・設備の配置のわかりやすさも、行為間の移行のスムーズさに影響し、利便性を大きく左右する。

利便性の追求の見直し

近年では、コンピューターを介して住宅内外の機器を最適制御するスマートハウスという概念も登場し、複数の機能を使い分ける手間をも省く利便性が追求されている。しかし、機能の一元化や高機能化による過度の効率の追求には慎重にならねばならない。例えば、オール電化により諸設備を自動化した家は、平時には「便利」であるが、電力事故で機能不全になる。また、高度に機械化された住まいは使用者にとって仕組みの理解できないブラックボックスとなり、修理やカスタマイズなど人が住まいに関与する余地を奪うことになりかねない。

システム工学者の川上浩司は、このような利便性の追求が必ずしも生活の豊かさにつながらないことを指摘し、ユーザーに手間をかけさせ頭を使わせるという意味で不便であるが、それゆえの効用があるモノ・コトを評価す

	生活行為	主な家具や設備	専用の空間	計画上の留意点
家族生活	団らん、くつろぐ	机、椅子・ソファ、畳	居間	日当たりや眺望がよい、家族が集まりやすい、庭との接続
	TV・映画等を見る	AV機器、TV台		
	食事	食卓、椅子、食器棚、カウンター	食事室	朝日が入る、居間や台所に近い
家事	炊事（調理・準備・後片付け）	流し、コンロ、調理台、食器棚、冷蔵庫、食品庫、換気扇	台所、サービスヤード	作業能率、西日を避ける、居間・食事室に近い、勝手口を設ける
	家庭事務、裁縫、アイロン掛け	家事机、ミシン、アイロン、棚	家事室、ユーティリティ	作業能率、各室との接続がよい
	洗濯	水栓、洗濯機、乾燥機	洗濯機置き場	浴室や物干しに近い
	衣類乾燥、布団干し	物干し竿	ベランダ、物干し場	日当たりがよい、来客の目に触れにくい
社会生活	接客	机、椅子・ソファ	応接間、座敷	玄関に近い
	仕事	机、椅子、PC、棚	書斎、工房	作業能率、他からの独立性
個人生活	睡眠、休養、更衣	布団、ベッド、衣類収納	夫婦寝室、子供室、個室	プライバシーの確保、落ち着き、日当たりや風通し
	勉強、読書、趣味	机、椅子、棚、PC、AV機器		
生理衛生	洗面、化粧	洗面器、水栓、鏡	洗面所	給排水配管をなるべくまとめる、来客動線から離す、洗面・脱衣は兼ねる場合が多い
	脱衣、入浴	脱衣かご、浴槽、シャワー、換気扇	脱衣所、浴室	
	排泄	便器、手洗い、換気扇	トイレ	各室から遠すぎず近すぎず
移動	靴の脱ぎ履き、客応対	土間、下駄箱、傘立て	玄関	道路や敷地との関係
	上下移動	手すり	階段、スロープ	安全性
	水平移動		廊下、ホール	ドアの位置、開閉方向
収納	収納、整理	棚、タンス、引出し	押入、納戸、物置	各所にバランス良く配置

❹ 主な生活行為と家具・設備・空間の関係[4)]

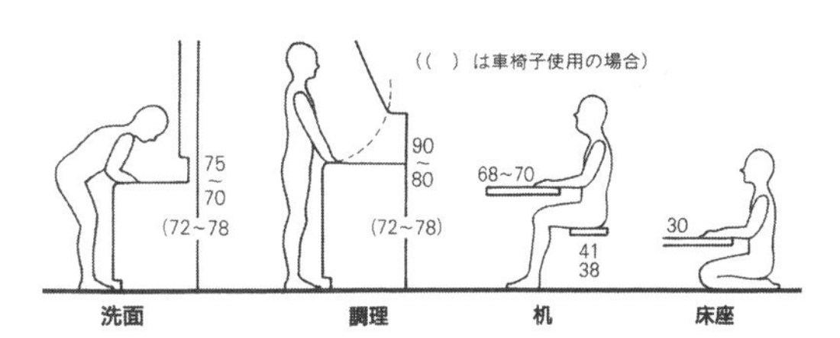

❺ 姿勢と作業面の高さ寸法[5)]

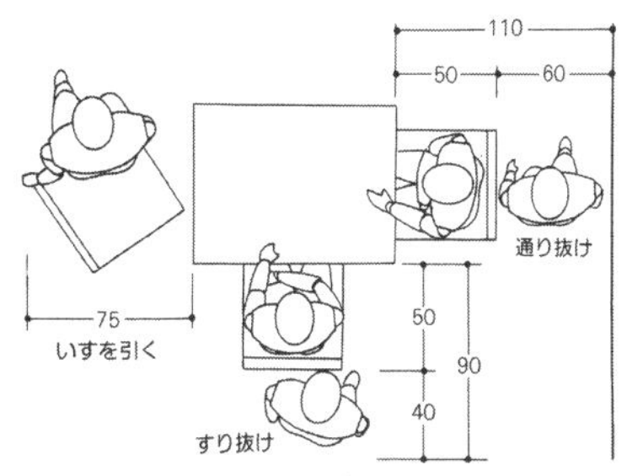

❻ 食事空間の動作寸法[6)]

益
不便益
手間をかけることで（のみ）得られる益
便利益
これは否定しない
不便
便利
不便害
問題外
便利害
手間をかけられないことによる害
害
発見できる
工夫できる
上達できる
対象系を理解できる
能力低下を防ぐ
主体性が持てる
安心できる信頼できる
俺だけ感がある

❼ 利便性と益／害の関係（左）と不便益の効用（右）[7)]
不便益は利便性の追求からは得られない不便ならではの益を評価する価値軸。

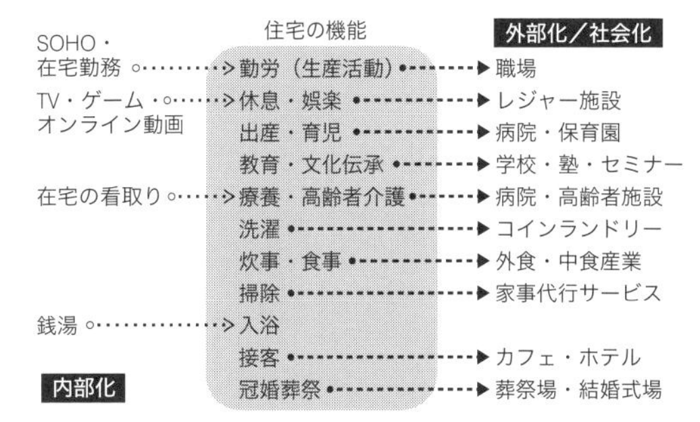

❽ 住宅機能の外部化（社会化）と内部化

る「不便益」という概念を提唱する❼。例えば、定期的に住まいのメンテナンス→7-4を行うことは、手間がかかり不便であるが、作業を通じて家の構造を理解したり、生活に合わせた自分らしい住まいへの改修のチャンスとなる点では有益である（長期的に見ればむしろ手間が少なくなる可能性もある）。

住まいの機能の外部化／内部化

「住む」ことは多様な生活行為の複合であるが、それらは同時に地域施設や各種サービスにより補完されている。歴史的に見れば、住まいが担っていた機能は次第に社会に担われるようになってきた（住宅機能の外部化／社会化）。その一方で、設備の発達による入浴機能の内部化、情報技術の発達による労働・娯楽機能の内部化、自宅での看取りなど、社会に担われていた機能が住まいに入る（戻る）動きもある❽。2020年のコロナ禍の緊急事態宣言時には、仕事や教育・遊びなど諸機能の内部化が強いられ、住まいはその対応に追われた❾。シェアや二拠点居住など住み方の多様化もあり、住まいが担う機能の変動は今後もしばらく続くだろう。

4｜住まいの快適性

コンフォートとプレザントネス

人間にとってそのまま生きるには過酷な自然環境を、健康かつ快適に生活できる環境へ調節することは、衣服にも通じる、住まいの基本的な機能である。

快適性の概念はコンフォート（comfort）とプレザントネス（pleasantness）に分けて考えることができる。コンフォートは「適」、つまり不快や生活上の支障がないという定常的な快適性である。快適性という語は通常この意味で使うことが多い。これに対してプレザントネスは「快」であり、暑さの中の涼感のような、変化に伴う動的な心地よさである❿。設備機器による調整はコンフォートの実現を目指す。その一方で、夏の涼風や冬に陽光や火にあたることの気持ちよさなど、季節感を味わう楽しみにはプレザントネスが大きく関わっている。

衣服としての住まい：調整と適応

住まいの快適性は主に、人間の生理的機構に影響の大きい温熱・湿度・風・光・音などの環境要素を、建築の外皮や設備機器により調整することで実現される→6-2。産業革命以降の機械技術の発達は環境要素のドラスティックな操作を可能にし、技術的にはいかなる室内環境でも人工的につくれるようになった。しかし室内環境の機械的制御に要する負担は、排熱や資源消費という形で必ず外部環境に転嫁される。機械設備に頼りすぎないパッシブデザイン→6-3の活用が望まれる。

居住地の選択も含め、建築だけでなく生活行為自体を環境に対して適応させるといった、住み手側の対応も忘れてはならない。世界や日本の伝統的住居の多様性の源の一つは、様々な自然環境下での快適性確保のためのハード／ソフト両面に渡る創意工夫にあり、現代の視点からも学ぶべき点が多い→1-1、1-3。

この他にも、空間のサイズ、天井高や気積、視界の広がり、窓からの眺め、プライバシーとコミュニケーションのバランス、空間の明るさや色彩、意匠的な調和などは、心理的な快適性に大きく影響を与えるため慎重な配慮が必要となる。

5｜住まいの表現性

アイデンティティとして住まいと社会的コード

住まいの意匠や設えは住み手の価値観を表現し、住み手のアイデンティティ⓫や住まいへの愛着を形成する契機となる→0-1。

住まいの表現は他の表現と同様に社会的なコードと密接に関わる。ここでいうコードとは、その社会の構成員であればすぐに理解できるような意味と表現の対応関係である。服装に例えれば、現代日本におけるスーツ（背

手作りのウッドデッキのあるベランダは、子どもの遊び場など生活空間の一部として使われる。

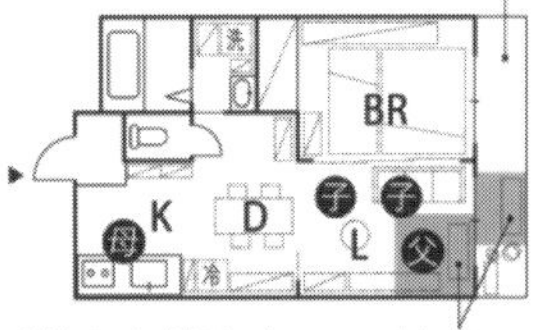

手作りの仕事机。ベランダはオンライン会議中に唯一騒音から逃れることができる仕事場。

ベランダに置いた仕事机

❾ 緊急事態宣言下（2020）の在宅テレワークの状況[8)]
夫婦＋子どもの家庭。ウェブ会議時はベランダにデスクを置いた。

環境の温度【高い】
環境の温度【低い】
身体の状態【冷たい】
身体の状態【熱い】
暖
暑
寒
涼
S
①
②
③
S：ある環境下における身体の状態
①環境がゆっくり変化する場合
②環境が急激に変化する場合
（例：エアコンによる急速暖房）
③環境が不連続に変化する場合
（例：暑いサウナから寒い屋外への移動）
コンフォート領域
プレザントネス領域

❿ 2次元温冷感モデル：コンフォートとプレザントネス[9)]
〈寒〉〈暑〉の不快状態が急速に解消される②③の過程で、一時的に〈暖〉〈涼〉のプレザントネスが生じる。

広）の第一の機能は、快適性や利便性よりも、「フォーマルな場における服装＝スーツ」という社会的なコードに対応するための表現性にあると言える。住まいの姿は服装と同様、住み手の社会に対する態度の表明となる。住まいは人間がつくり日常的に接するものの中でも特に大きく目につくため、近隣や景観への影響という点からも、その表現は注意深く検討されなければならない⓬。

大量生産される住宅や集合住宅など、想定される住み手が不特定の場合、あるいは同調圧力の強い社会では、穏健・中庸・慣習的な、多くの人が受け容れやすいコードに沿った表現が好まれる⓭。特定の時代・地域の集団が共有する類型的な表現は、短期的には流行、長期的には様式と呼ばれる。個人の住宅では住み手の意向が比較的率直に表現されるため、嗜好や合理性を特に重視した結果、かくあるべしという規範的なコードから逸脱した独特の表現に至るケースもある⓮。

表出とあふれだし

家のまわりに置かれる物品も住まいの表現の一部である。「表出」とは、家の前を飾る植木鉢や置物、イルミネーションなど、住み手が演出や自己表現のために住まいの外観や外構を物品で設える行為をいう⓯。表出が住み手の意識的な表現であるのに対し、「あふれだし」は生活上の必要などから物品や家電・不要物などがやむをえず住居の外に置かれる現象を指す。いずれも住み手の個性や生活の様子、近隣との関わり方を雄弁に語る。

路地や集合住宅における適度な表出は、そこを使う人に安心感や近所付き合いのきっかけを与える。あふれだしはネガティブな印象を与える場合も多いが、生活感として好意的に評価される場合もある⓰。表出のしやすさには住居のアクセス形式→4-2が影響し、あふれだしは室内面積の不足が根本原因であることが多い。建築的条件が住まいの表現性に大きく関わるのである。

6｜機能のバランスと持続可能性

ある機能は他の機能としばしば矛盾する。例えば、安全性を求めて壁を増やすと窓が小さくなり快適性や表現性を損なうことがある。利便性のために広い一室空間をつくることは、温熱環境や構造強度の点では不利になる。また、安全性・利便性・快適性・表現性のいずれも、単体の住居で完結する問題ではない。街区や集落・都市といった、より大きな視点からの検討も忘れてはならない（地域防災、街区構成による快適性や利便性、街並み景観など）。限られた予算の中で各機能の優先度を検討し、どのようにバランスを取るかが計画の要点となる。

歴史を省みれば、人類は住まいの機能を高めるために自然環境への負荷を増し続けてきた。住まいが今後も機能的であるためには、「持続可能性」もまた住まいにとって不可欠の機能であると考える必要があるだろう。

⓫ サダン・トラジャ族の伝統的住居[10]
スラウェシ島（インドネシア）。独特の舟形の屋根は祖先が舟に乗ってこの地にたどり着いたという神話を表現しているとされる。

⓬ まことちゃんハウス（2007）[11]
住み手のトレードマークである赤白の縞を外壁に表現。近隣住民から周辺住宅街の「景観利益を損なう」として提訴された。

⓭ 京都の市街地に見られる集合住宅
「伝統的街並み」と「穏健なマンションらしさ」という、2種の異なるコードに対応した表現が混在している。

⓮ 川合健二邸（1966／川合健二）
構造的・構法的・経済的な合理性を追求した結果、土木用のコルゲートパイプでつくられた、「住宅らしくない住宅」。

⓯ 窓辺の飾りや軒先の植木鉢による表出の例（京都）

⓰ あふれだしが生む路地の生活感（東京・月島）[12]

4-2 寸法・モデュールの意味

住宅は部品や材料の組み合わせであり、そこには長年に渡って洗練されてきた寸法のルールが存在する。このルールは決して設計の自由度を下げるものではなく、意匠や機能、生産といった様々な面で利点を持つ。

1 | 標準寸法

紙の標準寸法

紙の標準的な寸法にA3、A4やB4、B5がある❶。A3を半分に折るとA4になるが、縦横の比は変わらない。縦横の比が$\sqrt{2}$：1であるからである。A1用紙の寸法は841mm × 594mmで「ヤヨイ・ゴクシ」などと覚える。面積はほぼ0.5m²になる。これはA0用紙の大きさを面積が1m²となるように定めたためである。日本のJIS規格にはA列とB列があり、B列ではB0用紙の面積が1.5m²になるよう定めた。

こうした規格があるので、A4のクリアファイルがあり、プリンタもA4は標準的に対応する。規格から少し外れて、例えば雑誌がA4用紙よりも少し大きいと、見開き1回のA3用紙でコピーできずに、1ページずつ2回コピーすることになり手間が増える。

建築の標準寸法

建築や住宅の世界でもA4のような標準寸法はある。わかりやすいのは合板や石膏ボードの3' × 6' 板だろう。3尺（1尺≒ 30.3cm）× 6尺でおよそ900mm × 1800mmになる。一般に「サブロク」と呼ばれる。現在、マンションの外装タイルは50mm角二丁が多い（レンガの小口2枚分の大きさ）。鉄骨造の外壁に使われるALCパネルは、幅が600mmである。幅が1800mm程度のサッシに対して、3枚でちょうど納まる❷。瓦は1坪に何枚敷けるかで53判などと寸法が決められる。コンクリートの型枠は2' × 6' か3' × 6' が多く、打ち放しにする場合は割り付けに気を遣う。安藤忠雄の建築は横向きに割り付けたものが多い❸。鉄骨ユニット住宅のセキスイハイム→ 7-3のユニットサイズは、工場で製造したものをトラックで運ぶため、道路交通法によって幅2.4mと定められた。

畳の寸法もおおよそサブロクと同じである。畳2枚の面積を1坪という。「6畳の洋室」や「30坪の土地」のように、坪や畳といった単位を使って住宅や土地の広さを表わすことは現在でも一般的である。「畳（じょう）」とは漢字のとおり、畳が何枚敷けるかであり、これで広さが理解できるのは、住宅をつくる側にも使う側にも畳の寸法が共通認識として存在するためである。縦横比が1:2なので、長辺と短辺二つの長さが合うことになり、4畳半、6畳、8畳といった部屋ができる❹。畳を敷き詰める際は合わせ目が十字に集まるところがないようにするのが一般的である。

使いやすい寸法

「現在でも」と書いたのは、3尺のような尺貫法を契約などに用いることは現在禁止されているからである（黙

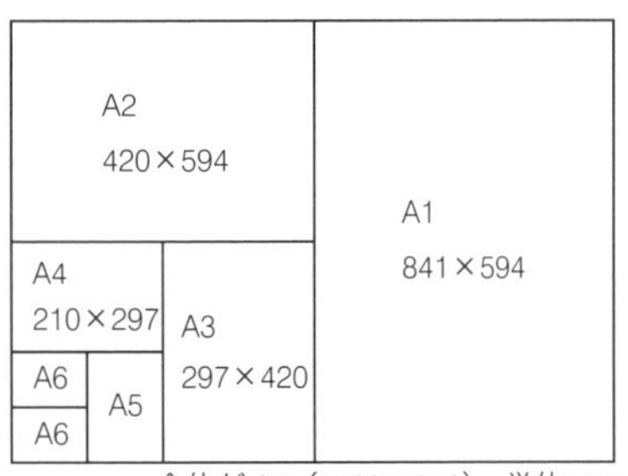

全体がA0（1189×841）、単位mm
❶ 紙の標準寸法（A列）

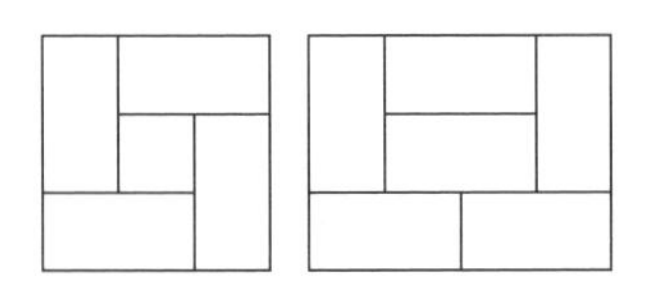
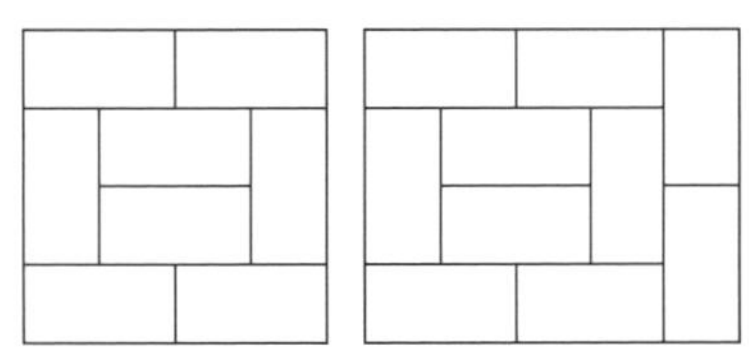
❹ 畳の敷き詰め（回し敷き）

❷ ALCの外壁（600mm幅）

❸ 住吉の長屋（1976／安藤忠雄）[1)]

認されている)。現在では尺貫法に代わって900mmといったメートル法が契約などに使われる。この1mという単位は赤道から北極までの距離の1000万分の1とされ、標準的な寸法をつくろうとして国際的に取り決めたものである。

これに対して、尺貫法は人体寸法（身体尺）を元にしている。例えば先ほどの3尺×6尺という寸法はおおよそ人1人が寝転んで納まる寸法である。「起きて半畳、寝て一畳」と言われるとおり、立ったり座ったりすれば半畳くらいでよい❺。3尺の幅があればおおよそ人は通れるし、3尺×6尺の畳は1人で抱えて運ぶことができる。住宅も人がつくって人が使うものなので人体寸法に合わせた寸法を使うのは効率がよい。例えば足の幅であれば尺（約30cm)、指の太さであれば寸（約3cm）という寸法が使われる。この単位があまり細かすぎると、数字が大きくなったり、多くの寸法の部品を用意する必要があるので、なるべく大きくしたい。一方で大きいと細かな設計に合わせられず使い勝手が悪い。欧米でもインチ・フィートが使われてきたが、それぞれ2.5cm、30cmで尺寸に近いのは、使いやすい寸法が徐々に選ばれてきたからと推測できる❻。

2｜寸法と生産の関係

長さ・断面の標準寸法

住宅は材料や部品の組合せでできているので、部品や材料の寸法があまりバラバラでは困る。柱を2m間隔で建てると、その間は900mm幅のボード2枚では少し足りず、大きな端材が出ることになるし、細長い板材は折れやすい。

在来木造の管柱（くだばしら）は3m、土台は4mという長さが標準である。こうした製造段階である程度統一的につくられる長さを定尺とも言う。断面にも標準的な寸法があって、地域や樹種によっても異なるが、例えば柱であれば3寸5分角（105mm × 105mm）や4寸角（120mm × 120mm）が多く使われるし、梁であれば幅が3寸5分や4寸で、高さ（せい）が7寸、8寸、9寸といった梁材が使われる❼。

寸法と生産の結びつき

こうした寸法はコストや工期と結びついている。例えば4寸角かつ長さ3mの柱材であれば町中の材木屋にも在庫がある。もっとわかりやすいのはツーバイフォー構法→7-1の2インチ×4インチ材でホームセンターに置いてある。一方で、6寸角で長さ8mの大黒柱がほしいというと大変なことになる。

木材は山から現場まで多段階の流通フローでできており、川上（林業など）から川下（工事現場など）のように川に例えられる❽。例えば欲しい木材が木材屋やプレカット工場にないと、製材所の製材や乾燥の段階から頼むことになるかもしれない。そうすると当然コストや時間がかかる。特殊な長さになると、山で立木を切る段階（玉伐り）から注文する必要が出るかもしれないし、乾燥

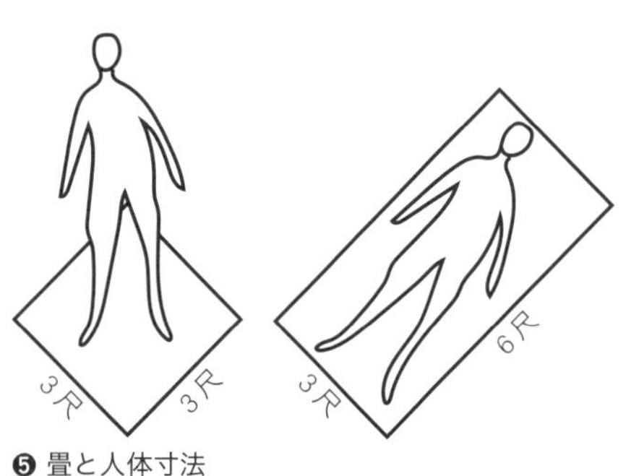

❺ 畳と人体寸法

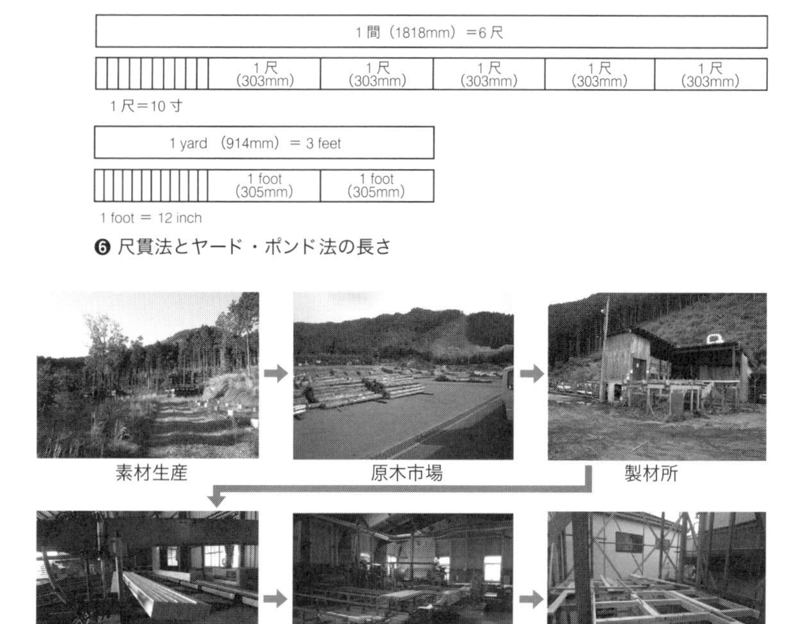

❻ 尺貫法とヤード・ポンド法の長さ

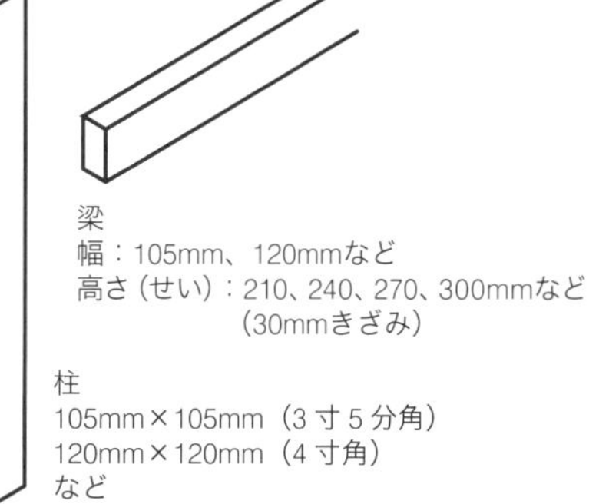

❼ 構造用製材の標準的な寸法

❽ 木材の多段階フロー

の窯に入らない、製材機も特殊なものを使うといったことも起こりうる。

先ほど 4 寸角の柱が材木屋に置いてあると書いたのは、4 寸角の柱材が見込み生産されるためである。4 寸角の柱材は継続的に一定の需要が見込めるため、あらかじめ需要を見込んで伐採や製材、乾燥が行われている。そのため量がまとまって安いし、ほしいときはすぐに手に入る。見込み生産に対して、先ほどの大断面材や長尺材のように注文を受けてから生産することを受注生産と呼び、時間やコストがかかる。よく使う材料は見込み生産しておくべきだと考えられるかもしれないが、例えば木材の場合、長さ×断面の幅×高さ（せい）で組合せは多く、これをすべて揃えておくのは大変である。鉄骨も標準的な断面で在庫のある市中材（しちゅうざい）と、熱間圧延のロールから注文するロール材に大きく分けられる。

ぴったり納める

もう一つ建築や住宅ならではの苦労がある。それが大きい材料をぴったり納めることである。例えばボードを貼るのにも誤差が生じる。誤差を見込んで小さくつくれば隙間があくし、ぴったりを狙ってわずかでも大きすぎれば現場で削ることになる。

こうしたことを避けるため、あるいは地震や熱収縮によって硬い材料同士がぶつかるのを避けるため、タイルや石のような材料を貼る場合は目地を入れる❾。

先ほどの 50mm 角 2 丁タイルは、タイル自体の寸法は 45mm × 95mm で、5mm の目地を入れると 50mm × 100mm になる。あるいは目地を入れず、瓦のように重ねることで隙間をなくす方法もある。図面の寸法どおり工場でつくればぴったりはまる部品が送られてくると考えるかもしれないが、鉄筋コンクリートや木造で躯体をつくると少しの誤差は必ずある。それが仕上げ材では目立つので、目地のような誤差を吸収する仕組みが必要になる。

そう考えると、木造在来構法の住宅で畳や襖といった乾式の部品がぴったりはまり、スムーズにスライドすることが不思議に思える。これが可能なのは、畳でいえば木造の躯体ができた段階で畳屋が現場に来て寸法を測って仕上げるからである。しかし、完全に受注生産にすると効率が悪い。畳は畳床（たたみどこ）に畳表（たたみおもて）を縫い付けてつくる。部屋の寸法を測ってから畳表や畳床を特注でつくるのではお金も時間もかかるので、畳表や畳床は標準的な寸法よりも少し大きめに見込み生産でつくっている。そして畳屋が現場で採寸した後、少し大きめにつくっている畳床を切り落とし、畳表を縫い合わせる❿。こうすると、畳床や畳表のロスは少なくなるし、工期も短くぴったりと納めることができる。このように仕上げの一段階前の状態で見込み生産しておくものを半製品という。これが可能なのも標準的な畳の寸法が存在しているためである。

3 | モデュラーコーディネーション

こうして畳の寸法・柱や梁の寸法・建具の寸法など、部材の寸法が相互に調整されているので、設計が楽で材料にも無駄が出ないことになる。このように、寸法や標準寸法（モデュール）が個々の建築や建築群の中で調整されることをモデュラーコーディネーションと呼ぶ。

ただし、柱がモデュールに沿って立てられたからといって、その内部の畳がモデュールぴったりの寸法になるわけではない。壁には厚みがあるからである。例えば、壁が 2 間離れて立っていて、畳を長辺方向に 2 枚並べる場合を考える。ここでは簡単に 1 間 1800mm、2 間で 3600mm としよう。その場合、壁の中心から中心までの距離が 3600mm、壁の厚みが 120mm とすると、畳 2 枚で 3480mm となって、畳 1 枚の長辺は 1740mm となる。逆に壁の表面から表面までの距離が 3600mm の場合、畳の長辺方向の長さは 1800mm ちょうどになるが、壁の中心から中心までの距離は 3720mm となる。

このように、モデュールを調整する方法には大きく分

芋目地

馬目地

❾ タイル目地の割り付け

❿ 畳の縫着機（畳表と畳床を一緒に切り落とす）

けて、柱・壁の中心間距離で考える方法（芯芯制）と柱・壁の内側表面間（内法制）で考える方法との二つがある。前者をシングルグリッドとも呼び、畳の寸法でいうと江戸間（関東間）がこれにあたる。一方、後者をダブルグリッドとも呼び、畳の寸法の取り方としては京間（関西間）ともいう⓫。なお、京間（関西間）の方が畳1畳の大きさも大きい。

シングルグリッドの利点は設計が行いやすい点にある。モデュールの芯を描いて交点に柱をおいていく。特に木造の柱・梁の場合は現場でも墨を打って、そこに木材に打った墨を合わせていくことで施工が進む。ダブルグリッドの利点は内部の畳や建具の仕上げ材の寸法が同一になることである。そのため大阪では裸貸→ 7-5といって畳や建具を住民が引っ越し先に持って行く（大家は建具や畳のない裸の状態で貸す）習慣もあった。建具の場合は内法高さが5尺7寸といった高さ方向の標準寸法もある。

意匠と寸法の関係

このように住宅の寸法は、それをつくる過程と密接な関係がある。さらに当然、住宅の見た目にも影響を与える。建築家によっては自らの意匠的な好みと、生産上の論理を組み合わせて独自の寸法ルールを組み上げる場合も多い。最も有名なのがル・コルビュジエのモデュロールであろう⓬。モデュロールの基準寸法は人体から導かれる。具体的には、成人男性が手をあげた高さ2260mmを基準として、これを黄金比で分割した数列と、その半分の大きさの数列の二つの数列からなる。

古来、黄金比 $1:(1+\sqrt{5})/2$（≒ 1.618…）は見た目が美しい比例関係として知られていた。黄金比の直方体を短辺を一辺とする正方形で切り取ると、残りの直方体がまた黄金比になる特徴を持つ。

1番目と2番目の二つの数字からスタートして、その二つの数字を足した数字を3番目として、次は2番目の数字と足して4番目にするという操作を続けた数列をフィボナッチ数列と呼ぶ。少し操作を続ければ、隣り合う二つの数は黄金比に近づく。例えば0,1でも1：2、2：3、3：5、5：8となってすぐに1.6となる⓭。ただし、黄金比は無理数であり、整数の加算では正確には生み出すことができない。コルビュジエのモデュロールも加算がずれているところが見られる（少し探せばわかる）。しかし住宅のような大きさにおいて1mm程度の違いは実用上の問題は少ないし、美観上の問題はさらに少ないだろう。

最後に⓮を見てほしい。黄金比が美しいと先に述べたが、どれが黄金比かわかるだろうか。正解は、左上から時計回りに2：3、黄金比、3：5、5：8である。ある程度黄金比に近ければ実用上は問題ないし、数字はなるべくよく登場する簡単な数字の方が使いやすい。

このように、意匠と生産の重なるところにモデュールがある。

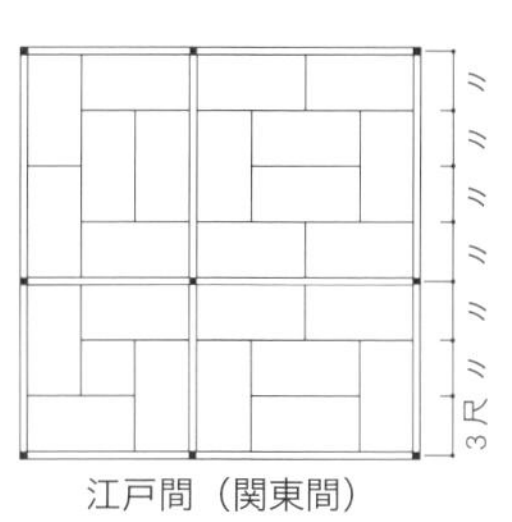

江戸間（関東間）

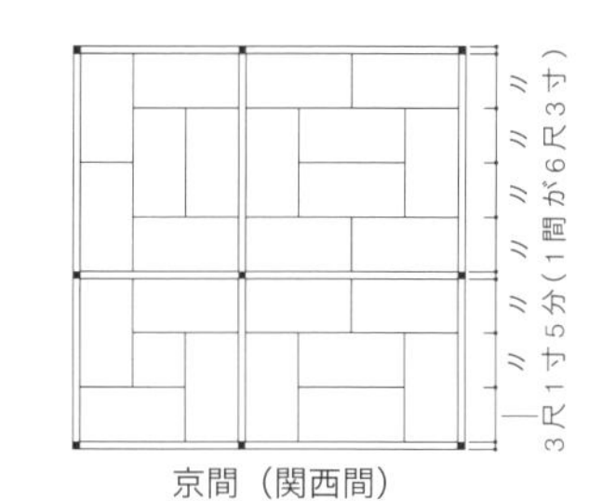

京間（関西間）

⓫ 江戸間と京間

1＋1

0, 1, 1, 2, 3, 5, 8, 13・・・

0＋1　1＋2

⓭（0,1）のフィボナチ

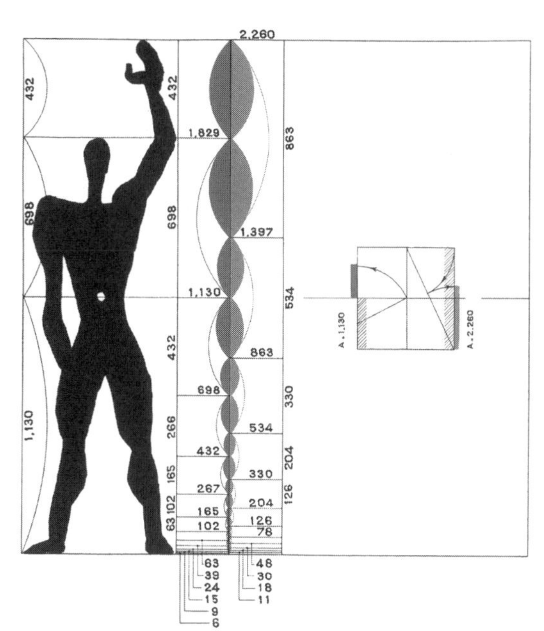

⓬ モデュロール[2)]

⓮ 黄金比はどれか[3)]

4-3 住み方と住まいの関係

人それぞれの住み方を尊重しながら多くの人びとのために住まいを計画する。住み手の暮らしと住まいの対応関係である「住み方」についての各時代の捉え方を踏まえ、現代の住まいづくりの課題について考えてみよう。

1 | 住み方に着目して住要求を把握する

住宅をつくるとき、設計者は住み手が住まいに求める機能や実現したい生活を「住要求」として捉え、それを住まい（空間）に落とし込んでいく。例えば、コミュニケーションを重視したいという住み手の要求があった場合、それは会話や交流を促すという機能や、調理中でも近くに人がいるという生活行為・シーンとして設計者に解釈され、それを実現する空間が提案される。具体的には、家族との会話を重視したいのであれば対面式キッチンやアイランドキッチンなどの選択肢があるだろうし、隣近所や友人と積極的に交流したいなら外部に開いたシェアキッチンなどもよいだろう。

一方、住要求は上述したような顕在的な住要求だけではない。むしろ、住み手が自覚していない潜在的な住要求が大部分を占める。住要求とは、住むという場所に根ざした経験を通じて自覚されていくものなのだ。また、個別的な住要求だけでなく、ある時代の多数に共通する、集合的な住要求とでも呼べるものも存在する。市場の中で商品として住宅を企画するときや政策として公共の福祉に資する住宅を提供する際には、それらを的確に捉えることが求められる。

このように、実は他者はおろか自分にとってさえも自明ではない住要求を捉える上で役立つのが、住み手と住まいの関係、すなわち「住み方」への着目である。ここでは、戦前の「住み方調査」に始まり、各時代で住まいと住み手の関係がどのように捉えられ、住まいづくりに反映されてきたのかをみていこう。

2 | 住み手と住まいの関係の捉え方の変遷

住み方の規範と居住水準の底上げ

20世紀初頭の日本では急激な都市化にともなう住宅不足、生活様式の近代化・西洋化に対応するために新たな住宅のモデルが模索されていた。一方で、戦時体制へと突入する中で物資統制が厳しくなり、庶民の衣食住はどんどん切り詰められていった。当時の学会の権威たちは、戦時下における庶民住宅の模範となる平面計画などの提案を行う＊1。

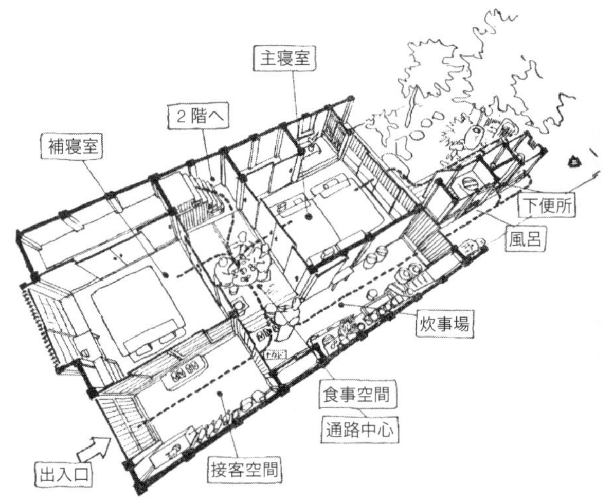

❶ 西山夘三による住み方調査の例（西日本の都市住宅）[1)]
限られた空間で食事室と寝室がわけられている

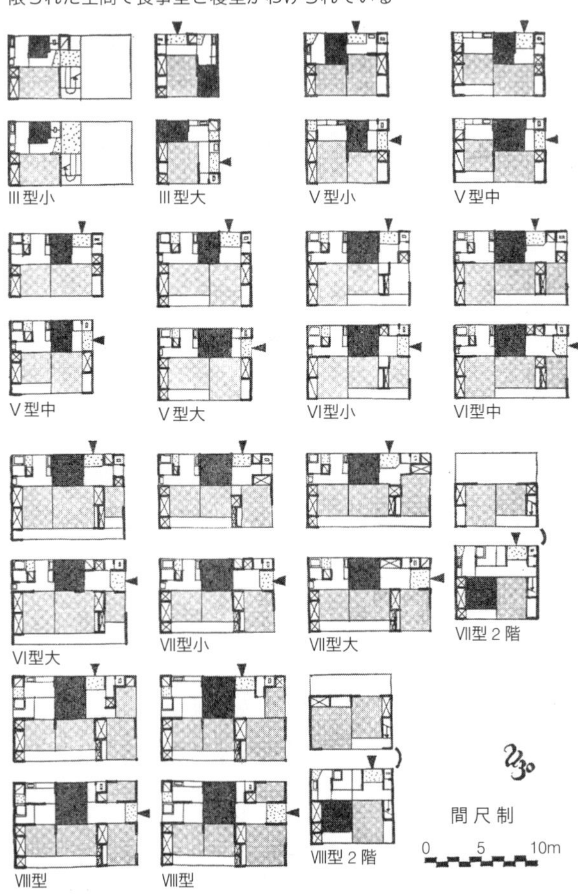

❷ 型計画の提案[2)]
間口は左から右へ、奥行きは上から下へ行くに従って大きくなる。型の数字（III～VIII）は居住人数を表す。押入、縁側、通路のとり方によって住空間のゆとりが小・中・大と変化する。

建築学者・西山夘三は、この提案が畳部屋の転用を前提に全室が寝室になることを想定していたことを特に問題視し、際限なく切り下げられていく庶民の生活に対する防衛線となる「標準住宅」の提案を目指す。その拠り所としたのが住み方調査であり、庶民住宅の住み方を大量に採取する❶。その結果をもとに、狭い住宅であっても最低限食事室と就寝室を分離することが生活の秩序化に必要とする「食寝分離論」を提唱した。また、より多くの人びとに人間らしい住宅を行き渡らせる方法論として「型計画」(住宅の規模・形状に応じて類型化された平面形の提示)を基礎とした住宅計画論を展開した❷。

この考え方は、その後の住宅計画の基本的方向を定めることになり、第二次大戦後急速に普及したダイニングキッチン(DK)や、後述の51C型住宅に代表される、DKと就寝室を組み合わせた2DK、3DKといった平面構成を導入する際の根拠となった。

対立する住要求の解決:DKという発明

このように、当時の革新的な住宅像は不特定多数の住み手に一定の「合理的」な住み方を誘導したのだが、それは次のような矛盾する住要求への対応から生まれたものであった。

西山は食寝分離論にもとづく食事室の独立の次の段階として家族の私室の確立を目指し、夫婦と子ども、さらに子どもの性別で寝室を分ける「就寝分離」を唱えていた。ところが、当時の公的住宅に典型的な2室住宅の場合、食寝分離と就寝分離は両立し得ない❸。西山は就寝分離は現実的に容易でないという認識のもと、この矛盾を解消する方法として「副室食事型」をもとに、4畳半の部屋を2室に分解することを提案していた。一方、吉武泰水と鈴木成文は「主室食事型」に着目し、台所(Kitchen)に食事室(Dining)を付加することを提案し、この「食事のできる台所＝DK」が51C型住宅標準設計❹に埋め込まれたのであった。

なお、西山も家事労働が主となる台所は、休息が主となる居間と分けたほうがよいと考え、当時ヨーロッパで見られた「居間台所」❺ではなく、食事室を台所と折衷化させたほうがよいと考えていたようである。

住宅の量的充足から住宅の質の追求へ

1973年、日本の全都道府県で総住宅数が総世帯数を上回った→2-4。これにより住宅の量的充足という長年の目標が達成され、質の向上が目指されることになった。また、この時代、ローマクラブ『成長の限界』などで環境問題の深刻化への警鐘が鳴らされ、それはオイルショックや公害問題などを通じて現実の出来事として実感されるようになる。このような出来事を契機として、それまでの近代化を邁進する姿勢に反省と懐疑の目が向けられる。住まいについても、「住宅の質」とは何かということが盛んに議論され、①規模・キャパシティ、②性能、③多様性・選択性、④住環境という観点から指標化・数値化されていった。

住宅性能が向上するに伴い、住み手の満足もある水準までは上昇するが、やがて頭打ちになる。住宅性能のみによる満足には限界があるのだ(限界効用低減の法則)。51C型などの標準設計はたしかに、戦中〜戦後の住宅の質の底上げに大きな役割を果たしたが、社会の変化のスピードは早く、やがてその硬直性が顕著となる。

このような背景から、多様化する人々の生活様式に応

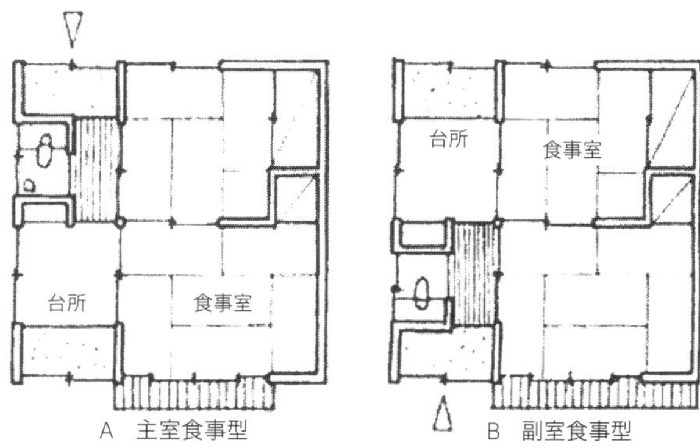

❸ 2室住宅の住み方(1949) [3)]
Aでは広い6畳が寝室としても使われることで就寝は分離するが食寝は分離せず、逆にBでは6畳のみが寝室となることで食寝は分離するが就寝は分離しないことが多かった。

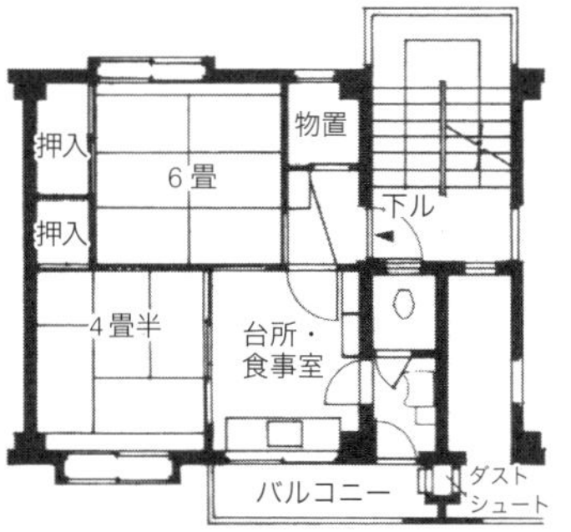

❹ 51C型住宅標準設計(1951) [4)]
「食事のできる台所＝DK」が埋め込まれた2室住宅(＝2DK)

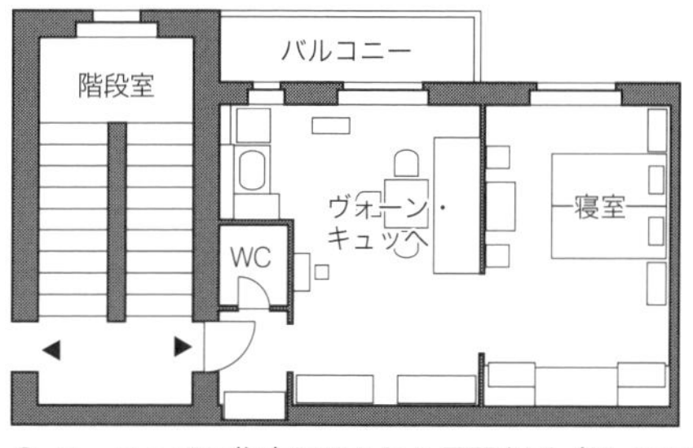

❺ ヨーロッパの住宅にみられる居間台所(ドイツの「ヴォーン・キュッヘ」1930年代) [5)]

じて、多様な住み方が実現できる住宅計画が提案されていく。「順応型住宅」では、住戸内部の一部の家具を間仕切りや可動式パネルとし、入居後の生活の変化にともなう柔軟な間取りの変更を可能にしている❻。

二段階供給方式→5-6では、住宅をスケルトン(躯体)とインフィルに分離して供給することで、入居者のライフスタイルに合わせた間取りの可変性を確保するとともに、公共と民間の供給主体が役割分担しながら住宅を長期に渡って維持していくことを可能にしている。

コーポラティブハウス→5-6は、住宅の企画段階から入居予定者が組合をつくってコミュニティ形成を図りながら、設計者や専門家を交えた話し合いを重ねることで入居者も住宅の計画・設計に参加し、自らの理想や希望を住まいづくりに反映する仕組みである❼。

ストック活用と住み手の個性の発揮

人口減少時代に突入し、地方でも都市部でも空き家が目立ち始めた1990年代後半、古い建物に手を加え、新たな機能や価値を生み出す、いわゆるリノベーションが始まり、2000年代には一大ムーブメントとなった→7-5。

古い建物が選ばれるのは、新築に比べ費用を安く抑えられることも大きな理由であろう。しかし、費用や手間がかかっても古い建物をわざわざ選ぶという人たちも沢山いる。それは、人々が住まいに対して、「住みごこち」だけでなく、「住みごたえ」を求めているからであろう。髙田光雄は、住みごこちとは、住宅の性能（例えば快適な空間、便利な設備など）からの価値を受動的に享受している状態であり、それに対して、住みごたえとは、住み手が住まいに積極的に働きかけることで価値を享受している状態であるとした❽。人間のために住宅を合わせる（＝手段化する）のとは異なる態度という意味で、住みごたえは非手段的な価値であり、住宅性能という数値化された指標だけでは捉えられない。そして、住みごこちと住みごたえの両面から「住みこなし」が行われ、それが世代を超えて継承されていくのが「住み継ぎ」である。

伝統的な住まいでは、住み手は常に住まいや周辺環境に自分の生活を合わせて暮らしてきた。例えば、建物や庭の点検、掃除、修繕、部材の交換などは現代よりもずっとこまめに手間をかけていた。それは当時の技術的制約から仕方なくやっていたという面もあるが、そういった住みこなしを通じて生活の愉しみや文化が生まれていたのは確かである。季節ごとの家具・建具や調度品の変更、庭の手入れなど、空間のしつらえには住み手の個性が投影されてきた❾。

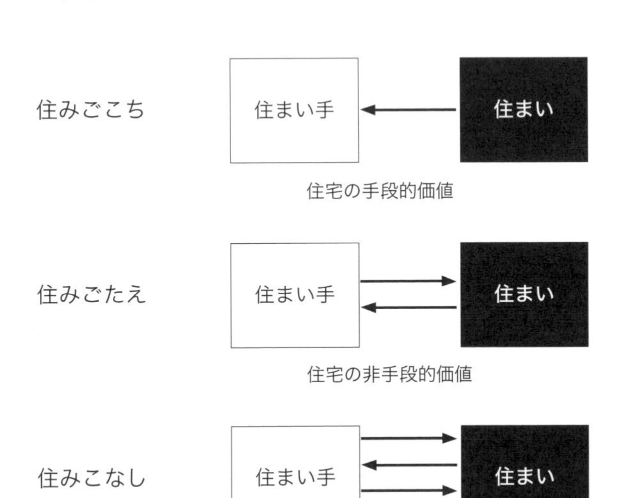

❽「住みごこち」、「住みごたえ」、「住みこなし」[6)]

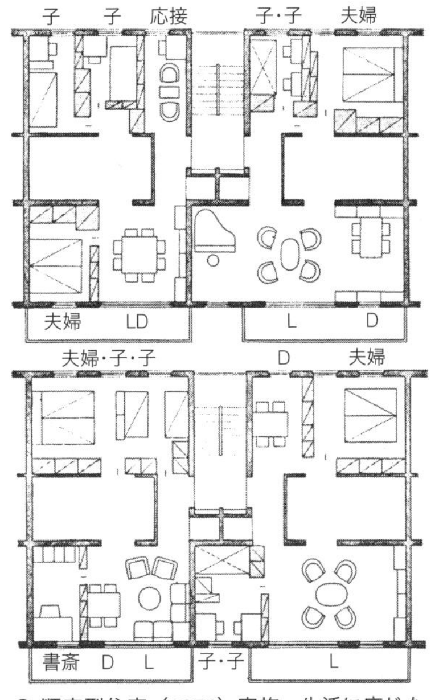

❻ 順応型住宅（1974）家族・生活に応じた住み方の例[4)]

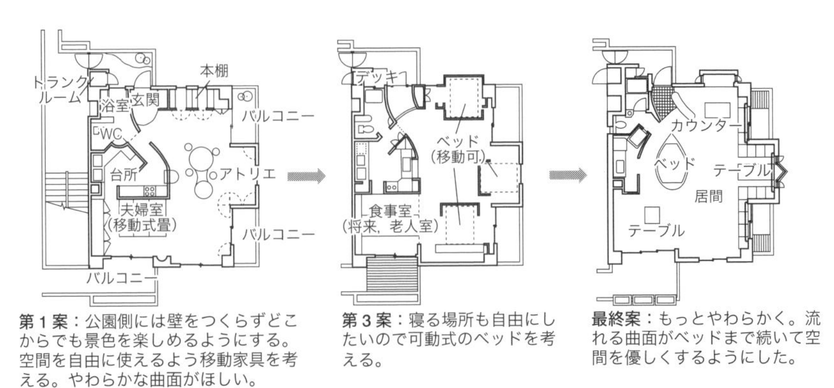

❼ コーポラティブ集合住宅における住戸設計案の変遷：ユーコート（1985）[7)]
企画・計画段階から入居者が関わることで、住戸ごとに居住者の個性が反映された設計が行われる。

近代化とともに社会が効率化されると住まいは仕事や家庭生活を滞りなく送るための付随的な場所となっていいき、人々は住みごこちのみを求め、なるべく手間がかからない建設・維持管理技術や家電・設備が普及していった。近年のリノベーション・ブームは、住宅に再び住みごたえを求める人びとの住要求の高まりであるとも捉えられ、住み手が専門家や仲間の力を借りながら行うDIY、セルフリノベーションやそれらを支援する民間のサービスも登場している⑩⑪。

3｜住み方から住まいを発想する

戦中〜戦後の深刻な住宅難の中で考案された住み方調査は、当時の庶民の「声なき声」とも言える潜在的住要求（食寝分離・就寝分離）を拾い上げ、人間らしい住宅の要件を導く根拠となった。それは戦後の標準設計にも影響を与え、日本の住宅水準の向上に大きく寄与した。ただ、どんな方法も、時代や場所が変われば適用の仕方は変わってくる。戦中〜戦後の住み方調査は、庶民の住み方をやや画一的、教条的に捉えていた節があるとも言われる。たしかに、西山が調査した住み方の例の中には食寝分離していないものも実は沢山ある⑫。ただ、当時は専門家が「望ましい」住み方を規範的に示し、住宅の「標準」を導くことが居住水準の底上げという時代の目的に適っていたのである。

しかし本来、住み手と住まいの関係は、物理法則のように「1対1」対応するものではなく、「1対多」「多対多」である。現代においては人びとの多様な住要求、住み方から「その人らしい」住まいを発想することが、より大きな意味を持つ。その意味で住み方調査の方法は、時代が移ろってもなお有効な方法であり、それどころか適用の範囲もより一層拡がっている→6-6。例えば、言葉や文化が異なる国で住まいづくりや地域開発に関わるプロジェクトを立案する際、人々の住み方に目を凝らしてみる。そうすることで現地の人びとのニーズを読み取ることができるし、住み方を通して新たな価値が発見されるかもしれない。また、インターネットやセンシングなどの技術を活用すれば、住み方のサンプルを以前よりもずっと素早く大量に集めることも可能であろう。

⑨ 京町家における座敷のしつらえの変化[8)]
夏（左）と冬（右）で建具や調度品を変更している。

⑩ DIYワークショップ
仲間を集め、専門家の力を借りながら住民が自ら建物を改修する。

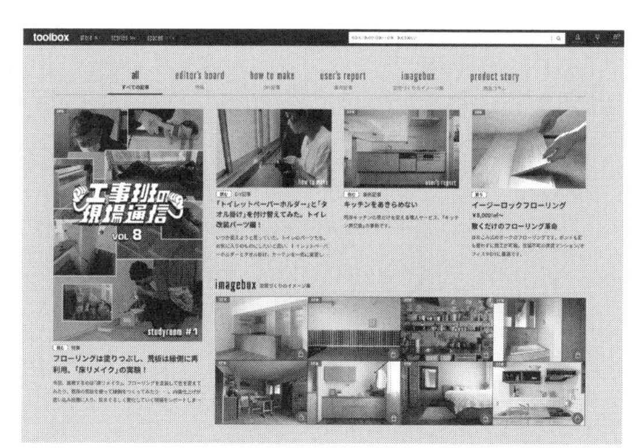

⑪ DIYの道具や知恵が紹介されたウェブサイト（tool box）

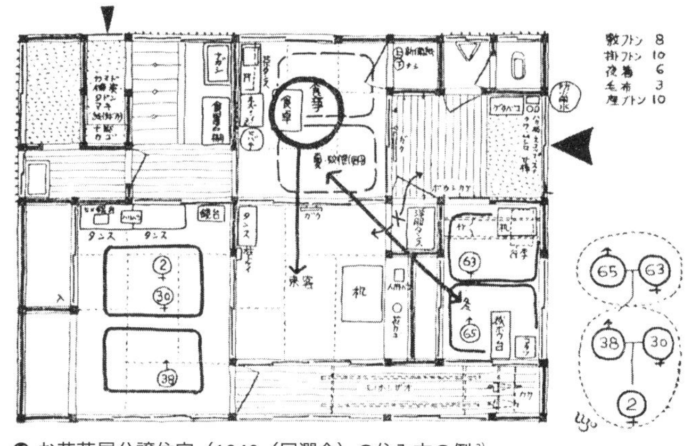

⑫ お花茶屋分譲住宅（1940／同潤会）の住み方の例[2)]
食寝分離が容易な住まいとして建設された試作住宅であるが、入居後の住み方調査では食寝分離ではない住み方も発見された（父（65）は夏は食卓を寝室としている）

4-4 LDKの起源と行方

日本の住宅におけるLDKという形式はどのように成立したのか。現代に至る居間中心の住まいが生み出された背景を通じて、日本の住宅のあるべき姿を考える。

1 ｜「民家」から「住宅」へ

現代の日本の住宅ではリビング(L)が家の中心に設けられることが多く、またそれにダイニング(D)とキッチン(K)が付随するのが一般的である。そのようなLDKの一極集中的な形式がどのように成立したのかを、L＝団らんの場・D＝食事の場・K＝調理の場と読み替えて、江戸期の民家までさかのぼって見ていきたい。

民家の間取りと形式

伝統的な民家には基本的に、地域で共通する間取りや構造などのある程度決まった「形式」がある。日本の民家は、古くは竪穴住居のような土間の上に屋根をかけたものから、地面から持ち上げられた床を持つ高床住居→3-1、それらのハイブリッドとしての土間と床の混交した町家→3-2や農家→3-3のような民家を経て、ほとんど土間のない現代の住宅へと変化してきた❶。町家であれ農家であれ、敷地の大きさなどに応じて多少のアレンジを加えられてはいたものの、住民の個性や必要な機能といった個別の条件よりも、そうした形式を優先して建てられていた。

ハレとケ

日本人の伝統的な世界観の一つとして柳田國男によって見出された概念が、ハレとケである。ハレ（晴れ）は儀礼や祭、年中行事などの「非日常」、ケ（褻）はふだんの生活である「日常」としての時間概念を表している。例えば、❷のような小さな農家でも、人を迎える座敷（でゐ）などはハレの空間、寝食や調理のための居間や土間はケの空間として、家全体の空間構成と生活が深く関連づけられていた。つまり、伝統的民家では、ケの中心＝居間（囲炉裏のある場）とハレの中心＝座敷という二つの中心があった。

明治維新以降の変化

明治維新以降、社会制度の変革に伴って、特に都市部を中心に人々の住まいは大きく変化した。

最初に現れたのは生産様式の変化である。都市部における近代工業の発展とともに、地方の農家の子弟が都市に流入、賃金労働者となった。次に現れたのが家族形態の変化である。地方では多世代が一緒に住む大家族であったのが、都市部では夫婦と子どもという二世代のみの核家族に分解した。そして夫である男性が外で働く間、女性は「主婦」として家の中で家事と育児を一手に任されるという性別分業も進むことになった→2-1。

その結果、住む場所と働く場所が切り離され、賃金労働者である夫を中心とした核家族を1単位として住まいはつくられるようになる。仕事と生活、様々な親族や使用人がないまぜとなった「民家」とは異なる、近代的な核家族が住むことに純化した「住宅」の誕生である。そこでは、夫が仕事の疲れを癒し余暇を楽しむ場としての、また核家族の団らんの場としての役割が求められ、そのための空間が住まいの中心となっていくのである。

2 ｜いろり端から茶の間・リビングへ

生活様式の変化

日本の近代における民家から住宅への変化は、家父長が家のすべてを取りしきった「いろり端のある家」から、昼間は不在の男たちに替わって主婦が管理する「茶の間のある家」への変化でもあった*1。そして大正時代にさ

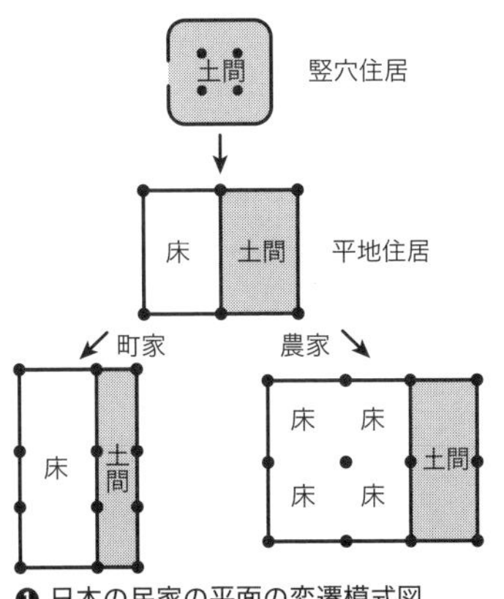

❶ 日本の民家の平面の変遷模式図

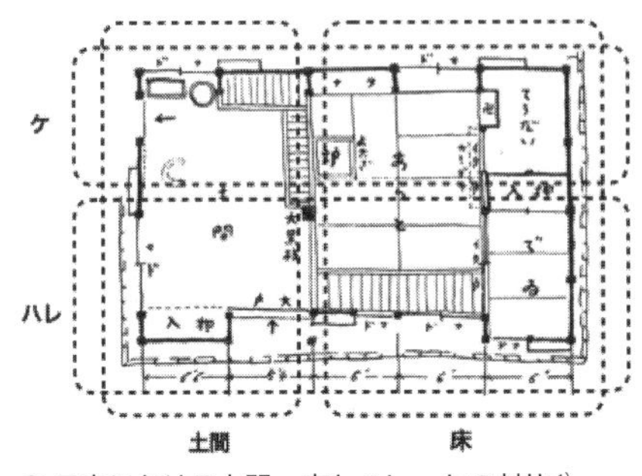

❷ 民家における土間・床とハレ・ケの対比[1]

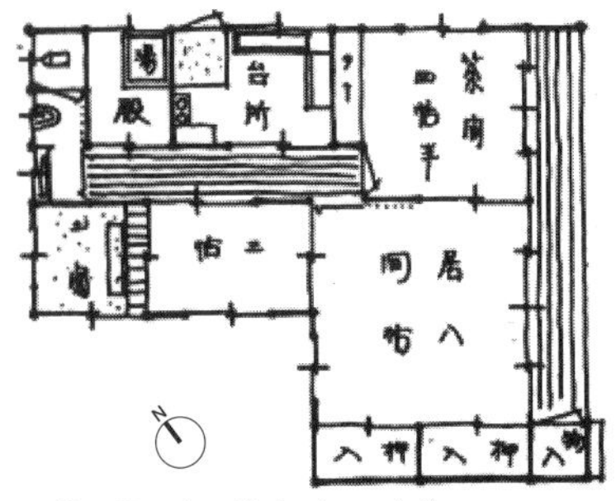
❸ 茶の間のある住宅（1926）[2]

❹ 映画「東京物語」の茶の間での団らんシーン[3)]

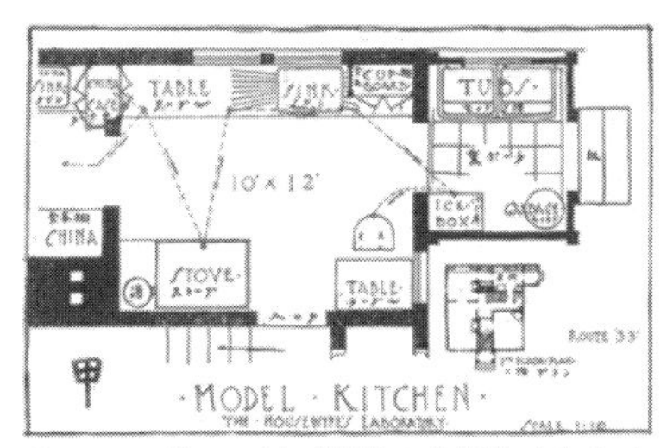

❺ W. M. ヴォーリズ設計の合理化されたキッチン（1923）[4)]

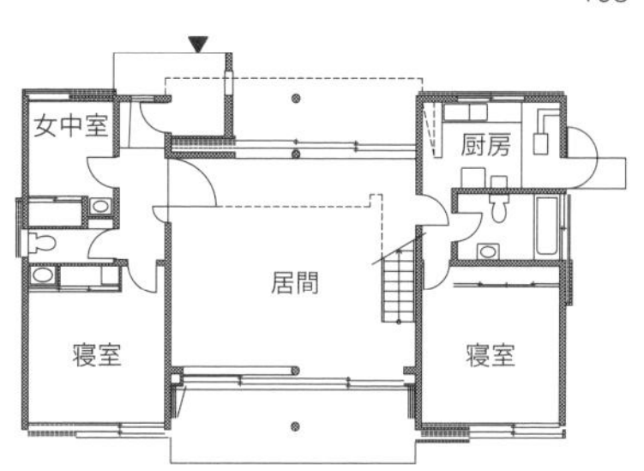

❼ 前川國男自邸（1941）

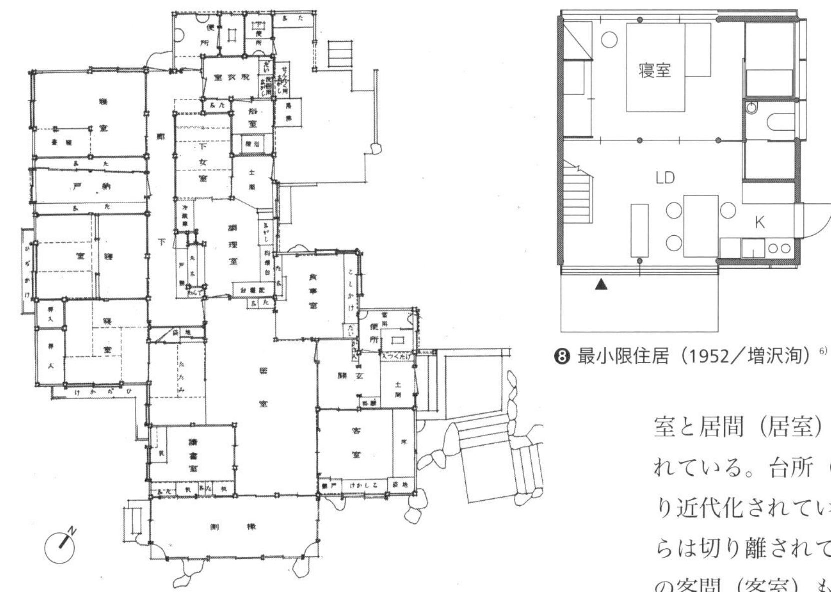

❽ 最小限住居（1952／増沢洵）[6)]

❻ 聴竹居（1928／藤井厚二）[5)]

かんに出版された住宅設計集が、茶の間を中心に据えた住宅のイメージを広げるのに大きな役割を果たした。❸はその一例であり、台所に接して茶の間、その隣に居間が設けられている。食事の場が茶の間になり箱膳から卓袱台に変わった→2-3ことで、食事の時間が家族団らんの時間になった。映画「東京物語」（1953）では、老夫婦が上京して住まいを構える子ども達の家を訪れ、茶の間で寛ぐ姿が描かれる❹

茶の間の定着と並行して、台所も変化した。土間と床上の二つを使って炊事を行い、床上ではまな板を直接床に置いて作業を行う伝統的な蹲踞（つくばい）式は、立ったり座ったりを繰り返す動作に無駄が多いと批判され、作業効率のよい立働式へ変化した。そして台所の場所も土間ではなく床上に移り、流し台・ガス台・料理台などの設備をなるべく集約することで炊事動線を合理化して、住宅の一角にコンパクトな台所空間を設けるという考え方が広く普及するようになった❺。

居間中心の住まいへ

大正から昭和にかけての建築家住宅→3-5の事例から、居間中心の住まいへと変化する様子を概観してみよう。

当初の茶の間は家族の団らんの場所であり、居間は主に接客の場であった。それが次第に家族生活の中心が小さな茶の間から家の最もよい場所にある居間に移行し、場所も日当たりのよい南側を占めるようになっていく。

「聴竹居」❻は、中廊下の形式を残しながら居間中心型プランとした最初期の例の一つである。食事室と居間（居室）との間は、壁がないが緩やかに区切られている。台所（調理室）は板の間・立働式・電化により近代化されているが、あくまで女中の場であり、LDからは切り離されている。玄関脇には、ハレの空間としての客間（客室）も確保されている。

それが「前川國男自邸」❼になると、台所は北側に分かれてあるが、南の庭に面した明るく大きな居間の中で家族の団らんと食事スペースが同居している。女中部屋は残るが客間はなくなった。ここでは、ハレの空間（客間）が失われ、ケの空間（居間）が住宅の主役となっている。

さらに、増沢洵による「最小限住居」❽では、キッチンが女中から主婦の場となったことで台所が南面し、ダイニングスペースと隣り合って陽当たりのよい場所につくられている。ここにはもはや家族以外の他者の場である客間や女中部屋はない。厳しい面積制限下の工夫として、食事スペース兼居間は玄関も兼ねているが、家族の日常生活を最優先した、核家族のための住まいである。

3 │ LDK 空間の成立と展開

DK の普及・L の定着

食寝分離と就寝分離を限られた面積の中で両立するために考案されたのが、ダイニングキッチン（DK）であった→4-3。DKは公団住宅→2-4の標準設計に採用され全国に普及した。また最新の機能的な台所形式として、民営の集合住宅や比較的大きな（つまり居間や茶の間を備えた）戸建住宅にも広まっていった。

一方、初期の公団住宅には居間がなかったが、実際には多くの家庭で就寝分離よりも居間を確保することが優先された。家族団らんはDKでもできたが、増え始めたテレビやピアノの置き場、あるいは接客の場として、居間が必要とされたのである。こうした状況を受け、公団住宅でも居間を備えた住戸が次第に一般的となる→3-4。このようにして高度成長期の頃には、居間（リビング）とDKを中心に据えた住まいが津々浦々に見られるようになった。

現代住宅のLとDとK

現代のリビングには、武家屋敷に由来する接客用の座敷、農家のいろり端のある居間、核家族の団らんのための茶の間、増えた耐久消費財の置き場など、出自の異なる複数のルーツがある。現代のさほど大きくないリビングも、これらの性格を大なり小なり引き継いでおり、団らんや休息に限らず、食事や接客・家事・仕事・趣味の場として使われることも多い。リビングの計画にあたっては、このような多面性を考慮することが重要である。

台所兼食事室であるDKは、面積的な制約の中での苦肉の策ではあったが、食事の場と調理の場を統合した結果として、台所を住まいの表舞台に引き上げた。また、その形式を全国に普及させたことで日本の住まいに大きな影響を与えた。このような台所の地位向上は、水や熱源を供給し煙や汚水を排出する設備機器とインフラの発達が不可欠であった→6-3。ただし、DKは基本的に小規模な住宅向けの形式であり、多人数の家族や客を招いての食事には適さない。1980年代頃からは、食事の場を台所から分離したり、あるいはリビングと一体化させることが主流となっている。

様々なLDKの関係

今日では、単身者用の住まいを除く日本の住宅のほとんどはLDKと呼びうる空間を備えているが、各空間の接続の仕方によってその性格は大きく変わる❾。

【L＋D＋K】❻・3-4❿・4-6❶など

L・D・Kがそれぞれ壁や建具で区切られ独立しているタイプ。リビングには食事の音や匂いを遮りたい、台所は専用のスペースがほしい、客がいつ来てもいいようにダイニングには生活感を出したくないなど、部屋ごとの役割を明確にできる。一方で、部屋が小分けされ狭く感じる懸念もあり、家全体の面積に余裕のある住宅でなければ難しい。

【LD＋K】❼・3-3⓭・3-4⓮右・4-6❽など

台所のみが独立しているタイプ。煙や臭い、油汚れが他の部屋に広がらない、台所が来客の目に触れない、調理機器や収納を効率的に配置できる、料理に集中できるなどの利点がある反面、台所にいる人が食卓や居間の会話から孤立しやすいといった問題がある。女中など調理担当の使用人がいる場合はこの形式が好まれる。

【L＋DK】3-3⓫・3-4⓮左・4-6⓬・5-2❺など

調理・食事をする空間とくつろぎの空間を分けるタイプ。昔ながらの座敷や居間を持つ和風住宅にDKが導入された1960～70年代に多く見られた。来客が頻繁にあり、居間をなかば公的な応接の場として使うことが多い場合などに適している。

【LDK】❽・3-3⓮・4-6❸❿など

LDKを一室にまとめたタイプ。間仕切りをつくらず一室空間にまとめることで調理・食事・団らんの各行為に一体感が生まれ、少ない面積でも広く感じることができる。その反面、料理の音や匂い・汚れが全体に広がる、来客時は台所まで片付ける必要があり手間がかかる、家族の生活リズムの違いが問題となる（例えば、リビングで静かに本を読みたいのにダイニングのテレビの音がうるさい）などの欠点がある。80年代頃から急増し、現代の住宅の主流を占める形式であり、90年代以降は対面式キッチンやアイランドキッチンと併用されることが多い。

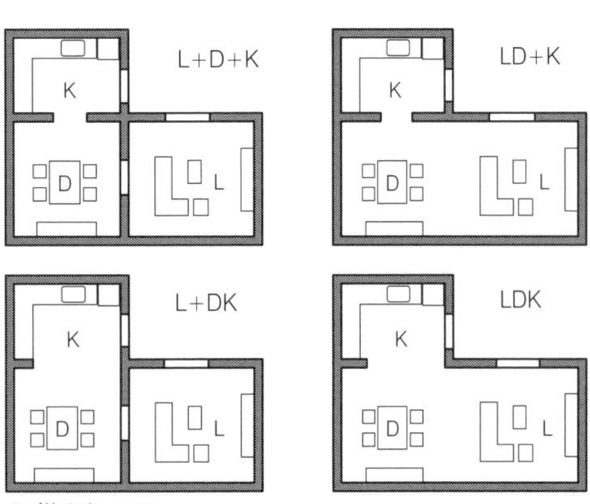

❾ 様々なLDK

4｜多機能化するLDK

住まいの面積が大きくなるにつれ、リビング・ダイニング・キッチンは拡充され、10畳以上の広さが珍しいものではなくなっていく。前述のように日本のLDKは以前から食事や団らん以外にも子どもの教育や接客など多様な用途を引き受けてきたが、そのような使い方を意識的に主題にすることで、LDKを一体化し面積を増やしたり、吹抜けを設けたり、デッキや土間を使い、外部や他の部屋と空間的につながりをもたせるなど、様々なプランニングの工夫が行われてきた。

「中心のある家」→3-5はアウトドアリビングと呼ばれる半外部空間を設け、土間やデッキとの接続で多様な利用を促すような例である。「法然院の家」⑩では、眺望のよい2階のダイニングに接して子どもの勉強スペースが設けられることで、家事をしながらも子どもとの交流が生まれる工夫がなされている。接客専用の空間（客間）は失われて久しいが、LDKが接客空間の役割を果たすようになり、また、接客用のリビングとして、セカンドリビングと呼ばれる空間を持つ事例も見られる。

食を中心とした住宅

近年では、忙しい生活の中で家族の団らんの時間も失われ、食事の時間だけが家族の時間という家庭もある。それにとどまらず、高齢化や核家族化、労働環境の変化、家族の生活時間帯の夜型化、食事に対する価値観の多様化などにより、一人で食事を取る「孤食（こしょく）」が広がっている。そうした中で、家族や友だちなど、誰かと食事をともにする「共食（きょうしょく）」の重要性が見直されており、食の拠点＝キッチンを中心とした住宅の事例が増えている。

「六甲道の家」⑪は、道路に面した1階部分に巨大なダイニングキッチンを据えた住宅である。キッチンを中心に配置した6.6mもある巨大なカウンターによって、調理すること、食べること、語らうこと、寛ぐこと、という行為を家族だけにとどめず、接客という行為も含めて文字通りシームレスにつなげ、対応しようとする例である。

5 | LDKという枠組みの解体

LDKが最大化した究極の姿は、LDKを中心とするワンルーム＋個室という形式の住宅である。「箱の家1」⑫は、居間を中心とする開放的な立体空間に、最小限の広さの個室を付属させている。家族関係の図式をストレートに投影した単純明快なプランで、室内のどこにいても互いの気配が感じ取れるような一体感を生み出している。

「矩形の森」⑬は、グリッド状に等間隔に柱が並ぶワンルーム空間に、住宅に必要なあらゆる機能を分散して配置し、個室＋LDKという形式を無効化させる試みである。ここでは部屋という概念すらなく、個室だけでなく浴室やトイレも簡素な壁やカーテンで間仕切るだけで暮らしを成り立たせようとしている。

「ウィークエンドハウス」⑭もまた、nLDKでは捉えられない基本的にワンルームの間取りであるが、庭を挿入することで見通せない領域をつくり出し、プライバシーのあるワンルームという矛盾した要求に応えている。

「ジャジャハウス」⑮では、キッチンが二つ、浴室が三つ、トイレも三つ設けられており、家族以外の他者と住むことを条件に計画することでLDKという概念を拡張しており、近代的家族像という前提自体の解体が試みられている。

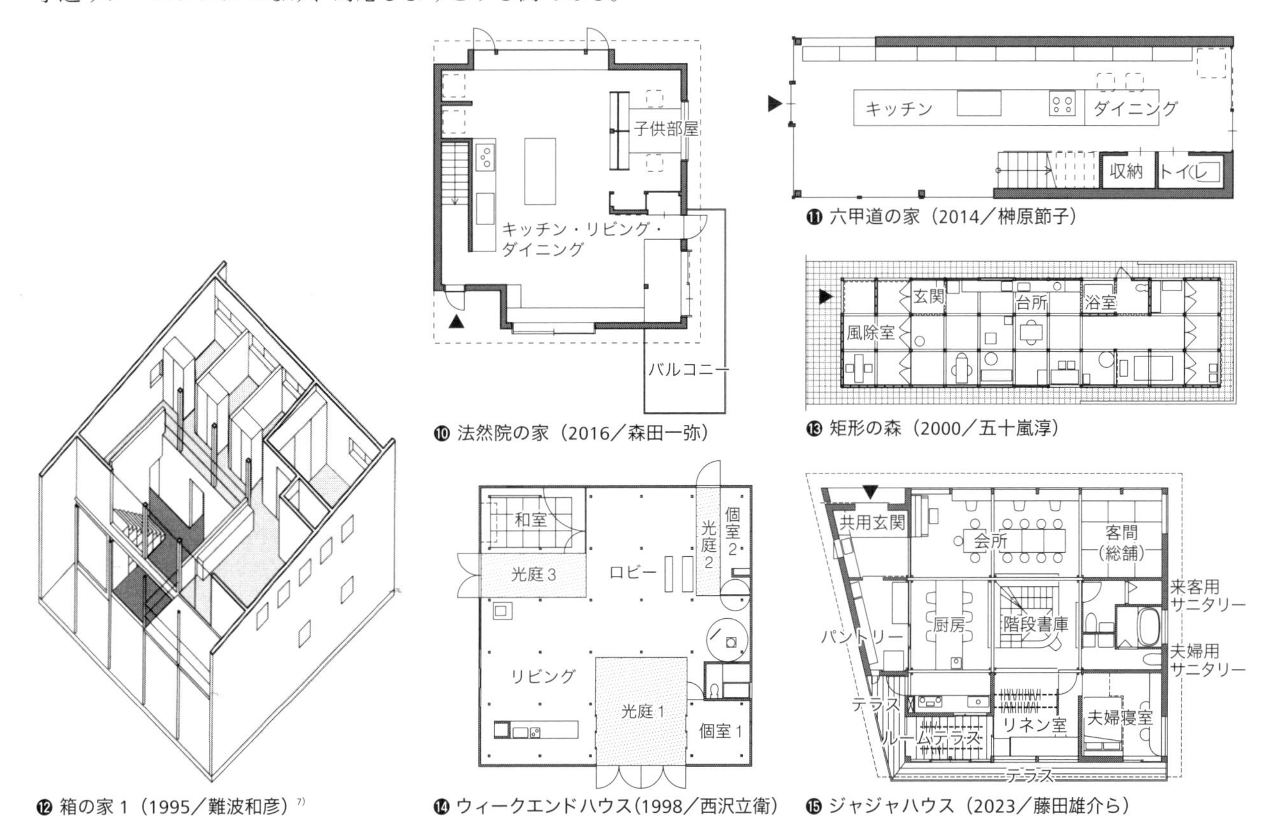

⑩ 法然院の家（2016／森田一弥）

⑪ 六甲道の家（2014／榊原節子）

⑫ 箱の家1（1995／難波和彦）[7]

⑬ 矩形の森（2000／五十嵐淳）

⑭ ウィークエンドハウス（1998／西沢立衛）

⑮ ジャジャハウス（2023／藤田雄介ら）

4-5 住まいに個室は必要か

個室への「ひきこもり」が社会問題として世間を賑わす現代において、住まいにおける個室とはどれくらい必要不可欠なものなのだろうか？ プライバシーの概念の誕生とともに広まった個室空間の未来について考える。

1 「プライバシー」以前

「プライバシー」とは、個人や家庭内の私事を他人に観察されたり干渉されない状態や権利のことである。そして現代の住まいにおける「個室」には、他の部屋から壁やドア（引き戸でない）でしっかりと仕切られ内部のプライバシーを確保できる室という意味と、ある個人と対応した占用空間という二つの意味がある。

かつての日本でも、素朴な意味でのプライバシー感覚は存在しており、民家にも閉鎖的な空間は存在していた。しかし、個人（あるいは家族）と結びついた個室的な空間は、ヨーロッパの近代におけるプライバシーの概念の誕生が強く影響している。

寝殿造の「塗籠」／民家の「なんど」

開放的な建築として知られる平安時代の寝殿造にも塗籠（ぬりごめ）という閉鎖的で暗い部屋があり、貴族の寝所として使われてた→3-1。中谷礼仁は、民家の納戸（なんど）は夫婦のための空間そして老人や病人を介護するための、つまり生と死の場所であったと指摘している*1。つまり納戸は、家財の収納場所であると同時に、生と死という特別な時間と日常生活とを隔てるための空間であった。

長屋での生活は「見ないふり、聞かないふり」

近代以前の庶民の住まいには、個室だけでなく隣人間のプライバシーを守る建築的仕掛けもなかった。『東海道中膝栗毛』の挿絵にも見られるように、部屋は薄い障子や板戸で仕切られており、隣家との境界も厚さ10センチ程度の土壁一枚のみで隔たられていた❶。長屋での生活は、家族内はもとより隣家の声も筒抜けであった。そのため、長屋での生活は「見ないふり、聞かないふり」が基本だった。

2 個室空間の成立と展開

プライバシー意識の広がり

イーフー・トゥアンは『個人空間の誕生』で、ヨーロッパ近代における個人意識の発生を、広間での雑居から個室住まいへ、大皿の回し食いから個々人用食器の成立へ、という変遷を追って描写している❷。

例えば16世紀のイギリスのかなり裕福な商人の家でさえ、住人が個人の空間を持つことはなかった。そもそも独立した廊下がなく、奥の部屋にいくためには、別の部屋を通り抜けなければいけない。17世紀のフランスでも、広間が寝室を兼ねており、居住者が自由に通り抜け、様々な活動が行われるほとんど公共の場所だった。そこに四柱式の天蓋付きのベッド❸が置かれることで、ようやく私的な空間を確保できるようになり、19世紀になると子どものためにも専用の部屋を用意すべきと考えられるようになった。それとともに、壁掛けの鏡が普及し、貴族の家では勉強と内省のための図書室が設けられ、文章でも「私」が頻繁に使われるようになった。このようにヨーロッパにおいても、住宅内に空間的に区画され

❶ 襖や障子などでささやかに間仕切られた江戸時代の長屋（十返舎一九『東海道中膝栗毛』19世紀初）[1]

❷ 16世紀のイギリスの食卓の様子[2]
自分と他人の区別が明確でなく、スプーンやグラスを他人と共用する食事風景。

❸ 17世紀のイギリスの四柱式寝台[3]

た私的空間を持つようになり、今日我々が考えるような「個人」や「プライバシー」の意識が生まれたのは、近代以降のことなのである。

日本における個室空間

日本の住まいは、一部の邸宅を除けば、戦前までは明確に区画された個室や子ども部屋はほとんどなく、引き戸でつながる続き間が一般的だった。住まいに個室を設けるという考え方は、人道主義にのっとり個性を尊重する大正時代の住宅改良運動で主張されたが→3-4、それが一般化するのはもう少し先のことである。

戦後になっても住宅の面積不足からなかなか個人空間の確保は広がらなかったが、公団住宅で就寝分離の原則→4-3に基づく複数の部屋を確保したプランが供給されるようになり→5-5、徐々に就寝分離、そして夫婦や子どもごとに個室を設けることが一般化していった。特に子ども部屋は、寝室としてだけではなく子どもが勉強するための部屋としての機能も重視され、思春期の子ども部屋は親の寝室よりも優先して確保されることも多い。❹は二つしかない個室が年長の娘2人に優先して与えられた結果、母はリビングで、父と年少の子はロフトで寝ている住宅の事例である。

3 | 個室を計画するときの留意点

現代の個室空間に求められる基本的な役割は、個人の独立を担保するための家族間のプライバシーの確保である。そのうえで、それぞれの個室に求められる機能はライフステージにより異なってくる。

夫婦の寝室：日照や騒音に配慮して快適な睡眠空間にすると同時に、他の家族に対するプライバシーを確保する。他の家族とは離れて、化粧をしたり読書したりする空間としての要求が加わることもあり、同様の理由で書斎やサニタリー、クローゼットとの接続が必要であることが多い。生活リズムや生活習慣の違いから、夫婦で別々に寝室を持つケースも増えている。

子どもの部屋：夫婦寝室と比べて滞在する時間が長いことによる多機能性が特徴である。就寝に加えて、勉強、遊び場としての機能も求められる一方で、家庭内において孤立したり籠もりきりにならないよう、共用部との距離感にも近すぎず離れすぎずの配慮が必要である。また、子どもの巣立ち後に用途変更可能なフレキシビリティを備えていることが望ましい。

高齢者の部屋：加齢による体力の低下を見据えて、移動の負荷を下げることが重要である。段差をなるべく減らし、移動の補助に手すりを設置する。特にトイレや浴室との距離はなるべく短くする。自力で排泄や入浴を行えるかどうかは、高齢者の自尊心や社会的自立にとって重要な意味を持つからである。また、将来的に介護が必要な状況を想定して、介護者が出入りしやすい部屋のサイズや位置を考慮する→6-4。できれば家の奥ではなく、明るく日の当たる、他の家族に近い場所が望ましい。

4 | 建築家による個室空間の提案

住まいの中の個室空間の扱い

戦後の住宅の個室のあり方が模索される中で生まれた、建築家による様々な事例を紹介する。

メタボリズムの一員でもあった菊竹清訓の自邸「スカイハウス」❺では、空中に浮かぶリビングと夫婦寝室の下に、子どもの増減に応じて個室がぶらさげられた。家族形態の変化に沿って個室を増減させるという、現代の住宅にも通じる重要な提案が含まれている。

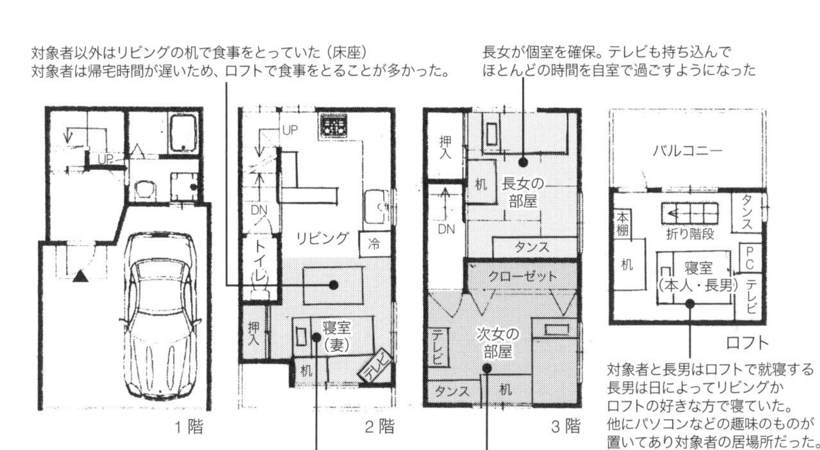

❹ 親の寝室に優先して確保された子ども室の例（2000頃）[4)]

❺ スカイハウス（1958／菊竹清訓）[5)]

個室スペースのプライバシーと家全体の一体感を両立させる工夫として、「T House」❻がある。日本の民家に見られた障子や襖など軽い間仕切りを現代的に復権させ、合板一枚の薄い壁で仕切りつつ空間をつなげることで、個室スペースにいるときも家族の気配を感じられる。

「あそびハウス」❼は、携帯電話の普及などで子どもが個室に閉じこもり、家族との関係が希薄化しがちな現代社会の傾向に対して、子ども室を極小にしてダイニングスペースの横に孤立しないよう配置し、個室にいても家族とのつながりが保たれる工夫をした例である。

個人化する社会と個室を中心とした住まい

黒沢隆は「個室群住居」→2-1、3-5という概念を提出、家族をシンボライズする居間を欠落させ、個人の多様な生活を引き受ける「個室」の集合で住居をつくろうという考えを示した。「武田先生の個室群住居」❽は、家族は食堂を共有するのみで、その他の部屋はすべて個室化されている。

「山川山荘」❾では、切妻の屋根の下の外部デッキに「ベッドのある部屋」と「厨房のある部屋」、風呂とトイレ、二つの収納が、独立した六つの箱として配置されている。個室と個室が室内でつながるのではなく、屋外空間を介してつながっており、個室が住宅という枠組みを飛び越えて環境と直接つながることが目指されている。

「岐阜県営住宅ハイタウン北方」❿は、集合住宅ではあるが、共用廊下と広縁に対して個室やDKを並列に配置し、外部への出入口を複数設けることで、住宅としてのまとまりを保ちながらも、閉鎖的になりがちな個室を直接外部へとつなげる間取りになっている。

5｜都市に直接つながる個室「ワンルーム」

個室が家の中から飛び出し都市と直接つながった住居形式が、今や単身者の住まいの定番となったワンルームマンションである⓫。ワンルームマンションは1970年代に登場し、80年代以降に急増した→5-5。その起源の一つは、高度成長期に都市部で急増した若年労働者の受け皿として生まれた木造零細アパートにある⓬。そこでの生活が台所やトイレを共有し銭湯に通うものであったのに対して、ワンルームマンションはそれぞれがミニキッチン、トイレ、浴室を備えており、都市の中でほぼ独立した生活が可能な個室空間となっている。その反面、地域のコミュニティから孤立しがちで、様々な社会問題の種を内包した住居タイプであると言える。その意味で「ホシカワ・キュービクルズ」⓭は、住戸平面は現行のワンルームとほぼ同じであるが、共用室という現代のワンルームマンションが決定的に欠いている要素が含まれている点で、重要な提案である。

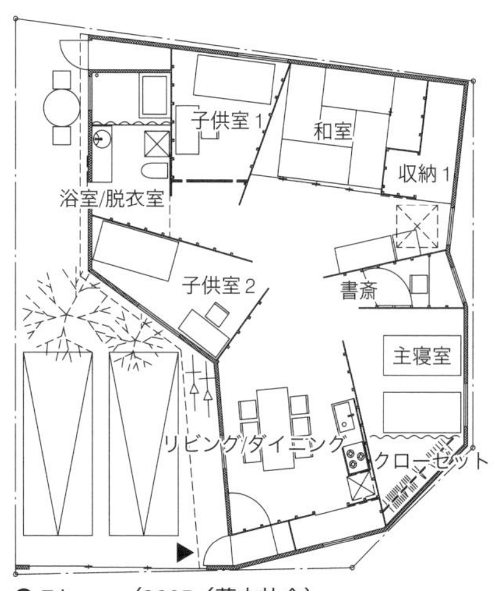

❻ T house（2005／藤本壮介）

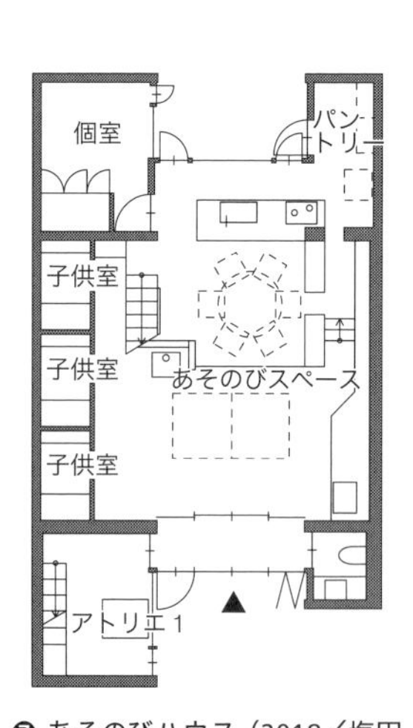

❼ あそびハウス（2018／塩田有紀・塩田哲也）

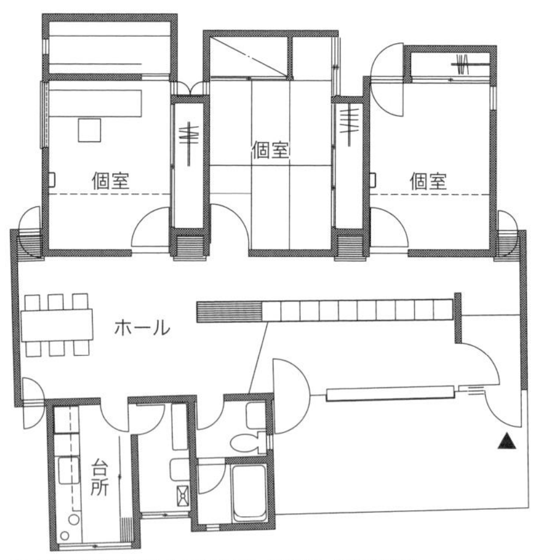

❽ 武田先生の個室群住居（1970／黒沢隆）

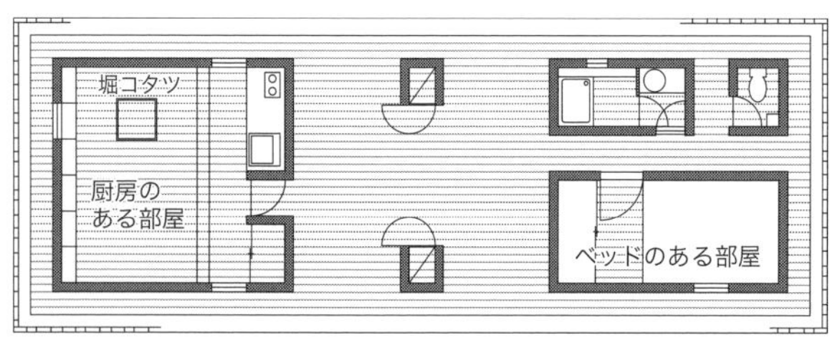

❾ 山川山荘（1977／山本理顕）

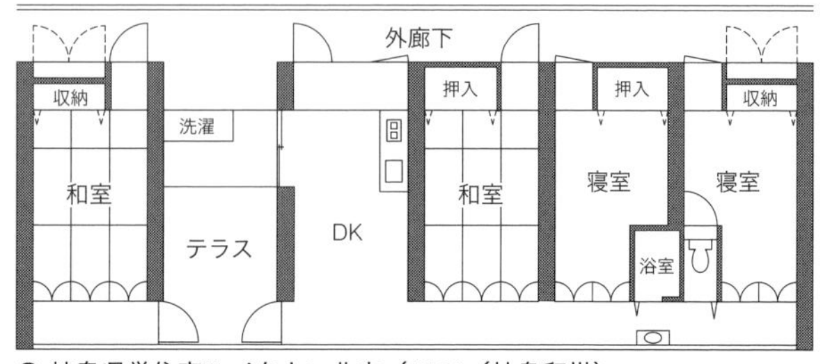

❿ 岐阜県営住宅ハイタウン北方（1998／妹島和世）

「中銀カプセルタワービル」(1972) は、ワンルームマンションの最初期の事例であるが、キッチンやランドリーがなく都市サービスに依存しているという意味では、ホテルに近い。

6 │ 個室空間の課題とこれから

家族の団らんのための共有空間と個人のプライバシーを守る個室によって構成された、近代家族の箱としての住宅は、1970～80年代になると様々な家庭問題の舞台となる。テレビでは家庭の崩壊を扱ったホームドラマ「岸辺のアルバム」(1977)、家庭内暴力を描いた「積み木崩し」(1983) が話題になったが、そこで個室は、反抗する子どもの拠点として描かれた。

近年では、自宅や個室にひきこもり、社会活動に参加できない若者や中年の増加が社会問題化している。また高齢化により独居する高齢者が増えたことで、自宅でひとり亡くなっていく孤独死が増えている。いずれの問題も、個人や家族のプライバシーや独立を追い求めた結果の、家族や社会から孤立した空間としての個室や住宅のあり方と決して無関係ではない。

そうした問題の一方で、住宅に限らずあらゆる場で「個室化」が進行している。南後由和は『ひとり空間の都市論』で、カプセルホテルからひとりカラオケ、ひとり焼肉など、ひとり向けの空間が増えつつある現代日本の都市空間の特異性について指摘している。個室文化ともいうべきその源流を探ると、鴨長明の方丈庵⓮→ 0-1にたどり着くが、1時間数百円で、読み放題・飲み放題・つなぎ放題・寝放題というサービスが享受できるネットカフェの空間は、機能的に最大で規模的に最小の「現代の方丈庵」と言えようか⓯。住まいに個室が必要か、どのような個室が設けられるべきか、今後も様々な模索が続けられるだろうが、現代社会の過剰なまでの監視・規制からの逃避の場としての個室的空間は、社会のどこかに必要とされているのではないか。

⓫ ワンルームマンションの平面図[6]

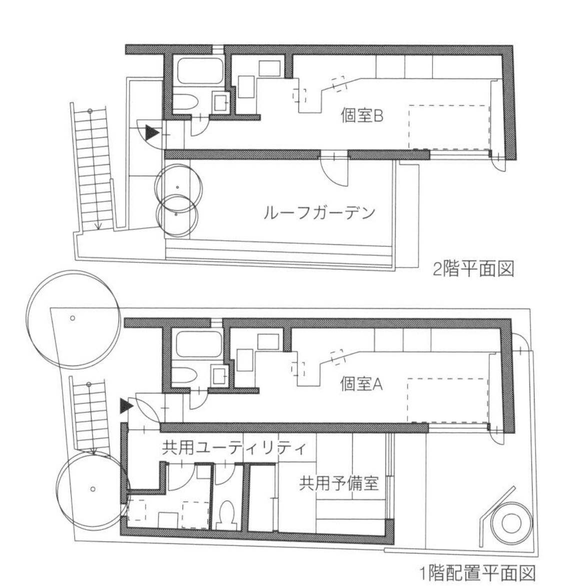

⓭ ホシカワ・キュービクルズ（1977／黒沢隆）

⓬ 木造零細アパート[7]

⓮ 方丈庵（扶桑隠逸傳）

⓯ ネットカフェの個室空間

4-6 住まいに必要なサービスとその可能性

現代の住まいには高度で複雑な機能が求められており、それを支えるサービス空間が機能不全を起こすとただちに日常生活に支障が出る。その意味で非常に重要であるが、同時にサービス空間は、住み手の個性が現れる場所でもある。

1 | サービス空間とは

サービス空間の役割

住まいの中心となる空間→4-4と個室空間→4-5とは別に、住生活をサポートするのに必要な機能を果たす空間のことをサービス空間と呼ぶ。かつての民家と比較して、現代の住まいには非常に高度で複雑な機能が求められており、ここが機能不全を起こすとただちに日常生活に支障が出るという意味で、サービス空間の計画は非常に重要である。

ここでは現代の住宅におけるサービス空間を、大きく家事／衛生／移動／収納という4種類の機能空間に分けて考える。具体的には、キッチンや洗濯室などの家事空間、トイレや洗面・浴室などの衛生空間、玄関や廊下・階段などの移動空間、納戸やクローゼット・パントリーなどの収納空間が、一般的な住宅に必要とされるサービス空間である。家事空間はユーティリティ、衛生空間はサニタリーとも呼ばれる。キッチンやサニタリーなどを総称して「水まわり」という呼び方もよく使われる。

サーブド・スペースとサーバント・スペース

サービス空間の配置計画を建築全体の空間構成の根本に据えた建築家がルイス・カーンである。カーンは、建築空間をサーバント・スペース（奉仕する空間）とサーブド・スペース（奉仕される空間）という2種類に分類した。住宅の計画を考えるときに、つい居間や個室など主役になる居室空間のことばかりを考えがちだが、生活に不可欠なサービス空間であるサーバント・スペースに適切なボリュームと位置を与えることが、結果として居室などのサーブド・スペースの質を高めることになる。「エシェリック邸」❶では、住宅が各階で四つの帯に分割され、居間や食堂・寝室というサーブド・スペースと、階段を含む移動空間とキッチン・浴室・ランドリー・トイレ・洗面などの水まわり、ドレッサーといったサーバント・スペースが交互に並んでおり、サービス空間の明確なレイアウトが行われている。

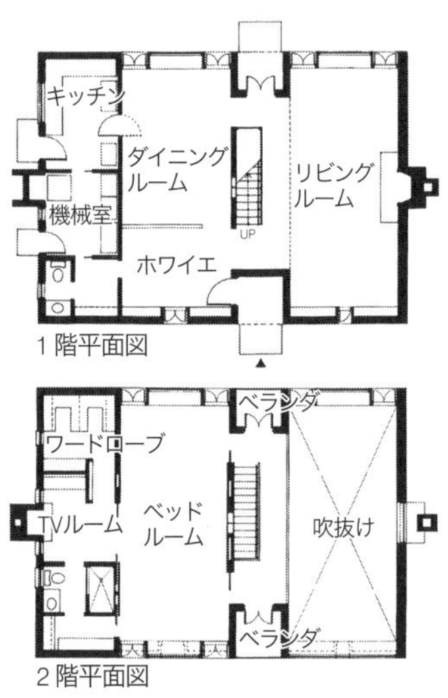

❶ エシェリック邸（1961／ルイス・カーン）[1]

❷ 江戸時代の版画に描かれた屋外に配置された便所[2]

2 | 家事・衛生空間

屋外から屋内へ

家事・衛生空間では、そこでの行為の結果として臭気や煙・ガス・湿気・汚水・ゴミなど、人間や建物にとって有害・不衛生あるいは不快なものが発生する。そのため前近代の住宅では、浴室やトイレは別棟であったり❷、キッチンも居室から離れた土間が一般的であった。また井戸などの給水設備も家の中にはなかった。衛生空間と居室は空間的に分離することで共存していたが、上下水道の普及や換気設備の発達により、浴室やトイレは母屋の中に移動した。キッチンは土間から床上に上がり、居間やダイニングにどんどん近づいていった→4-5。

計画上の留意点

家事・衛生空間の位置は、設備配管との接続や家事動線の合理性、他の部屋との位置関係などから決まる。利便性の点では居室空間に近いことが有利であるが、浴室やトイレは人間が無防備になる空間であるため、適切なプライバシーの確保が重要である。湿気や臭気の問題も依然としてあり、距離が近いことで行為の音が聞こえるという問題も起きる。トイレや浴室への出入りが家族や客人から見えたり、トイレが居間や食堂に近すぎることのないよう、緩衝空間を挟むなどの動線および視線を配慮した計画が必要である。

同様に、キッチンも調理に伴う臭気や油煙に注意がいる。キッチンは家事労働の起点であり、洗濯室や物干しとの位置関係は家事の能率に影響するので慎重に考えたい。キッチンに付随した小さな屋外空間（サービスバルコニーなど）は生ゴミや不要品の一時置き場として重宝する。サービス空間を支えるサービス空間である。

設備配管への配慮

衛生空間には給排水管や換気ダクト、ガス管といった設備配管が付随する。近年では設備技術上の位置的制約は少ないが、後から配管を移動することは容易ではないため、計画時に合理的な配管経路に配慮する必要がある→6-2。水まわり空間を集中する配置は、配管経路が短く経済的であり、将来的な更新にも負担が少ないため、しばしば用いられる。その一方で、水まわり空間は閉鎖的になりやすいので、集中配置する位置によっては居室空間の環境を阻害したり、外部に対して過度に閉鎖的な表情とならないよう注意がいる。「南の家」❸は水まわりを集中配置した代表的な事例だが、キッチンとリビング（広間）は収納棚で緩やかに分節されている。

実験集合住宅「NEXT21」→5-6では、フレキシブル配管システムと呼ばれる工夫がされている。縦配管の通るパイプスペースは2ヶ所に限定され、共用部からメンテナンスできる位置にある❹。また、横引き配管のスペースには逆スラブ（通常スラブ下にある梁をスラブ上に設ける工法）となった共用廊下の床下があてられている❺。縦配管からの配管は、共用廊下の床下から梁を乗り越えて住戸の床下へと導入され、間取りに応じ自由に配管を延長できる。配管の位置に制限されることなく、水まわりの設計が可能なシステムである。

3｜移動空間

異なる場所を分離しつなぐ空間

寝殿造の渡殿や書院造の濡れ縁など、伝統的な富裕層の住まいには移動のための空間が多い→3-1。それらは格式や用途が異なる空間を分離してつなげる緩衝装置であり、異なる場所に移る際の心理的な転換の場であった。その一方で規模の小さな庶民の住まいでは、畳の部屋も土間も多用途空間であり、専用の移動空間を設ける余裕はなかった。しかし明治以降の住まいの近代化の中で、各室を効率的に分離しプライバシーを確保する手段として廊下が導入され定着していった→3-4。

移動空間の役割は部屋と部屋をつなぐだけと考えるのであれば、極力コンパクトであることが面積の節約と動線の短縮の点から望ましい。マンションに見られる中廊下はその最たる姿であろう。しかし中廊下は閉鎖的で暗くなりがちで、各室の通風にも難がある。前述の心理的転換の役割にも留意し、屋外と接点をもたせたり他の機能を兼ねるなどして、移動空間をなるべく積極的な意味を持つ場所としたい。

人を迎え入れる玄関は、接客本位の住まいにとってきわめて重要な空間であったが、接客機会の減少にともない簡素化が進み、わずかに靴を脱ぎ履きするための土間があるだけという家も増えた。しかし玄関は内外をつなぐ家の顔であり、また人・物が出入りする場、屋外で使う道具の収納場所として、依然特別な役割を持っている。

移動空間の工夫

「101番目の家」❻では、ダイニング（内2）と連続し

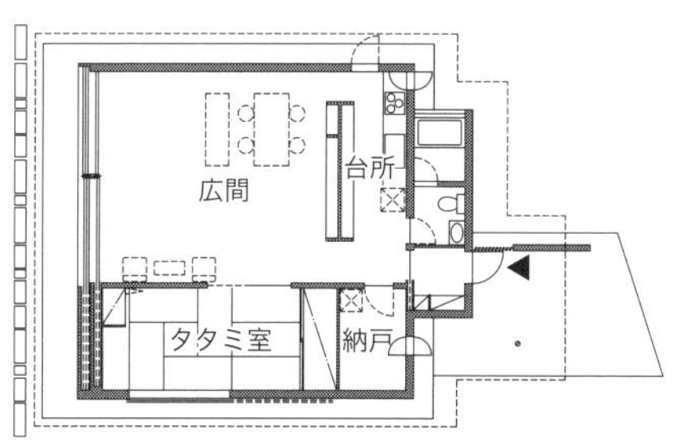

❸ 南の家（1995／堀部安嗣）の集中配置された水まわり

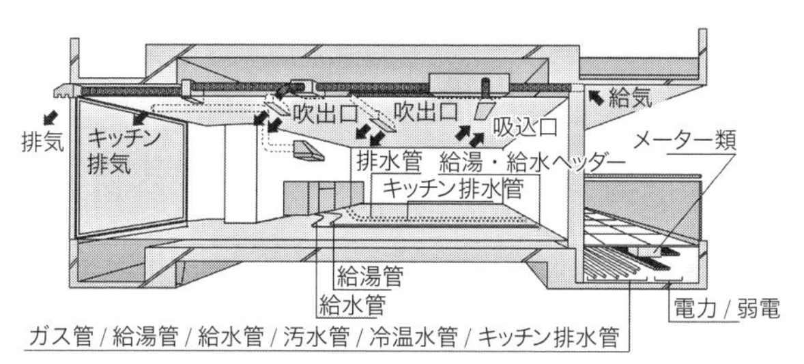

❺ NEXT21（1993）住戸内の設備配管見取り図[3)]

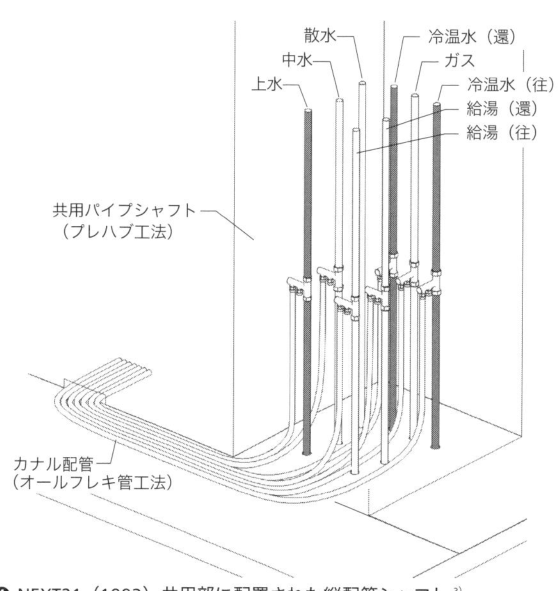

❹ NEXT21（1993）共用部に配置された縦配管シャフト[3)]

た土間空間が玄関の役割を担っている。アプローチ（外3）のゆったりとした土間と室内の土間を大きく開く引き戸でつなぐことで、移動にとどまらない様々な活動が誘発される仕掛けとなっている。

「二重螺旋の家」❼は中心に居室など主要な機能を収めた白い箱状のRC造のコアを配し、そのまわりに移動空間である廊下と階段を巻き付けるように配置した3階建の住宅である。廊下と階段は幅や勾配を変えながら、ギャラリーや図書室、勉強スペースなどとなり、中心のスペースの活動を拡張しつつサポートする機能を果たしている。

「中野本町の家」❽では、中庭を囲んでぐるっと一回りする回廊のような空間にダイニングや書斎など様々な生活スペースが配置されている。サービス空間である移動空間がそのまま住宅になったような空間であり、日常の居場所ではない中庭を中心とすることで、見通しの効かない空間でありながらそこに住まう家族の一体感を生み出している。

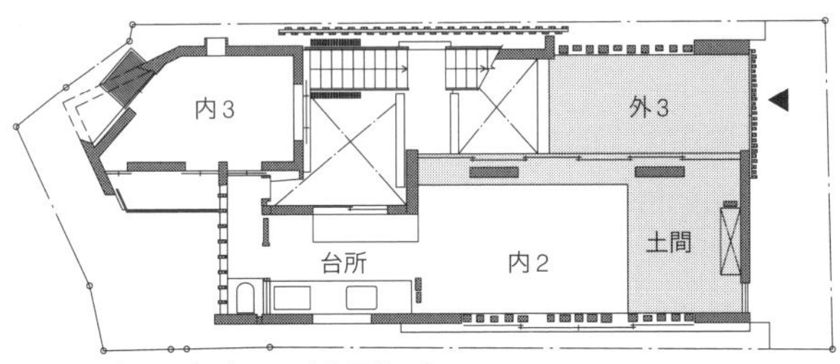

❻ 101番目の家（2002／竹原義二）

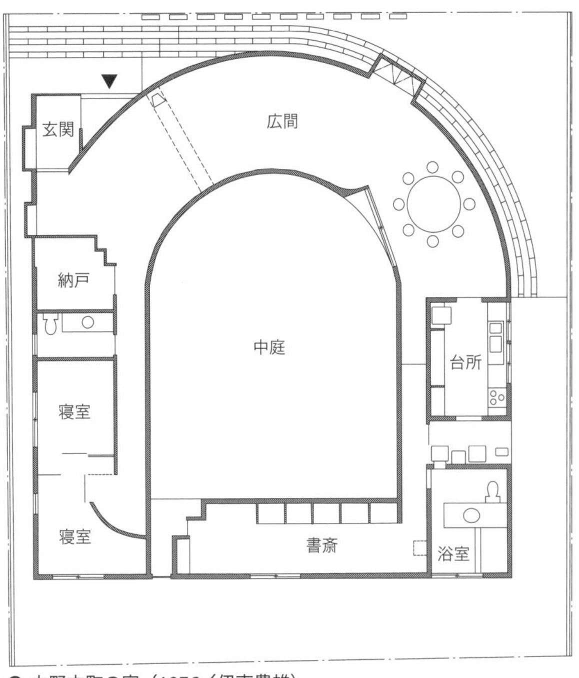

❽ 中野本町の家（1976／伊東豊雄）

移動空間を立体化することで住宅内を歩き回る楽しさを追求したのがル・コルビュジエの「サヴォア邸」→0-1である。「建築的プロムナード」というコンセプトのもと緩やかなスロープが中心に設けられ、歩きながら家の内外を様々な角度から見ることができる❾。また1階部分の印象的な外壁のカーブも、自動車の移動の軌跡から導かれたデザインである。

スロープによる上下階の移動には大きな面積を必要とするので、通常は階段により効率よく上下の空間を接続する。階段は上下の動線の結節点になる場所であり、吹抜けや開口部と一体的に計画することで、上下の移動が楽しくなると同時に、人の動きがダイナミックに空間に現れる、デザインの大切な要素である。

4 | 収納空間

隠す収納か見せる収納か

民家であれば納戸や蔵に相当する収納空間の適切な計画は、秩序ある生活を営むために不可欠となっている。人類の定住→0-2以来、家は多種多様な家財・生活財の保管所となった。工業化と資本主義の帰結である大量生産・大量消費社会の住まいにとって、増え続けるモノとの対峙は宿命である→6-1。

家の中のモノは基本的に居住年数に応じて増える。記憶や情緒と結びつくことも多く、思い出の品の整理は容

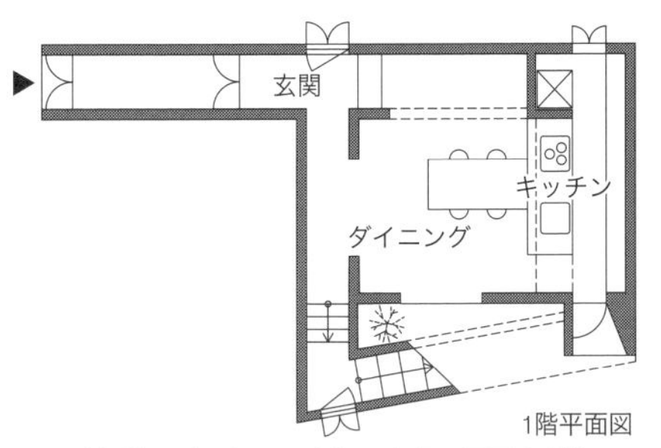

❼ 二重螺旋の家（2011／大西麻貴＋百田有希）

❾ コルビュジエの建築的プロムナード（サヴォア邸）

易ではない。住宅の総床面積に占める収納空間の比率を収納率と呼ぶ。10〜15%の収納率を確保するのが近年の住宅を計画する際の目安であるが、最終的には住み手の所有要求の強さと面積的制約のバランスの中で決まる。

使用頻度の高い日用品は使用する場所の近くの手の届きやすい位置に、使用頻度の低い季節物は納戸や物置に収めることが基本である。また見えなければよいわけではなく、重複や死蔵品を減らすためには収納の一覧性（何がどこにあるかを見渡せること）が重要であり、その意味で種類別の専用収納は有効である。衣類収納は家具ですませる場合もあるが、間口の広いクローゼットや中に入れるウォークインクローゼットは一覧性に優れる。寝室に付設することが多いが、家族全員の衣類を1ヶ所に集約したり、外出前後の身支度のため玄関脇に設けることもある。食品やキッチン用品を保管するパントリーをキッチン横に設けることも一般的となった。工具・園芸用品など屋外で使う道具の収納も欠かせない。小さくともこれがないと、玄関が乱雑になったり家のまわりに物が溢れることになる。「霧島の家」⑩では、寝室の間に衣類用の納戸、玄関の横にパントリーを兼ねた納戸を設けている。

個性的な収納がつくる空間

「経堂の住宅」⑪は、大量の本を所蔵する夫婦のために、1階すべてが書庫として機能するように等間隔に書庫が配置されている。本棚の間に寝室やクローゼットや洗面室などがあり、書庫の中に住んでいるような住宅である。一般的には隠蔽されることの多い収納スペースを積極的に生活の中に現した試みである。

「コトバノイエ」⑫でも、棚壁と呼ばれる収納棚を平屋の各所に分散して配置し、それぞれの場所で必要とされる多様な生活財を体系的に収納している。中央の棚壁に囲まれた納戸は、より奥行の大きな物品の収納場所となる。

以上のように、収納空間の計画はサービスされる空間をより魅力的にしたり、生活の彩りとなるような住まいをつくるきっかけにもなり得ることを忘れないようにしたい。

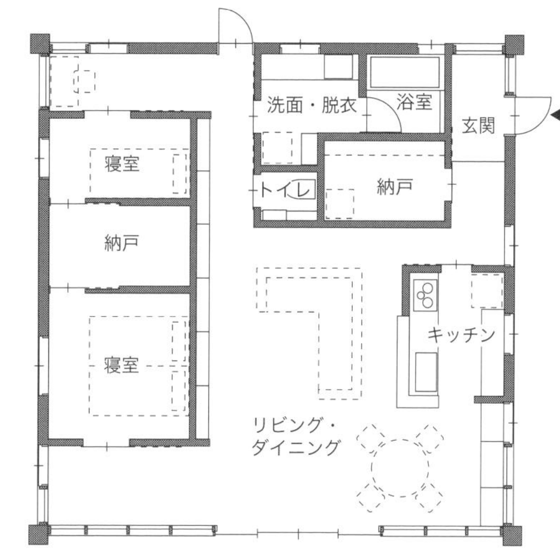

⑩ 霧島の家（2020／森田一弥）

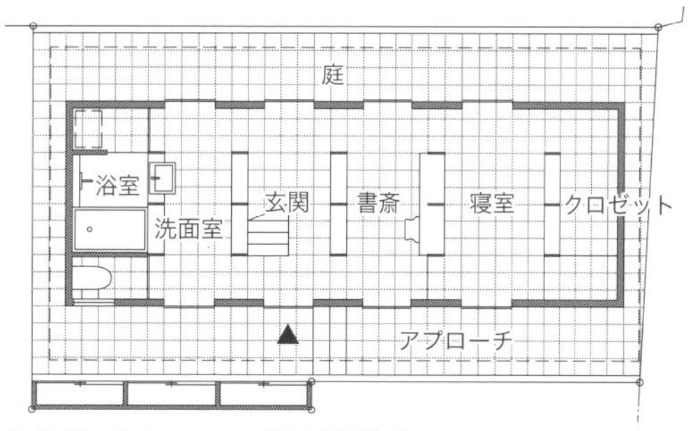

⑪ 経堂の住宅（2011／長谷川豪）[4)]

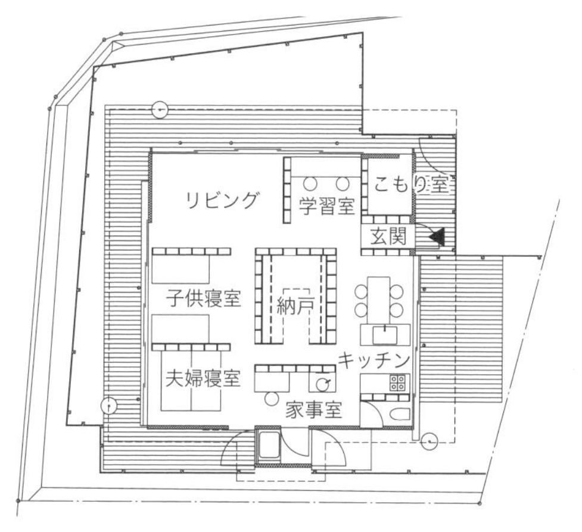

⑫ コトバノイエ（2006／矢部達也）[5)]

column 04

遍在する職住一体の近現代　形式から動態へ

清山陽平

職住一体というとまず思い浮かぶのは、通りに面したミセノマで商いをする傍ら、戸を一枚隔てたダイドコでは夕食の支度がすすむような、伝統的な町家での暮らしの一幕ではないだろうか。このように暮らしの中で分かち難くあった仕事と生活は近代以降、職場と自宅という別の空間に割り当てられていくことになる。現代を生きる私たちにとっては、もはや職住が別々の暮らしが当たり前であり、職住一体はほとんどなくなりつつある古きよき暮らしの形式のように感じられるかもしれない。果たしてそうだろうか。

職住分離が生んだ職住一体

京都市伏見区、京阪中書島駅前に南新地というまちがある。16世紀末に建設された伏見旧城下町の外れ、江戸期に設置された中書島遊郭のさらに南に位置し、100年ほど前まで田畑と低湿地が広がる近郊の農漁業地であったこの地は、鉄道の敷設により駅と遊郭に挟まれたことを契機に市街化し、伏見や京都、大阪、周辺の山城地域から多くの人々が訪れる盛り場となった❶。

こうした盛り場の発生には、近代における職と住の分離が大いに関係している。オフィスや工場といった業務施設が集積する一方、鉄道で結ばれた郊外では専用住宅が大量に開発される。職住一体の暮らしに代わって新たに一般化したのが、離れてしまった仕事と生活を行き来する行為、すなわち通勤である。磯村（1953）はこの通勤、つまり大量の市民の日常的な職住の往来こそが近代的な盛り場を成立せしめたと指摘する＊1。職場から自宅へと帰る道すがら、とりわけ交通の結節点を中心に、通勤客が金銭を支払って食事や飲酒、遊興をするための店が集積し、全国各地に無数の盛り場を形成していったのである。首都圏などと比べると規模は非常に小さいものの、数ある地方都市の特急停車駅・乗換駅前の盛り場の一つとして、現在の南新地でも夜ごとに大阪・京都・宇治を行き来する人々が途中下車し、飲み屋やスナックへと吸い込まれていく風景が見られる。

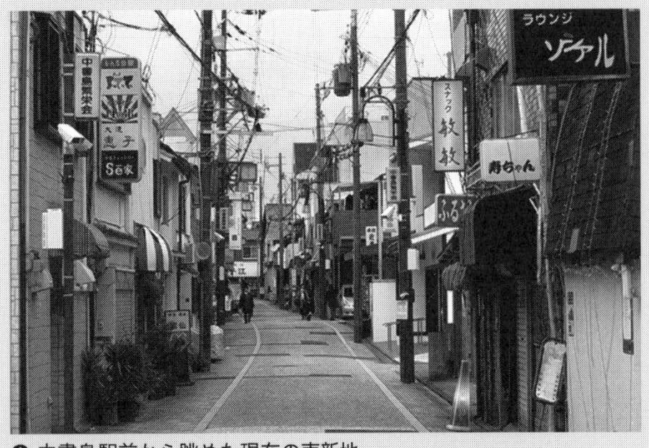

❶ 中書島駅前から眺めた現在の南新地

このように職住分離によって発生したと言える盛り場・南新地だが、実はよく見るとここにも、客を迎える職住一体の暮らしが豊かにあり続けていることがわかる。近代に新たに生まれ現在まで続く南新地での暮らしからは、「古きよき暮らし」としてではない、より身近で実際的な職住一体の姿を覗くことができる。

盛り場に見る職住一体の近現代

例えば南新地のとある飲食店兼住宅を見てみる❷。1933年に駅前通りに面して建てられた木造2階建ての長屋では戦前までミルクホールが営まれ、遊郭帰りの客が朝に一服するような利用も多くあったそうだ。この頃は店舗である長屋に加え、西側に建つもう一軒の長屋が従業員家族の住宅として使用されており、職住の空間は近接しつつも分かれていた(a)。2棟の長屋の間には奥庭のような屋外空間があり、しばしば餅つきなどの家族の行事が行われたそうだ。戦後には店舗である東側の長屋が食堂となり、この頃看板建築化と同時に側廊を含む現在の店舗空間の原型がつくられたと考えられる（b)。側廊は表通りから店内を横切らずに居住空間へアプローチするための動線であったが、食堂への出入口もつけられていた。その後東側長屋は喫茶店となったが、1958年の売春防止法全面施行により中書島遊廓が廃止されて以降多くのスナックが立地した南新地においても、最も遅い時間まで営業する店だったという。1960年代後半には東西の長屋の間を増築することで1階をつなげ、西側奥の一部に居室を残しながらも奥行きの深い店舗空間となった（c)。1980年頃には増築された東西の長屋の間が雨漏りしたことを契機に2階も増築し、これによって東西の長屋が1・2階でつながった現在の形となり、併せて1

階の喫茶店内も全体に渡って改修された。近年では新たな店主が1階を賃借し、バーとして営業を始めている。新しい厨房やトイレをつくる必要から、それまでは居室であった西側奥の部分も一角を除いて改修し、1階全体が店舗空間として使用されている(d)。なお2階は依然居住空間として使用されている。

この飲食店兼住宅は建設から90年に渡って客を迎えながら、地域や家族、業態や経営者の変化に応じて職と住を共存させてきた。一見すると場当たり的にさえ見える部分変更も、暮らしの来歴を細やかに見ることで、実は種々の変化に応じた結果であることがよくわかる。なおかつ全体として職住一体の住まいが破綻なく存続していることには注目すべきだろう。職住分離によって数多く発生した盛り場の一つではあるが、高度経済成長期からバブル期に至るまでの最盛を経てもなお専用店舗化が進みきらず、現代まで職住一体の盛り場として継続していることは南新地の特色と言える。あるいは単に何気ない近現代の暮らしの一例とも見えるかもしれないが、人の出入りや業態の変化が頻繁に起こり、住まいの変化が激しく多様であるという点で、むしろ冒頭で触れた近世以前からの町家に見る暮らし以上に、これからの職住一体の住まいを考えるきっかけを与えてくれるのではないだろうか。

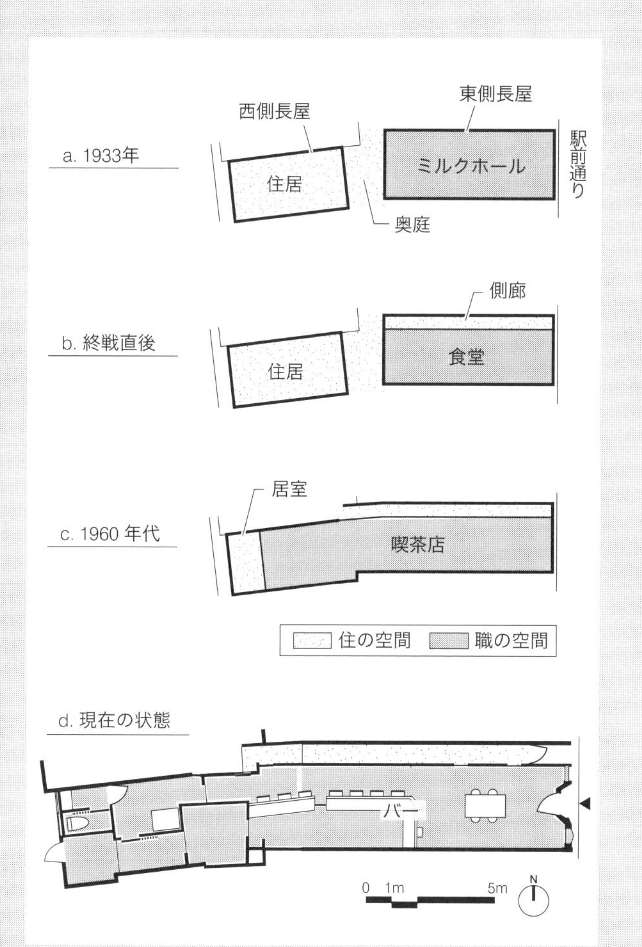

❷ とある飲食店兼住宅にみる職住空間の変化（1階平面図）

職住一体の住まいの計画へ

今改めて自宅のまわりを見渡すと、飲食店や自転車屋、銭湯など、実は現代にもなお至る所に職住一体の住まいがあることに気づかされる。あるいはコロナ禍を経て広まった在宅でのリモートワークもまた、新たな職住一体の姿と言えるかもしれない。現代のまちにも遍在する職住一体の住まいの計画に向けて、どのようなことが考えられるべきだろうか。

多くの店舗兼住宅ではまず通りに面した1階の表が店舗空間となり、奥あるいは2階以上が居住空間となる。ときには近接する別の建築物と合わせ、それぞれを店舗と住宅として分けて使用する場合も見られる。しかしこうした大まかな配置の基本則だけで近現代の職住一体の住まいを説明し切れないということは、先の例からも明らかである。店舗空間が表から徐々に奥へ入り込み、最終的には1階の全体まで広がったように、あるいは通りから奥の居住空間にアプローチするための側廊が店舗空間を貫いてつくられたように、むしろ職と住の空間が互いに互いを侵食し合いながら建築物（群）の内部でどうにか共存している動的な状態こそ、仕事や生活の激しい変化を受け止める近現代の住まいの本領と言えよう。職と住の混ざり合いを図では間取りの変化として例示したが、実際には壁や床の仕上げ、ものの置きどころ、住民や客の過ごす場所など、より細かく複雑な現れ方をするだろう。また先のリモートワークの例が示唆するように、仕事や生活のスタイルがこれまで以上に多様化する中で、職とも住ともつかないものも含めた新しい変化が、今後の住まいにも求められることになるだろう。

これからの住まいの計画は、このような職と住の侵食を統御することではなく、かといって単なる無秩序な混在をよしとすることでもなく、双方を許容しながら共存せしめるものでなければならない。世界中に遍在すると同時に専用住宅以上に個別性が高いそれぞれの職住一体の暮らしにおいて、まだ見ぬ仕事や生活の劇的な変化を受け止める住まいの大らかさをいかに計画できるか・すべきかが問題となる。近代が求めた機能の分化や純化とは別のしかたで、また近世にあった「形式」へ還るのでもなく、絶え間のない「動態」こそを職住一体の旨と見なおすことから、住まいごとの生き様を看過しない新たな計画を始めたい。

【参考文献】

4-1
・World Health Organization“Expert committee on the public health aspects of housing first report”WHO. Technical Report Series, No.225, 1961
・川越邦雄ほか『新建築学大系 12 建築安全論』彰国社、1983
・日本建築学会「建物のレジリエンスと BCP レベル指標検討特別調査委員会報告書」2020
・川上浩司『不便益―手間をかけるシステムのデザイン』近代科学社、2017
・定行まり子・沖田富美子『生活と住居』光生館、2013
・日本建築学会『人間環境学―よりよい環境デザインへ』朝倉書店、1998
・健康をつくる住環境編集委員会『健康をつくる住環境』井上書院、1998
・池上嘉彦『文化記号論―ことばのコードと文化のコード』講談社、1994
・布野修司『景観の作法―殺風景の日本』京都大学学術出版会、2015
・小林秀樹『集住のなわばり学』彰国社、1992
・松本直司『建築計画学』理工図書、2013

4-2
・内田祥哉『建築の生産とシステム』住まいの図書館出版局、1993
・内田祥哉『建築生産のオープンシステム』彰国社、1977
・橋本毅彦『「ものづくり」の科学史』講談社学術文庫、2013

4-3
＊1　住宅問題委員会「庶民住宅の技術的研究」『建築雑誌』第 671 号、1941
・西山夘三『住み方の記〔増補新版〕』筑摩書房、1978
・北川圭子『ダイニング・キッチンはこうして誕生した―女性建築家第一号　浜口ミホが目指したもの』技報堂出版、2002
・髙田光雄『日本における集合住宅計画の変遷』放送大学教育振興会、1998

4-4
＊1　西川祐子『住まいと家族をめぐる物語―男の家、女の家、性別のない部屋』集英社、2004
・森隆男ほか『住の民俗事典』柊風舎、2019
・阿古真理『日本の台所とキッチン一〇〇年物語』平凡社、2024
・日本生活学会『生活学 第 26 冊―住まいの一〇〇年』ドメス出版、2002

4-5
＊1　中谷礼仁『未来のコミューン―家、家族、共存のかたち』インスクリプト、2019
・イーフー・トゥアン、阿部一訳『個人空間の誕生―食卓・家屋・劇場・世界』せりか書房、1993
・黒沢隆『個室の計画学』鹿島出版会、2016
・篠田有子『家族の構造と心―就寝形態論』世織書房、2004
・南後由和『ひとり空間の都市論』筑摩書房、2018

4-6
・松隈洋『ルイス・カーン―構築への意志』丸善、1997
・『NEXT21』編集委員会『NEXT21 ―その設計スピリッツと居住実験 10 年の全貌』大阪ガス、2005
・高柳英明・添田貴之『デザイナーのための住宅設備設計「術」』彰国社、2016
・阿部勤・安立悦子『暮らしを楽しむキッチンのつくり方』彰国社、2014
・高橋昭子・馬場昌子『台所のはなし』鹿島出版会、1986

column 04
＊1　磯村英一『都市社會學』有斐閣、1953

【図版出典】

4-1
1）鈴木まもる『生きものがつくる美しい家―動物たちのすごい巣 121』エクスナレッジ、2023
2）川越邦雄ほか『新建築学体系 12　建築安全論』彰国社、1983 より作成
3）日本建築学会『建物のレジリエンスと BCP レベル指標検討特別調査委員会報告書』2020 より作成
4）図解住居学編集委員会『図解住居学 2 ―住まいの空間構成」彰国社、2000 より作成
5）日本建築学会『第 2 版 コンパクト建築設計資料集成［住居]』丸善出版、2006（原出典：千葉大学室内計画研究室資料；小原二郎『インテリアデザイン 2』鹿島出版会、1976）
6）日本建築学会『第 2 版 コンパクト建築設計資料集成［住居]』丸善出版、2006（原出典：“Time Saver Standards”）
7）（左）平岡敏洋「不便益研究からみた理想の運転支援システム―①不便益研究とは何か」『自動運転の論点』2017/3/3 (https://jidounten.jp/archives/1072) より作成
（右）不便益システム研究所「不便益カード」2013/12/21 http://fuben-eki.jp/blog/dailyfuben-eki/2013/12/ 不便益カード/
8）宮原真美子・佃悠「在宅テレワーク時のワークスペース環境に関する研究―緊急事態宣言下におけるアンケート調査から」『日本建築学会計画系論文集』第 86 巻、第 790 号、2021
9）日本建築学会編『人間環境学―よりよい環境デザインへ』朝倉書店、1998 より作成
10）提供：藤木庸介
11）提供：蘆田暢人
12）ぱくたそ（https://www.pakutaso.com）

4-2
1）Ⓒ安藤忠雄
2）Willy Boesiger“Le Corbusier Oeuvre complete Volumu5” Birkhauser Publisers, 1995
3）内田祥哉『建築とモデュール―生産のための寸法体系』東京建築士会オープンカレッジ、2009 を参考に作成

4-3
1）西山夘三「食寝分離論」『西山夘三著作集 1 ―住宅計画』勁草書房、1967
2）西山夘三『日本の住まいⅡ』勁草書房、1976
3）鈴木成文『51C 白書』住まいの図書館出版局、2006
4）鈴木成文『住まいの計画・住まいの文化―鈴木成文住居論集』彰国社、1988
5）北川圭子「ダイニングキッチンの誕生―女性建築家第一号 浜口ミホの描いたもの」『水の文化』31 号、2009 より作成
6）㈱アキュラホーム 住生活研究所『変わる暮らしと住まいのかたち』創樹社、2019
7）乾亨・梶山秀一郎「プロセスからものへ―ユーコートの歩みをたどる」『建築文化』1986 年 3 月号（特集 都市に「集落」を構想する―コーポ住宅ユーコートによる多相集住）1986 より作成
8）提供：水野克比古写真事務所

4-4
1）今和次郎『日本の民家』岩波書店、1989 に加筆修正
2）坂口利夫『十坪より五十坪迄模範住家の設計及建築材料と庭園の知識』鈴木書店、1926
3）小津安二郎監督「東京物語」松竹、1953（画像：パブリックドメイン）
4）W. M. ヴォーリズ『吾家の設計』創元社、1923
5）藤井厚二『聴竹居図案集』岩波書店、1929
6）藤本和男ほか『住空間計画学』学芸出版社、2020
7）難波和彦『箱の家―エコハウスをめざして』NTT 出版、2006

4-5
1）『日本古典文学大系「東海道中膝栗毛」十返舎一九』岩波書店、1958
2）Ettore Camesasca“History of the House”New York, G. P. Putnam7sSons, 1971
3）Elizabeth Burthon“The Early Tudors at Home”London, AllenLane, 1976
4）柳沢究ほか『住経験インタビューのすすめ』西山夘三記念すまい・まちづくり文庫、2019 より作成
5）作画：野村彰
6）長谷工ライブネット HP
7）撮影：柳沢究

4-6
1）松隈洋『ルイス・カーン―構築への意志』丸善出版、1997
2）「北斎漫画」Wikimedia Commons（パブリックドメイン）
3）提供：大阪ガス
4）撮影：Iwan Baan
5）撮影：笹倉洋平

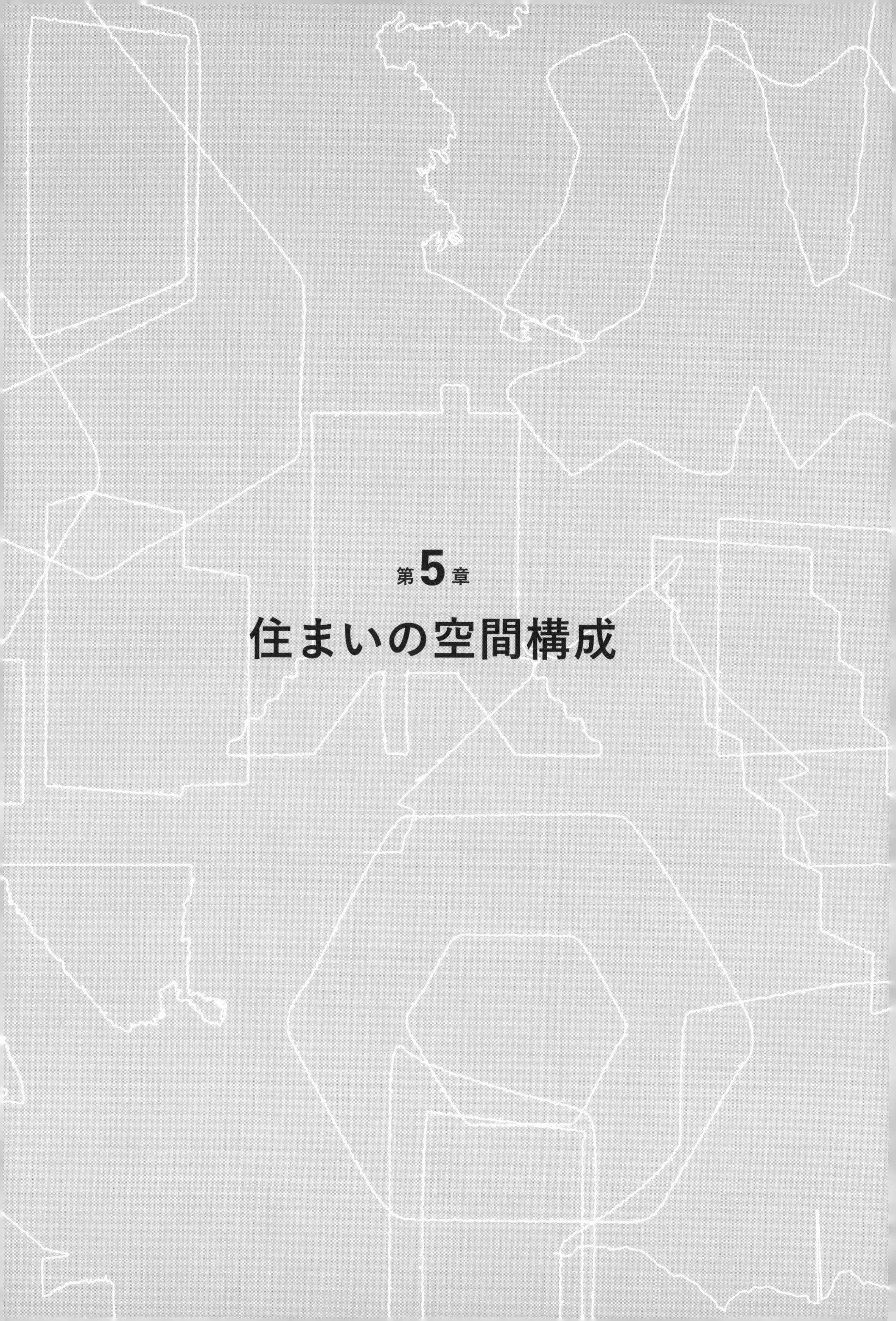

第**5**章

住まいの空間構成

5-1 配置計画
敷地・まちとつなぐ

配置計画は、まちの未来を考えることと同じである。どのように近隣との関係を構築し、周辺にどんな影響を与え、家の内部に豊かな環境をどうつくるのかを考えて計画する。住宅の建ち方が長期的にまちの行く末を示す。

1｜敷地に建物を置く

開放的な住まい、内向的な住まい

住宅の配置には、家の外をどう捉えるかという考え方が表れる。鈴木成文は中庭型住居と外庭型住居の特徴を❶のように表した。中庭型住居は、閉鎖的で求心的な住まいをつくる。地域の環境と照らし合わせると、見通しのよい乾燥した砂漠の環境に適した配置である。周囲が豊かな自然である場合には、外周に庭のある外庭型住居が周囲の環境と一体となった開放的な住まいをつくる。

森林に囲まれた湿潤な日本の農村環境では、外に開いた住まいが適している。しかし、周辺環境の条件が悪く、近隣との関係が希薄になると、防犯やプライバシーの確保のために住まいは閉鎖的になる傾向がある。閉じると内の暮らしが豊かになり、住人の結束につながる。一方、住居を開くと、外の豊かな環境を取り込むことができ、外の気配を感じながら暮らすことができる。住まいを開くことは、近隣の人とともに暮らすことにもつながる。

建物とオープンスペース

住宅の配置計画を考える際には、周辺環境とのよりよい関係を模索する。建物のボリュームを決定すると、その残りが外部空間となる。大きなボリュームを一つ置く以外に、ボリュームとボリュームを連結する方法❷D·GやボリュームをVり取る方法❷B·Fなどがある。❷Aは敷地の片側に建物を寄せた建ち方で、日本の気候風土に合わせると、南側が庭で北側を建物とすると日照の確保ができる。しかし、実際には南側の庭が駐車場としてだけしか使われなかったり、プライバシーを確保するために結局はカーテンや雨戸が閉まったままになったりすることがある。このような南へのこだわりを「南面信仰」と呼ぶことがある。むしろ北側に庭を取る方が庭木を順光で眺めることができて美しい場合がある❷H。

アトリエ・ワンによる「ミニ・ハウス」は敷地の中央に建物を配置した例である❸。小規模なボリュームを敷地の真ん中に置き、キッチンや浴室が張り出している。敷地周辺の環境が変化しても、全方位に余白があり対応できるようになっているのである。中庭型には❷Bのような典型的なもの以外に、❷E·Fのような配置もある。例えば、『コート・ハウス論』を著述した西澤文隆による「正面のない家」❹は、複数の中庭を持つ。壁で囲まれた敷地に4つの中庭をモザイク状に配したもので、各部屋が2つの異なる庭に面していて、室内の梁がそのまま屋外のパーゴラまで連続することで庭と室内の一体化が図られている→5-2。

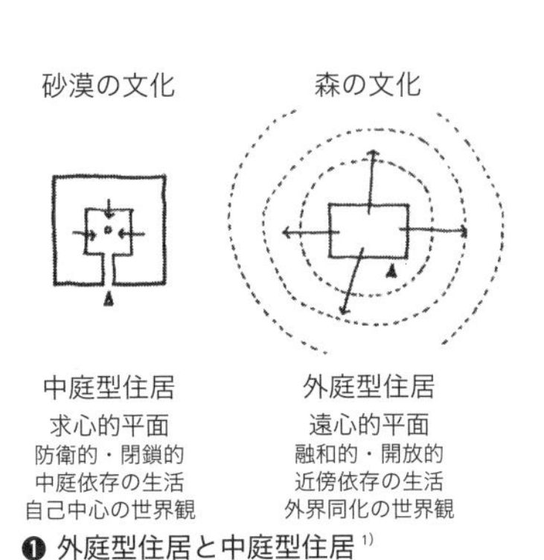

❶ 外庭型住居と中庭型住居[1]

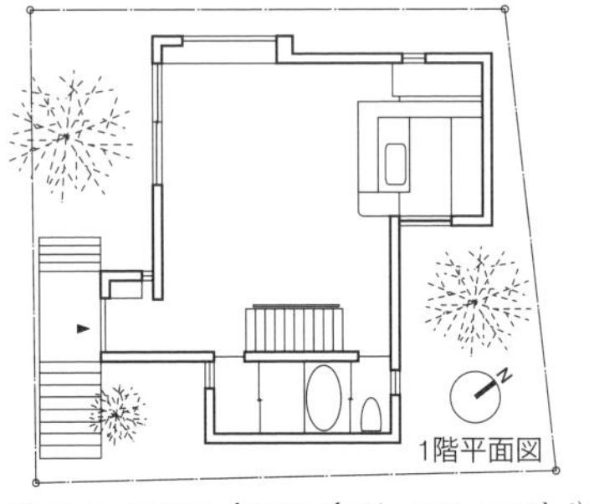

❸ ミニ・ハウス（1998／アトリエ・ワン）[2]

❹正面のない家（N氏邸）（1960／西澤文隆）[2]

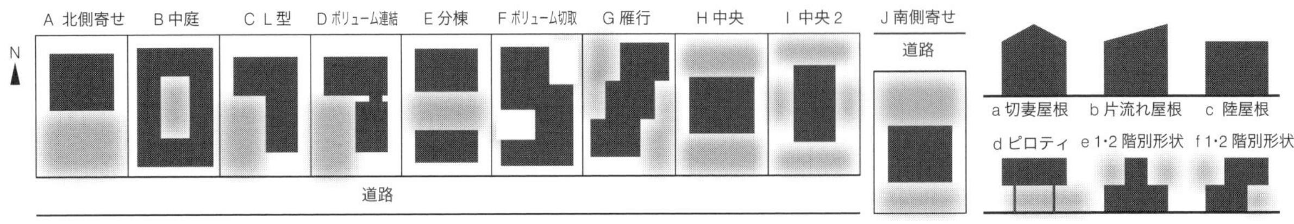

❷ 建物とオープンスペースの配置構成

オープンスペースの立体的な構成

配置を考える際にボリュームを立体的に捉えると、周辺環境により細やかに対応できる。❷a~f は、いずれも❷A の建物配置を断面方向から見た模式図である。❷d は建物を浮かせて1階をピロティとして開放している。ピロティは大地を周辺と一体化させ、浸水から建築を守る。❷c~f には屋上テラスをつくることができる。

環境シミュレーションと配置計画

配置計画に際して考慮すべき要素としては、方位・眺望・敷地の形状や高低差・接道状況・隣地の建物・既存樹木の有無などがある。配置には無数のバリエーションがあり、実際には模型やスケッチ、コンピューターを使って様々なシミュレーションを行う。上空から見ると同じ配置でも、立体で検討するとまったく違う構成となるので、三次元的な検討が重要になってくる→5-3。

❺は集合住宅「NEXT21」→5-6における風の影響を調べるために、外部風速と風向を同一にして模型で実験し、住戸の通風の特性を検討している様子である。計画段階において、光や風・熱のシミュレーションを行い、環境がどう変化するのかを事前に予測して評価することにより、的確に自然や周辺環境を設計に取り込むことができる。シミュレーションには、3DCG モデリングを用いる方法や模型により実験を行う方法などがある。

❺ 風洞実験用の模型[3)]

[屋外空間の捉え方と活動内容や名称、役割、植栽の種類]	
静と動	静的な庭（鑑賞）、動的な庭（遊び、運動、交流）
屋内生活の延長の場	アウトドアリビング、BBQや食事、運動、ペットの飼育、植物の栽培など
サービスの場	収納、駐車場、自転車置き場、ゴミ置き場、燃料置き場、洗濯干し場
庭	前庭、裏庭、中庭、坪庭
住環境を調整する役割	日当たり、風通り、延焼を防ぐ、高低差の調整、将来の増築スペース、プライバシーの確保、防犯、地域の見守り
植栽の計画	樹種（常緑樹、落葉樹、果樹、地域の植生） 樹形（高木、中木、低木、下草、株立ち、一本立ち） 日陰に強い樹種、紅葉・開花時期、食べられる果実垣根、地面を覆う、上から垂らす、シンボルツリー
半屋外空間と中間領域	軒下、ピロティ、屋上テラス、縁側、土間、サンルーム、屋内ガレージ

❻ 外部空間の捉え方

2 | 外部空間の扱い方

庭を建築の内部のように扱う

住宅の内部空間の外は、「屋外」「戸外」と呼ばれる外部空間である。外部空間はその機能や活動で捉え方が変わる❻。そこは庭や軒下であったり、BBQ テラスや駐車場であったりする。外部空間の計画を図面で表したものが配置図である。敷地と道路や隣地の関係、建物の位置を示し、1階平面図や屋根伏図を兼ねることが多い。敷地内の植栽や舗装の計画も配置図で検討する。❼の配置図では、東西南北すべてに植栽が計画されている。南にウメやビワなどの果樹、北に日陰に強いモクレンやカエデが植えられている。

空間形成の言語を記した『パタン・ランゲージ』(1977)で知られるクリストファー・アレグザンダーは、家・個々の家の庭・共有地、そのいずれもが独立し、それぞれが単純で美しい空間でなければならないと言っている。❽は、5戸の住宅の配置を検討したものである。この配置をゲシュタルト心理学で言うところの「図と地」という見方で知覚してみる。一般的に、領域全体の中から建物は明瞭に形が知覚されて「図」となり、外部空間は背景に退いて「地」となる。❽の左側の住宅群は単純で美しい形態だが、図と地を反転させるようにして、庭の方を取り出して見ると、取りとめのない形状になっている。右側の図は、それを改善した様子で、家の庭と中心にある共有地がまとまりのある形状となっている。

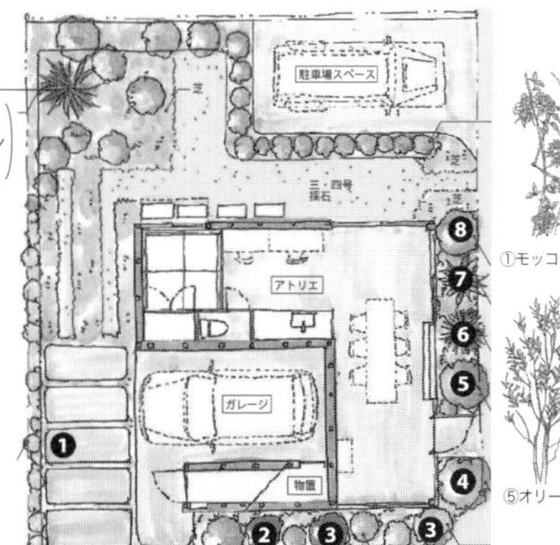

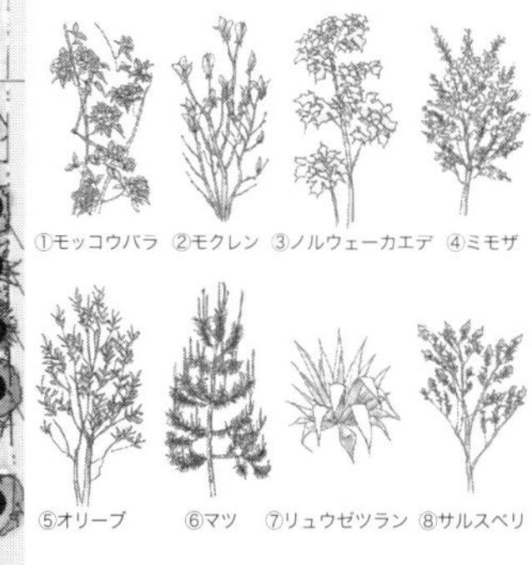

❼ 植栽計画を示した配置図（上が南）（古谷デザイン建築設計事務所）[4)]

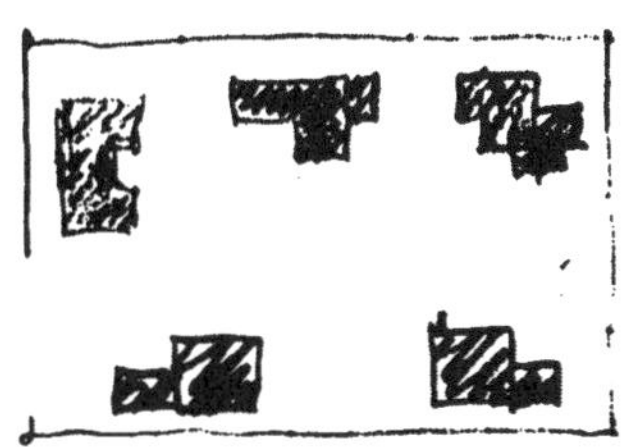

❽ 5戸の住宅の配置検討（C. アレグザンダー）[5)]

半屋外空間と中間領域

外部空間には、建物の一部である外部がある。軒下やピロティ、屋上テラスなど、建築物に付随している外部空間である。一方、内部空間にも縁側や土間、サンルーム、屋内ガレージなど、屋外に近い場がある。内のような外、外のような内、いずれも半屋外空間と呼ばれる。半屋外空間は、外部と内部をつなぐ空間であり、特に縁側や軒下のような内外の中間領域は、外の厳しい環境を調整しつつ、内部に豊かな暮らしをもたらす→7-1。

3｜周辺との距離の取り方

住まいの顔としての敷地の境界

道路と敷地の境界のつくり方により、まちとの接し方が決まる。塀を建ててゲートをつくると閉じた景観になり、境界にフェンスや塀を設けないオープンな外構を選択すると開けた街並みになる。テラスや軒下などの中間領域を利用して内外をゆるやかにつなげたり、植物で建物を囲んだり、植栽の連続により近隣とのつながりを生み出したりと、住人の気配が感じられる住まいは近隣との交流を促す。居住者が自分の場所だと感じられる範囲が広がれば、地域への気配りや安心感が増す。

アプローチ空間

公的な領域である道路と私的な領域である住宅の境界は、法律的には敷地境界線である。しかし実際には、この１本のラインではなく、外から内に段階的に入っていくアプローチが街並みを構成する。敷地の入口には門構えのデザインが必要である。表札・インターフォン・郵便受け・外灯・門扉（もんぴ）や門柱・植栽・舗装・駐車／駐輪スペース・水道／ガス／電気のメーターなどの要素をどのように配置するのかによって、その家の顔ができあがる。❾は石井修による目神山の地形を活かした住宅群のアプローチの一部である。駐車場に屋根を設けず、インターホンや外灯を緑の中にこぢんまりと配置し、街並みを連続させている。道路からアプローチを歩くことで、庭木に季節の移ろいを感じ、外で緊張していた心が落ち着き、灯りに導かれながら戸口をくぐる。来客を迎え、家の印象を決めるのもアプローチまわりのデザインである。

住宅の表と奥

槇文彦は、「奥の思想」*1において、住宅地の外れにある山を信仰の対象とする場合のように、比較的狭小な都市空間に奥行きを見出すことを日本独特の空間概念だとしている。戦前の住宅地では、道路の両側に塀が続いて街並みが統一されていることがある。塀の内側に表庭があり、その奥に住まいがある。この構成では表が社会との接点となり、奥は家族の空間となる。このような表・奥の関係は、階層社会の考え方を前提としている→3-1。

不動産としての土地と建築

家を建てる際にはまず土地を探す。土地には見えない規制がかかっている。用途地域が決められ、建ぺい率・容積率・高さ制限により、そこに建てられる建築の形態が制御され、実はそれが都市部の街並みの輪郭を形成する。何も建っていない同じ大きさの土地があったとしても、それぞれに建てられる建物の規模や形状は異なり、価格も異なる。敷地を読むときには法規からの視点が欠かせない。例えば、❿のA・Bどちらかの土地を買う場合に、どちらを選ぶのが正解だろうか？　建築と不動産の両方に目配りする高橋寿太郎は次のように指摘している。一見するとAの敷地の方の日当たりがよく思えるが、A・B両方の土地に建物が建った後のことを想像した場合、容積率いっぱいまで使った３階建の住宅が両方の敷地に建つ可能性が高い。そうなった場合は、Bの右隣の家の２階がセットバックしているため、Bの方が日照が得られて条件がよいという。その土地にどんな家が建つのかをよく考えることが大事である。

❾ 石井修による目神山に建つ住宅群のアプローチの様子

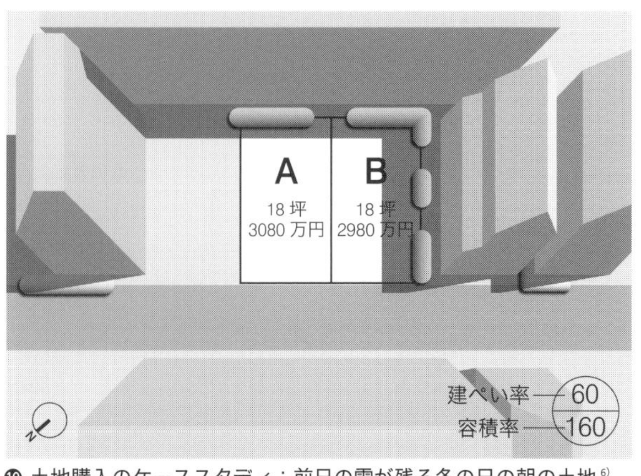

❿ 土地購入のケーススタディ：前日の雪が残る冬の日の朝の土地[6)]

4 ｜街との関係

住宅が集合してまちになる

家は街の部分であり、街は基本的に家の集合である。私たちの住まいは、小さな身のまわりのものから、大きな地形まで、多様な大きさのものと関係している。家具→部屋→家→通り→近所→地区→都市→地勢。これらの重なりの中に住む場所があり、生活経路が巡り、活動する領域が生まれる。そこで特定の経験をすることによってその場所が知覚されて記憶に残ることになる。街を知覚する方法として、例えば見慣れた地図を白黒反転させてみると、建物と建物の関係として捉えていた都市が、外部空間の配置による都市に見えてくる⓫。

世界の集落には街並みを考えるヒントがある。原広司は、集落のつくられ方には高度な計画性があり、集落に倣って「あらゆる部分を計画せよ」と言う。集落は自然発生的に見えても、そこには意図があり空間をデザインする規則が読み取れるとして、例えば「水は、集落や建築の配列を誘導する」*2と、水路のネットワークは集落の構造を知るための最もわかりやすい指標であると述べている。

住宅群の配置と街並み

住宅を計画する視点で街を捉えると、敷地のどの部分に建物を配置するのかという決定が街並みをつくっていることに気づく。南側に庭を広く取る配置の住宅が続くと、道路の北側には庭が並び、道路の南側には建物が並ぶことになる。これに駐車場の配置を加えると状況はもう少し複雑になる。狭小な敷地の住宅地では、駐車場の位置が街並みをつくる。貝島桃代らは、道路に面した間口の構成のパタンを⓬のようにまとめている。

住宅と車の関係の積極的な解決法として、集中駐車場や2面接道などの方法がある。⓭⓮は、共有の緑地を持ち、歩行者専用通路と車道の二つに各住戸が面する須磨ニュータウン（神戸市）の住宅地の様子である。単体の住宅の計画時にできることは限られているが、住宅地を開発する場合には道路と駐車場と建物の配置をエリア全体で検討できる。アクセス形式と庭の配置にいくつかのパターンがあり、どの面に玄関を持ってくるかによって、家の周辺での交流が起こる場所が変わる→ 5-4。

虫の目／鳥の目

鳥の目で建築を見ると、知っているつもりの名作住宅への理解がより深まる。⓯は、フィンランドの建築家アルヴァ・アアルトが夏を過ごした「夏の家」の配置図である。住まいは広大な森の中に位置し、白樺の木立に囲まれて建っている。そこから北に30mほど行った先に、サウナ小屋や船着場、ボート小屋が点在する。鳥になったつもりで上空から配置を眺めると、大通りと森、湖と建物の関係が把握できる。住宅の配置を考えるときは、虫の目（近いところから注意深く）、鳥の目（高いところから俯瞰するように）と、様々な目で見る必要がある。

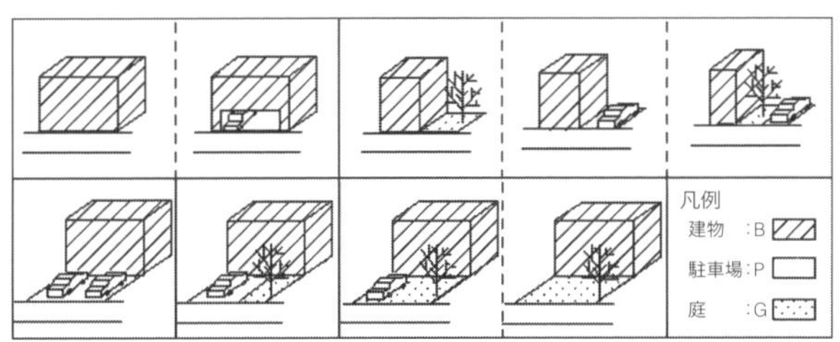

⓬ 自動車配置と住宅の構え[8]

建物を主体として都市空間を読み取る

外部を主体として都市空間を読み取る

⓫ 都市空間の図（建物版・外部版／大阪市住吉区のある集落）[7]

⓭ 須磨ニュータウンの住宅地の歩行者専用通路

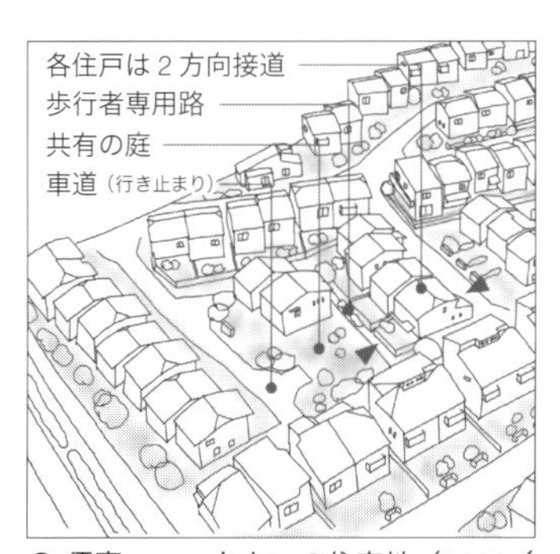

⓮ 須磨ニュータウンの住宅地（1983／GH2 団地）

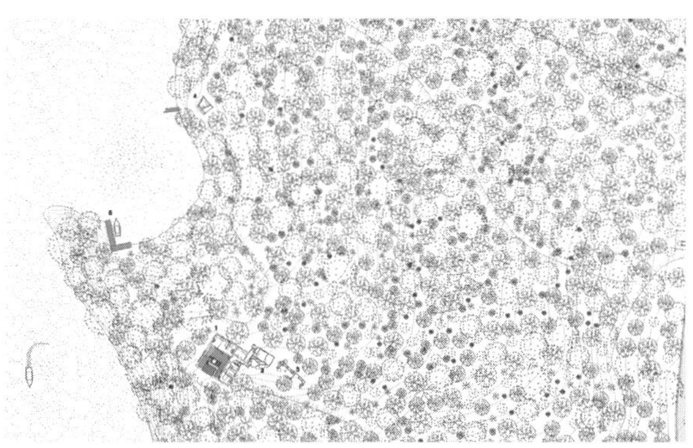

⓯ 夏の家（1954／アルヴァ・アアルト）の配置図[9]

5-2 平面計画 生活を秩序づける

住宅で行われる様々な生活行為を秩序化するのが平面計画であり、動線とゾーニングがその基本となる。また、ある時代や地域で共有される平面の「型」は、多様な住み手を許容する上で活用することができる。

1 | 平面は空間を秩序づける

プランは原動力

ル・コルビュジエはかつて「the Plan is the generator（プランは原動力である）」と言った。ここで「プラン」とは、建築空間における柱・壁の配置や部屋の配列といった「平面」であり、それと同時に「計画」を意味している。建築における計画とは、建築を構成する諸要素やそこで営まれる生活行為の関係に、その目的に沿った何らかの空間的秩序を与える行為である→0-3。その意味では、プランニング（平面計画）は建築空間に秩序を与えることと同義であり、住宅においても空間を構想するうえでの基礎となるものである。

生活行為と空間の組織化

住宅で行われる生活行為のあり方は住み手のライフスタイルや家族構成、趣味趣向によって異なる。また、同じ家族でも個人によって異なるし、時代やライフステージによっても変わってくる。

例えば、かつては家族そろって食卓を囲む「一家団らん」が理想とされた時代もあった。現代では、共働きや単身世帯が増えたこともあり、個人がそれぞれ都合のよい時間、場所で食事をとるのが現実であり、それが普通の感覚となっているのではないだろうか。他にも、子どもは乳幼児期には親の目から離さないようにする必要があるが、成長とともにリビングなどの広い空間でそれぞれ過ごすようになり、学校に通うようになると独立した部屋を欲しがる。そして進学や就職で子どもが家を出ると子ども部屋は不要になる。余った部屋を客室や趣味のための部屋として使うのもよいだろう。

このように、住みこなし→4-3の過程で住み手は空間を自分のものにしていく。これは人が空間に働きかける力を積極的に評価し、そこから住宅のあり方を発想する空間の領域化→5-4の視点である。

一方、住宅の平面計画では、上で述べたような多様な生活行為を、住み手の生活やライフステージを考慮しながら秩序づける。ここでの秩序づけは空間の組織化という視点から行われ、動線計画とゾーニングがその基本となる。住宅を、多様な生活行為を受けとめる、組織だった空間の集合体として捉える発想である。

2 | 平面計画の基本

動線計画

動線は、建築空間における人間の運動の軌跡・量・方向・時間変化を示したものである。ドイツ人建築家ブルーノ・タウトにより提唱され、アレキサンダー・クラインにより理論化された。動線論は住宅内の私的・公的動線をまとめ最小化することを目指し、機能主義に基づき住宅平面を評価・計画する理論の確立に寄与した❶。

これに対して西山夘三は、動線は最小がよいとは限らないこと、人の動きにのみ注目していることを批判し、物や環境要素も含めた建築組織線という概念を提案した。

たしかに、動線を整理・短縮することは家庭内の衝突事故や家事の負担の軽減につながる。しかし、あえて動線を長く取ったり交わらせたりすることで、空間を演出したり、住宅内での交流を促したりすることができ、それによってより豊かな住まいになることもある❷。

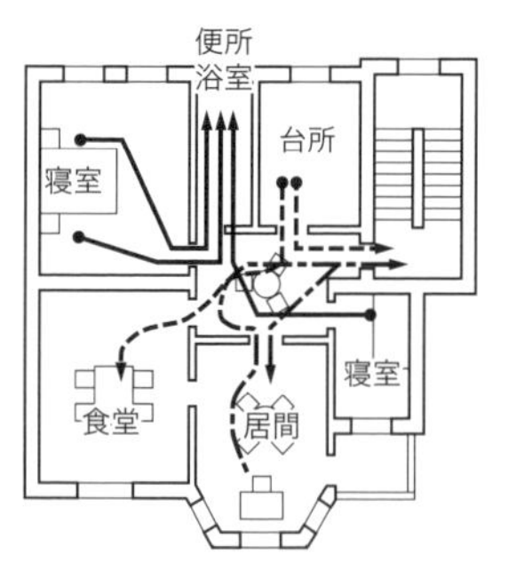

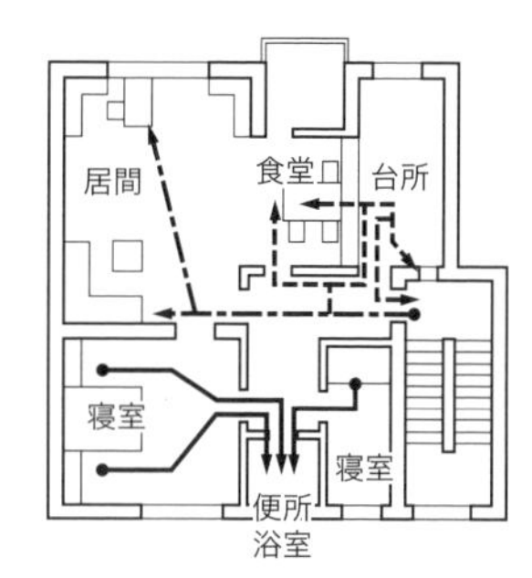

❶ 伝統的平面の複雑な動線（左）と改良された平面でのシンプルな動線（右）[1)]

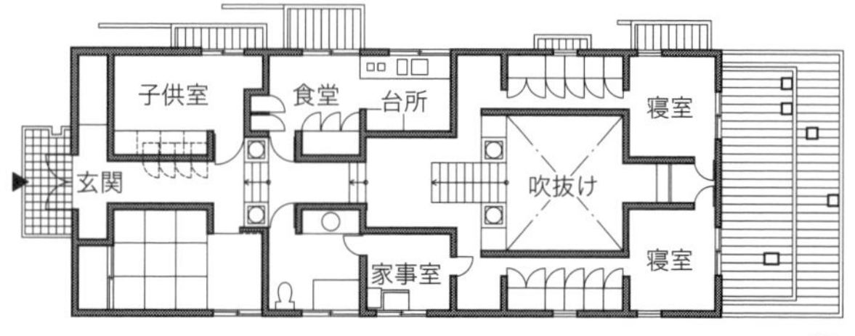

2階

❷ 原邸（1974／原広司）
天窓が連続する吹き抜けの廊下・階段を擬似外部空間（街路）とみなし、各々の部屋が内向きに配置され集落のような構成をとる。

単位空間

単位空間とは、関連する一連の生活行為を行為群（例：団らん・調理・食事・接客・就寝・排泄・入浴など）と捉え、行為群を行うのに必要な動作寸法や設備・家具・物品の寸法を想定した空間を設定したものである。例えば、コンロを使う／食材を切る／食器や食材を洗う、といった一連の行為はまとめて「調理」という行為群として捉えられる。台所や浴室、トイレといった設備をともなう空間は、規格化されやすく単位空間として捉えやすい。一方、リビングや寝室、書斎といった設備をともなわない空間は、単位空間という捉え方に馴染みにくい。とはいえ、単位空間を建築の基本単位として、個々の単位空間を具体的な建築空間に割り当てて計画を進めていくことが基本的な考え方となる。

ゾーニング

ゾーニングは、単位空間を秩序立てて配列する一つの有効な方法である。基本的には、関係の深い単位空間（就寝と排泄、調理と食事など）どうしを近づけ、関係の浅い、あるいは干渉しあう単位空間（団らんと就寝、入浴と接客など）は遠ざける❸。効率的なゾーニングによって動線がシンプルになり、平面をコンパクトにすることができる。池辺陽による住宅の基本組織図では、寝室（個人圏）、居間（社会圏）、台所（労働圏）を三角形の頂点に置き、各々からの連絡が必要な便所・洗面が中央に配置されている。他の生活は三角形の線上に適宜配置される❹。

また住まいでは、プライバシーが必要な空間とコミュニケーションを促す空間を適切に計画することも欠かせない。入口の近くにパブリックな空間を置き、奥にプライバシーが確保された空間を配置するという、「段階構成論」に基づくゾーニングが現代の住宅平面計画の基本的な考え方である❺。ただし、個人と社会のつながりを重視してプライベートな空間をあえて外部に近い場所に配置する（例：リビングアクセス型住戸❻→5-6）、パブリックな空間を住宅の中心に据える（例：シェアハウス❼やコレクティブハウス→5-6）のような場合もあり、段階構成論が常に求められるわけではない。

3 | 単位空間と住まい

単位空間≠部屋

単位空間はあくまでも生活行為と空間の関係について考えるための手立てである。単位空間の形態・機能を変

◎：特に関連が深い　○：関連がある

住生活行為 ＼ 居室の種類		リビング	ダイニング	接客室	書斎	寝室	子供部屋	地下室	キッチン	浴室	トイレ	押入・物置
集合的行為	家族の団らん	◎	○						○			
	食事	○	◎						○			
	遊びと趣味	○	○	○	○	○	○	○				
	接客	○	○	◎	○							
個別的行為	夫婦の就寝	○		○		◎	○					
	子供の就寝	○		○		◎	◎					
	仕事・勉強	○	○	○	◎	○	◎	○				
家事的行為	料理		○						◎			
生理的行為	入浴									◎		
	排泄										◎	

❸ 居室の種類と生活行為 [2)]

❺ 正面のない家（H 邸）（1962／西澤文隆）
パブリック（客室）、セミパブリック（居間・食堂・台所）、プライベート（子ども室・寝室）な空間が L 字形に並ぶ。中庭に突出した居間が公私の領域を緩やかに隔て、各室からの視線が交わらないようにしている。

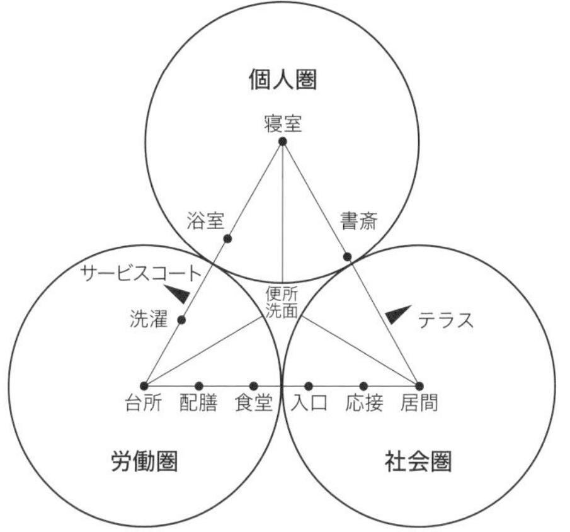

❹ 住宅の基本組織図（池辺陽）[3)]

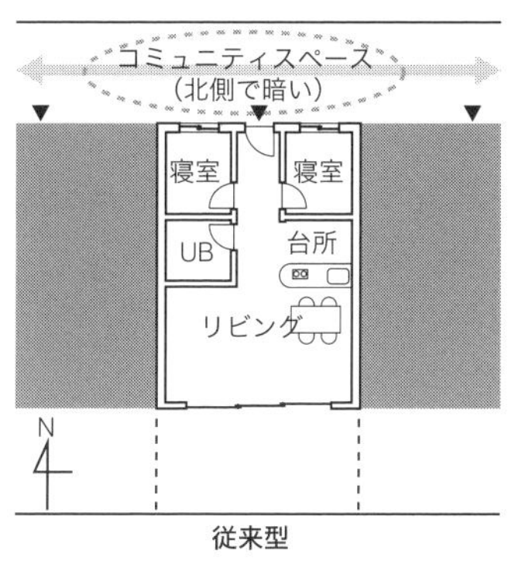

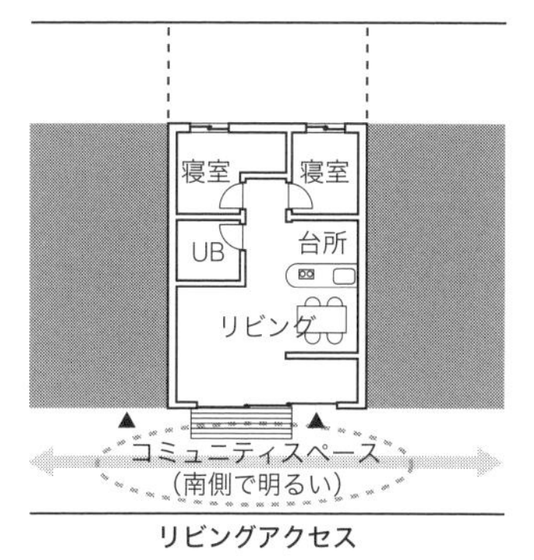

❻ 従来型の平面（左）とリビングアクセス型の平面（右）
従来型はリビングの居住性・プライバシーを重視、リビングアクセス型は社会とのつながりを重視し、リビングを南側のアクセス動線に向けている。

化させることなく居室を連結させることは稀である。敷地形状や建設資金の制約、空間の使い勝手などを考慮した結果、単位空間と実際の空間が1対1で対応しないことがむしろ普通である。一つの単位空間が必ず一つの部屋を構成するわけではない。

日本の伝統的な住まいでは空間と機能の関係、公と私の関係がかなり柔軟であった。畳の部屋では固定された家具が置かれず、昼間は食事・団らん、夜は就寝といったようにシーンに応じて用途が変化する。また、明確に分節された部屋という概念が希薄である。冠婚葬祭などの際には続き間が一体として使われ、普段とは異なるハレのしつらえとなり、大勢の人びとが住宅内に招き入れられる。京都の表屋造の町家→ 3-2でも、通り庭に沿って、表通りに近いところから順番に「大戸とミセの間」・「舞良戸・式台と玄関の間」、さらにその奥に「中戸とかまど・土間」があり、それぞれ、「仕事関係の客」・「正式な客」・「近所の人や親戚などの気心が知れた人」といったように、家人と相手との関係によって出入りの動線が使い分けられており、プライベートとパブリックの境界が柔軟に変化する。

単位空間の重ね合わせ

現代の住宅では、単位空間という考え方が顕著であり、公私の関係もゾーニングによって整理されている。そのため、かつての日本の住まいで見られたような柔軟性は少なくなっている。それには住宅のつくり方の変化（畳の間の減少、西洋化）、職住の分離なども関係している。

それぞれの単位空間を縮め・歪め・重ねわせることで、実際の空間（室）が構成される。例えば、リビング・台所・ダイニングの関係にも様々なバリエーションが考えられる→ 4-4。51C型の標準平面→ 4-3では、限られた面積の2室住宅で食寝分離と隔離就寝の両方を実現するために、食事と調理の単位空間を重ね合わせたダイニングキッチンが導入された。他にも、団らんと食事の場を兼ねたリビング・ダイニングは、北欧のアパートでよく用いられるが、日本の住まいの茶の間もこれに該当する空間である。

また、子どものスペースを子ども部屋として完全個室にすると、プライバシーを確保しやすくなるが、親子のコミュニケーションが不足しがちになる→ 4-5。そこで、子どものスペースをリビングなどの共用空間に隣接させる、スキップフロアなどで視線の高さをずらし緩やかにプライベート空間をつくる、間仕切り・可動収納で空間

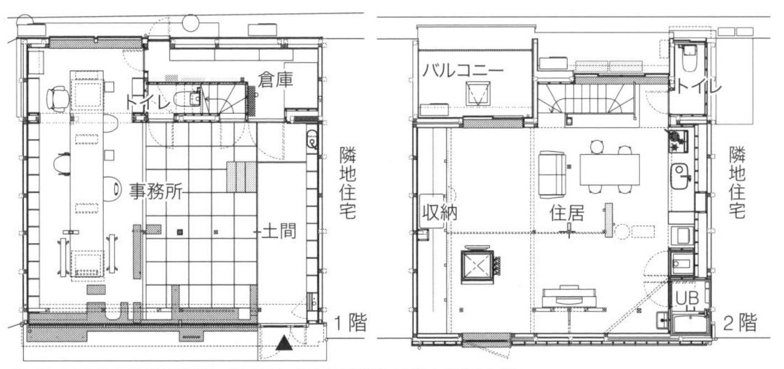

❽ SPACESPACE HOUSE（2018／香川貴範＋岸上純子）[6]

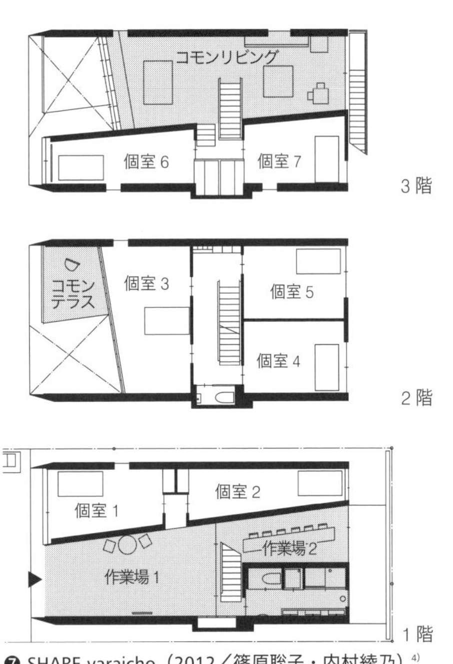

❼ SHARE yaraicho（2012／篠原聡子・内村綾乃）[4]
7人が暮らすシェアハウス。各階に共用空間と個室を設けることで住民同士が顔をあわせる機会を増やし、単身居住と家族居住の中間形態をめざしている。

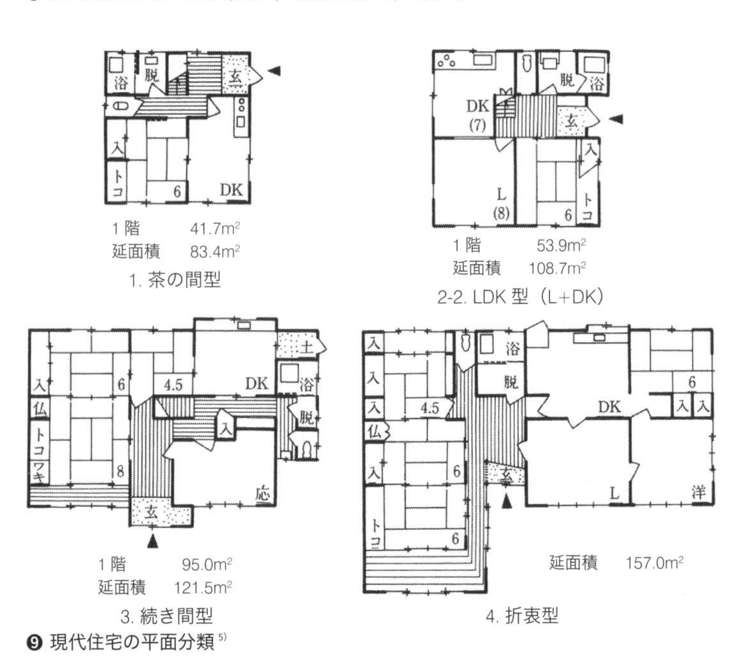

❾ 現代住宅の平面分類[5]

を仕切るなど、閉じた単位空間に拘らない方法もあり得る。「SPACESPACE HOUSE」は、商店街の店舗をリノベーションした事務所兼住宅である❽。1階（建築設計事務所）、2階（居住スペース）ともに大きなワンルーム空間であり、柱や棚・カーテンなどによって空間がゆるやかに分節されている。

4｜平面の「型」から考える住まい

平面を「型」で考える

戦後の日本では、住宅平面をいくつかの「型」に整理し設計を標準化することで、住宅供給を効率化し、大量の住宅需要に応えるとともに生活水準の底上げを達成してきた。戦中から続く住み方調査にもとづき、当時のぞましい住み方とされた食寝分離や就寝分離を実現する「型」の代表例が51C型住宅標準設計であり、さらに住宅規模・形状に応じて標準的な住宅平面のバリエーションを示したのが「型計画」であった→4-3。

平面の「型」を再考する

現代の社会では、人々の生活様式が多様化しており、大多数の人々に共通する住要求に対して標準的な住宅平面で応えるという型計画の発想は明らかに馴染まなくなってきている。一方で、ある地域に定着している平面の「型」には、時代を超えて共有される合理性があるとも捉えられる。住田昌二は、公室（接客の場と家族生活の場）の取られ方に着目し、日本の現代住宅の平面を「茶の間型」「LDK型」「続き間型」「折衷型」に分類している❾。そして、近代化・都市化とともに茶の間型、続き間型がLDK型へと置き換えられていくと考えられていた。実際、地方都市の新築独立住宅の平面型を分析すると、そのような傾向が日本全体としては見られた。しかし、例えば、東北、北陸、山陰、南九州、一部の中部地域では、新築住宅においても続き間型が根強く残っており、LDK型を上回っていた❿。このことから、時代遅れだと考えられていた平面にも実は、時代によって変化する住み手の住要求に応える柔軟性があり、また、住み手とつくり手の住まいに対する共通言語としての役割があると考えられる。住宅が「型」を持つことは、それが住み手の生活を制限するのではなく、多様な住み手に開かれたものになるのであれば、今もなお有意義であろう。

しかし、LDK型平面に代表される、近代の住宅計画における平面の「型」は、部屋名のついた目的ありきの空間とそれをつなぐ動線（これも移動という目的を果たすための空間）から成り立っており、各部屋には目的に沿った家具や設備が置かれている。こういった目的ありきな空間で埋め尽くされた住宅は住み手にとって窮屈であるし、住み手の変化に対応することが難しい。伝統的な住宅平面の「型」には、例えば農家の土間や町家の通り庭のように、機能が限定されず柔軟に使える、ゆとりある空間が含まれていた。「ヒムロハウス」は、老夫婦のための住居であり、使われ方と空間が1対1対応する「黒」のスペースと、使われ方によってその場所の呼び方が変わっていく「白」のスペースからなる⓫。非目的的な「白」のスペースを広めに取ることで居住者が入れ替わった後も柔軟に使われ住み継がれていくことを意図している。

日本でも人口減少により建物や土地が余りはじめ、多少は空間にゆとりが持てる時代になってきた。これからの時代にふさわしい、現代の住宅の「型」を平面から考えてみるのもよいだろう。

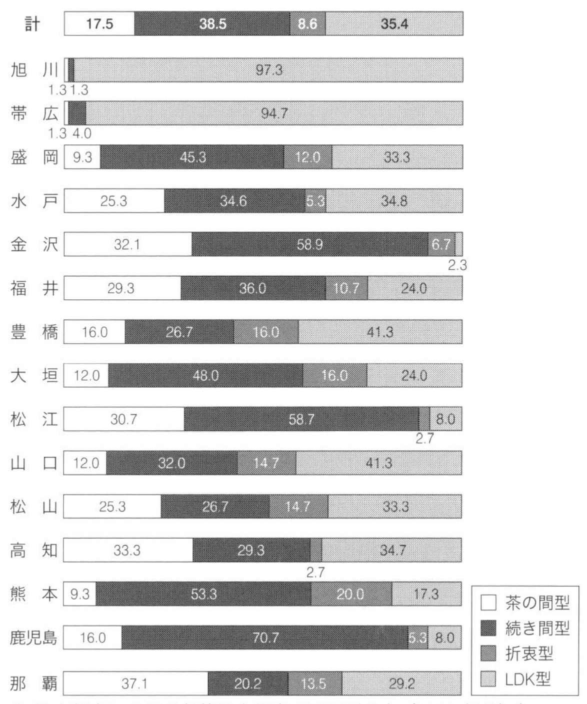

❿ 地方都市における新築独立住宅の平面型分布（1980年代）[5]

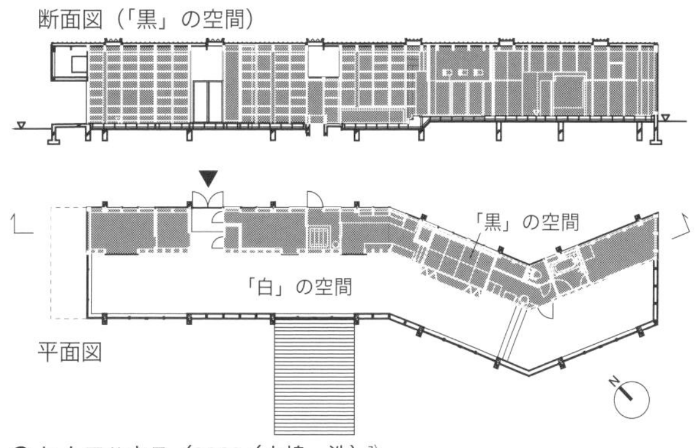

⓫ ヒムロハウス（2002／小嶋一浩）[7]

5-3 断面計画 立体的に考える

断面の計画は、平面の計画より自由である。平面図は生活上の要求に強く規定される。一方、断面の計画には床面積の制約がなく、高さの設定が自由であり、立体的に考えることによって計画の幅が広がる。

1 | 断面を考えることで広がる可能性

立体的に暮らす

鉛直性は地下室と屋根裏部屋という極性によって裏づけられる。　（ガストン・バシュラール『空間の詩学』1957）

住空間を計画するときに断面構成から検討してみると、平面から考える場合より自由に空間を捉えることができる。平面図だけを眺めていてもあまり見えてこないが、断面図では、屋上庭園・屋根裏部屋・ロフト・吹抜け・中２階・テラス・ピロティ・半地下・サンクンリビング・地下室・サンクンガーデンなどの有効性がわかる。これらはいずれも、床レベルの高さの違いを活かした要素である。

小さな住宅であるほど、このような断面的な検討が威力を発揮する。床面積が限られていても、空は広く、地下は深い。屋根裏部屋や地下室は家の中に立体的な広がりをつくり出し、住人は階段を地下室へとくだっていき、屋根裏部屋へとのぼっていく。

「塔の家」❶①→3-5は建築面積わずか3.6坪、6層の不整形な都心の住宅で、すべての部屋が階段でつながっている。住むために必要最小限のものを選択しつつ、外部との接点が丁寧に設計され、道路から通り抜けられる駐車場、空へと開いたテラスがある。このように階層の重なりを活かすことで、上下のつながりをつくり、小さな平面にも広がりを与えることができる。

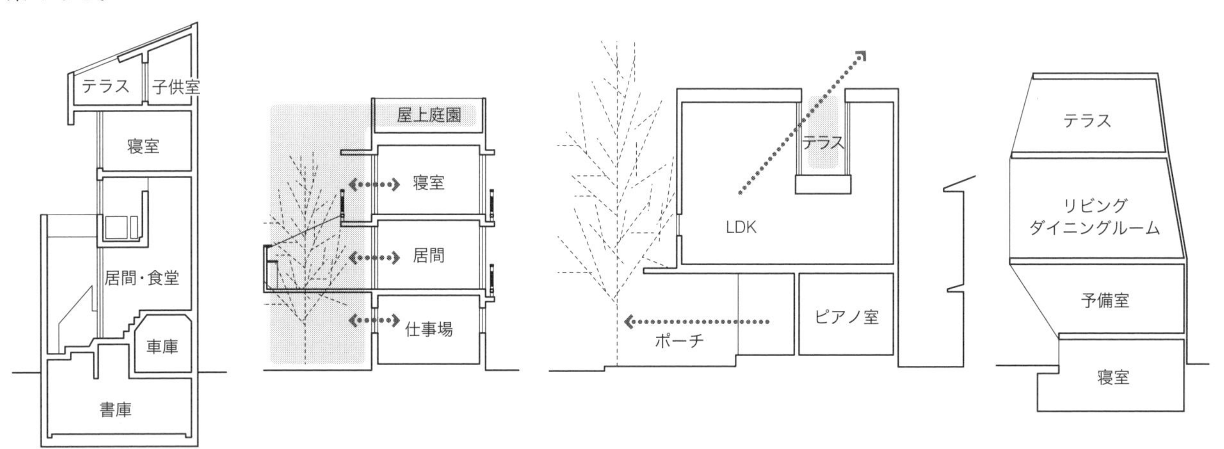

① 塔の家（1966／東孝光）　② サニーボックス（1963／藤木忠善）[1]　③ 黒の家（2001／千葉学）[1]　④ 小さな家（2000／妹島和世）

❶ 小さな住宅の断面（1/250）

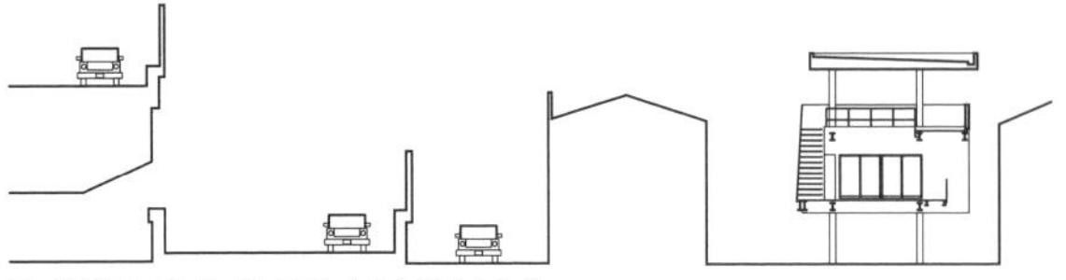

❷ 此花の長床（2002／中村勇大）[2]

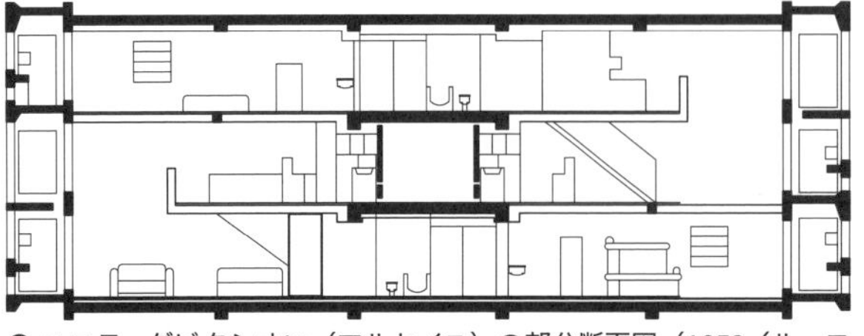

❹ ユニテ・ダビタシオン（マルセイユ）の部分断面図（1952／ル・コルビュジエ）[3]

❸ 浦邸（1956／吉阪隆正）[4]

断面計画とピロティ

断面図は傾斜した地形、海や山への眺望などの敷地の特徴を端的に表す。例えば、❷の断面図は高速道路近くの敷地に建つ住宅の1階をピロティで開放することにより、周辺の道路から敷地までを一体化していることを示している。大地の形状や建物と地面の接し方、周辺の環境を表現する際に断面図は重要な役割を果たす。

ル・コルビュジエに師事した吉阪隆正は「大地は万人のものだ。私は一人占めする権利はない」*1とピロティを用いた。「浦邸」❸では、正方形平面の中点でくの字形の柱が屋根と床のスラブを持ち上げている。「スカイハウス」→4-5ではメタボリズムの理念を用いて、子どもの成長とともに子ども部屋を増築するための余白としてピロティが計画された。建築後、子ども部屋が2階から吊り下げる形式で実際に増築された。このような動かせる部屋や設備は「ムーブネット」と呼ばれた。

レベルの違いを活かして縦に住む

断面の高さの違いごとに、外から室内に入ってくる光の量が異なり、周辺の環境が変化する。地上からは狭い空しか見えなくても、屋上からは海や山が見えることがある。「サニーボックス」❶②は、階ごとに外部に応答する断面構成になっている。1階は大きな軒下空間、2階は大きなテラス、3階は屋根のあるテラス、そして、屋上庭園となる。

3階建ての住宅である「黒の家」❶③では、CTスキャンするかのよう各階の平面図を描いて周辺環境との関係を階ごとにデザインしている。1階は閉じつつ開く構成で、2階はL字形の道路に合わせて、L字形の窓が横長に連続している。3階は、吹抜けと合わせて上空に向かって開いている。低層の住宅地の場合、上階になるほど住宅の密集が軽減され、3階レベルになるとかなりの低密度になることを活かした設計である。

集合住宅でレベルの違いを活かす

集合住宅の場合にも断面の検討は有効である。フラットな住戸を横に並べて階をつくり、それを積層して集合住宅を計画するのではなく、2階分や3階分を使って1住戸とするメゾネットの住戸を組み合わせる集合住宅がある。住戸内部には戸建住宅のように階段や吹抜けがあり、立体的な広がりを持つ。ル・コルビュジエによる「ユニテ・ダビタシオン(マルセイユ)」は18階建て337戸の巨大な集合住宅で、メゾネット型の住戸を巧妙に組み合わせて住棟全体を構成している。❹は3層分の断面図で中央が廊下である。両面が窓に面した階と、中廊下のある階があり、EV(エレベーター)は3層ごとに停止する。

2 | 昇降装置と屋根

昇降装置を考える

階段やスロープ、EVなどの昇降装置は、上下の床をつなぎ、空間に連続や転換をもたらす→4-6。「塔の家」のように階段と各階が扉なしで一体化する場合もあれば、コアとして階段室にまとめられる場合もある。「小さな家」❶④は約10坪、四つの異なる大きさの部屋が積層された住宅で、螺旋階段が上下をつなぐ簡潔な構成である。階段室の位置と床スラブのずれによる外壁の傾きが慎重に検討され、地上階では斜めの壁の下部が駐車場になり、最上階は浴室とテラスになっている。

階段は一つの住宅に一つだけとは限らない。複数の階段が複雑に上下をつなぐ、あるいは、ひな壇状に床全体に広がる例が見られる。「宮本町の住居」❺では、700mmの段差で設けられた13枚の床に4段の階段が13ヶ所設けられ、多様な家族の居場所をつくっている→Column 02。

階段以外の昇降装置としては、スロープやEVがある。スロープでは住宅内を緩やかに上昇することができ、バリアフリー対応も可能である。年々、ホームエレベーターが設置される住宅は増加しており、2019年時点の保守

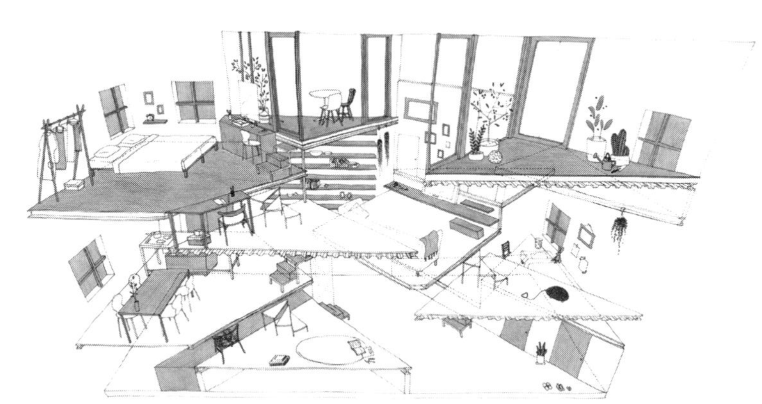
❺ 宮本町の住居(2017/島田陽)[5]

❻ HHH(2016/山隈直人)[6]

台数は約9万件である＊2。EVがセンターコアとなった住宅「HHH」❻は2階建てだが、スキップフロアになった五つのレベルにEVが停止し、高齢の住人の暮らしを立体的にサポートしている。

自由に屋根をかける

屋根は断面図で描くと最上の位置にある平面ということになる。風雨などの自然環境への対応→7-1は必要だが、床とは違って人が乗らないので荷重が床ほどはかからず、構造的に比較的自由で用途の制約もない。鉄骨造の「シルバーハット」❼にはアーチ屋根が連続してかかっていて、軽やかで奔放な覆いとなっている。RC造の屋根は重たいが彫塑的なカーブをつくることができ、音を拡散する役割を果たすことができる。❽の「行橋の住宅」ではRCラーメン構造のU形、J形の梁が屋根をつくり、梁の内部は2階の居室になり、リビングが音楽ホールを兼ねる。木造の場合は勾配屋根の小屋裏を利用することができ、「十ノ坪の家」❾の断面図のように家全体に一つの屋根をかけると、木の架構による大胆な広がりを一室空間につくり出すことができる。このように屋根の形状は自由であると言える。

他にはフラットルーフを用いて屋上緑化したり、ペントハウスを設けたりする事例もある。外から住宅を見たときには、屋根は地形と一体になって見え、屋根の連続が通りの景観をつくることがあるので留意したい。

3｜開口部と光・風・風景の計画

窓と視線の高さ

窓を計画するときには、視線の高さを基準に開口部の位置や大きさを検討する❿。視線の高さを開口部の中心に合わせて設定すると、上下左右に景色が広がる。床に座る場合は掃き出し窓を設けると、座った視線の高さと窓の中心が合う。椅子に座る場合は腰窓を採用すると、腰掛けた際の視線の高さと窓の中心が合う。掃き出し窓では室内の床が庭とひと続きになり一体化しやすく、腰窓の場合は窓際にも家具が置ける。家具の寸法や視線の高さに応じて適切な窓の高さが変化する。

高低差のある敷地の場合や周辺に公園などがある場合は、窓の高さを断面図で検討することにより、プライバシーの確保や借景の楽しみを容易に計画とつなげることができる⓫。

断面構成と環境

季節ごと（夏至・春分・秋分・冬至）の太陽高度の違い、風の通り道、断熱層、空気の循環、雨水の流れ方など、環境に関する性能は断面図に表れる→6-2。光の入り方、風景の見え方、空気の流れ方など、立体的に考えると検討できることがより増える。ハイサイドライトは、重力換気を促すとともに、周囲が建て込んでいて採光が得難い場合に有効に働く。設備の配管→6-3の位置なども断面図でチェックする。

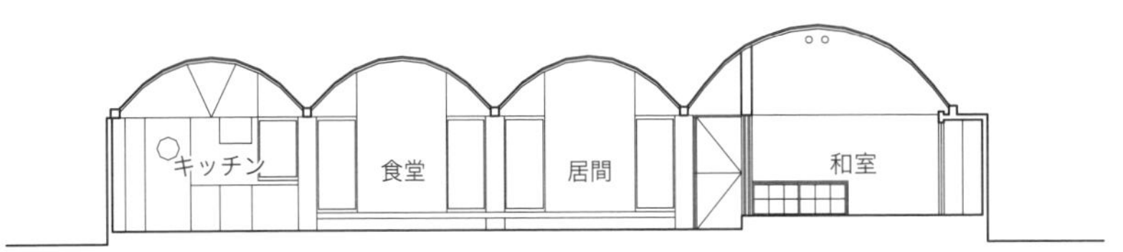

❼ シルバーハット（1984／伊東豊雄）[1]

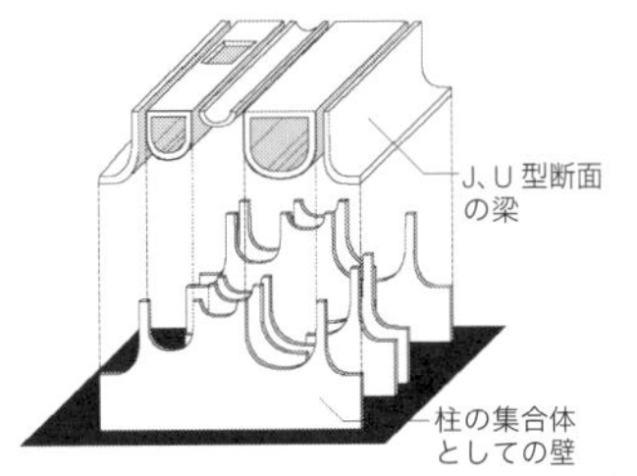

❽ 行橋の住宅（2012／末廣香織・末廣宣子・桝田洋子）の構造ダイヤグラム[7]

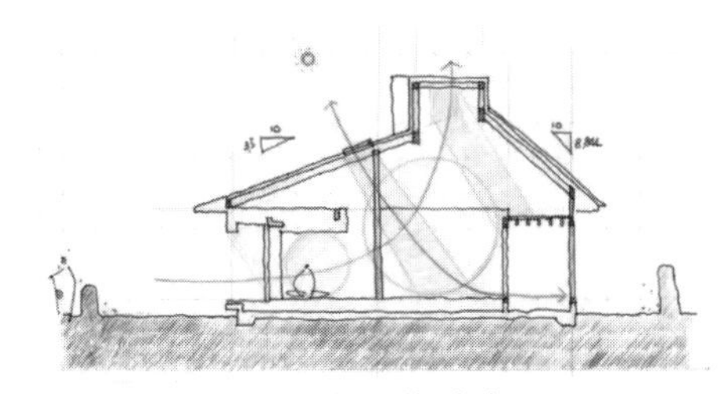
❾ 十ノ坪の家（2015／竹原義二）[8]

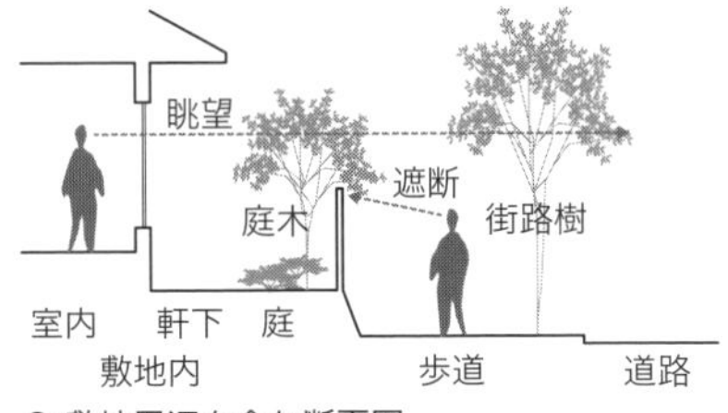

⓫ 敷地周辺を含む断面図

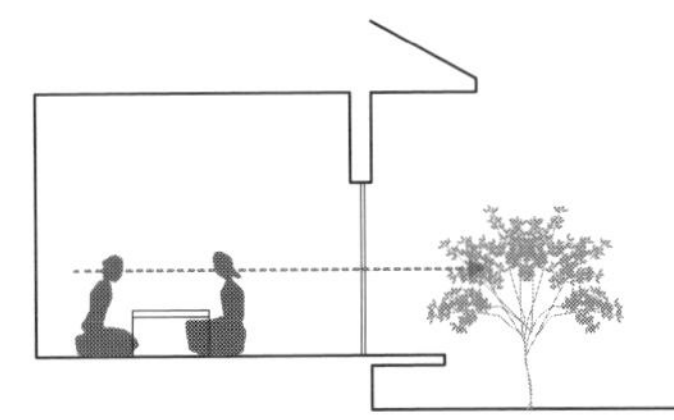
床座と窓と庭の関係（掃き出し窓）

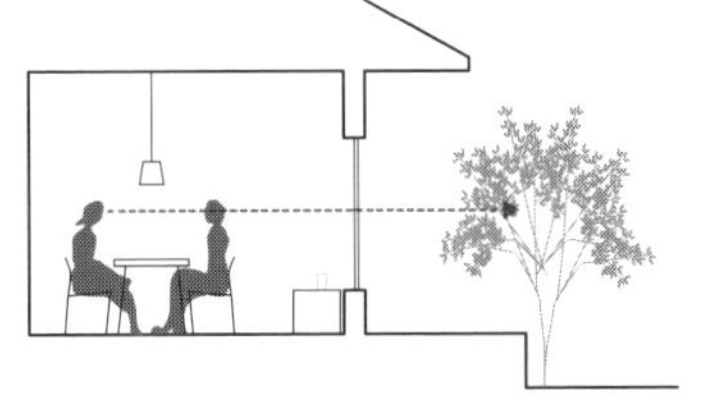
椅子座と窓と庭の関係（腰窓と家具）

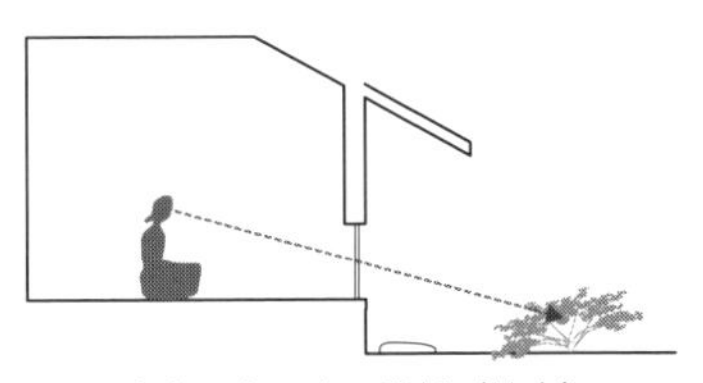
床座と窓と庭の関係（地窓）

❿ 座位と開口部

4 | 3次元で空間を検討する

3次元のツール

住空間の検討を3次元で行うためには、模型や3DCGモデリングツールを使う。平面図や断面図を用いた紙面上での検討とは異なり、建物の造形やボリュームを3次元のままで検討することにより立体的に建築を捉えやすくなる。また、コンピューターの支援により、3次元曲面の造形の自由度が飛躍的に高まり、3Dプリンターを用いた住宅のデザインなどが試みられている。

空間を3次元として扱う近代の試みには、アドルフ・ロース（1870-1933）による「ラウムプラン」がある。ロースは、1階や2階というものは存在せず、空間が相互に接続するとして、広さと天井高さの異なる部屋を3次元のパズルのように組み合わせ、複雑な空間を構成した。

紙面上の検討においても、パースやアクソノメトリック図、断面的な構成を表すための断面パース❺を用いると、高さ方向の広がりや上下のつながりだけではなく、各空間の奥行きやそこでの人の行為の様子などを含めて図面上で一望することができる。

模型によるスタディ

模型による検討では、敷地にどのように建築が建つのか、そのボリュームや周辺建物との距離を立体的に検証し、そこから少しずつ計画を深めていく。⓬は模型で設計を進めている様子である。最初に大まかな建物配置を敷地模型の上で試し、周辺環境や設計の与条件を踏まえて配置や形を調整している。つぎに、具体的な素材や建物の形状を決定して模型の密度をあげ、屋根の傾きを決めている。このように、図面上での検討と並行して模型を使って考えることにより断面の計画が深まっていく。

さらに、模型の素材や表現の違いにより断面検討の方法を変えることができる。建物の構造フレームの形状を検討すること⓭→ column 08や、立体的に連続する造形を検討する際⓮に、線材を用いて構造模型をつくったり、金属板を曲げて模型をつくったりすることは有効である。

コンピュテーショナル・デザイン

コンピューターによる3Dモデリングは、建築を3次元から造形するために欠かせない道具になりつつある。例えば、ビルバオ・グッゲンハイム美術館（1997）をはじめ、うねるような曲線で造形された建築をつくるフランク・ゲーリーは、紙とセロテープで模型を造形し、それをスキャンして3Dプリンタで出力し、再び検討を加えるという作業を繰り返している。複雑な造形の探求だけではなく、合理的な材料やサイズの選択がコンピューターによって検討され、建設コストの最適化につながっている。

3Dモデリングに加えてデジタルファブリケーション→ 3-5の技術を用いると、コンピューター上で考えた造形のデータをそのまま3Dプリンタや3D切削機などの加工機に入力して物をつくることができる。造形するプロセス自体をコンピューターに担わせる試み、コンピュテーショナル・デザインも発展しつつある。

住居を計画する際に、図面に限らず様々な道具や技術を活用しながら空間を立体的に捉えて断面構成を考えることにより、複雑で自由な造形が可能になり、環境性能・周辺環境・構造などを含む深い検討につながる。

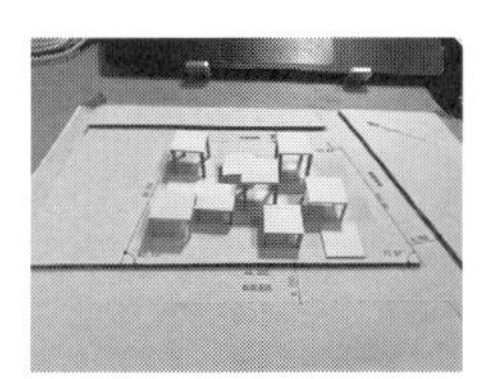
ボリュームスタディ

カタチと配置検討

大枠の建築が完成

植栽計画

模型完成

⓬ 学生による住宅地の模型スタディの様子 [9)]

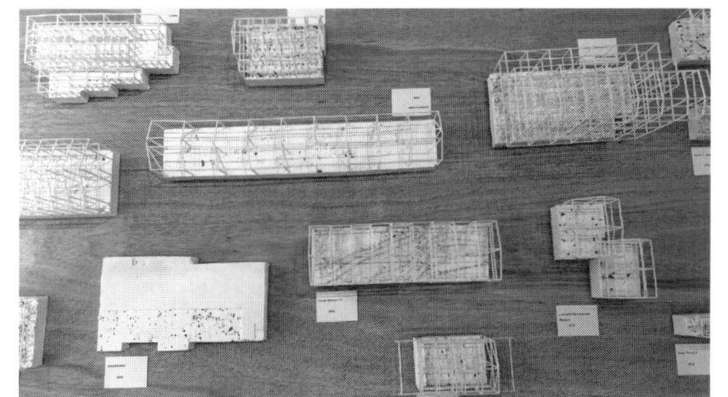
⓭ 木村吉成と松本尚子による木造軸組のスタディ模型 [10)]

⓮ SPRINGTECTURE びわ（遠藤秀平） [11)]

5-4 居心地のよい空間とは

居心地のよい空間とはどのようなものだろうか。安全や快適はたしかに重要だが、居心地に求められるのはそれだけだろうか。人間が社会的な動物であることを踏まえ、住まいを介した他者や社会との関係から感じる居心地について考える。

1｜個別に追求する居心地の限界

居心地のよい空間とはなんだろうか。安全・健康・便利・快適であること（WHOによる住環境評価の指標 → 4-1）はたしかに、人間らしい住まいの基本的条件である。しかし、居心地はそういった客観的基準だけでは測れず、人それぞれの感覚によるところが大きい。また、誰もが自分の居心地の良さを追求して競い合うような社会は、きっと居心地が悪いに違いない。居心地は人それぞれの主観や、他者の存在、そして社会との関係を抜きにして語れないのではないだろうか。

哲学者ハンナ・アーレントは、そこがいかに温かく心地のよい空間であっても、「私的領域 private realm」とは本来的に、「公的領域 public realm」の性質、すなわち「他者によって見られ、聞かれること」を「奪われている deprived」領域だと言った。私的領域（住まいや家庭）がなければ人間の生命維持活動も成り立たないのは事実だが、人間とは社会的動物であり、公的領域（他者・社会）を欠かせない。だとすると、私的領域と公的領域が混同されることは避けなければならないし、歴史を見ると全体主義は両者が限りなく同一化されてしまったことによる、人間という存在の重大な危機であった。

住まいをめぐって、「私」という存在が他者や社会とどのように関係づけられ領域を形成するだろうか、また、私的な領域と公的な領域の関係をどのようにデザインできるだろうか。

2｜居心地と空間・場所

スペーシングと近接学

人間を含め多くの動物は相手との「間」を取りながら生きている。動物行動学ではそれをスペーシング行動と言う。例えば、道端でネコに出会ったとき、逃走距離と呼ばれる一定の距離を超えて近づくとネコは突然逃げ出す。ライオンも逃走距離まで近づくといったん逃げていくが、さらに近づくと身体を反転させてこちらに近づいてくる。この逃走距離と攻撃距離との間のせまいラインのことを臨界距離という。パーソナル・スペースとは、個人を取り囲む目に見えない空間であり、人はそこに他者の侵入を許すと不快に感じる❶。近接学（proxemics）では、密接距離・個体距離・社会距離・公衆距離というようにコミュニケーションには状況に応じた適切な距離があることが知られる。密接距離は非常に親密か、もしくは逆に対立・格闘の間柄で取ることの多い距離であり、後の区分の距離ほど関係が疎遠であることを示す❷。

コミュニティとテリトリー

集住環境の設計では日常生活における住民間の距離の

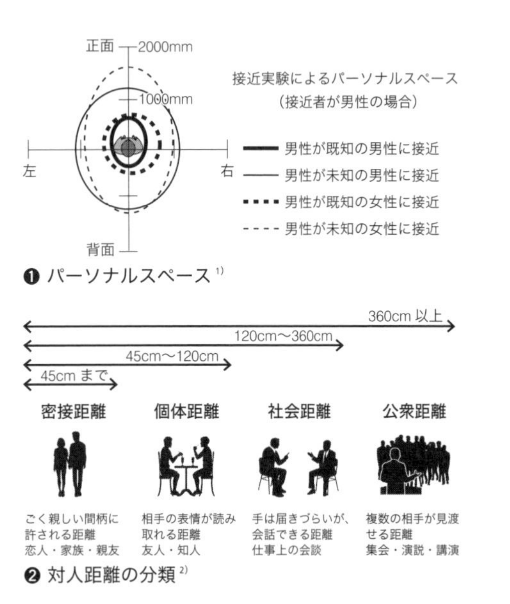

❶ パーソナルスペース [1]

❷ 対人距離の分類 [2]

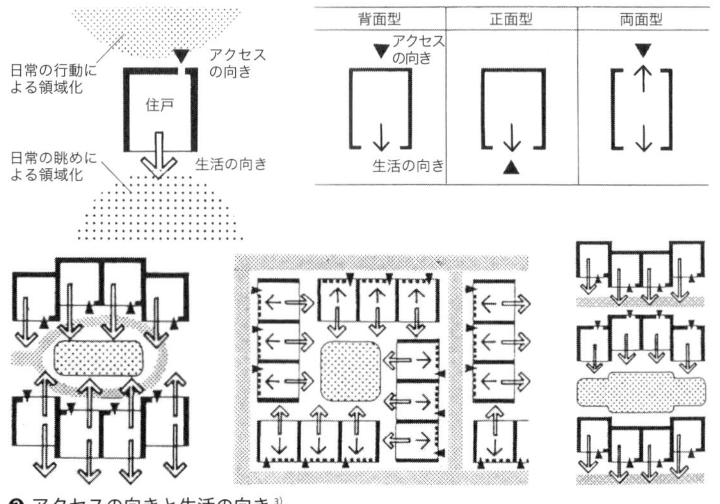

❸ アクセスの向きと生活の向き [3]
中庭アクセス型（左下）では住戸への出入り動線と住戸からの視線が中庭に集中している。

調整が重要である。挨拶や立ち話など接触の機会が増えればコミュニティが生まれやすくなるが、それと同時に誰かに常に見られていると感じ、プライバシー→4-5が損なわれる。鈴木成文は、アクセス（住戸への出入りの動線）と生活の向き（視線の向きや届く範囲）の組み合わせを工夫することで住環境におけるコミュニティとプライバシーの関係を制御する可能性を示した❸。

小林秀樹によると、人が住まう領域は、個人領域（住宅内の個室や専用スペース）から一次領域（家族集団の領域：住宅）、二次領域（社会集団の領域：会社・学校など）、三次領域（都市・地方・国）という広がりを持ちながら、それぞれの空間を取り仕切る主体が存在するテリトリー（なわばり）を形成している。例えば、家の中なら台所は母親、書斎は父親、学校なら教師や生徒、近隣なら住民や町内会といったようにである。それによって空間での行動の自由は制限されるのだが、誰かのテリトリーであると認識されていることで、不審者を監視する、ゴミが落ちていたら拾うといった行為が自然に生まれ、安心感につながる❹。

居場所と居方

「サードプレイス」は、社会学者レイ・オルデンバーグが提唱した、家庭（第1の場）でも職場（第2の場）でもない第3の場である。例として居酒屋・カフェ・本屋・図書館などがあり、そこでは人は家庭や職場での役割から開放され、一個人としてくつろぐことができる。住まいを補完する、居心地のよい居場所と言えるであろう。

「喫茶ランドリー」❺はサードプレイスの好例である。洗濯機・乾燥機やミシン・アイロンを備えた「まちの家事室」付きの喫茶店であり、ランドリーという機能があることで喫茶の常連客以外も気軽に立ち寄り、くつろげる居場所となっている。非言語コミュニケーションの手段には一般にその人の仕草や持ち物、服装、部屋の内装・しつらえなどがあると言われる。ここでは喫茶＋ランドリーという機能を持った空間のしつらえが、そこにいてもよいという非言語的なメッセージを発している。

「居方（いかた）」とは、鈴木毅が提唱した、人間がある場所に居る様子や人の居る風景を扱う枠組みである。優れた公共空間では、人々は直接会話をするわけではなくても時間と場所を共有し、実に多様な居方で居合わせている❻。例えば、ロンドンの公園では芝生の上で人々は近接しつつも、昼寝やおしゃべり、読書、散歩など、それぞれが思い思いに過ごしている❼上。また、スリランカの公園では、親密なカップルと独りの男性が木を挟んで距離を取りつつも日陰の空間を共有している❼下。人が様々な

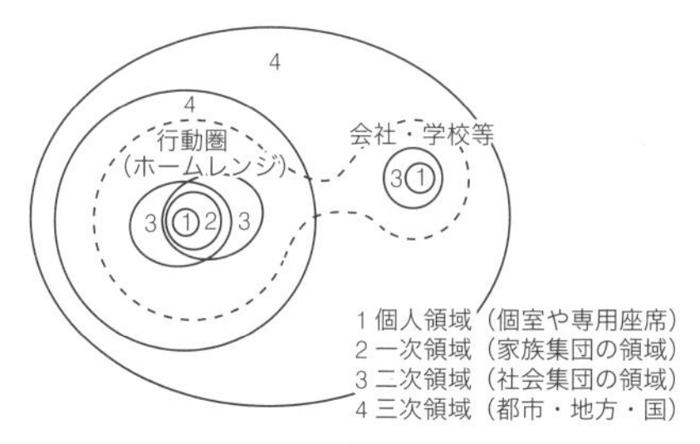

❹ 生活領域の段階構成[4)]

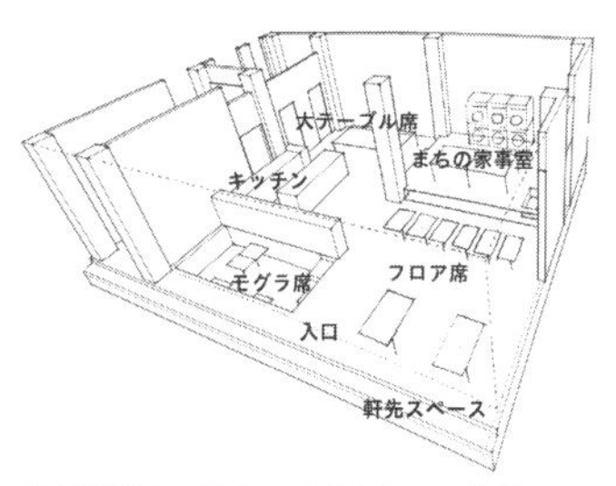

❺ 喫茶ランドリー本店（2018）[5)]

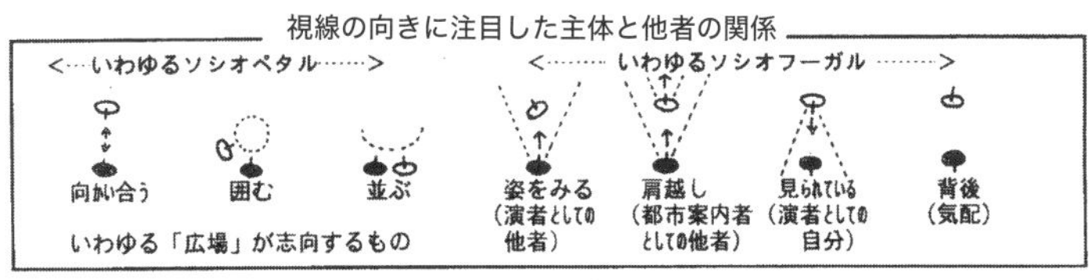

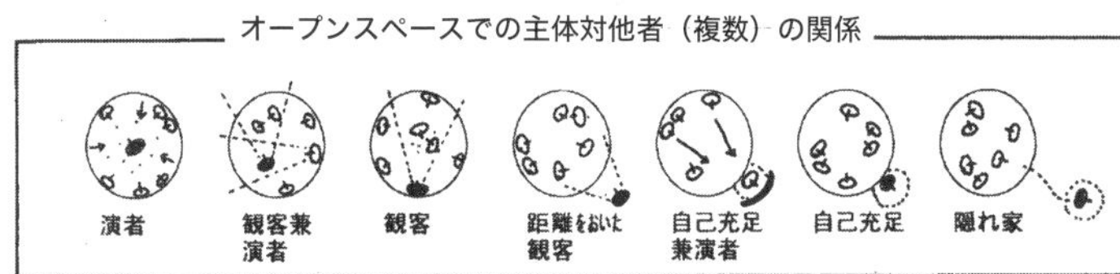

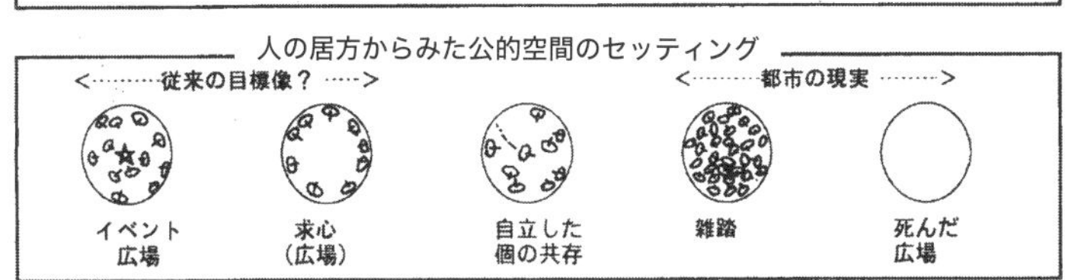

❻ 公共空間における様々な居方[6)]

（上）芝生の上で思い思いに過ごす人びと（セントジェームスパーク／ロンドン）

（左）樹にもたれかかるカップルと反対側でひとりスマホをみる男性（ヴィハーラ・マハー・デーウィ公園／コロンボ）

❼ 公共空間での居方の例

居方を取り、「自立した個の共存」が実現していることが、都市の公共空間の理想的な状態であると言える。

3｜居心地と文化

ウチとソト

哲学者・和辻哲郎は『風土』において、日本文化特有の家制度→2-1における間柄が、家屋や街の構造にも当てはまることを示している。日本の家では、家族とそれ以外の者を明確に区別しつつ、家族は「ウチの者」と呼んで構成員間の差異に無頓着である。このような間柄は、家屋と外部を塀・玄関・上下足の分離などによって明確に隔てつつも、家の内部の空間は襖や障子などの弱い境界によって曖昧にしか仕切らない家屋構造→7-2と重なる。

伝統的な家制度は現代では消滅しつつあるが、ウチ・ソトの感覚は現代の都市にも見出すことができる。

近代資本主義の成立に伴い個人が確立したヨーロッパの都市では、①個人の心の内と外、②家屋の内と外、③国や街の内と外といった区別こそあれど、日本で見られるような、家族という間柄としての内外の区別は重要ではない。ヨーロッパの都市では私的領域（個室）から一歩踏み出せばそこは公的領域（廊下・街路・カフェ・広場など）であり、人びとは自立した個人として付き合う。

一方、日本では家族やご近所などの親密な間柄は私的領域を超えて公的領域ににじみ出ており、それゆえ公的領域においても身内と他人を区別し、あまり積極的に交流しようとはしない。このような日欧の違いは、ヨーロッパの都市がかつて城壁で囲まれ、町全体を「家」のように認識しやすかったという都市構造とその成立背景の違いが関係しているかもしれない。

中間領域と敷居

このように公的領域と私的領域の区別が曖昧な日本の都市では、内と外、私と公の間にある曖昧で多義的な領域＝中間領域❽に共同体が成立する余地がある。

町家の通り庭やミセノマは中間領域の典型であり、そこには家族以外の者（正式な客人、商売上の取引相手、出入りの八百屋・魚屋、近所の人など）が出入りしており、相手との関係によって動線も使い分けられていた→5-2。現在も祭の際などには、ミセノマや通り空間などに中間領域が現れることがある❾。しかし、住宅の防犯やプライバシーが過度に重視されるに従い、中間領域はム

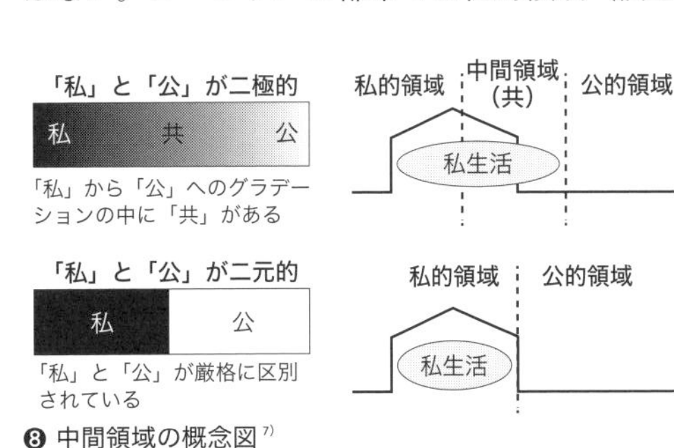

❽ 中間領域の概念図[7)]

❾ 中間領域の例
祭り（地蔵盆）の日に町家のミセノマの格子戸が外され通り空間との境界が曖昧となっている。

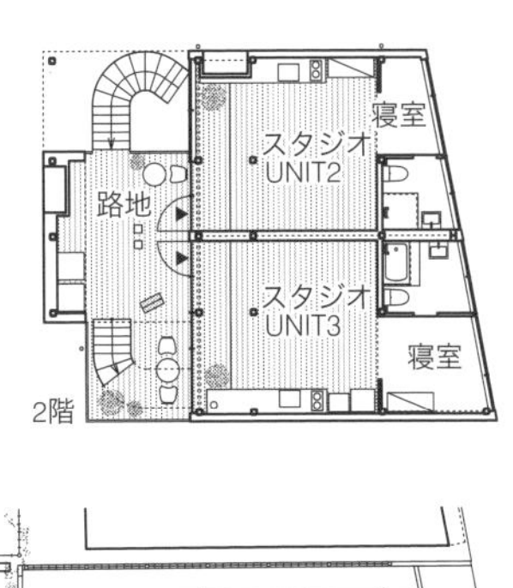

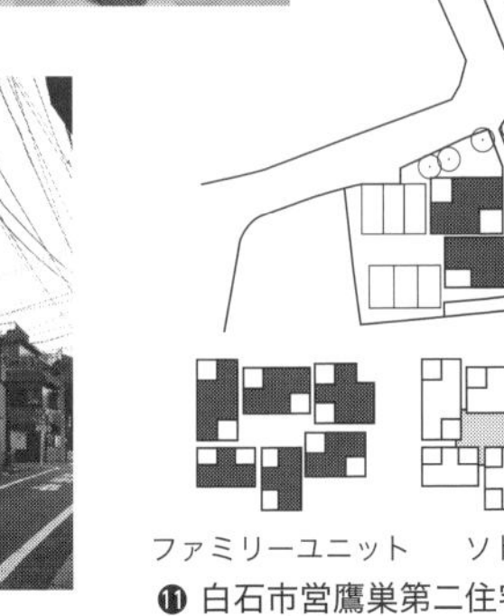

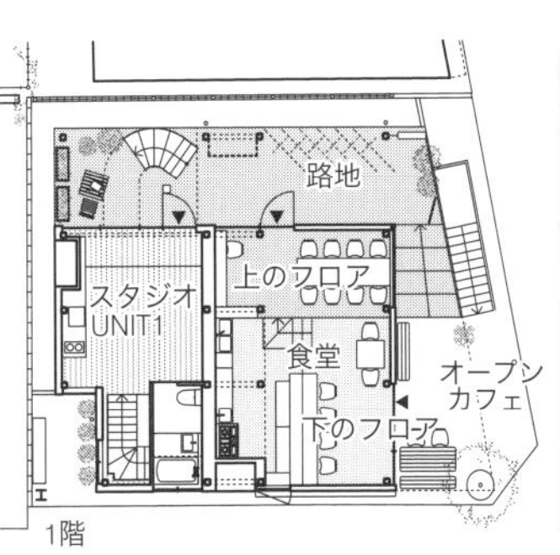

❿ 食堂付きアパート（2014／仲俊治）[8)]

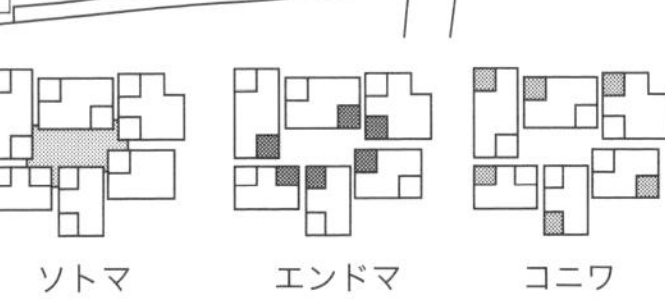

⓫ 白石市営鷹巣第二住宅シルバーハウジング（2003／渡辺真理＋木下庸子）

ダな空間とみなされ、消えていったのである。

中間領域を備えた住宅には、居間を都市の「公園」と捉えた「塔の家」→5-3をはじめとした提案がある。「食堂付きアパート」❿では五つのSOHO住戸がそれぞれスタジオを介して立体路地（共用廊下と玄関前のテラスを一体化させた空間）に開かれ、また、アパート全体は食堂を介して地域社会に開かれる。このようにSOHO住戸群という「小さな経済」がスタジオや食堂という中間領域を介して社会と接続できる計画となっている。また、「白石市営鷹巣第二住宅」⓫は、「ソトマ」と呼ばれる中庭に面して住戸が配置され、さらに住戸前面テラス「エンドマ」、庭仕事などができる裏庭「コニワ」という複数の中間領域が取り入れられ、入居する高齢者どうしやケアスタッフの自然な見守りが生まれる。

建築家・山本理顕によると、閾（しきい）は、公的領域と私的領域を隔てる境界である。日本家屋のしきい（敷居）には建具をはめる枠という機能と同時に、結界としての意味がある。閾は空間としての広がりを持ち、私的領域の内側にあって、それでもなお公的領域に属する⓬。「座敷」（家の中で最も格式が高く、正式な客をもてなすのに使う）はその一例である。閾もまた、中間領域と同様、住居の近傍に公的領域があり、それでいて私的領域での生活を邪魔しない空間設計のヒントとなる。

4｜住まいを開く／飛び出す

人が居心地の良さを感じる場面には、他者に開いている状況と閉じている状況がある。前者は人の社会性、後者は動物性に関わっている。また、環境がデザインされ尽くされていないことから感じられる心地良さもある。それは自分自身が環境に関与できることの楽しさから得られる感覚でもある。

「住み開き」は、個人宅などの私的な空間を他者に少しだけ開く行為である。週末だけカフェを開いてもよいし、趣味で集めたものを展示してもよい⓭。自分が好きなことを無理せずやっているからこそ、お金を払ってしてもらう関係や決められた役割から開放され、地縁・血縁でも会社の縁でもない第三の縁が結ばれる。住み開きには大掛かりな改修は必要ではないが、新しく家をつくる際には、例えば1階部分や表通りに面したスペースをセミパブリックな空間（リビング、仕事場など）にするなど、「開きやすさ」を考慮するとよいだろう。

また、公共空間を個人が私的に楽しめる状況を実現している状態を表す「PUBLIC HACK」という言葉もある⓮。本来、公共空間はまちを楽しむためにあり、個別的でマイナーな行為も受け入れる役割を担っていたはずである。公共空間での行為（例えば道端の屋台、路上パフォーマンス、公園での球技など）に対する規制がますます厳しくなっている昨今、住まいを飛び出し、公共空間を使いこなす工夫が住み手の側にも求められている。

住み開きにせよPUBLIC HACKにせよ、それは単なるエゴではなく、「私」が核となって他者と何かを共有している状態である。だからこそ生まれる小さなコミュニティとそこで感じる居心地の良さは、家族や学校・会社といった閉じた関係性や与えられた空間では得られないものである。人びとの能動性に働きかけ、その人らしく居られる空間づくりが、ますます窮屈になっていく社会の中での居心地をよくしていく際のカギとなる。

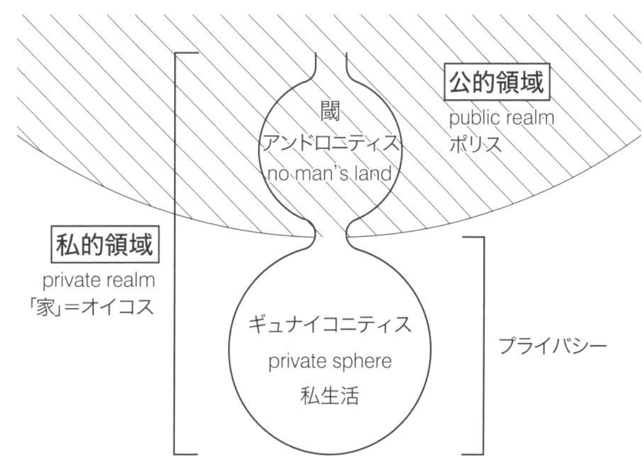

⓬「閾」の概念図（古代ギリシアの都市（ポリス）の例）[9]

⓭ アサダワタル『住み開き』筑摩書房、2012

⓮ 公共空間を私的に使って楽しんでいる例
左：ノートPCで動画鑑賞、右：グランピング（いずれも京都・鴨川）

5-5 日本の集合住宅の歴史的変遷

日本では集合住宅はどのようにうまれて、どのような変遷を経てきたのだろうか？　ここでは日本における集合住宅の歴史について、その時々の社会背景や制度とも合わせて概観したい。

1｜集合住宅の発生

住宅が集合しているという意味では、集合住宅というビルディングタイプは、紀元前2400年頃のモヘンジョダロ遺跡にも確認できる。日本においても、例えば江戸時代には町人によって、所有する長屋に複数世帯を住まわせての賃貸経営が行われていた。都市の限られた土地において、高層化による土地の有効活用など、共同で住まうことによる様々なメリットを享受できるのが集合住宅である。中国の客家の円形土楼などは、共同で住まうことにより外敵に対する防御力を高めた例である。

近代以後の集合住宅について、その先駆を二つ挙げることができよう。一つは、オランダにおいて第一次世界大戦後、過密する都市において都市労働者への住宅供給という需要に応えた一連の集合住宅であり、「デ・ダヘラートの集合住宅」（1923）もそのような事例の一つである。もう一つは近隣住区理論（1924）である。おおよそ前者に由来する集合住宅は中高層のものが多いのに対し、後者に由来する集合住宅は低層のものが多い。ここでは前者に分類されるものを主に扱う。

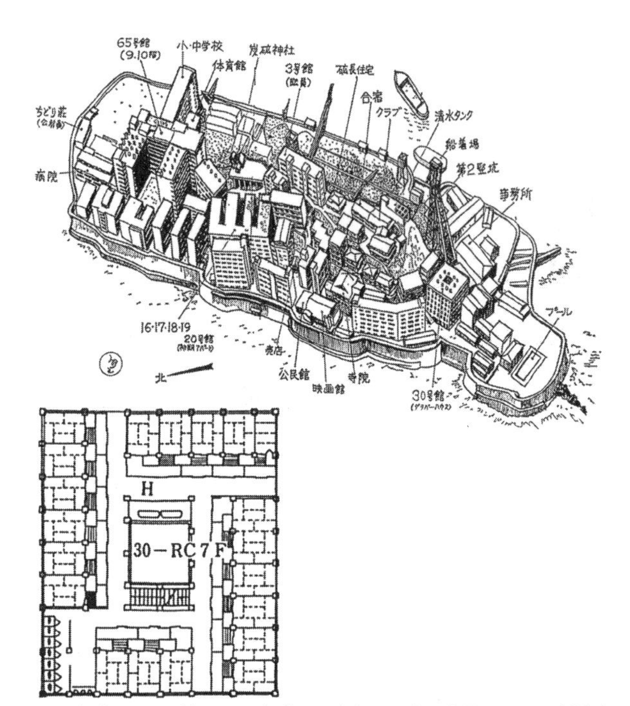

❶ 軍艦島の30号棟平面図（下）と西山夘三による全景スケッチ（上）[1]

2｜日本における初期の集合住宅

明治・大正期の集合住宅

明治期の日本でも長屋や木造アパート、鉱員住宅といった主に労働者のための木造の集合住宅がつくられてきたが、1916年に長崎の端島（通称、軍艦島）に建てられた4階建（後に7階建まで増築）の「30号棟」❶が日本で最初のRC造の集合住宅とされる。軍艦島は明治から昭和にかけて海底炭鉱によって栄えた。当初、鉱夫のための住居は木造平屋か2階建てが主だったが、30号棟が建てられて以降、海上の風雨への耐候性や居住密度を高めるためRC造の高層アパートが次々と建てられた。島自体も繰り返された埋め立てやコンクリートでの護岸工事により、面積を3倍近く拡張したほとんど人工的なものである。

一方、ヴォーリズの設計によるRC造5階建の「お茶の水文化アパートメント」（1925）❷は、洋式のデザインと生活様式が採用され、専用のキッチンや浴室を備えるなど、中・上流階級を対象とした当時の最新の生活スタイルを体現するものだった。

同潤会アパート

1923年の関東大震災を機に、その復興のための公的住宅供給機関として同潤会が設立された。そのアパートメントハウス事業により、1925年から34年にかけて、RC造2～4階建ての同潤会アパートが東京13ヶ所、横浜2ヶ所に約2500戸建設された。

それらは初期から洋式便所やダストシュートを備えており、中産階級を主たる供給対象としていた。当初は家族向けが主流であったが、「虎ノ門アパート」（1929）は単身者を、「大塚女子アパート」（1930）は就業している女性単身者を対象としていた。

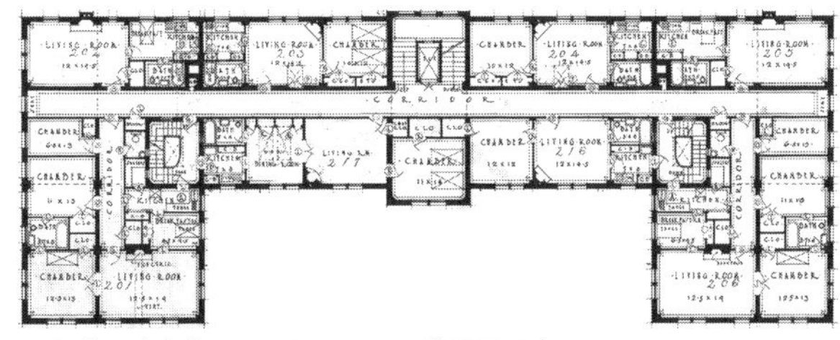

❷ お茶の水文化アパートメント2階平面図[2]

「江戸川アパートメント」(1934)❸は同潤会アパートのうちでも最後に建設されたものである。中庭を囲む住棟の1～4階に一般世帯、5～6階に単身者世帯の住戸が計画された。また住戸以外にも社交室や共用浴場、食堂、屋上物干し場なども設けられていた。

大阪の公的住宅

1920年代から30年代の大阪の人口は東京を上回っており、そのほとんどが長屋住まいであった。木造長屋が密集した居住環境を改善すべく、国内最初の不良住宅地改良事業により実現した改良住宅が「今宮住宅」(1929)、「下寺住宅」(1930)❹、「北日東住宅」(1932)、「南日東住宅」(1933)❺である。「下寺住宅」や「南日東住宅」は立ち並ぶ煙突や住民の増築が重なった独特な外観から「軍艦アパート」とも呼ばれた。

3 | 戦後復興期から高度成長期

公営住宅法制定と日本住宅公団設立

1941年に太平洋戦争が勃発すると同潤会は、主に軍需産業就業者を対象とした住宅供給を行う住宅営団へと業務を引き継ぎ解散した。1945年に終戦を迎え住宅営団は解散、復興のため住宅を供給すべく1951年に公営住宅法が制定、1955年には日本住宅公団が設立された。以降、公営住宅が低所得者層への、公団住宅が中流階級への住宅供給の役割を担うようになった→2-4。また1965年には地方住宅供給公社法が制定され、住宅の不足の著しい地域での住宅供給を行った。

標準設計

公営住宅は国庫補助により日本各地の自治体で建てられることになるが、水準の統一を図るために東京大学吉武泰水研究室により1951年度公営住宅標準設計（51C型）がつくられた→4-4。標準設計は公団においても採用された。エレベーターのない4～5階建ての住棟を南面させてゆとり持って平行配置し、南側にバルコニー、北側に階段室と水まわりを取ったnDK型の平面タイプによる団地が、その後の高度成長期にかけて日本各地に大量につくられた。

復興期から成長期にかけての公的住宅

戦後すぐに建設された「東京都営高輪アパート」(1948～49）は、耐火性能に優れた壁式RC造3～4階建で階段室型の住棟9棟からなり、戦後初の不燃構造の集合住宅として、その後に大量に建設された団地の原型と言えよう。

前川國男の設計による「晴海高層アパート」(1958)❻は同時期に開発された「晴海団地」のうちの1棟であり、10階建でエレベーターも設置された。コンクリート打放しの仕上げやスキップアクセス型などが特徴的で、広い開放廊下を取ることで住民同士の交流を促し、またメガストラクチャー構造により将来の住戸プランの変更に柔軟に応えられるよう計画されていた。

公的住宅の役割は戦後の住宅難に応じた住宅供給から次第に、終戦直後に数多く形成された木造住宅密集地域の居住環境改善へと変化していく。「坂出市営京町団地」（大高正人、1期：1968／4期：1986）❼は、木造不良住宅地区の改良事業で、地上部を商業施設や駐車場とし、

❸ 同潤会江戸川アパート配置図[3)]

❹ 下寺住宅

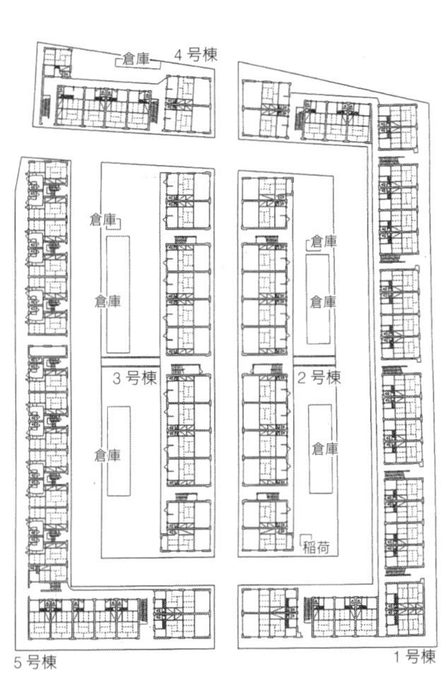

❺ 南日東住宅配置図[4)]

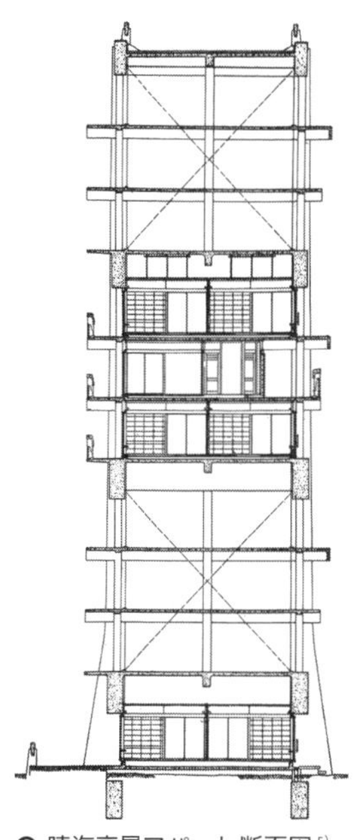
❻ 晴海高層アパート断面図[5)]

その上部に人工地盤を築造し、その新しい地盤上に分棟型の集合住宅を建設したものである。同じく大高正人の設計による「広島市営基町団地」(1973) ❽も原爆スラムと呼ばれた不良住宅地の改良事業である。効率よく各住戸への日照や通風を確保すべく「く」の字状の配置計画となっている。低層棟は商業施設とし、その屋上は公園となっている。

またこの時期、木造住宅密集エリアで発生した火災の延焼を防止するRC造の集合住宅群（防火建築帯や防災建築街区）も日本各地で建設された❾。これらの建築はほとんどの場合、下層階を商業施設とする併存住宅→ 0-3の形でつくられた。

❼ 坂出市営京町団地（通称、坂出人工土地）

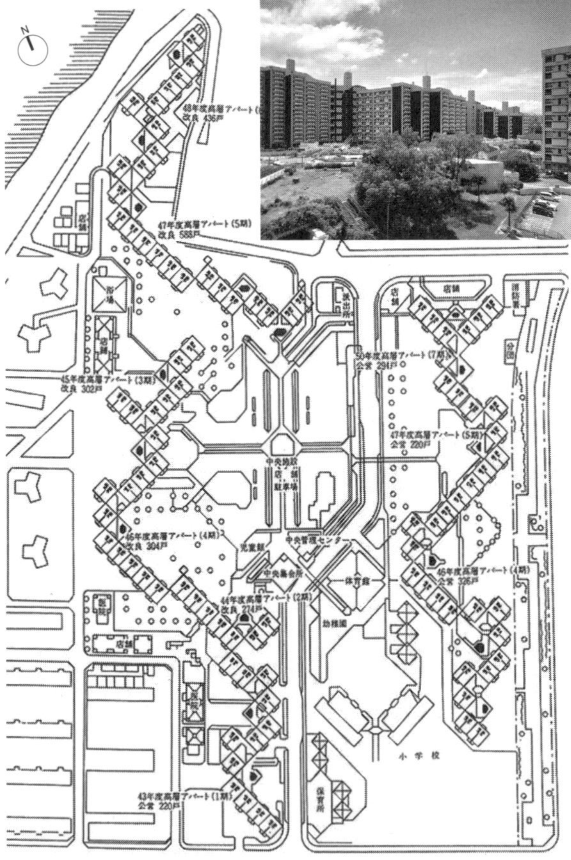

❽ 広島市営基町団地[6]

❾ 防火建築帯の例（横浜市）[7]

4 │ マンションの発生

民間企業による分譲集合住宅

1950年代半ばから民間開発業者による高所得者層を対象にした集合住宅の供給が始まり、それらは高級感を醸し出すべくマンションと称された。日本初の民間分譲マンションは、新宿に建設された「四谷コーポラス」(1956) ❿とされる。1962年には「建物の区分所有に関する法律」(区分所有法) が制定された。マンションの所有権と資産価値が明確化されたことにより、マンション開発が盛んになり、高所得者層以外にも対象を拡げ、日本各地で建設されるようになった。

国土交通省の統計調査では、中高層（3階建以上）で、鉄筋コンクリート、鉄骨鉄筋コンクリート又は鉄骨造の集合住宅をマンションとしている（ここには公団・公社住宅も含まれる)。そのうち分譲マンションの新規供給戸数は年々増加傾向にあったが、リーマンショック前の2007年に20万戸／年を大きく超えた後に減少に転じているものの、2022年現在、人口の1割以上が分譲マンションに居住していると推計されている。賃貸マンションも合わせて考えると、マンションは今や日本の住まいの

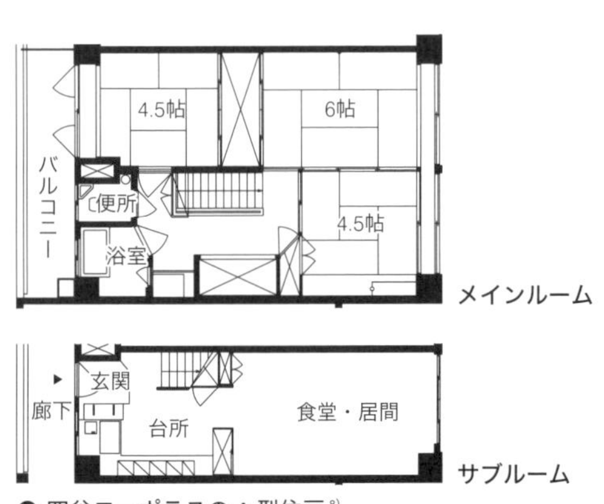

❿ 四谷コーポラスのA型住戸[8]

主たる形態の一つとなっている。

アパートとワンルームマンション

マンションではない低層（2階建以下）の賃貸集合住宅は一般にアパートと称される。木造の零細アパートは木賃アパートと呼ばれることもある。木賃アパートは、1950年代から首都圏を中心に増大する人口に対応するように、高度成長期に大量に建設された。それらは部屋が狭く、水まわりが共用だったり、浴室がないところも少なくなかった→4-5。

1970年代より、学生などの単身者に向けた賃貸マンション、いわゆるワンルームマンションの供給が旺盛になり、これが木賃アパートに取って代わるようになった。バブル経済期には分譲マンションが居住のみならず投機の対象としても扱われたが、現在はワンルームマンションが住戸単位で個人投資家の投資対象ともなっている。

5｜集合住宅の変遷と多様化

集合住宅の平面構成の変遷

生活様式の変化に応じて集合住宅の住戸プランも変化してきた。UR都市機構（旧日本住宅公団）の55型（1955）、特71型（1971）、汎81型（1981）、汎96型（1996）、汎16型（2016）の住戸プランを概観しつつ、その変遷をたどりたい⓫。55型では食寝分離が実現され、二間続きの居間としての和室が、特71型ではそれぞれが独立した和室となり、個のプライバシー確保が図られる。

汎81型になると、和室とは別に大きなリビング・ダイニングが計画され、独立した個室が三つ取られた。住戸そのものの専用面積も拡大されている。

汎96型になると高層化に対応すべく階段室型から片廊下型となり、個室が二つの2LDKとなる一方、床段差をなくし手すりをつけるなどのバリアフリー対応がなされている。汎16型は対面式キッチンの採用により、キッチンとリビング・ダイニングが一体化し、二つある個室のうちの1室は3枚引き戸によりリビング・ダイニングと一体化できる仕様となった。

このような標準化された設計により、集合住宅の居住環境は一定の質が担保された一方で、外観や配置、内部プランにいたるまで同じような集合住宅を日本各地に大量発生させることとなった。

集合住宅の多様化

しかし、近年、ライフスタイルや価値観の多様化も相まって、集合住宅も多様化している。高齢者を対象としたもの→6-4、特別に環境に配慮されたもの、地域性が取り込まれたものなどである。デザインを重視するものはデザイナーズマンションと称され、また敢えて水まわりやリビングを共用としたシェアハウス→5-6、column 05という選択肢もうまれた。現在では、周囲に比べて特別に高さが高いタワーマンションが日本の各都市の風景を変えつつある。⓬は中央に階段やエレベーター、タワー式駐車場を設けた、センターコア型プランの事例である。

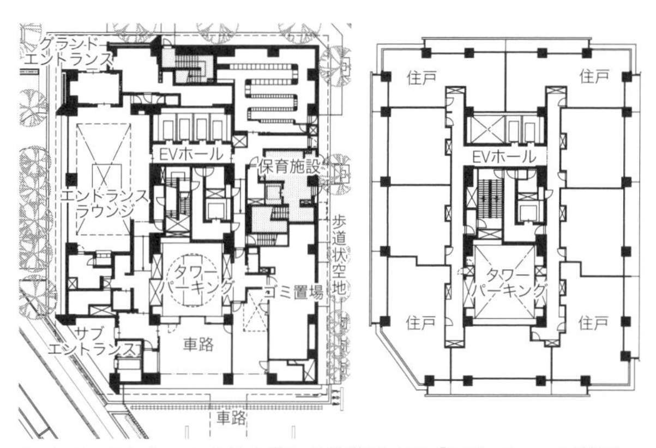

⓬ タワーマンションの地上階と基準階平面図「Brillia Tower 浜離宮」（2023／松田平田設計）[10]

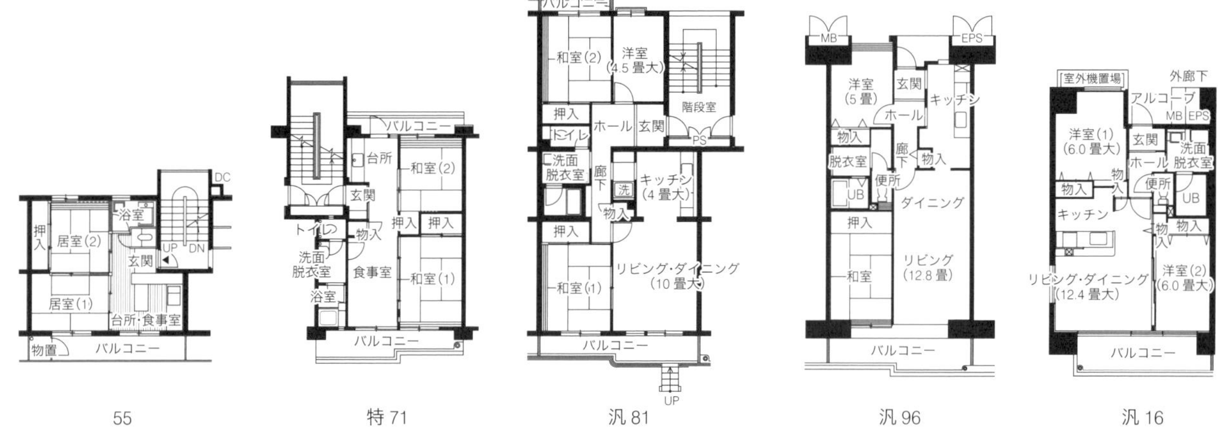

⓫ 集合住宅の住戸プランの変遷[9]

5-6 集合住宅の計画と供給方式

近代化を経て、集合住宅が日本における一般的な居住形式の一つとなって以来、数多くのバリエーションが生み出されてきた。ここではその計画と供給方式という切り口で、その多様な事例の一部を紹介しつつ、集合住宅の可能性に触れたい。

1 ｜ 集合住宅の類型

集合住宅は複数の住戸が1棟を構成する住宅である。狭義にはマンションやアパートなどの共同住宅を指し、広義にはテラスハウスやタウンハウスなどの連続住宅を含む→0-3。ここではやや範囲を広げシェアハウスなどを含め、1棟の建物に複数世帯が居住する住宅を扱う。供給方式としては分譲と賃貸がある。建築基準法上の用途は、共同住宅や長屋あるいは寄宿舎とされる。集合住宅と宿泊施設とは、滞在期間や契約形態により区別されるが、居住・宿泊ともにそのあり方が多様化している現代においては、両者の区別が難しくなってきてもいる。

集合住宅は建築計画学では、接地の程度を基準に、接地型・準接地型・非接地型の三つに分類され、それぞれに適した計画手法があるとされる。接地型はほとんどすべての住戸が地面に設置しているものであり、非接地型は多くの住戸が地面に設置していないもの、準接地型は両者を混合したもの、または中間的なものである。

2 ｜ 接地型集合住宅の計画

配置計画

接地型の事例には、「コモンシティ星田」（1992／坂本一成）など、近隣住区理論に端を発する低層住宅群が挙げられ、主に歩車の関係や、アクセス方式、コモン空間とプライベート空間の取り方によりさらに分類される。

1924年のC. A. ペリーによる近隣住区理論では、小学校学区をもとにした近隣住区単位での施設配置や歩車分離など、地域コミュニティの形成を重視した提案が行われた。アメリカのラドバーン（1929）でこの理論が最初に実現された後、戦後の日本でも千里ニュータウン（1960～69）をはじめ各地の団地の計画に採り入れられた。その後、都市的賑わいを創出するため、中心に商業施設を集約し、高層集合住宅、中低層集合住宅と低層化しながら周縁へと拡がっていくようなワンセンター方式がニュータウン計画に用いられるようになる。代表的な事例に高蔵寺ニュータウン（1965～81）がある。

❶ 前沢パークタウン第1期（1988／宮脇檀ほか）

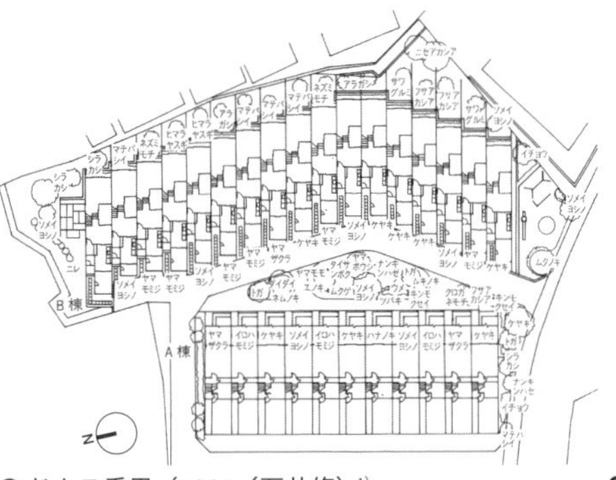

❷ ドムス香里（1981／石井修）[1)]

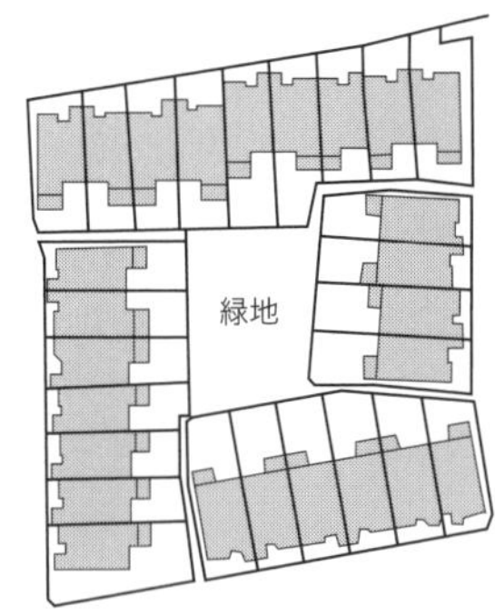

❸ 北大路高野住宅（1978／川崎清）

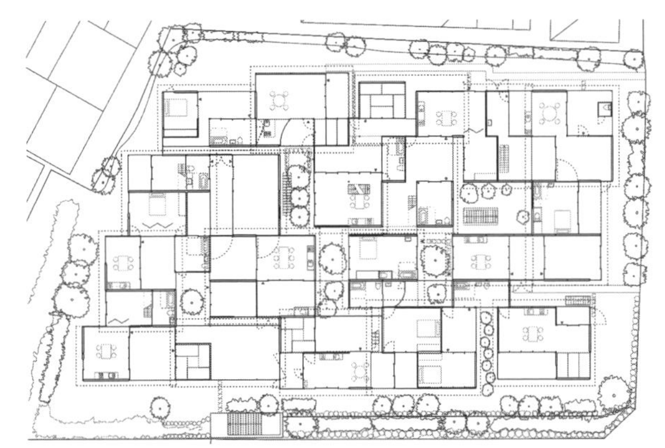

❹ 西野山ハウス（2013／妹島和世）[2)]

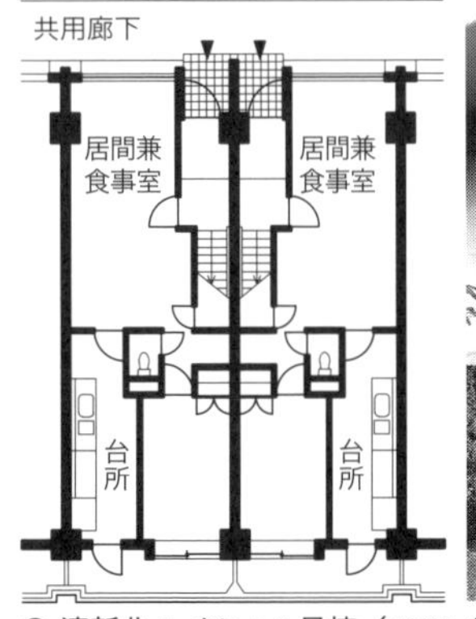

❺ 清新北ハイツ 4-9号棟（1983／住宅・都市整備公団）[3)]

アクセスとコモンスペースの計画

「前沢パークタウン第1期」❶では、戸建住宅の周囲に共用の遊び場や駐車場などのコモンスペースを取り、各住戸へはコモンスペースを通ってアクセスする。「ドムス香里」❷でも、壁を共用した長屋型の住戸が共用の緑地を囲い、この共用庭から各住戸へとアクセスする。このようなアクセス方式をコモンアクセスという。

一方、「北大路高野住宅」❸では、車道から各住戸へと直接アクセスし、住戸の奥で緑地を共用している。接地型ではないが「熊本県営保田窪団地」（1991／山本理顕）においても5階建ての住棟3棟と集会室により共用広場を取り囲み、各住戸を通らないと広場へはアクセスできないようにすることで居住者同士のコミュニティ形成を促している。

「西野山ハウス」❹では住戸と専用庭や、アクセスのためのコモンスペースが混在しているにもかかわらず、各住戸の居住者により適当な距離感を持って暮らしがなされている。

3｜非接地型集合住宅の計画

基準階の配置計画

非接地型では住戸のある階までエレベーター（EV）や階段によりアクセスすることになるが、基準階のEVや階段、廊下と住戸の配置計画により、階段室型・各階通路型・スキップアクセス型などに分類される。

80年代頃までの団地などの公的集合住宅の多くは板状のボリュームの北側に階段室を設ける階段室型を採用しており、共用廊下を取る必要がなく、南北両面から住戸に採光を得られるのが特徴である。

各階通路型は廊下と住戸との関係により片廊下型・中廊下型・ツインコリダー型・センターコア型などに分類できる。それぞれ住戸配置の効率性や日照の面で一長一短である。EVを中心に、そのまわりに廊下、さらにそのまわりに住戸を配したセンターコア型は近年のタワーマンションで多く採用されている。

スキップアクセス型とはEVの停止階を2～3階ごとに設け、それ以外の階には階段でアクセスするものである。その日本における先駆には「晴海高層アパート」→5-5が挙げられる。「広島市営基町団地」→5-5もスキップアクセス型が採用されているが、いずれもEVにかかるコストを抑えるためでもあった。

リビングアクセス

住戸間口の狭い片廊下型では、プライバシーや日当たりを確保するためにリビングなどの生活空間を南向きに取り、結果、反対側の共用廊下が暗く閉鎖的な移動空間になりがちである。これに対し、共用廊下にも生活感を感じられるように、入口のある共用廊下に面してリビングやダイニングを配置する手法をリビングアクセスという→5-2。その場合、共用廊下に対し、リビングのプライバシーを確保する配慮が求められる。

「清新北ハイツ4-9号棟」❺では共用廊下の床を住戸よりも低くし、さらには共用廊下とリビングの間に花台を設けるなどして、共用廊下からの視線を制御している。「茨城県営滑川アパート」❻では、空中廊下や専用階段で各住戸にアクセスすることで、共用廊下と住戸の間に距離を取っている。

共用部の計画

集合住宅は各住戸と共用部から構成されるが、集合住宅ならではの共用部の計画により集合住宅の可能性が活かされるような事例も多い。

「川崎河原町高層住宅」❼では高層棟の低層部に5層吹抜けの大きな半屋外広場を設けている。14～29階建ての全52棟からなる「芦屋浜高層住宅」❽では、各棟5階ごとに共用階が設けられ、子どもの遊び場や自転車置き場などに使用されている。「ラビリンス」❾では住棟の中央に広場を配し、そこから複雑な階段で各住戸にアクセ

❻ 茨城県営滑川アパート（1998／長谷川逸子ほか）[4]

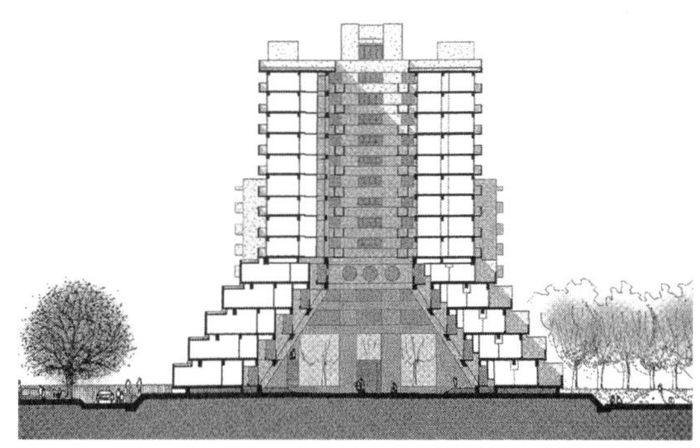

❼ 川崎河原町高層住宅（1972／大谷幸夫）[5]

スさせることで、名前通り迷宮のような共用空間が実現されている。「岐阜県営住宅ハイタウン北方・妹島棟」→ 4-5 では大きな共用広場の代わりに共用廊下に開いた各住戸専用のテラスを配することで、専用テラスの使用が促されつつ、その様子が共用廊下に醸し出される。

4｜集合住宅の供給方式

スケルトン・インフィル（SI）

構造躯体（スケルトン）に耐久性をもたせる一方で、住戸内の間仕切りや設備（インフィル）を容易に更新できるようにして建築の長寿命化を図るような集合住宅の供給方式を SI 方式（二段階供給方式→ 4-3）という❿。

SI においても「晴海高層アパート」が日本の集合住宅における先駆である。「中銀カプセルタワー」（1972）ではエレベータと階段の内包された 2 本のサービスシャフトに 140 個の住戸カプセルが取り付けられ、各住戸カプセルが交換できるよう計画されていた。「NEXT21」⓫では各住戸を異なる設計者がそれぞれ自由に設計し、また入居後もライフスタイルの変化などに応じた住戸プランの全面的な更新が複数回に渡り行われている。1996 年に筑波研究学園都市において建設された SI 方式の集合住宅では、入居者は定期借地権を活用して 30 年間は地代を負担し、30 年経った時点でスケルトン部分を地主に売却、その後は家賃を負担する計画とした。このような集合住宅の供給手法は「つくば方式（スケルトン定借）」と呼ばれる。

コーポラティブハウス

できあがった集合住宅の住戸を購入するのではなく、入居者が計画段階から関わり、それぞれの住戸の入居者の要望に応えながらつくる集合住宅をコーポラティブハウスという→ 4-3。いわば集合住宅の注文住宅である。

❽ 芦屋浜高層住宅（1979／ASTEM）[6]

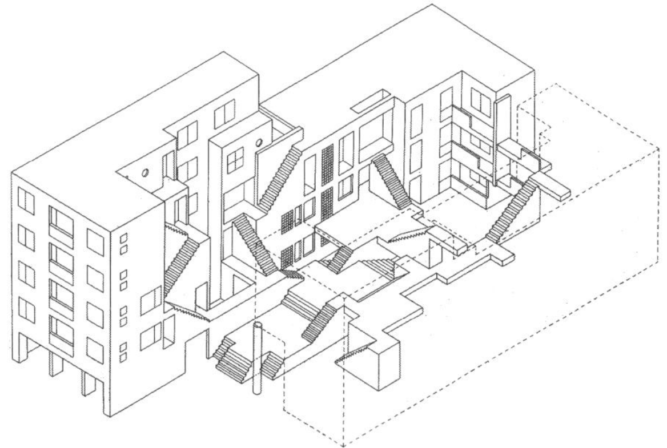

❾ ラビリンス（1989／早川邦彦）[7]

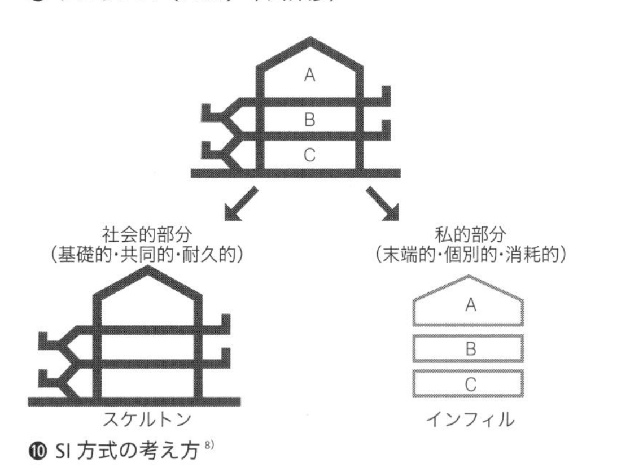

❿ SI 方式の考え方[8]

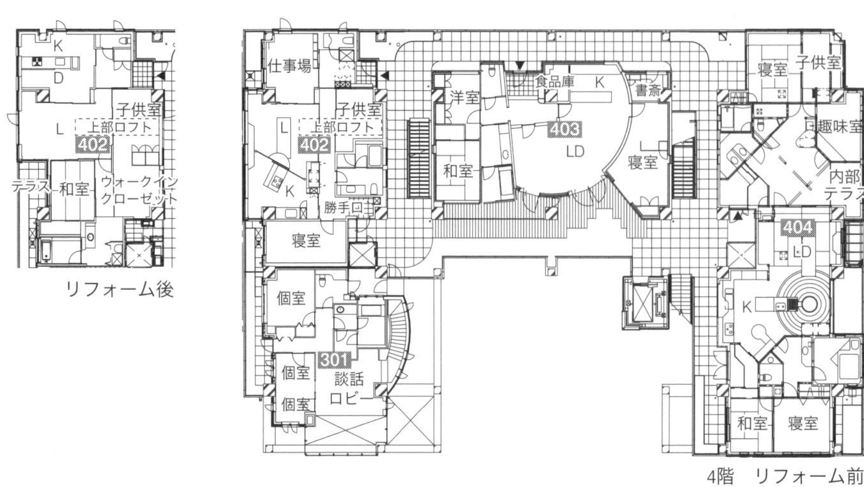

⓫ NEXT21（1993 ／大阪ガス NEXT21 建設委員会）インフィル改修前後の変化[8]

「ユーコート」⑫は全3棟48戸からなるコーポラティブハウスである。各住戸へは住棟に囲まれた共用の中庭からのコモンアクセス方式とし、リビングなどの居室も中庭側に面して配置することで、個性ある生活の様子が中庭からも窺えるように計画されている。「つなね」⑬では同じ団地に住む2家族がコーポラティブハウスを建設することを決意したことからスタートし、周囲への働きかけを続けた結果、3棟23戸で実現された。「都住創」⑭は大阪で1977年以降およそ20棟実現されたコーポラティブハウスであり、現在も個性あるデザインやリノベーションのしやすさにより人気の中古物件として流通している。

5 | 集合住宅で共用するもの

コレクティブハウス

コレクティブハウスでは多様な世代や、高齢者あるいは身障者がそれぞれの住戸を確保しつつ、リビングやキッチンを共用した共同生活を送りながら、相互扶助が促される。社会福祉の進んだ北欧で生まれた住み方である→ 2-2。

「コレクティブハウスかんかん森」(2003)⑮は老人ホームや保育園も入る12階建ビルの2〜3階にある賃貸式のコレクティブハウスであり、各住戸に備わった浴室やキッチンとは別に、リビング、ダイニング、キッチン、洗濯室のほか、屋外テラスや菜園を共用している。これにより居住者同士の相互扶助が図られる。

シェアハウス

単身世帯の住まいは、戸建住宅の一部屋を間借りする下宿から、プライバシーの確保されたワンルームマンションが主流となったが、その反動もあって2010年代には他者との共同生活を愉しむためのシェアハウスという選択肢が一般化した。シェアハウスでは、寝室以外のリビング、ダイニング、キッチン、水まわりなどが共用されることが多い→ column 05。

「ヨコハマアパートメント」⑯では2階に専用の居室を配置し、1階の共用部を半屋外空間として街に開き、居住者のみならず、街でシェアすることを試みている。

これからの集合住宅

これらの他にも寮なども一種の集合住宅と言えるだろう。今後も生活様式は変化していくだろうし、そのような変化に対しても、集合住宅の計画においてはその集合あるいは共用の仕方により応えることができよう。

⑫ ユーコート（1985／京の家創り会設計集団洛西コーポプロジェクトチーム）[9]

⑬ つなね（1996／VANS）[10]

⑭ 都住創中大江（1981／ヘキサ）[11]

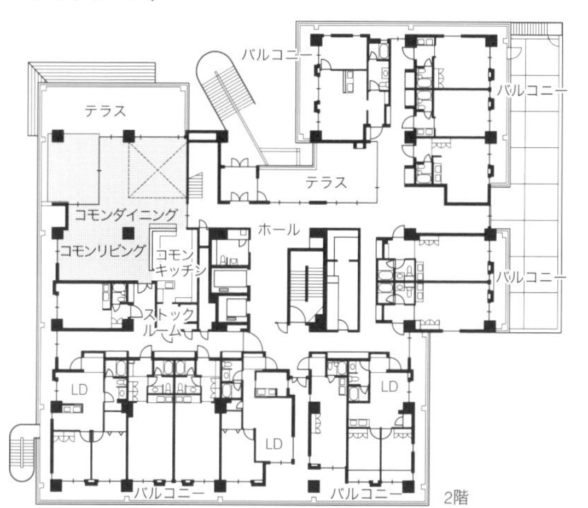

⑮ コレクティブハウスかんかん森（2003／公共施設研究所）[3]

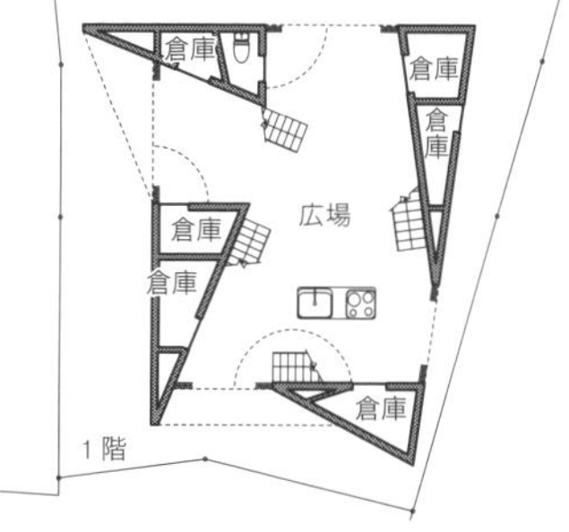

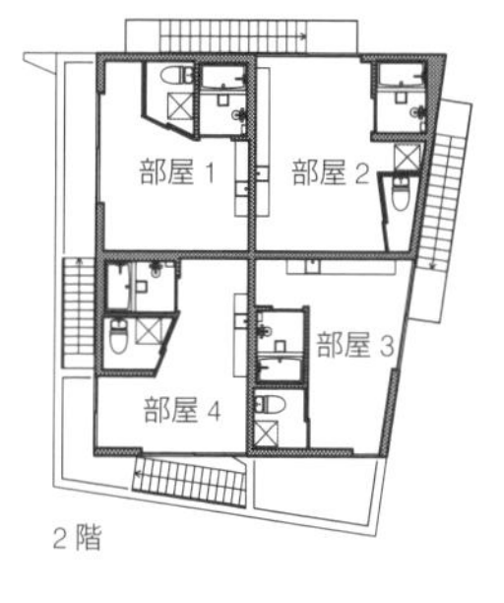

⑯ ヨコハマアパートメント（2009／オンデザインパートナーズ）[12]

column 05

シェアと住まい

北　雄介

シェアハウスの目的と計画

シェアハウス。この古くて新しい住まい方について、その計画のポイントを簡単にまとめておきたい。

人はなぜシェアハウスに住むのだろうか。その理由を、ここでは三つ挙げる。まず、家賃や水道光熱費などを共同負担することで、一人で暮らすよりも出費が抑えられること。シェアハウスの住まい手は20～30代の単身者が中心で、特に学生や非正規雇用の社会人などにとっては重要な利点である。次に、他者と住むことで生まれるつながりや安心感。ワンルームマンションで失われた、地縁コミュニティの復権である。そして一人暮らしでは味わえない価値を体験できること。ラウンジのような大きな居間、棚一杯の漫画本、アトリエや自動車をシェアするケースもある。ただ当然、人間関係の煩わしさや、プライバシーの低減といったデメリットもある。これらのメリットを増しデメリットを抑えることが、シェアハウスの計画の基本方針となる。

既存ストック利用のための物件探し

コストを抑えて暮らしたいのだから、既存ストックを活用してつくられるケースの方が新築よりも圧倒的に多い。だからシェアハウスの計画は、物件探しに始まる。戸建住宅やファミリー向けマンションの一室を改装した3人程度の住まいから、社員寮をコンバージョンした100名規模の大型物件まで、スケールは様々だ。

一人ではなかなか住めないような、伝統建築や大邸宅のシェアも人気だ。ところが、特に町家タイプの物件は、シェアハウスには使いづらいことが多い。襖だけで仕切られた部屋が、廊下を介さず一列に並ぶため、もしこれらを個室にすると音が筒抜けになる上に、奥の部屋に行くのに手前の部屋を通らないといけないのだ。風呂やベランダへのアクセスが個室を通ってしまう例もある。この点では実は、個室文化が確立した高度成長期以降の戸建住宅の方が、そのままシェアで住むには適している。防音や断熱、水まわりなどが整っていることも、利点となる。

いずれにせよ充実した共用部と、専用部のプライバシーが確保できることが、物件探しの際の基本的なチェックポイントとなる。ただしその条件に合わない場合も、ちょっとした改装により快適に住めることもあるから、住まい方の想像力を働かせることも、物件を探す際に重要である。先に述べた町家についても、壁を一枚入れるだけで空間の使い方は大きく変わる。

筆者も以前京都で、「ひふみ荘」というシェアハウスを物件探しの段階から立ち上げた経験がある。そのときに不動産屋の店頭で出会ったのが、「11DK」という聞いたこともない間取りの物件。その種を明かすと、かつてこの建物の2階は大学生たちの暮らす下宿屋で、1階がその大家さんの住まいだったのだ。下宿屋は、最小限の大きさの個室群が廊下に向かって並び、シェアにはもってこい。1階をほぼ共用部とし、筆者らは7人でここに暮らした❶。下宿屋は、我が国のシェアハウスのルーツの一つでもある。

シェアハウスの運営と空間

さてシェアハウスにおいては、ハードだけではなくソフト、つまり運営の仕方も重要である。空間と仕組みが、密接に関係してくるのだ。シェアハウスの運営には、

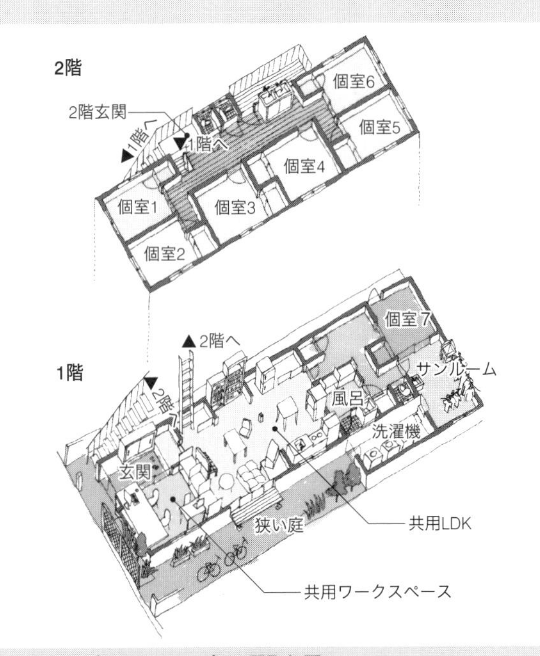

❶ ひふみ荘（2009～2019）の間取り図

日々の清掃、備品や家具の購入、改装、家賃や水道光熱費などの金銭管理、イベントの開催、新規住人募集、およびこれらすべてに関するルールづくりなどが含まれる。他者が集まって住むからこその、多彩な項目である。そしてこの運営は、住人たちが自ら行う場合と、事業者がビジネスとして取り組む場合とがあるが、その運営主体の違いが暮らしの様々な部分に関係してくる。数多あるシェアハウスから、筆者の肌感覚で大まかな傾向を読み取ったにすぎないが、❷にその違いをまとめる。

事業者が運営するシェアハウスでは住人は、多少の管理コストを負担する代わりに、ある程度気軽に、独立して暮らすことができる。一方で住人自ら運営するというのは、家族での暮らしを他者と営むようなものだ。掃除や洗い物を誰がやるのか、一つしかないお風呂の取り合いなど、生活の中に衝突の火種はたくさんある。その分それを乗り越えれば、深い人間関係ともなりやすい。

前述のひふみ荘は、自主運営型。公平感のある金銭負担の仕組みづくりに力を注ぎ、週ごとの掃除当番も決めた。それでも個々の価値観の違いは出て、きれい好きな住人に皆が依存してしまうこともあった。立ち上げ当初は各住人が持ち込んだ一人暮らし用家具がいくつも並ぶ雑然とした様子だったが、やがて積立金で大型の冷蔵庫やテレビを購入し、外階段でしか通じていなかった下宿屋部分と1階との間に内階段を設置するなど、暮らしの中で徐々に進化した。美しい意匠的なデザインなどほとんどなされてはいないが、力強さとしなやかさのある空間であった❸左。

10年間にのべ35名が暮らしたひふみ荘は、その後、事業者運営型シェアハウス「ひふみ steps」へと生まれ変わった。2階の個室群と1階の共用部という間取りは継承しながらも、薄暗い台所は大きなアイランドキッチンとなり、洋式便所、シャワールームなどが導入された。掃除は住人の当番制だが、トイレットペーパーなどの共用備品は運営事業者が用意する。2階の個室は天井を取り払ってロフトを設け、1階は玄関土間から奥庭までつながり全体がリビングのような居場所となった❸右、❹。こうした空間の質は普通の賃貸暮らしでは決して得られない、この物件ならではのものである。そして下宿屋の時代から50年以上連綿と続く共同生活の物語も、このシェアハウスの魅力の一つとなっている。

		自主運営型	事業者運営型
人	運営主体	住人が自ら	住人ではない事業者
	住人	友人同士で住む場合もある	元々他人同士が基本
	契約関係	住人代表者とオーナーの賃貸借契約	事業者とオーナーが賃貸借契約、またはオーナー自身が事業者
金銭	家賃	比較的安め	比較的高め
	光熱費	実費の割り勘が多い	毎月定額が多い
	食費	実費の割り勘が多い	個別が多い。個々の住人専用の冷蔵庫が設置されることもある
空間	立地	地方都市にも人知れず存在	大都市に多い
	建物	ほぼ中古住宅を利用	中古利用が多いが、新築もある
	設備	住人同士で持ち寄ったり、共同購入したり	住人の数に応じて事業者が揃える
	改装	オーナーの許可があれば改装可	事業者が改装。住人はあまり改装できない
雰囲気		雑然としていて、濃い人間関係	オシャレで清潔、ドライな人間関係

❷ シェアハウスの運営主体による違い

シェアハウスのこれから

シェアハウスは2000年代後半以降に急増し、単身者の暮らし方の選択肢の一つとして、地位を確立したように見える。しかし、他者と空間を共有して暮らしたいという人の数は限られることもわかってきて、近年は物件増加の勢いに陰りが見え始めた。今後、特に事業者運営型のシェアハウスにおいては、ただ安さや気軽さを売りにするのではなく、シェアでしか得られない空間的・社会的価値を備えることが重要になるのではないだろうか。そこに、シェアハウスを建築計画の視点から探究することの、意義があると言えよう。

❸ ひふみ荘からひふみstepsへの変化（上：1 階リビング、下：2 階個室）[1]

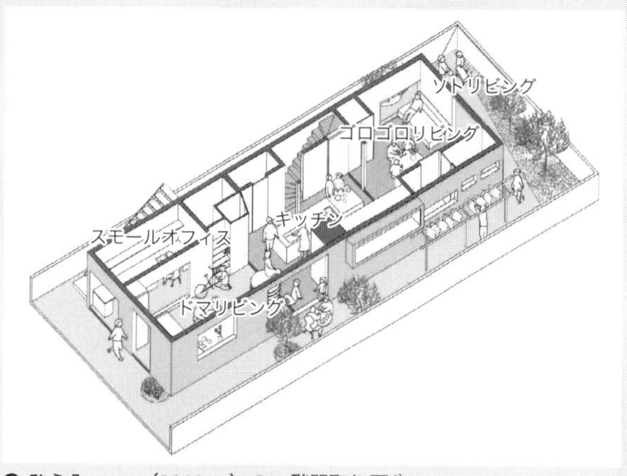

❹ ひふみ steps（2019～）の 1 階間取り図[2]

【参考文献】

5-1
＊1　槇文彦『見えがくれする都市』鹿島出版会、1980
＊2　原広司『集落の教え100』彰国社、1998
・日本建築学会『コンパクト建築設計資料集成［都市再生］』丸善出版、2014
・貝島桃代『建築からみたまちいえたてもののシナリオ』INAX出版、2010
・居住空間デザイン講師室『眼を養い手を練れ2—集まって住もう』彰国社、2010

5-2
・住田昌二『現代日本ハウジング史1914-2006』ミネルヴァ書房、2015
・小野田泰明『プレ・デザインの思想』TOTO出版、2013
・渡辺真理・木下庸子『孤の集住体』住まいの図書館出版局、1998

5-3
＊1　吉阪隆正『ある住居』相模書房、1960
＊2　一般社団法人日本EV協会「2019年度 昇降機設置台数等調査結果報告」2020
・西森陸雄『新・空間設計マニュアル—最新空間30のデザイン事例』グラフィック社、2008
・山本圭介ほか『断面パースで読む住宅の「居心地」』彰国社、2010
・堀部安嗣ほか『堀部安嗣 小さな五角形の家—全図面と設計の現場』学芸出版社、2017
・小野正弘『住居を断面で考える—25の住居3の計画』彰国社、2011

5-4
・和辻哲郎『風土—人間学的考察』岩波書店、1979
・小林秀樹『居場所としての住まい—ナワバリ学が解き明かす家族と住まいの深層』新曜社、2013
・大月敏雄『町を住みこなす—超高齢社会の居場所づくり』岩波書店、2017
・レイ・オルデンバーグ、忠平美幸訳『サードプレイス』みすず書房、2013
・笹尾和宏『Public hack—私的に自由にまちを使う』学芸出版社、2019

5-5
・日本建築学会『第2版 コンパクト建築設計資料集成［住居］』丸善出版、2006
・日本建築学会『第2版 コンパクト建築設計資料集成』丸善出版、1994
・鈴木成文『住まいを読む—現代日本住居論』建築資料研究社、1999

5-6
・日本建築学会『第2版 コンパクト建築設計資料集成［住居］』丸善出版、2006
・日本建築学会『第2版 コンパクト建築設計資料集成』丸善出版、1994
・藤本和男ほか『住空間計画学』学芸出版社、2020

【図版出典】

5-1
1)　鈴木成文『住まいを読む—現代日本住居論』建築資料研究社、1999
2)　尾上亮介・竹内正明・小池志保子『図解ニッポン住宅建築』学芸出版社、2008
3)　提供：立命館大学 近本智行研究室
4)　古谷俊一『みどりの空間学』学芸出版社、2022
5)　クリストファー・アレグザンダーほか『パタン・ランゲージによる住宅の生産』鹿島出版会、2013
6)　高橋寿太郎『建築と不動産のあいだ』学芸出版社、2015
7)　国土地理院の地図を加工
8)　貝島桃代・塚本由晴「周辺住宅群の構えからみた戸建住宅の構え『日本建築学会計画系論文集』77巻、672号、2012
9)　松岡聡・田村裕希『サイト　建築の配置図集』学芸出版社、2013

5-2
1)　Alexander Klein, “Untersuchungen zur rationellen Gestaltung von Kleinwohnungsgrundrissen”, Die Baugilde, Berlin, 1927より作成
2)　住環境の計画編集委員会『住環境の計画2—住宅を計画する』彰国社、1987
3)　池辺陽『すまい』岩波婦人叢書、1954年
4)　藤本和男ほか『住空間計画学』学芸出版社、2020
5)　住田昌二「現代日本における住様式の変容過程」巽和夫＋未来住宅研究会『住宅の近未来像』学芸出版社、1996
6)　提供：SPACESPACE一級建築士事務所
7)　提供：シーラカンスアンドアソシエイツ

5-3
1)　尾上亮介・竹内正明・小池志保子『図解ニッポン住宅建築』学芸出版社、2008
2)　提供：中村勇大アトリエ
3)　藤本和男ほか『住空間計画学』学芸出版社、2020
4)　作画：野村彰
5)　提供：タトアーキテクツ
6)　提供：山隈直人、撮影：鈴木研一
7)　提供：NKSアーキテクツ＋桃李舎
8)　提供：竹原義二
9)　作成：渡部泰宗
10)　提供：木村松本建築設計事務所
11)　提供：遠藤秀平建築研究所

5-4
1)　ロバート・ソマー、穐山貞登訳『人間の空間—デザインの行動的研究』鹿島出版会、1972より作成
2)　エドワード・T・ホール、日高敏隆・佐藤信行訳『かくれた次元』みすず書房、1970より作成
3)　鈴木成文『「いえ」と「まち」—住居集合の論理』鹿島出版会、1984
4)　小林秀樹『集住のなわばり学』彰国社、1992
5)　写真撮影：阿野太一、図面提供：グランドレベル
6)　鈴木毅・高橋鷹志「都市の公的空間における「居方」の考察」日本建築学会学術講演梗概集、1992
7)　岡部明子「「みんなの空間」が公共空間を葬り去る」『建築雑誌』2020年5月号より作成
8)　提供：仲建築設計スタジオ
9)　山本理顕『権力の空間／空間の権力—個人と国家の〈あいだ〉を設計せよ』講談社、2015

5-5
1)　スケッチ：西山夘三『日本のすまい3』勁草書房、1980、平面図：片寄俊秀「軍艦島の生活環境」『住宅』1974年6月号
2)　提供：㈱一粒社ヴォーリズ建築事務所
3)　『土木建築工事画報』第10巻8号、工事画報社、1932
4)　提供：寺川政司
5)　『国際建築』1959年2月号
6)　図面：広島県＋広島市『基町地区再開発事業記念誌』1979
7)　撮影：柳沢究
8)　作図：志岐祐一
9)　都市再生機構『’ING REPORT　住戸設計の変遷』2022年より作成
10)　提供：松田平田設計

5-6
1)　石井修『緑の棲み家』学芸出版社、2000
2)　提供：妹島和世建築設計事務所
3)　藤本和男ほか『住空間計画学』学芸出版社、2020
4)　提供：長谷川逸子・建築計画工房
5)　大谷幸夫『都市的なるものへ—大谷幸夫作品集』建築資料研究社、2006
6)　撮影：前田昌弘
7)　『建築文化』1989年8月号
8)　提供：大阪ガス
9)　『建築文化』1986年3月号
10)　提供：つなね管理組合
11)　撮影：成瀬洋子
12)　提供：オンデザイン

column 05
1)　左2点：三木由也、右上：母倉知樹
2)　提供：中西正佳建築設計事務所

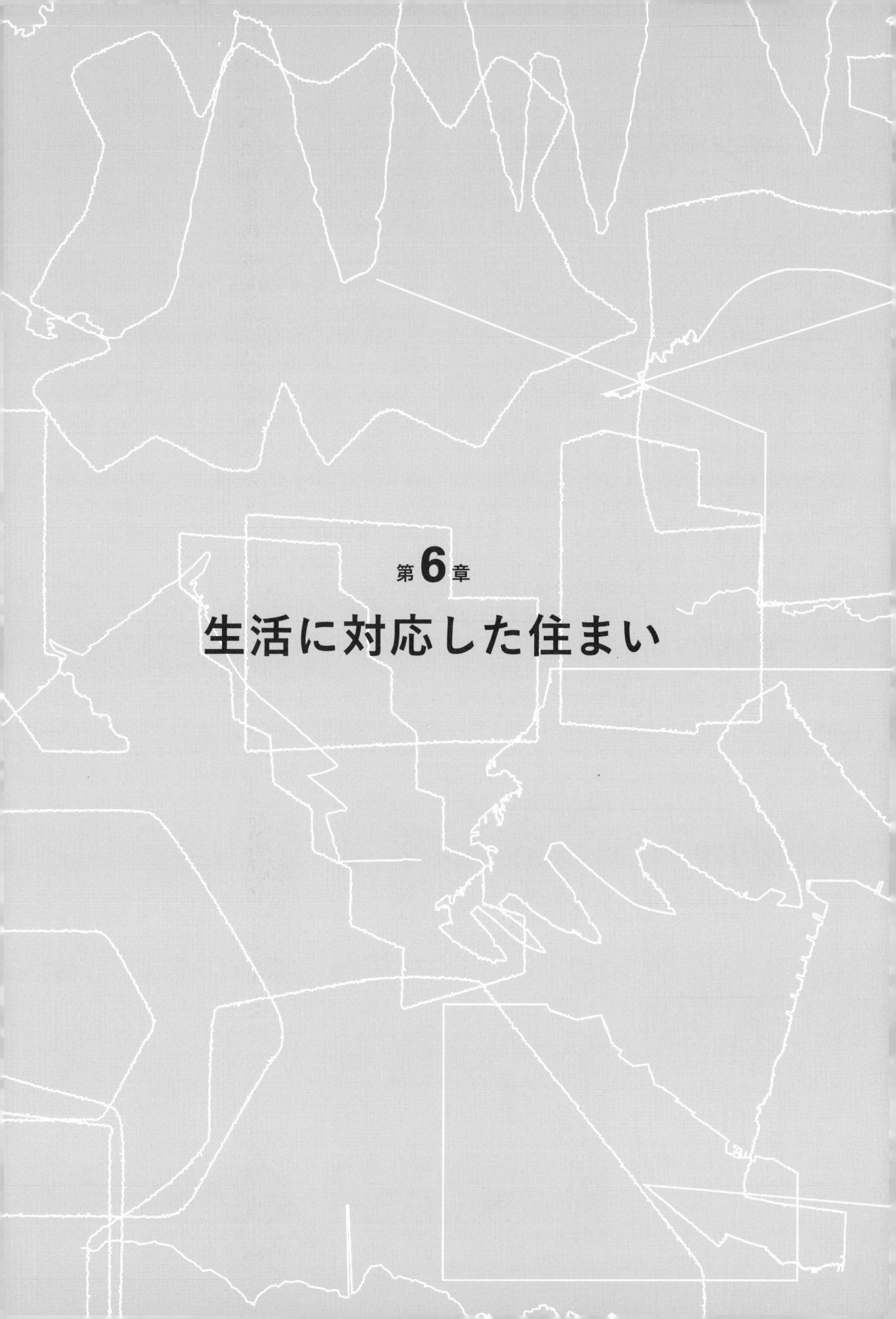

第6章

生活に対応した住まい

6-1 日本住宅インテリア小史

日本における室内空間意匠は寝殿造・書院造・数寄屋造などを経て明治以降の西洋化、近代化を経て現代に至る。その歴史をふまえ、現代のインテリアの課題を提示し、インテリア設計が担う今日の役割を考えたい。

1 | 近代以前のインテリア

一般にインテリアデザインとは「スケルトン（構造体）以外のインフィル（室内部分）をデザインすること」＊1とされる。本節では、照明や家具、内装などのインテリアの個別要素の計画ではなく、日本の室内空間の歴史的変遷に注目することで、室内装飾という意味での狭義のインテリアを超えた、現代におけるインテリア計画の取り組むべき問題を考えたい。

江戸時代以前のインテリア

平安時代には寝殿造→ 3-1 からなる宮中において室内装飾が発達し、それが日本の最初期のインテリアと言える。基本的には貴族の生活や儀式のためのインテリアで、開放的な室内で視線を遮るための屏風・御簾（みす）・蔀戸（しとみど）などが代表的な要素である❶。しかし、それらは現代の日本の住まいでは一般的に見られるものではない。

室町時代になると武家社会を背景に書院造→ 3-1 が成立する。そこでは、現在の住まいにも受け継がれる、部屋を区切る障子や襖、屋根を隠蔽する天井が設置され、床は畳敷き、床の間とそれに付随する違い棚や付書院などの特徴が現れる。

桃山時代に千利休により侘び茶が確立されると、そのための空間である草庵茶室→ column 03 からは、数寄屋造と呼ばれるインテリアの文化が誕生した。数寄屋造は書院造を基本としつつも、書院造が重んじた格式・様式を極力排し、内面を磨いて客をもてなすという茶人たちの精神性を反映し、質素ながらも洗練された意匠を生み出した。簡素で古びたものを愛でる侘び寂び（わ き）の美意識のもと、格式を示す長押（なげし）を省略し、竹や杉丸太を好んで使い、壁は（白壁ではなく）原則として聚楽壁（じゅらくかべ）に代表される土壁仕上げとする❷。これらの特徴は、和風モダン（和モダン）と呼ばれる現代のインテリアデザインにも、様々なアレンジを加えつつ引き継がれている❸。

2 | 明治時代以降のインテリア

洋風化と近代化

政府主導の欧化政策のもと衣食住の洋風化が推進され、その最初期には和風住宅と洋館をつなぎ合わせた和洋館並列型住宅→ 3-4 が建てられた。洋風化は特に迎賓館や応接間などの接客空間において先行した。「無鄰菴」❹に

❶ 浮世絵に描かれた寝殿造の内装[1)]
御簾や屏風で仕切られただけの開放的な住まい。

❷ 数寄屋造による桂離宮松琴亭（17C）の室内[2)]

❸ 銀閣寺前町の家（2019／森田一弥）[3)]

❹ 無鄰菴の洋館内部（1898／新家孝正）

❺ あめりか屋によるアメリカのバンガロー様式の住宅（1925／鳥山貞三郎）[4)]

付属して建てられた洋館は、洋風の意匠を基調としながらも、壁面に江戸時代の狩野派の障壁画が描かれ、天井も折り上げ格天井と、日本のインテリアの要素が大胆に取り入れられている。

大正時代になると、富裕層だけでなく都市の中間層にも洋風建築が浸透する。その先駆けとなったのは、1909（明治 42）年に橋口信助が創業した「あめりか屋」である。橋口は当時よく見られた西洋風と和風の二重生活を批判、アメリカの組立住宅を輸入し、イス座を採り入れた西洋式の住宅を次々と建設していった❺。また橋口は住宅改良会を設立し、日本初の住宅専門誌である機関紙『住宅』の発刊（1915）とともにイス座の生活様式の啓蒙活動を展開した。当時開催された展覧会でも、イス座が住生活を改善するものとして描かれている❻。

このような住宅の洋風化の流れの中、日本建築の伝統の延長線上に新しい住空間を生み出そうとしたのが藤井厚二による「聴竹居」→4-4である。イス座の居間を中心に据えつつ、床を 30cm 高くした畳の間を設け椅子に座る人と畳に座る人の視線を揃えたり、椅子に座り眺める床の間❼を考案するなど、和と洋に加えて当時欧米で生まれつつあったモダンな意匠・思想を融合したインテリアが試みられている。

モダニズム建築の影響の広がり

明治期の西洋化が国家の政策として進められたとすれば、大正期のモダニズム建築の受容は雑誌などのメディアや渡欧した日本人による民間主導で行われた。建築家では 1923 年に堀口捨己がバウハウスを訪れ、他にも今井憲次・前川國男・村野藤吾・山口文象らが 1920 ～ 30 年にかけて渡欧し、日本に情報を持ち帰っている。

日本における最初期のモダニズム住宅の一つが「土浦亀城邸」である。土浦亀城はフランク・ロイド・ライトのもとで学び、戦前戦後に渡りモダニズム建築を多数設計した。その自邸は、装飾的要素を排した白い箱型の外観と室内、吹抜けとスキップフロアによる立体的な空間の連続性など、現代につながるモダンなインテリアデザインの特徴を備えている❽。

数寄屋を介したモダニズムと日本の伝統の融合

大正期の建築家はウィーン分離派やアールデコ、モダニズムなどの新しい表現を貪欲に取り入れつつ、伝統的な日本の空間意匠を解釈し直すことに取り組んだ。「紫烟（しえん）荘」で数寄屋的な茅葺屋根とオランダ建築の影響を感じさせる幾何学的構成の融合を試みた堀口捨己は、その早い例である。インテリアにおいても面と線によるシンプルな幾何学的壁面構成の中に、下地窓のような丸窓が持ち込まれている❾。

吉田五十八は、1930 年代中程から独自に近代化した数

❼ 聴竹居（1928／藤井厚二）のイス座に合わせた床の間 6)

❽ 土浦亀城邸（1935／土浦亀城）のリビング

❻ 生活改善展覧会（1919）のポスター 5)

❾ 紫烟荘（1926／堀口捨己）のインテリア 7)

寄屋造の住宅を数多く手がけた。そのインテリアの設計手法は例えば、真壁ではなく大壁の採用、吊束と欄間の吹抜けの省略、荒組障子と横桟の障子の採用、などであった⑩。吉田の手法は、戦後来日したコルビュジエが「線が多すぎる」とも評した従来の和風のインテリアに、モダニズムのボキャブラリーが持つ抽象性をもたらし、戦後の日本のインテリアに大きな影響を与えた。その一方で、あらゆる素材が抽象化された吉田五十八流モダン数寄屋への反発として、近年では抽象的なインテリアの中に荒々しい石材や古木などを埋め込んだ杉本博司など、新しい現代数寄屋の流れも生まれ始めている。

3｜家具・生活財の近代化

イス座の普及

日本において椅子をくつろぎの手段として捉えることが一般的となるのは戦後のことである→2-2。高度成長期の団地でダイニングキッチンが採用されたことで、椅子は庶民の住まいに取り込まれ、日本人の生活スタイルは一気に欧米化していった。戦前・戦後期のインテリア・プロダクト分野の日本のデザインの礎を創った人物として、剣持勇・渡辺力・柳宗理・長大作らが挙げられる⑪。

民藝運動

生活様式の西洋化と生産の工業化が急速に進んだ大正時代、その状況に危機感を抱いて民藝運動を提唱したのが柳宗悦である。柳は民衆が生み出し日常生活で使用していた器や道具を民藝（民衆的工藝）と呼び、そこに美のみならず、深い精神性を見出した。戦前には河井寛次郎が京都の東山に自邸⑫を構えて製作に励み、戦後に白洲正子が民家を転用した住居「武相荘」（1943）に住んだのは、民藝運動が提示した美意識の実践であった。

同じ頃、今和次郎は日本各地の民家・集落を実地調査し『日本の民家』（1922）を出版している。柳らが注目した「民藝」と今和次郎らが見出した「民家」はいずれも、近代のモダニズムによって見出された貴族的な数寄屋の美とは異なる、ごく普通に身のまわりにあった日常的で民衆的な建築やプロダクトの美の発見であった。

4｜あふれる生活財への対応

モノの増大と現代のインテリア計画の課題

インテリアの歴史を概観した上で、あらためて現代日本の住宅のインテリアを見ると、その変遷の結果として和風・洋風・モダン・民藝風など、様々な様式が混合した要素が室内を覆っている。しかし、それにも増して目につくのは室内に溢れかえった家具や家電、様々な道具などの生活財である。現代のインテリアの課題は、もはや和風やモダンなどのスタイルの問題ではなく、多種大量なモノをどう扱うかという問題に移行しつつあるように思われる。

幕末に日本を訪れた外国人は日本の家にモノが少ないことに驚いた記述を多く残している。戦前までの日本の

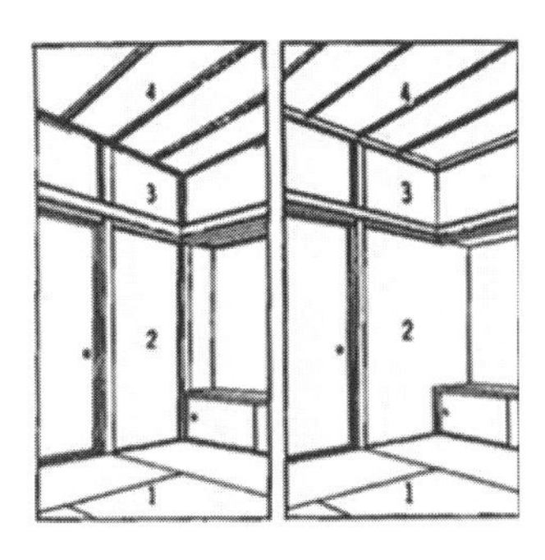

⑪ ラタンのラウンジチェア（1961／剣持勇）

⑫ 河井寛次郎記念館（1937／河井寛次郎）[9]

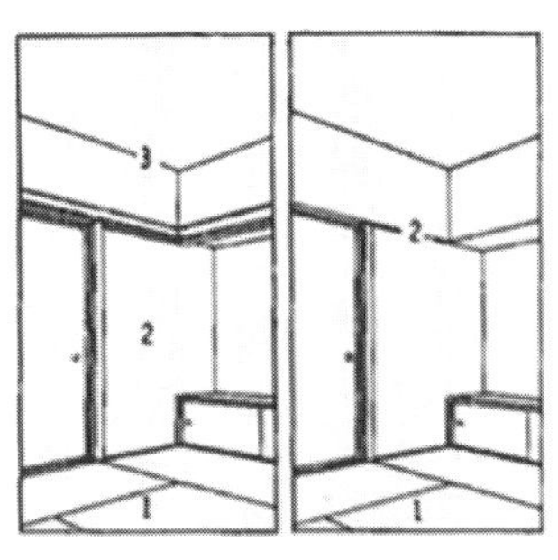

⑩ 吉田五十八による和風の意匠の抽象化[8]
要素が省かれ線が少なくなり、モダンなインテリアへと移行している。

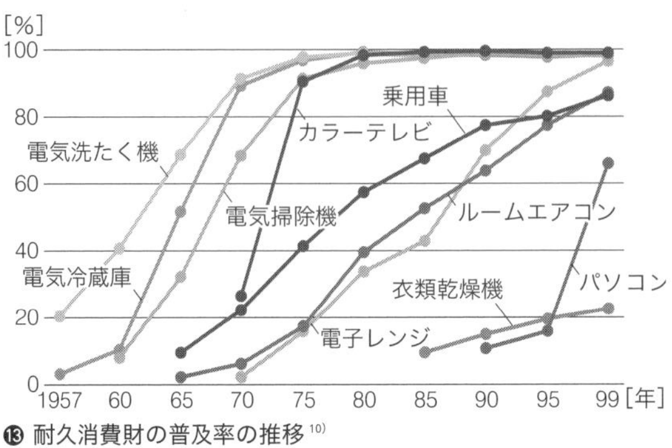

⑬ 耐久消費財の普及率の推移[10]

⑭ マテリアルワールド・プロジェクト『地球家族』TOTO 出版、1994

住まいは現代に比べ圧倒的にモノが少なかったが、高度成長期を経て、日本人の所有する生活財は劇的に増加した。例えば耐久消費財に関しては、1950年代後半に「三種の神器」と呼ばれた白黒テレビ・洗濯機・冷蔵庫は、1969年にはほぼ9割以上の家庭に浸透した⓭。1960年代半ばには自動車・クーラー・カラーテレビ（3C）が「新・三種の神器」として喧伝された。バブル崩壊とともに迎えた1990年代以降には、中国をはじめとする海外の安い製品の流通が広まり、百円ショップやホームセンターなどで大量に買い物をして、消費・使い捨てにする文化は日本人の生活の一部となった。

世界30ヵ国の住まいと生活財を写真に収めた『地球家族』には、敷地から溢れるくらいに生活財が積み上げられた日本の住まいと、限られた生活財で暮らす国や地域の住まいとの対比が鮮明に現れている⓮。家庭の中にどれだけのモノがあるかを研究する生活財生態学は、「現代の日本の住宅はモノが溢れかえっていて、家庭景観（インテリア）が混乱している家庭が大部分である」*2と問題提起している。その一方で、『TOKYO STYLE』を始めとする都築響一による一連の写真は、都市生活者の部屋に夥しいモノが堆積していることと同時に、モノに囲まれたインテリアが住み手のアイデンティティと深く結びついていることを示した⓯。

とはいえ、住宅の内部におけるモノの増大と蓄積が、住み手のコントロールを超え溢れ出せば、「ゴミ屋敷」として個々の家に留まらない問題に発展しかねない。「断捨離」という言葉が広まり、「こんまりメソッド」が世界的に受け容れられたように、増え続けるモノをどのようにコントロールするかが、現代ではインテリア計画の主要な課題となっている。建築家の西沢大良は、「現代はモノの量だけでなく種類が劇的に増えた時代であり、その種類の多さに何とか応えるデザインを考えなければいけない」と指摘している。

使い捨てない新しい文化

大量生産・大量消費という現代生活への反省から、新しい生活文化も模索され始めている。

映画「365日のシンプルライフ（英題：My Stuff）」は、自室が物で溢れてしまったことに危機感を覚えた青年が、所有物を一旦すべて倉庫に預け、そこから1日1個だけ持ち出すというルールを設けることで、生活に本当に必要な物を見極めようという実験を描き話題を呼んだ⓰。2016年に諏訪市で設立されたRe Building Center JAPANでは、民家の古材や家財道具を「レスキュー」と称して引き取り再流通させる事業を行っており、大きな注目を集めている⓱。個人レベルでも、要らなくなったモノを捨てずに次の所有者に引き渡す文化は、ヤフオク・メルカリ・ジモティーなどによる二次流通サービスによって浸透しつつあり、インテリアデザインの世界でも廃材や二次利用品を使ったインテリアが評価され受け容れられつつある。3R（Reduce：削減、Reuse：再利用、Recycle：再資源化）に加え、ストックを活用しながら付加価値を生み出すサーキュラーエコノミー（循環経済）の実現が、建築分野でも求められているのである。

地球温暖化など、現代文明の持続可能性そのものにも警鐘が鳴らされる昨今、インテリア計画のあり方自体が見直されるべき時期に来ている。

⓯ 都築響一『TOKYO STYLE』京都書院、1993

⓰ 映画『365日のシンプルライフ』（2013）より[11]
衣類も家具も無い部屋で過ごす主人公

⓱ Re Building Center JAPANにストックされた古材

6-2 住まいの環境

マクロな視点で環境を捉えるためには、住まいのつくりや設備だけでなく暮らし方も考えていかなければならない。住宅を取り巻く環境をうまく使い、効率的にエネルギーを使用することが求められている。

1 | 住まいとエネルギー

住まいはシェルター機能が優先されていた原初の時代から、技術の発展とともに、より便利で快適な生活を求めて変化を遂げてきた。現代の住まいでは快適な環境を整えるため、電気・ガス・石油など様々なエネルギーが消費されている。

家庭でのエネルギー源別消費は、1965年には石炭の消費が最も多く3割以上、1973年は灯油・ガス（都市・LP）・電気の割合がそれぞれ約3割、2020年は電気が約5割を占める❶。家庭での用途別エネルギー消費は、2021年は動力・照明他が最も大きく、給湯・暖房・厨房・冷房と続く。1965年と比較すると、家電機器の普及や大型化などにより動力・照明のエネルギー消費が大きく増え、エアコンの普及により冷房も増加している❷。

日本社会全体で見ると、産業部門のエネルギー消費は工場の海外への移転などにより微増であるが、家庭部門は家電の普及や世帯数の増加などにより、この50年で2倍以上に増えている。一貫して増大し続けてきた家庭でのエネルギー消費は、2011年の東日本大震災以降、節電などの省エネ意識の高まりによりやや低下傾向にある。ライフスタイルや生活が変化し、エネルギーを効率的に使用するため、省エネ家電や断熱性を高めた住宅が求められたためである。

日本では、戦後の高度成長期を通じて右肩上がりのエネルギー消費を続けていたが、1970年代のオイルショッ

（単位：10^6J／世帯）

年度	用途別原単位						
	電気	都市ガス	LPガス	灯油	石炭	太陽熱他	用途計
1965	3,999	2,592	2,113	2,647	6,194	0	17,545
1973	8,530	5,153	5,272	9,462	1,850	0	30,267
2020	16,008	7,282	3,458	5,189	0	125	32,061

（注1）「総合エネルギー統計」では、1990年度以降、数値の算出方法が変更されている。
（注2）構成比は端数処理（四捨五入）の関係で合計が100%とならないことがある。

❶ 家庭部門におけるエネルギー源別消費の推移[1]

■暖房 ■給湯 ■厨房 ■動力・照明他 □冷房
1965年度(17,545MJ/世帯)
1973年度(30,267MJ/世帯)
2021年度(29,913MJ/世帯)
0 20 40 60 80 100[%]

❷ 家庭での用途別エネルギー消費[2]

年	社会的動向	概要
1953年	北海道防寒住宅建設等促進法	日本における高気密・高断熱の始まり
1973年	第1次オイルショック	石油エネルギーに対する不安
1974年	サンシャイン計画	クリーンエネルギーの活用技術の開発を目標に掲げる
1978年	第2次オイルショック	1次よりも影響少ない
1979年	エネルギーの使用の合理化等に関する法律（省エネ法）	エネルギーの効率的な利用を促進する
1980年	省エネルギー基準（通称：旧省エネルギー基準）	省エネ性能の確保のために必要な建築物の構造及び設備に関する基準
1984年	新在来木造構法	高断熱の新在来木造構法が広がり、高気密・高断熱が全国的に広がり始める
1990年	地球温暖化防止行動計画公布	地球環境保全に関する関係閣僚会議で定められた最初の政府の地球温暖化対策
1992年	地球サミット開催	国連環境開発会議で「将来の世代の欲求を満たしつつ、現在の世代の欲求も満足させるような開発」（持続可能な開発）をすべての政策や事業に反映させるよう措置
1997年	京都議定書採択	京都で開催された国際会議（COP3）で、先進国が温室効果ガスを削減する数値目標と目標達成期間を初めて合意
1998年	改正エネルギーの使用の合理化に関する法律（省エネ法）	京都議定書を受け、省エネ対策強化策のひとつとして改正案が成立
	地球温暖化対策推進大綱	地球温暖化対策推進本部が決定、日本政府各省庁の地球温暖化対策を取りまとめた
2002年	地球温暖化対策推進大綱	1998年に決定した地球温暖化対策推進大綱を見直した
	京都議定書締結の国会承認、地球温暖化対策の推進に関する法律の一部を改正	京都議定書の締結が国会で承認され、必要な国内担保法が制定された
2005年	省エネ法（エネルギーの使用の合理化に関する法律）の改正	エネルギー消費量の伸びの著しい運輸分野における対策を導入、工場・事業場及び住宅・建築物分野における対策を強化
2006年	地球温暖化対策の推進に関する法律の改正	「温室効果ガスの算定・報告・公表制度」を導入
2008年	省エネルギー法改正	工場・事業場単位から事業者単位の規制に変更等
2009年	エネルギー供給構造高度化法	余った太陽光発電システムによって作られた電力を電気事業者が従来の2倍程度の価格で買い取る制度を導入
2011年	東日本大震災	夏期・冬期の数値目標付き電力供給対策の要請
	電気事業者による再生可能エネルギー電気の調達に関する特別措置法	固定価格買取制度導入
2013年	地球温暖化対策の推進に関する法律の一部を改正する法律公布	温室効果ガスの種類の追加、地球温暖化対策計画の策定など
2015年	SDGs（持続可能な開発目標）の採択	「持続可能な開発のための2030アジェンダ」を国連総会で採択
	パリ協定採択	COP21において、2020年以降の温室効果ガス排出削減等のための新たな国際的枠組みとなる「パリ協定」が採択
2016年	電力自由化開始	電気の小売業への参入が全面自由化
	気候変動適応法の公布	適応策の実効性を高め、多様な関係者の連携・協働により取組みを進めるため公布
2020年	「2050年カーボンニュートラル」を宣言	家庭部門の省エネを強力に推進するため、住宅の断熱性の向上や高効率給湯器の導入等の住宅省エネ化を支援
2023年	住宅省エネ2023キャンペーン	住宅の断熱性の向上や高効率給湯器の導入等の住宅省エネ化を支援する新たに創設された補助事業
2024年	住宅省エネ2024キャンペーン	国土交通・経済産業・環境省の連携により行う「住宅の省エネリフォーム支援」と国土交通省が行う「長期優良住宅及びZEH住宅の取得支援」開始

❸ 住宅と生活に影響する環境・エネルギーに関する社会動向

クを経て、エネルギーの安定供給の重要性を学び、エネルギー問題に取り組み始めた。しかし、当時は環境保全にまで意識が至っていない。1990年代に環境問題が世界的な課題となり、国際会議などによる対策の動きを受け、日本でも省エネ法をはじめとする環境保全に帰する法律の整備が行われた❸。2015年には国連サミットにおいて、「SDGs」（持続可能な開発目標）が採択され、国内におけるエネルギー問題、地球温暖化、森林破壊、オゾン層の破壊、ゴミ問題、水質問題など、様々な環境問題への意識がより一層高まった。住まいにおいても省エネルギーをはじめとした環境に配慮した工夫が強く求められている。

環境に配慮した住まいの工夫は、自然の力を活用するパッシブデザイン、先進技術を活用してエネルギー利用の最適化を目指すアクティブデザインに分けられる。住まいの環境は、気候などの外的要因と生活スタイルなどの内的要因→ 6-3に個々に対処していた時代から、地球環境やエネルギー問題にもグローバルな視点からの対処が必要な時代となった。科学技術の発展を注視し、パッシブ・アクティブ両方のデザインをバランスよく取り入れることが求められる。

2 | パッシブデザイン

パッシブデザインとは

パッシブデザインとは、設備機器に頼らず、建築的な工夫で周辺環境を自然のまま利用することであり、自然な状態で手を加えずに利用できるエネルギーがパッシブエネルギーである。

夏の暑さを考慮した沖縄の家や冬の寒さを考慮した秋山郷の茅壁の家→ 1-3など、民家や町家では、経験の集約により、各地域の環境にあったパッシブデザインが採用されてきた。窓の配置や大きさの工夫によって自然の風や光を利用するといったヴァナキュラーな住宅で当たり前に行われていた工夫も立派なパッシブデザインであり、現代の住宅で活用することができる。

夏の工夫は、住宅内部の熱をなるべく低く抑えることである❹。太陽の熱が内部に入らないように軒を設ける、床・壁・天井を断熱する、住宅内の熱を外に逃すような風の通り道を考えた計画などである。また、緑陰や打水などにより家の外からの風を涼しくする工夫もある。冬の工夫は、住宅内に熱を取り込み、その熱をなるべく外に逃さない工夫である❺。太陽高度の違いを利用して、冬だけ直射日光が内部に入る軒の出にする、外部の木を落葉樹にするなどの方法で、太陽の熱を積極的に取り込む。そして、取り込んだ熱を外部に逃さないように蓄熱し、断熱を行う。夏と冬の工夫は表裏一体であり、どちらの季節も考えることが重要である。

パッシブデザインを積極的に取り入れた先駆的な住宅として「聴竹居」がある❻。生活実験を繰り返し、実験住宅を多く手がけた藤井厚二が、1928年に完成させた。環境工学というアプローチから日本の気候・生活・風土と西洋的な空間構成とを融合した実験住宅であり、室内

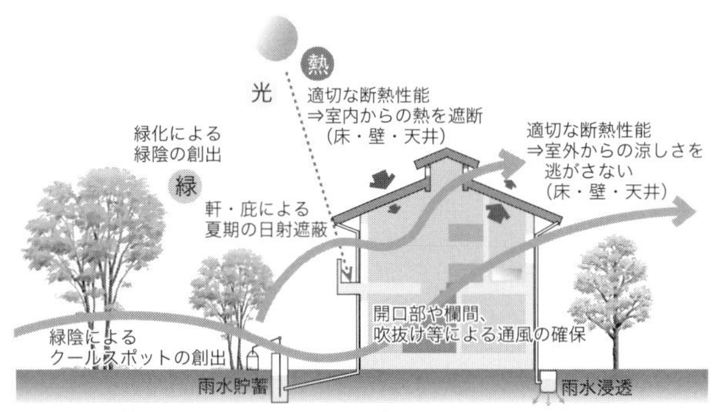

❹ パッシブデザインによる夏の工夫[3)]

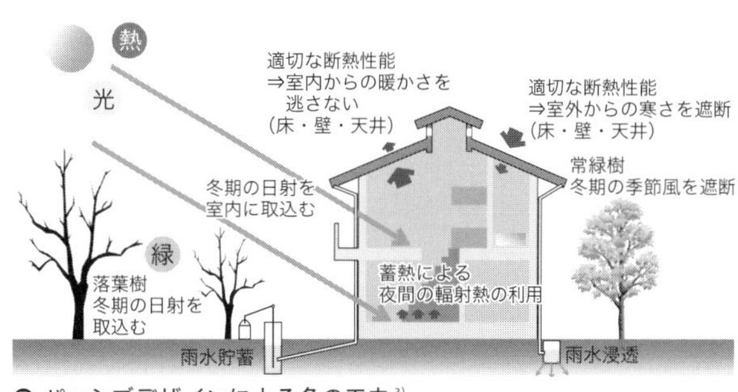

❺ パッシブデザインによる冬の工夫[3)]

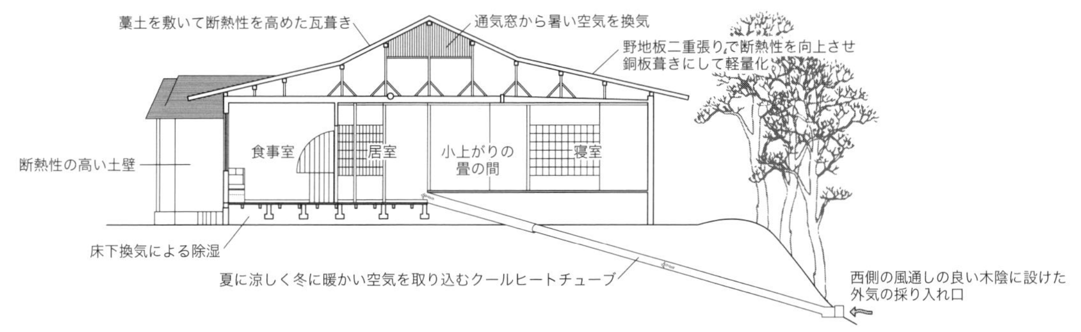

❻ 聴竹居（1928／藤井厚二）断面図

空気の温度差を利用した屋根への排気、床下から土中で冷やされた冷気の取り入れ、和紙の壁紙の調湿効果など、パッシブデザインが随所に取り入れられている。

環境共生住宅

1990年代になると世界的な環境への関心の高まりから、環境に配慮した住宅が求められるようになる。日本では1993年から2008年にかけて国の主導により「環境共生住宅市街地モデル事業」が実施された❼。同事業では、パッシブな手法だけでなく、設備機器も利用し、周辺の地域環境も考慮することを広い意味での「環境共生」としている。地域の特性に応じ、エネルギー・資源・廃棄物などの面で適切な配慮がなされるとともに、周辺環境と調和し、健康で快適に生活できるよう工夫された住環境である*1。同事業により具体的な事例が提示されたことは、環境へ配慮する住まいという意識の普及につながった。

中でも「深沢環境共生住宅」は、太陽光発電・太陽熱利用・風力発電などのアクティブな手法、雨水利用・風光ボイド・ビオトープなどのパッシブな手法を併用し、多様な環境共生手法を実装した❽。環境共生手法の説明、メンテナンス、見学イベントなど、住み手の共生的な住まい方の支援を行っていることも、環境共生手法への理解を促すという点で非常に重要である。

高気密高断熱住宅

パッシブエネルギーを直接利用する手法ではないが、内・外の熱の移動を小さくし、冷暖房にかかるエネルギーを減らすことを目的とした住宅であり、地域を問わず採用されている。外気に接する壁・屋根裏・床下などをしっかりと断熱し、かつ隙間のないように気密性を高めることにより、伝導および対流による熱の流出入や結露の発生を防ぐ❾。外気温の影響が少なく冷暖房の効果が高いが、空気がこもりやすいため換気に注意が必要である。

現在の高気密・高断熱の考え方は、1953年の北海道防寒住宅建設等促進法から始まった。全国的に断熱材が普及し始めたのは1960年代頃から、高気密・高断熱が広がり始めたのは鎌田紀彦による新在来木造構法（壁内の気流や天井裏に抜ける空気を遮断し、壁の中で結露しないように改良された高断熱在来木造構法）の発表（1984）からである。

OMソーラー

OMソーラーは太陽熱エネルギーの利用システムである❿。考案者である建築家・奥村昭雄によれば、外環境から入る熱（集熱・遮熱）・流出する熱（断熱・気密／通風・排熱）・蓄えられる熱（蓄熱／蓄冷）を建築的にコントロールすることで、室内環境を快適範囲に近づける点に特色がある*2。一般的な住宅に使用されているのは「床下ファンコンベクター方式」である。床下ファンコンベクターとは、暖房用ボイラーで温まった空気を室内に送るもので、断熱・気密性能を確保した上で、南面する屋根面を空気集熱方式の集熱面とし、土間コンクリート・床下防湿コンクリート・RCスラブを蓄熱体として補助暖房を行う。基本は自然エネルギーを活用するパッ

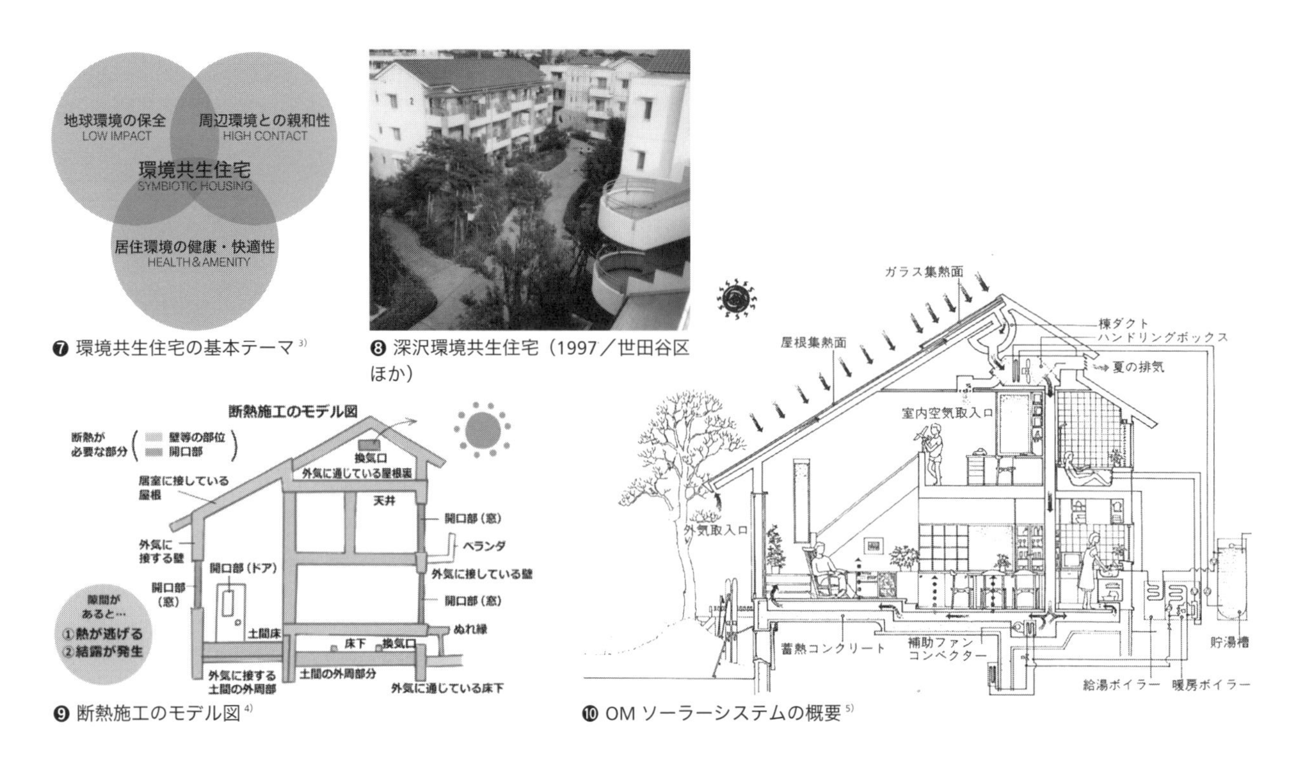

❼ 環境共生住宅の基本テーマ 3)

❽ 深沢環境共生住宅（1997／世田谷区ほか）

❾ 断熱施工のモデル図 4)

❿ OMソーラーシステムの概要 5)

シブな仕組みであるが、各種の設備機器も併用したアクティブデザインの側面もある。

パッシブデザインを取り入れた現代住宅

「つくばの家Ⅰ」⓫は、環境シミュレーションプログラムを用いて必要な暖房・冷房の性能を予測しながら設計を行い、さまざまなパッシブデザインの要素技術を統合する手法を示した住宅である。蓄熱効果の実測から、パッシブ性能の検証も行われた。「高知・本山町の家」(2003/小玉祐一郎)では、設計時に建物方位の変化が室温変動に及ぼす影響や庇の効果の検討が行われた*3。

「ストーンハウス」(2005/三分一博志)は、夏は高温多湿、冬は多雪な地域で、通風・日照・熱変化を考慮しながら外気に接する面積ができるだけ小さくなるように設計されている。夏は木製建具を開けて風を通し、冬は建具を閉めて日常使用しない上階を空気の層として利用する。住宅を半ば砕石に埋め、砕石の隙間の空気層により、温度と湿気をコントロールしている。

3 | アクティブデザイン

アクティブデザインとは、設備機器によりエネルギーを生み出したり、先進技術を使いエネルギー利用の効率化・最適化を目指したりする、設備を活用したデザインのことである。自然エネルギーを利用した太陽光発電、太陽熱給湯、風力・水力発電のほか、エネルギー効率を考慮した空調・給湯、タスクアンビエント照明などがある。自然エネルギーをそのまま利用するパッシブデザインと異なり、アクティブデザインは、設備機器を使用して、自然エネルギーを電気や温水などに変換して利用する。

ZEH(Net Zero Energy House)

ZEH(ゼッチ)は、快適な室内環境を保ちながら、創エネと省エネにより、年間の一次エネルギー消費量の収支をゼロとすることを目指した住宅を指す⓬。住宅の高断熱化と高効率設備によりエネルギー消費量を削減し、さらに太陽光発電や太陽熱利用給湯などのアクティブデザインによるエネルギーの創出、エネルギー利用の最適化も行う。

第6次エネルギー基本計画(2021)では、2030年度以降の新築住宅はZEH水準の省エネルギー性能とする、2030年において新築戸建住宅の6割に太陽光発電設備を設置する、という政府目標が掲げられている。

HEMS(Home Energy Management System)

アクティブデザインとICT技術を組み合わせてエネルギー利用の最適化を目指す手法としてHEMS(ヘムス)がある⓭。HEMSは家電製品や給湯機器、発電装置や蓄電池などをネットワーク化し、家庭で使用するエネルギーの表示機能と最適制御機能を持つ管理システムのことである。エネルギーを効率よく使用できるだけでなく、使用量の見える化によって住み手に省エネを意識させることが期待されている。

4 | パッシブとアクティブの融合

パッシブデザインとアクティブデザインは、相反するものではなく、互いを補い合うべきものである。エネルギー問題を考慮しつつ、パッシブデザインとアクティブデザインを融合させ、エネルギーを効率よく使いながら、居住する人にとって快適な住まいを追求していくことが大切である。

⓫ つくばの家Ⅰ(1984/小玉祐一郎)[6]
夏(左)には葉が茂り日射を遮り、冬(右)には葉を落として日差しを取り入れた自然の全自動外付けブラインド

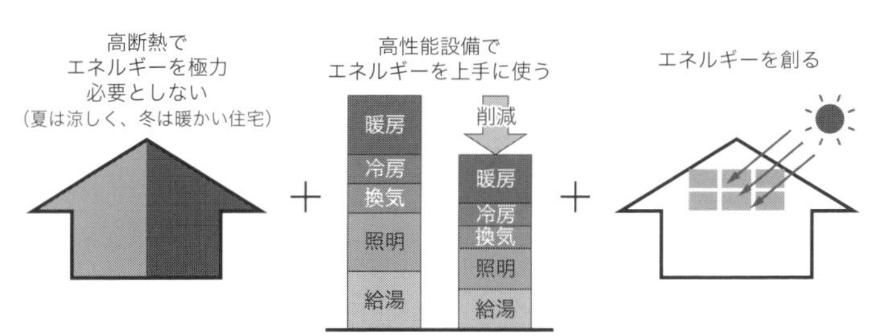

⓬ ZEHの基本的な考え方[7]

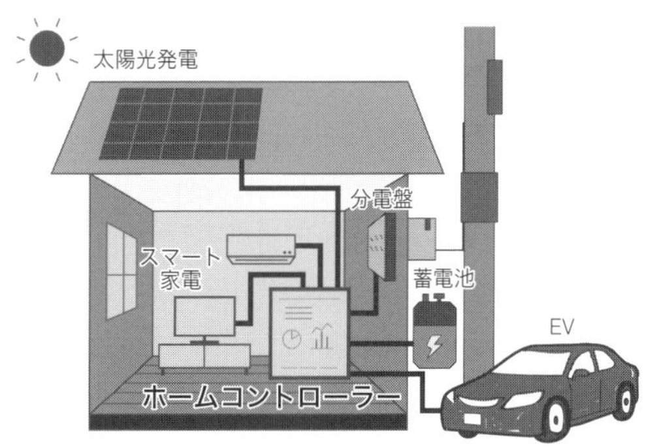

⓭ HEMSの構成の例[7]

6-3 住まいの設備

外的要因と内的要因に対応する設備の計画を、外部環境を調整する「面」、ライフラインと住宅を接続する「線」、生活の中で直接使用する設備機器である「点」という3つの観点から整理してみる。

1 | 住宅における設備の役割

住まいの設備の役割は、外的要因と内的要因への対応に分けられる❶。外的要因とは、温湿度・風・明るさといった外部の環境的要素であり、気候や立地、時間や季節により変わる。内的要因とは、快適性や利便性に対する住み手の要求であり、ライフスタイルの変化や技術の発達に影響を受ける。住まいは「夏をむねとすべし」→0-1と言われたように、日本の伝統的住まいでは夏の蒸し暑さという外的要因に対し風通しのよい大きな開口部を設け、その代わり冬の寒さは火鉢や囲炉裏などの小さな設備でやり過ごすという対応をとってきた。しかし、近代以降のインフラや機械技術の発達などにより、住まいにおける設備の役割は格段に大きくなってきた。

外部環境を調整し人間が生活しやすい室内環境をつくりだすことが、設備の第一の役割である。熱環境については断熱・遮熱・蓄熱・冷暖房、空気環境については通風・換気・空調、光環境については日射制御・照明などによる調整が行われる。人が快適と感じる温湿度の幅は狭く、そのコントロールは特に重要である❷。近年、急激な温度差は季節を問わず健康に大きな影響（ヒートショック）があることがわかり、室内の温度管理はより重視されつつある→6-4。これらの室内環境の調整は、主に壁や開口部といった建築の外皮と住宅内の設備機器によって担われる。

住まいにおける設備のもう一つの役割は、日常生活に欠かせないライフライン（生活インフラ）との接続である。上下水道・電気・ガス・通信などのライフラインを住宅内に引き込み、様々な設備機器を介して利用することで、住まいの利便性や快適性は劇的に向上してきた。

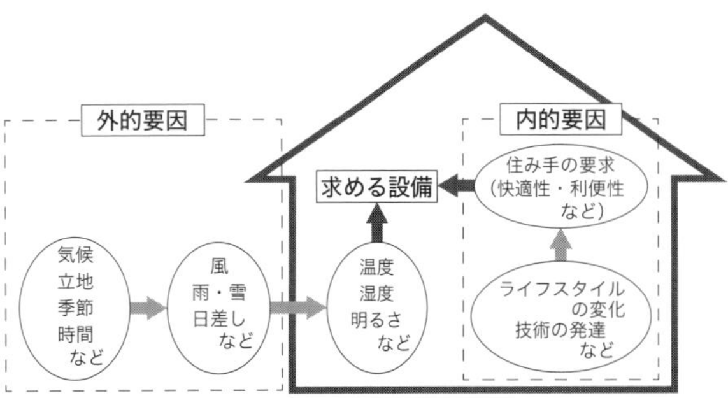

❶ 外的要因・内的要因と設備の関係

2 | 面による対応　住まいの外皮

住まいの内部空間は、屋根・壁・床といった外皮＝「面」によって包まれることで成立する。日本では古来、板壁・土壁が広く使われていた。土壁は断熱効果と蓄熱効果があるだけでなく、材料の入手もしやすいため、多くの地域で採用されていた。豪雪地帯の秋山郷の民家→1-3では、板壁を茅で保護して、雪による壁の痛みを防ぐだけでなく、断熱効果を持たせている。

現在の断熱の方法には、外断熱と内断熱がある❸。外断熱は建物全体を覆うので、気密性が高く結露が発生しにくいが、施工費が高く、壁が厚くなるため敷地や間取りに余裕を持たせる必要がある。内断熱は外断熱に比べコストは低いが、気密性がやや低く熱損失が生じ、結露が起きやすい。地域の気候によって、どのくらいの断熱・気密性能が必要かを判断する必要がある。

3 | 面による対応　開口部

空気の調整

開口部は建築の外皮面に開いた穴であり、外壁のように内外を遮断する役割と、空気や光を必要に応じて出し入れする役割を兼ね備えている。例えば網戸は、虫の侵入を拒みつつ風を取り入れる開口部の設備である。

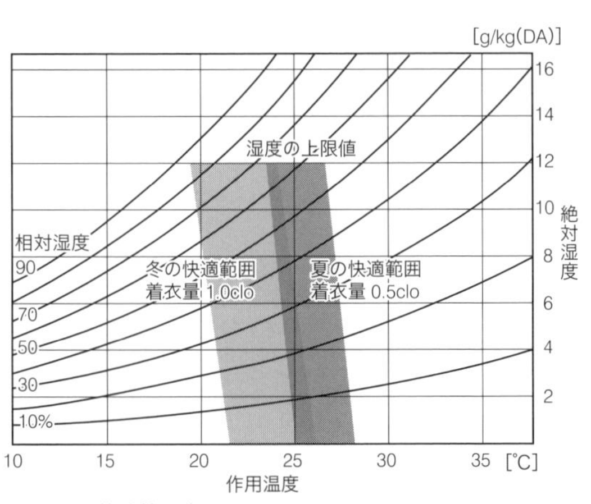

❷ SET *の快適範囲 [1)]
SET *とは、温熱環境の6要素（環境条件：空気温度・放射温度・気流・湿度＋人体側の条件：着衣量・代謝量）に基づいて室内の快適範囲を示す指標。

近代以前の住宅では、開口部の戸や障子・襖を開け放ち、外の風を内部に取り入れた。町家は住居が隣接しているため、庭などに打ち水をして気流を生じさせる、夏の室礼（風を通す建具への衣替え）を行うなどの工夫で風の通りを良くした→4-3。

現在の住宅では、窓からの自然換気も行われてはいるが、換気扇などの設備で吸排気を行う機械換気が増えている。換気設備の発達により、換気が必要な台所、風呂、トイレなどの水まわりに窓を設けなくてもよくなり、自由な配置が可能になった。特にマンションでは、窓を取るために個室を外周部に配置し、水まわりは住戸中央部に配置することが多い。

光の調整

住居は仕事などを行う空間でもあり、人工照明のない時代にも、夜間や雨・雪で暗い日中に作業を行うことは当然あった。暗い室内を明るくする手段は、灯火を除けば、開口部からの自然光であった。寝殿造→3-1の頃は、蔀（しとみ）・壁代（かべしろ）（壁の代わりに垂らす布や筵（むしろ））・簾（す）などの設備で調整しながら光を取り入れた。書院造では風を遮りながら光は取り入れることができる明障子が普及するが、下地窓・格子窓・引違窓・突上窓などの光と風を一緒に通す窓も、江戸期を通して併用された。明治期には、風をより確実に遮りつつ、光だけでなく眺めも取り入れられるガラス窓が登場する。

現代では、ガラス製造技術の発展により、ガラスの透過性の違いによる光の調節も可能になっている。室内の明るさを調節するカーテンやブラインドは、窓の内側に設けられることが一般的であるが、窓の外側で光・熱を遮る外付けブラインドもある。

開口部の断熱性の向上

1960年代になると住宅用アルミサッシが普及し、窓の気密性はさらに向上した。しかし、ガラスやアルミの熱伝導率は高く、窓からの熱損失は外壁の他の部分よりもかなり大きい❹。室内の温熱環境を安定的に調整するためには、窓の断熱が必須である。対策として、内窓を付け二重にする、複層ガラス❺やLow-Eガラスなどの断熱ガラスを使う、サッシを熱伝導率の低い樹脂製にするなどの方法がある。簡易な方法としては、ガラスに断熱シート・フィルムを貼る、断熱性のカーテンを使用する方法もある。また、窓を小さくすることでも熱損失を減らすことができる。

4｜点から線へ　設備機器とインフラ

現代の住生活は各種のライフラインに支えられており、これらは電線や水道管などの「線」の形で住まいに接続する。住み手は、線の末端に設けられた照明・家電・調理器具・トイレ・電話などの設備機器＝「点」を介して、高度なサービスやエネルギーの供給を受ける。設備機器

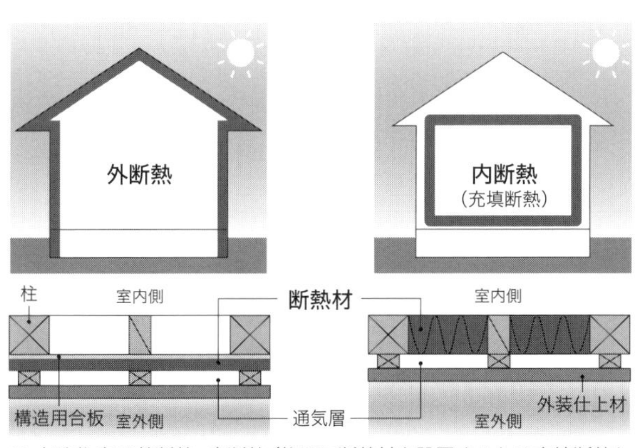

❸ 木造住宅の外断熱・内断熱（柱間に断熱材を設置するため充填断熱とも言う）

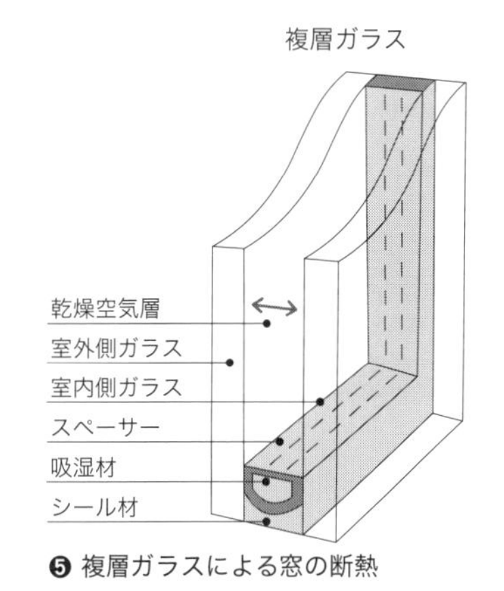

❺ 複層ガラスによる窓の断熱

冬の暖房時の熱が
開口部から流失する割合58%
屋根 5%
換気 15%
18℃
開口部
58%
外壁 15%
床 7%

夏の冷房時（昼）に
開口部から熱が入る割合73%
屋根 11%
換気 6%
27℃
開口部
73%
外壁 7%
床 3%

❹ 窓からの熱の流失と流入[2)]

の配置は、ライフラインにつながる線の制約を受けると同時に生活動線→5-2と深く関わり、住まいの利便性を左右する。点としての設備機器の配置と、設備機器とライフラインをつなぐ線の整理が、住まいの設備計画の要点である❻。設備は、技術の進歩の影響が大きく、躯体や仕上げと比較して寿命が短い。設備機器、配管・配線の交換やメンテナンスのしやすさを考慮した計画が必要である。

衛生設備と上下水道・ガス

前近代には井戸や水瓶などの点であった上水設備は、現代では家に引き込まれた給水管とその端部の水栓に変わった。下水も同様で、溜めた屎尿を汲み取る方式から、便器に直結した排水管から下水道や浄化槽に接続する形に変化した。上下水設備が線につながっていない場合、給排水や屎尿回収が行いやすいよう（また排煙・換気の必要からも）、台所・浴室・トイレは別棟や住宅の外縁部に配置する必要があり、平面計画に制約が大きかった❼。

給水管は水道本管に接続し、汚水は排水管を経て下水本管に放流される。下水道には、雨水と汚水を一つの管で流す合流式と、雨水は側溝などに流す分流式がある。ガスは導入当初からガス管を通じて家の中に引き込まれた。これらの配管は設備機器の配置の自由度を高めた❻。ただし、圧力損失や施工効率、メンテナンス性の点から、配管はなるべく短く単純な経路であることが望ましい。給水やガスは圧送であるが、排水管は重力を利用した自然流下であるため、下水本管まで適切な勾配をとらなければならない。横引き配管は天井裏や床下を通し必要な場所まで引き、階をまたぐ縦管には専用のPS（パイプスペース）を設けることが多い。特に集合住宅では、PSの周囲に設備機器を集約することが一般的である。縦管は他の住戸と共用のため、排水音の問題にも留意する必要がある。

照明・電気設備と電気

夜間の照明は火の光を用いた時代が長く続き、囲炉裏の光、紙燭（しそく）、燭台、行灯（あんどん）、石油ランプ、ガス灯、電灯へと移行した。ガス灯ではガス管、電灯では電線が必要となり、配置と線の計画が生じることになる。電灯には長く白熱電球や蛍光灯が用いられたが、2010年代頃から脱炭素化の取り組みの一環として、より発光効率のよいLED照明への全面的移行が進んでいる。

家電の普及→6-1により、住宅内の配線計画が重要になった。電力会社から供給される電気は、電柱から引込線で敷地内の電力量計（メーター）を経由して、住宅内の分電盤に入り、各照明器具やコンセントに届く❻。住宅の計画時には照明や家電などの配置を検討して、電線やコンセントをどう配するかを、生活スタイルや動線を考

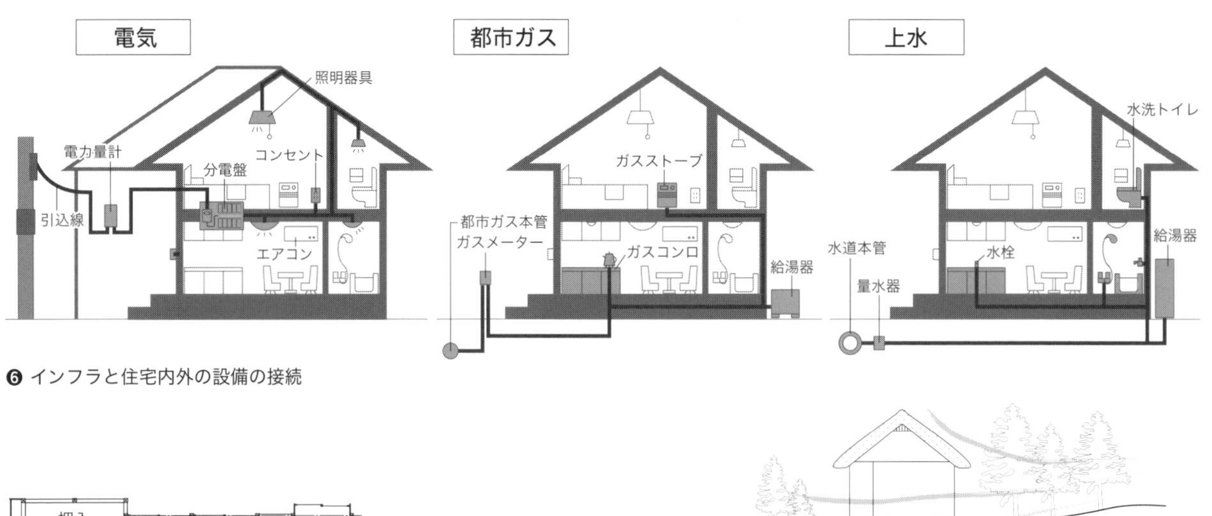

❻ インフラと住宅内外の設備の接続

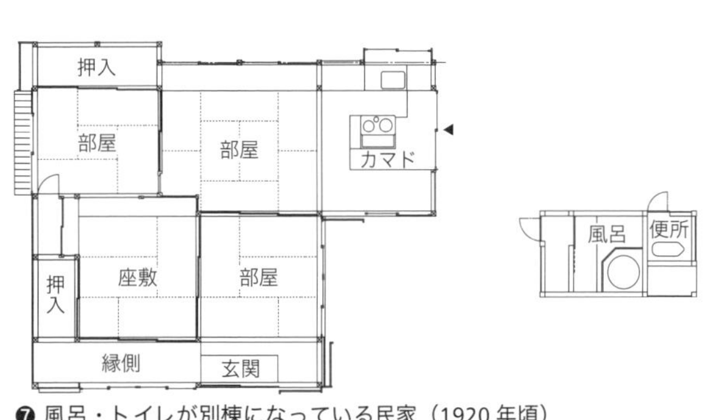

❼ 風呂・トイレが別棟になっている民家（1920年頃）

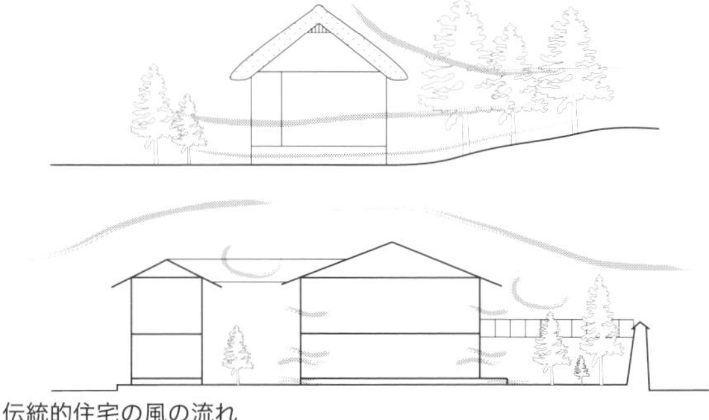
❽ 伝統的住宅の風の流れ
上：周辺の木々の間を通り涼しくなった空気を取り入れる。
下：庭に打水をすることで気化熱による上昇気流を発生させて風の流れをつくる。

慮して考えなければならない。照明のスイッチはドアの位置や開閉方向に、コンセントは照明や家電のコードが動線や家具配置に影響しないことに配慮して計画する必要がある。

冷暖房設備と熱源

近世までの暑さ対策は、開口部からの通風と簾による日射遮蔽程度であった❽。寒さ対策は、衣服の重ね着に加え、囲炉裏・火桶・火鉢など、人がいる場所を局所的に暖める暖房器具が家の各所に配置された。建物の断熱性・気密性が低かったこともあり、部屋や住宅全体を暖めることはできなかった。近代以降は冷暖房の方法も多様化したが、現代住宅の冷暖房機器のほとんどは電気・ガスの線に接続して稼働する。北海道など寒冷地では、屋外の大型灯油タンクに接続した暖房器具も使われる。その結果、電気ストーブのように熱源と冷暖房場所が一致する場合を除き、冷温熱を作り出す熱源機（空調機の場合は室外機と呼ばれる）から冷暖房場所に熱輸送を行うための線（送風ダクトや温冷水パイプ）の計画も必要となった❾。

冷暖房設備は熱源機と冷暖房場所の関係から個別熱源方式と中央分散熱源方式に分けられる❿。各部屋にストーブやルームエアコンを設置するなど、必要な場所に個別の熱源機を用いるのが個別熱源方式である。中央分散熱源方式は、全館空調やセントラルヒーティングなど、一つの熱源機で住宅全体を一体的に冷暖房する。個別熱源方式は家全体の温度管理はできないが、必要な部屋だけ使用することができ、温度設定も個々で行うことができる。個別熱源方式ではそれぞれの室内機と室外機を結ぶ配管の計画も必要である。中央分散熱源方式はエネルギー効率もよく、住宅全体の温度管理ができるため、ヒートショックのリスクが低い。ただし、高気密高断熱住宅でないと効果が薄く、故障時の影響が住宅全体に及ぶリスクもある。

5｜再び線から点へ

点として散在していた世界中のコンピューターを通信回線でつなぐインターネットは、生活に不可欠なインフラとなった。当初はすべて有線であったが、今では住宅内での接続は無線が一般的となった。PCや家電、設備機器を無線通信でつなぎ、遠隔操作や集中管理するIoTシステムも広がり始めている。同様に、バッテリーの小型化・高容量化は照明器具や小型家電を電気配線から解放しつつある。

現在、このような考え方を住宅全体にまで広げたオフグリッド住宅の建設が各地で試みられている。オフグリッド住宅とは、従来のインフラ網（グリッド）を使用せず（オフ）、独自でライフラインを自給自足する住宅である⓫。自給自足の程度は様々で、太陽光など自然エネルギーを利用した発電と蓄電、雨水の生活水利用、浄化槽による汚水処理、バイオトイレなどを組み合わせる。設備の初期費用とメンテナンス費用が多くかかり、自然エネルギーを利用するため天候に左右されやすい。しかし、インフラ維持にかかる環境負荷を増やさず、また、インフラが未整備の地域や災害時にインフラが切断された場合でも生活ができる住宅として注目を集めている。

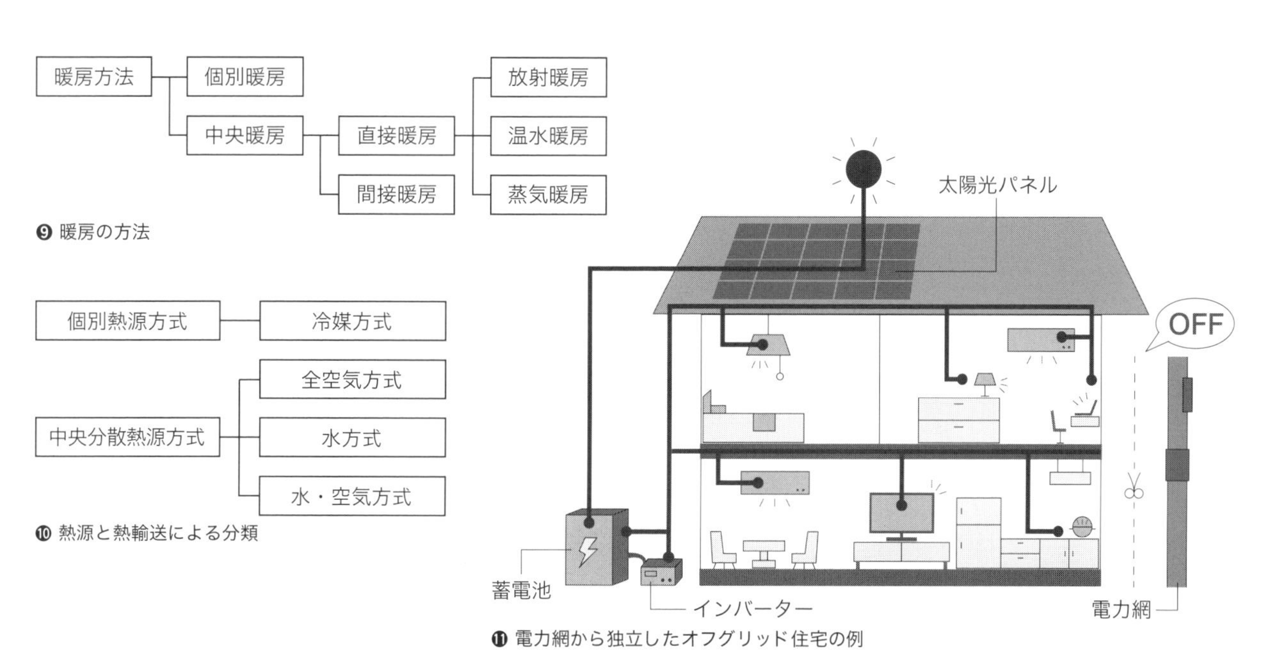

❾ 暖房の方法

❿ 熱源と熱輸送による分類

⓫ 電力網から独立したオフグリッド住宅の例

6-4 高齢社会と福祉
住み続けるための住環境整備

高齢期の身体機能の低下により生じる住まいのバリアを知り、住み続けるための福祉住環境整備の基本的技術を学ぶ。安否確認などのソフト支援がついた高齢者住宅も、高齢期の住まいの選択肢の一つである。

1｜誰もが暮らしやすい環境整備の必要性

高齢者数・障害者数の増加

日本の高齢化率は2010年に23%となり、超高齢社会(高齢化率21%以上）となった。高齢化率は今後も上昇し、2022年の29.0%から2070年には38.7%に達すると推計される❶。高齢者のいる世帯の内訳を見ると、一人暮らし世帯と夫婦のみ世帯の合計が半数を超える。老々介護、遠距離介護など介護の人材不足、高齢者の社会からの孤立といった課題も顕在化している。

長寿により障害を持つ人の割合は増加しており、誰しもが将来障害を持つ可能性がある❷。障害種別には、身体障害、知的・発達障害、精神障害、認知障害などがある。障害種別および障害者ごとに特有の困りごと・ニーズがあり、誰にでも通用する万能なバリアフリー住宅の解は存在しないため、個別対応が不可欠である。

福祉の考え方・障害の捉え方の変化

福祉の基本的な考え方、障害の捉え方は時代とともにアップデートされてきた。1950年代には障害があってもできる限り一般と同じ生活ができるべきであるとするノーマライゼーション、1970年代にはミスターアベレージ（健康な成人男性）を対象とした環境づくりが生んだバリア（障壁）を取り払うバリアフリー、1980年代には計画時からできるだけ多くの人が使いやすくデザインするユニバーサルデザイン(アメリカ)、1990年代にはデザイン過程にもユーザーを包含するインクルーシブデザイン（イギリス）が提唱された。障害のある特定の人に向けたデザイン（バリアフリーデザイン）から、現在は初めからすべての人に向けたデザイン（デザインフォーオール）の時代となっている。

次に、障害の捉え方の変遷を見る。1980年に世界保健機構が示した国際障害分類（ICIDH）は、「疾病→機能障害→能力低下→社会的不利」という図式である。障害(社会的不利）を減ずるには原因となる病気の治療、身体機能の改善が必要であるとする医学モデルであった。2001年に改訂された国際生活機能分類（ICF）では、「障害」というマイナス面から「生活機能」というプラス面に着目する視点の転換が行われた❸。重要な点は、個人の事情と環境との相互作用により社会的不利益がつくられるとして、環境因子が加わったことである。障害は個人に固定的なものではなく、環境が変われば障害を減らすことができることを示しており、これは医学モデルに対して社会モデルと呼ばれる。

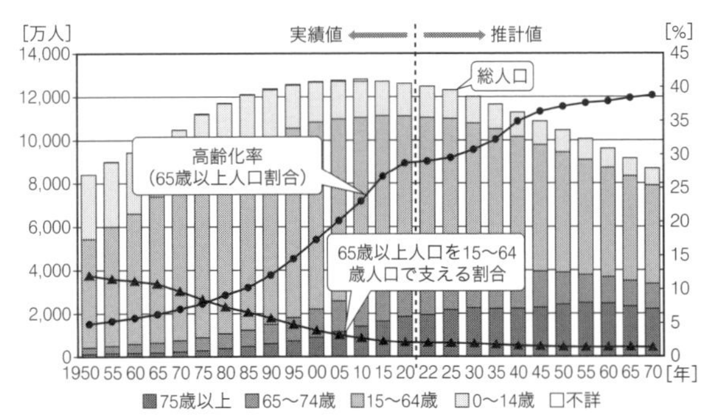

❶ 日本の高齢化の推移と将来推計[1)]

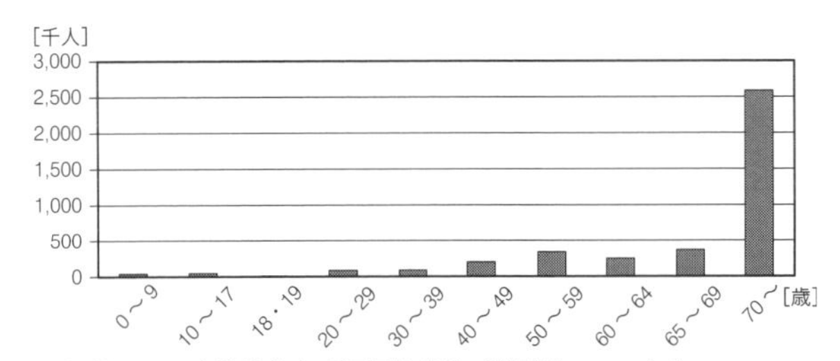

❷ 年齢ごとの身体障害者手帳保持者数（推計値、2022）[2)]

2｜日本の住まいにおけるバリア

家庭内事故死から見る住まいのバリア

安心、安全であるべき住まいだが、年間の家庭内事故死亡者数は交通事故死亡者数の約3.7倍にのぼる❹。家庭内事故死が交通事故死の3倍以上となる年代は、高齢

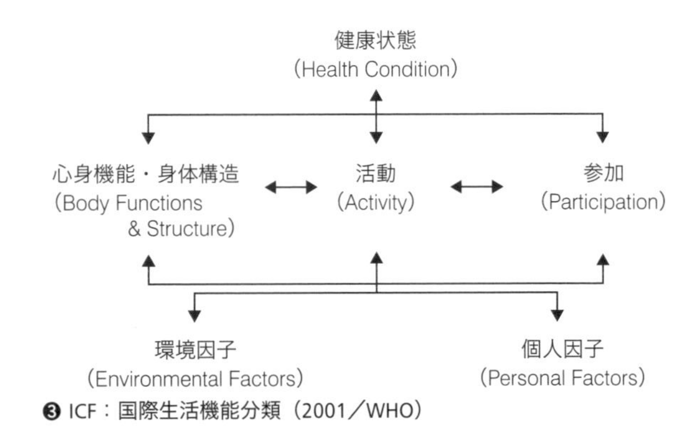

❸ ICF：国際生活機能分類（2001／WHO）

者と乳幼児である。家庭内事故死の約9割を高齢者が占める。高齢期になるとかつてバリアでなかった住宅内の要素が、身体機能の低下に伴いバリアとなる❺。高齢期の身体機能（視力・聴力・平衡感覚・認知力・注意力など）の低下を踏まえた住環境改善が必要となる。

住環境改善を考えるために、家庭内事故死の要因を見てみよう❻。総数の多い不慮の溺水は冬期に多く発生し、浴室でのヒートショックが大きな要因である。温熱環境のバリアフリーも不可欠である。転落・転倒の内訳を見ると、階段などからの転落よりも、同一平面上の転倒が多い。敷居など室内のわずかな段差が要因の一つである。

日本の住まいのバリア要因

日本の住宅構造と生活様式に関連する住まいのバリアにつながる要因を見てみよう。

【住宅内の多くの段差】玄関の上がり框、廊下と和室、脱衣室と浴室、各部屋の敷居などである。これらの段差は、つまずきなどによる転倒の要因であり、車椅子生活では小さな段差も移動の支障となる。

【尺貫法モジュールによる幅員不足】在来構法の木造住宅における910mm（半間）の柱間による廊下・開口の幅は720～800mm程度となり、歩行器や車椅子の使用には狭く、より広い幅員確保が必要となる。

【ユカ座の生活様式による負荷】畳に直接座る、和式トイレ、布団での就寝などのユカ座の暮らしは重心移動が大きいため、身体機能が低下した高齢者には負荷が大きい。介護が必要となった場合、介護者への負担も大きい。

【家具増加による空間不足】欧米と比較して狭小な住宅に、生活の洋式化に伴い、イス座生活のための固定家具を置くことで室内がいっそう狭くなり、介護、福祉用具の利用、車椅子使用の際に必要な空間が確保しにくい。

【低断熱による冬期の寒さ】冬期の居室と廊下などとの温度差が大きくヒートショックの要因となる。

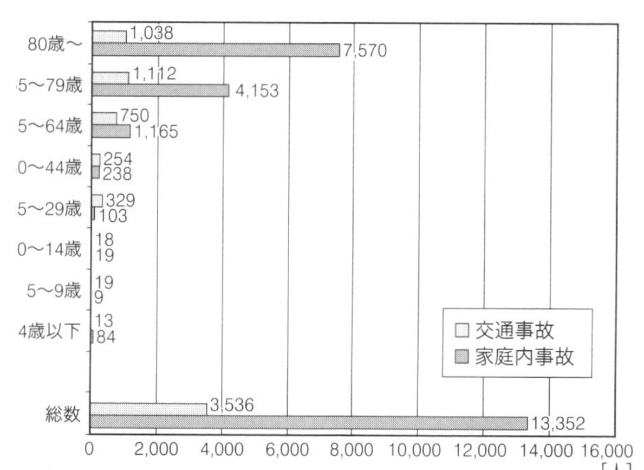

❹ 交通事故死と家庭内事故死（2021）[3)]

3 | 福祉住環境整備

福祉住環境整備に関わる専門職

福祉住環境整備に関わる専門職には、医療関連職種（医師・看護師・保険師）、リハビリテーション関連職種（理学療法士・作業療法士・言語聴覚士）、福祉用具関連職種、福祉関連職種（ケアマネジャー・介護福祉士など）、建築関連職種などがあり、多岐に渡る。個別ニーズに対応した住環境整備の実施には、多職種連携が必要となる。

福祉住環境整備の手法

住環境改善には、いくつかの段階がある。まずは、室内の整理整頓・模様替えや、使用する部屋の変更（寝室を2階から1階に変更など）が挙げられる。次に、福祉用具（介助・介護が必要な人の日常生活や身体機能訓練をサポートする用具）の活用による対応である。これらでは対応が困難な場合は、建築工事により住宅改修を行う。住宅改修は、福祉用具の活用と一体的に進めることが重要である。他に、入浴サービスなど外部サービスの活用、別の住宅への転居なども選択肢となる。建築側のみでの整備に固執せず、福祉用具、サービス活用も含めた総合的な対応が欠かせない。

福祉住環境整備の基本的技術

基本的な福祉住環境整備項目である、段差解消・手すりの設置・建具の変更・床材の変更・スペースの確保に関する基本的技術の概要をまとめる。

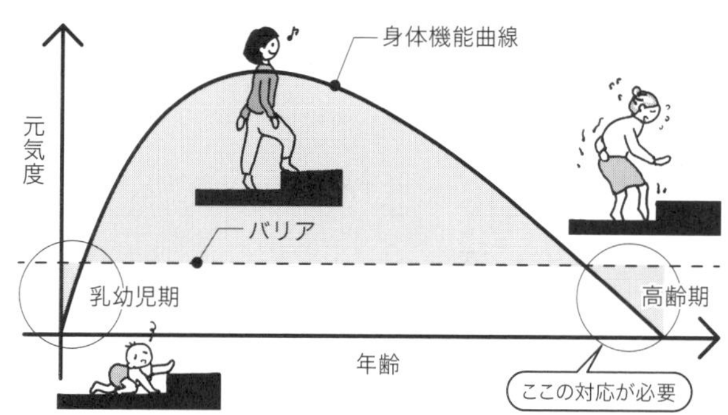

❺ 身体機能の低下とバリアの発生

	総数	内65歳以上	%
家庭内の不慮の事故死	計 13,352	計 11,723	87.8
● 不慮の溺水	5,398	5,054	**93.6**
不慮の窒息	3,317	2,907	87.6
煙・火及び火災	728	551	75.7
● 熱、高温物質との接触	38	38	**100.0**
● 転倒・転落	2,486	2,184	**87.9**
同一平面上の転倒	1521	1379	**90.7**
階段等からの転倒・転落	455	393	86.4

❻ 家庭内事故死要因（2021）[3)]

【段差解消】 屋外アプローチの段差解消には、車椅子の場合はスロープまたは段差解消機の設置が検討される。スロープは、建築基準法の1/12、1/15などをそのまま採用するのではなく、本人・介助者が負担なく通行できる勾配を確認して設置する。広い空間が必要なスロープよりも、段差解消機は省スペースですむ。段差解消機の設置は、居室の掃き出し窓から直接出入する位置とする場合も多い❼。10cm程度までの段差なら、車椅子でも介助があれば無理なく越えることができる❽。立位ではスロープ勾配によっては歩行時に足首に負担がかかるため、階段などへ手すりを設置する方が望ましい場合もある。

屋内の段差解消には、上がり框の段差を分割する式台設置、座って靴の着脱を行う椅子の設置がある。車椅子使用の場合は、玄関段差には段差解消機の設置検討、敷居段差には撤去またはミニスロープ設置がある。ミニスロープの歩行利用はバランスを崩す場合もあるため、設置前に検討が必要である。建築工事を行う場合は撤去するほうがよい。

【手すりの取り付け】 手すりの種類には、縦手すり（重心移動用、主にトイレ・浴室内の立ち座り動作補助）と横手すり（水平移動用、主に廊下、階段）がある。個人住宅のように、手すりを必要とする人が決まっている場合は、その人の身体寸法に合わせて設置する。横手すり高さは、使用者の大転子骨の位置とする❾。縦手すりの上端は肩の100mm程度上、下端は横手すり高さとする。

❿に示すように、身体状況により必要な介助スペース、手すり位置は異なる。身体機能の変化により、追加で手すりが必要になることや、使いやすい位置が変わることも多い。工事の際には将来的に手すりの追加・変更が容易にできるように、広範囲に合板などで下地を入れておくとよい。建築工事が難しい場合は、つっぱり型・床置き型の手すりなど福祉用具も活用しながら安全な移動空間を検討する。

【建具の変更】 重心移動が少なく操作できる引き戸は、開き戸よりも開閉動作がしやすい⓫。建具の取っ手形状は、引き戸の場合は大型の棒状のものが握りやすく、開き戸の場合は握り玉（ノブ）よりもレバー式の方が単純な動作で操作できる。

【床材の変更】 同一平面上での転倒防止として、足のひっかかりにくい素材、濡れても滑りにくい素材とした上で、万が一転倒しても怪我をしにくい柔らかい素材とする。車椅子使用の場合は、車輪の走行に耐える耐久性のある素材とする。

【スペースの確保】 特に、車椅子使用と介助が必要な場合にスペースを確保する必要がある。車椅子の種類や大きさ、移乗動作（車椅子からトイレやベッドに移る動作）の方法によって必要なスペースは異なる。介助方法によってもスペースが必要な位置が異なるため、その人の動作を考慮したスペース確保の検討が必要となる。

【色彩・照明】 適切な明るさの確保、夜間のトイレ移動などの対応として人感センサーの照明活用も有効である。色のコントラストをつけるなど判断しやすい配色は、視力の低下、認知機能の低下にも有効な場合がある。

【温熱環境のバリアフリー（断熱性能）】 冬期に増加する

❼ 簡易型スロープ（左）と段差解消機（右）

❿ 身体状況により手すりが必要な位置は異なる

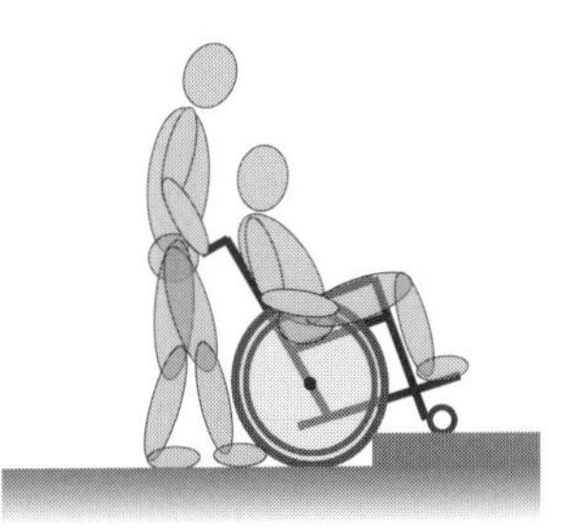

❽ 介助ありの車椅子で通行可能な段差（10cm程度まで）[4)]

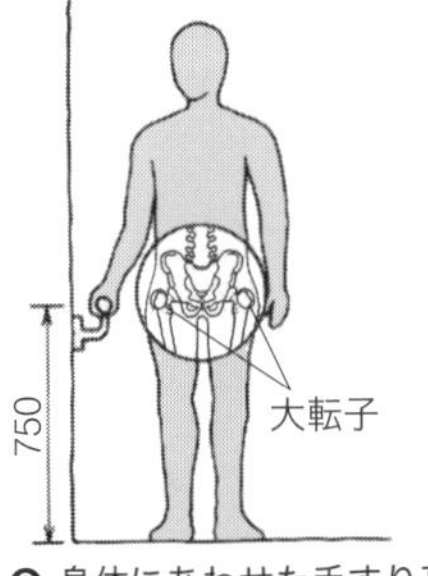

❾ 身体にあわせた手すり高さ

⓫ 建具の種類と操作性

ヒートショックによる家庭内事故への対応は、住宅内での寒暖差をなくす暖房器具の設置、断熱対応が必要である。高気密高断熱住宅→6-2の場合は、新鮮な空気の取入れが不十分とならないよう配慮する。

介護保険制度での住宅改修・福祉用具の貸与

介護保険制度で実施できる福祉住環境整備には、住宅改修費の支給と福祉用具の貸与、特定福祉用具の販売がある。支給対象となる住宅改修は、①手すりの取り付け・②段差解消・③床または通路面の材料変更・④引き戸などへの取替・⑤便器の取替である。

4 | 高齢期の住まい

高齢期の住まいの選択肢

「高齢社会に関する意識調査」(2016／厚生労働省)によると、歳をとって生活したい場所は「自宅」が72%と最も多い⓬。高齢者向けの居住施設には、認知症グループホーム・特別養護老人ホーム・ケアハウスなどがある。入居には要介護度の条件があり、また待機者がいるとすぐに入居できるとは限らない。介護は不要で自宅での生活を望んでいても高齢期の一人暮らしに不安を感じる人は多い。ハード面のバリアフリー対応に加えて、スタッフによる見守り(安否確認)などのソフト支援があるシルバーハウジング、サービス付き高齢者向け住宅などの自宅と施設以外の住まいの選択肢もある。

他に、集まって住むことでお互いに見守りあうグループリビング、コレクティブハウジングもある→2-2·5-6。

【シルバーハウジング】

地方公共団体などによる60歳以上から入居できる高齢者向けの公的賃貸住宅である。高齢者の身体特性に配慮したバリアフリー仕様で、生活援助員(ライフサポートアドバイザー：LSA)による相談・安否確認・緊急時対応サービスが受けられる。在宅サービス利用により要介護でもある程度までは居住できる。北海道釧路町の公営住宅「遠矢団地」では、多世代が共同して暮らすコレクティブハウジングの考え方を取り入れ、小規模多機能型居宅介護・地域交流施設などの福祉拠点が併設される。住棟1階にシルバーハウジング住戸、2･3階は一般住戸で構成される。1階玄関脇に設置された縁側ベンチは住民交流の場となっている⓭。

【サービス付き高齢者向け住宅】

2011年度に創設された、一人暮らし･夫婦などの高齢世帯向けの主に民間事業者による賃貸住宅である。住戸面積や設備、バリアフリー仕様など一定の建物要件があり、安否確認・生活相談サービスの提供が必須となっている。食事提供や家事援助のサービスの有無、入居者の平均介護度には事例によって差があり、自立的な住まいから介護施設的要素が強いものまで多様である。

社会参加・地域との交流

高齢者が住み慣れた地域で暮らし続ける上で、社会参加の機会の増加は、心身の活動性の維持にもつながる。外出しやすい環境づくり、高齢者も含めた地域内での助け合いのしくみづくりも重要な要素である。

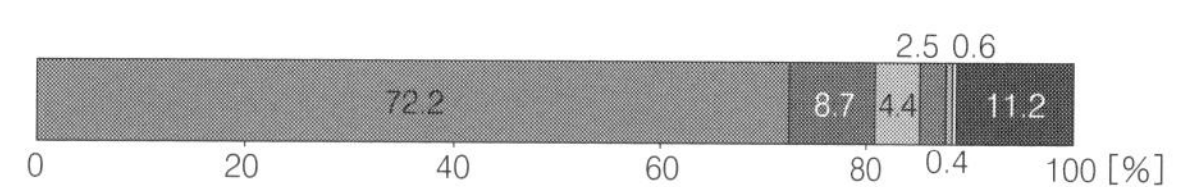

自宅（これまで住み続けた自宅、子どもの家への転居を含む）
新しい状況に合わせて移り住んだ、高齢者のための住宅（バリアフリー対応住宅や、サービス付き高齢者向け住宅、有料老人ホームなど）
グループホームのような高齢者などが共同生活を営む住居
特別養護老人ホームや老人保健施設などの施設
病院などの医療機関
その他
わからない

⓬ 歳をとって生活したい場所 [5)]

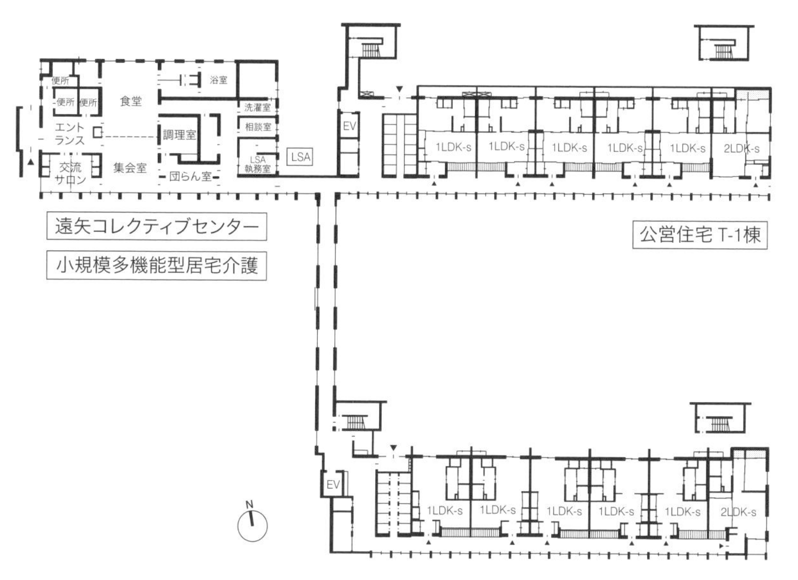

⓭ 釧路町営住宅「遠矢団地」(左：1階平面図[6)]、上：住戸前のベンチの様子)
RC造・地上3階建。2006年入居開始。遠矢コレクティブセンター「ピュアとおや」を併設。

6-5 災害とともにある住まい

地震、台風、洪水、津波、火山噴火……。この「災害列島」では、誰もがいつ被災者になっても不思議ではない。そのような国にあって住まいはいかに災害とともにあり続けてきたか、そして、今後どのようにあり続けるべきか。

1 | 災害文化と住まい

海に囲まれ、陸には火山と急峻な山々、短く流れが急な河川、そしてわずかな平地。このような特徴を持つ日本の国土での暮らしは、災害と常に隣り合わせである。自然の動きを予測・制御する技術が発達していなかった時代、人びとは災害の被害を受けながらもその影響をなるべく小さくし、一方で、自然の恵みを最大限に享受するための様々な工夫を行い、災害とうまく付き合ってきた。そのような、災害と共生する人びとの態度は、「減災」や「災害文化」と呼ばれ、災害が多発する昨今、見直されつつある。

農村・漁村の災害文化と住まい

農村・漁村において自然環境は人びとの生業の基盤であり、人びとは怖れや畏敬の念を抱きながらも自然とふれあって土地に住まい、豊かさを得ていた。

河川扇状地の稲作地帯（濃尾平野などが有名）に見られる輪中では、集落と農地の周囲を囲う堤防、基壇や別棟の水屋を持つ家屋など、洪水から生命と財産を守る工夫が随所に見られる❶。母屋の軒下には上げ舟と呼ばれる、洪水時の避難や家財の移動用の小舟が備えられ、仏壇は浸水時に滑車で2階に移動する上げ仏壇である。水屋を持つことができない、裕福でない人びとのためには助命壇（じょめいだん）や命塚（いのちづか）と呼ばれる土盛りをした高台が存在し、それらは地域の人びとが共同でつくっていた。

ブリ漁で有名な日本海の漁村・伊根の舟屋は湾に面して立ち並び、1階が舟の「ガレージ」、2階が網の干し場や漁具置き場として使われる。道を1本挟んだ主屋（母屋）が住まいとなっており、各家から海に直接出られる→ 1-3。高潮や津波などの危険はあるが、人びとの生業・暮らしにとって陸と海は切り離せないものであった。

1990年に再度噴火し、火砕流・土石流が大きな被害をもたらした雲仙・普賢岳の火山活動は現在も続いている。火山は、湧水や温泉、火山灰質の水はけがよい肥沃な土壌をもたらす存在でもある。麓にある島原城下町には湧水庭園や水路、井戸が至るところにある。この湧水は1792年の雲仙岳噴火の際に湧き出したと言われ、水場は「水神」として民衆の信仰の対象となってきた。浜ン川洗い場は現在も現役の洗い場として使われている。

都市の災害文化と住まい

近代以前、日本の都市において人びとが最も怖れた災害は大火である。京都の街も失火や戦乱を原因とする大火によって何度も壊滅し、そのたびに再建されてきた。江戸時代には虫籠窓（むしこまど）と呼ばれる、耐火壁が普及した。また、町家に付随する土蔵が財産を火の手から守り、さらに、土蔵や庭の位置を隣家と揃えることでそれらが連担し、燃え広がりを防ぐ防火帯の役割を果たした。

とはいえ、木と土と紙でできた日本の都市ではハード面の対策には限界がある。京都では、町内（両側町）ごとに、火災時の住民の義務や責任の範囲が細かくルール化され、地域コミュニティが初期消火において重要な役割を担ってきた。一方、江戸では、火消しと呼ばれる専門的集団が活躍した。消防用設備や水道が未発達であった当時は、延焼を食い止めるために破壊消火が基本であった。「火事と喧嘩は江戸の華」という言葉は、火事の際に建物を壊されたくない所有者と火消しがしばしば揉み合いになり争っていた様を表すと言われる。

2 | 住まいの防災という発想

近代になり、災害の原因や被害を予測・可視化する方法が発明される。それまで宿命として半ば諦めて受け入れるしかなかった災害がリスク概念で捉えられ、その低減・回避のためのインフラ・技術や社会制度が発達していく。このように人間が自然を制御し、災害の被害そのものを抑え込もうとする営みを「防災」と言い、近代以前の「減災」としばしば区別される。

1872年、銀座大火の後、耐火構造で国内初の西洋風の

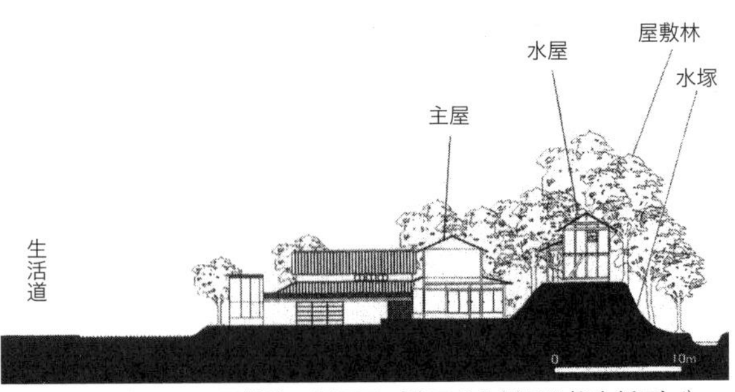

❶ 水屋・水塚をもつ屋敷地の断面図（埼玉県北川辺町柳生新田）[1)]
水塚は主屋の2階床とほぼ同じ高さ。

街並みとなる銀座煉瓦街がつくられた。設計はお雇い外国人のウォートルスが担当した。煉瓦街と言っても外壁は漆喰で仕上げられたものが大部分であった。また、1階が煉瓦造、2階が木造の建物もあった。煉瓦街は1923年関東大震災の地震・火災によって小屋組み・床などの木部が破損・焼失し、煉瓦壁のみを残して壊滅した。

関東大震災では後藤新平が復興帝都復興計画を主導し、壊滅した東京の街の不燃化を進めた。同潤会アパートメントが国内初の耐震・耐火構造（RC造）による積層型集合住宅として計16ヶ所建設された→5-5。供給戸数は被害に対して少なかったが、住宅計画として先進的であり、日本の集合住宅の発展に大きな影響を与えた。

1925年北但馬地震とその後の火災によって壊滅した城崎では、温泉街の風情や文化を守りたい旦那衆の声が復興計画に反映され、木造を基調として街並みが再建された❷。都市の不燃化・近代化に邁進する当時の風潮の中で、地域の居住文化が尊重され、RC造での再建は公共建築や一部の商店にとどめられた。地震から100年近くが経った今も賑わう城崎温泉街の姿からは、住まいの防災と文化の両立のあり方について学ぶことが多い。

津波や火山、土砂災害といった周期的に発生する災害から逃れるために住まいを集落ごと移動させることもある。しかし、漁村などでは、様々な事情により人びとはやがて元の場所に戻っていく。山口弥一郎は『津浪と村』で、1896年明治三陸地震津波、1933年昭和三陸地震を経験した村々を訪ね歩き、日々の生活の利便や先祖代々の土地への想い、津波の後にくる豊漁の影響などにより葛藤する人びとの姿を描いている。住む場所の選択とは、災害時の安全性だけでなく、日々の暮らしと生業、文化によって成り立っていることを物語っている。岩手県旧唐丹村は過去の津波の経験が継承され、被害が最小化された稀有な例である❸。

3 | 災害後の住まいの再建

日本では一般的に、「被災→避難所→応急仮設住宅→恒久住宅（災害公営住宅）」というフローに従って住まいの再建に対する公的な支援が行われる❹。この仕組みは、近代以降の災害関連法制度の整備や、住宅政策の進展とともに進化・定着し、1995年阪神・淡路大震災からの復興において完成したと言われる。

阪神・淡路大震災からの復興は、本来は多様である人びとの生活再建を上で述べた単一のフローに集約した

❷「躍進の城崎温泉観光圖」（1938）[2]　地震と大火で壊滅した温泉街が木造を基調として再建、賑わう様子が描かれる。

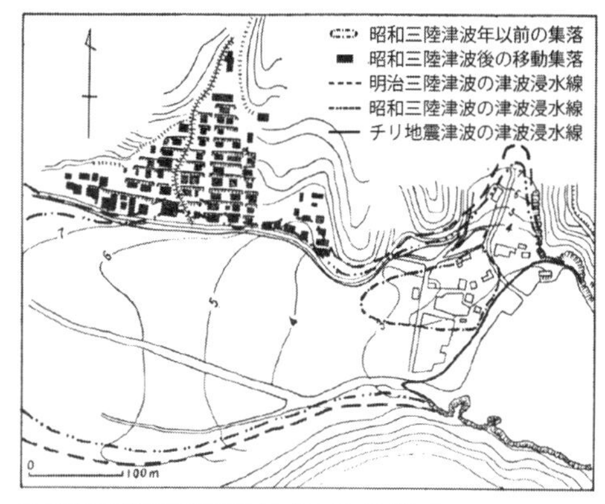

❸ 岩手県釜石市旧唐丹村（1960年代）[3]
昭和三陸津波で再び被災した家屋が高地移動し、その後は定着している様子が描かれている。

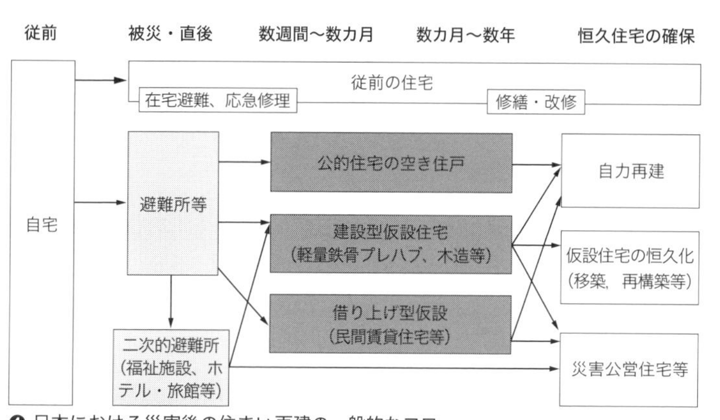

❹ 日本における災害後の住まい再建の一般的なフロー
近年は自宅の応急修理・修繕への補助や恒久化を見越した仮設住宅の建設など、多様な生活再建に応じた選択肢も拡充されつつある。

「単線型復興」として批判もされた。近年は住まい再建の選択肢が多様化し「複線型復興」となりつつあるが、大規模災害時には複雑な支援制度と情報不足がかえって混乱を招き、「混線型復興」と皮肉られることもある。

避難所

日本では、体育館、公民館などの公共施設が災害時に避難所に転用されるが、建物の仕様が避難生活にそもそも適していない場合が多い。また、大規模災害時には役所、消防などによる公助に限界があり、避難所の運営は住民やボランティアの能力に依拠せざるを得ない。過去の災害では住民の自主運営によって乗り切った避難所の事例も見られる。熊本学園大学避難所は、高齢の障害者を含む避難者を大学の施設で受け入れ、教職員・学生の手によって1ヶ月半に渡って運営された事例である❺。しかし一般的には、大部分の避難所は住民だけでは運営がままならず、生活環境が劣悪となるのが実情である。

日本語では「逃げる：evacuation」と「避難生活：sheltering」という本来異なる行動が同じ「避難」という言葉で表現されており、それに起因する住民の誤解、逃げ遅れなどの問題もある。さらに、近年は何らかの事情（心身の障害、病気・ケガ、ペットなど）により避難所での共同生活が難しい被災者が、車中泊や在宅避難などを選択するケースも目立ち、避難の多様化への対応も課題である。阪神・淡路大震災では、自営業者が自宅跡地にコンテナなどを置く「自力仮設住宅」や、外国人労働者による「テント村」❻など、インフォーマルな取組みも見られた。

国・行政が避難先の拡充と環境改善を進めるとともに、地域でも在宅避難を含む様々な被災者への支援拠点として避難所を運営する意識を持ち、訓練やマニュアルづくりなどを通じて平時から備えておく必要がある。

応急仮設住宅

災害後の仮住まいには古くは鴨長明の方丈（ほうじょう）→ 0-1 や、江戸時代の御救小屋（おすくいごや）などがある。近代以降、公的な支援として提供されたものは同潤会による「仮住宅」が最初であると言われる。この頃の仮設住宅は木造であり、提供戸数は被災者の数に対して少なかった。

戦中・戦後復興期には、車両を住居に転用した「バス住宅」→ 6-6 や「電車住宅」→ 2-4 が現れる。また、1948年福井地震では被災者に建材・釘が支給されセルフビルドする仮住まいが供給されるなど、現在よりも柔軟な対応が行われていた。当時は国が被災者に仮住まいを直接供給するという発想が一般的ではなかったとも言える。

1959年伊勢湾台風による被災者の仮住まいとして全

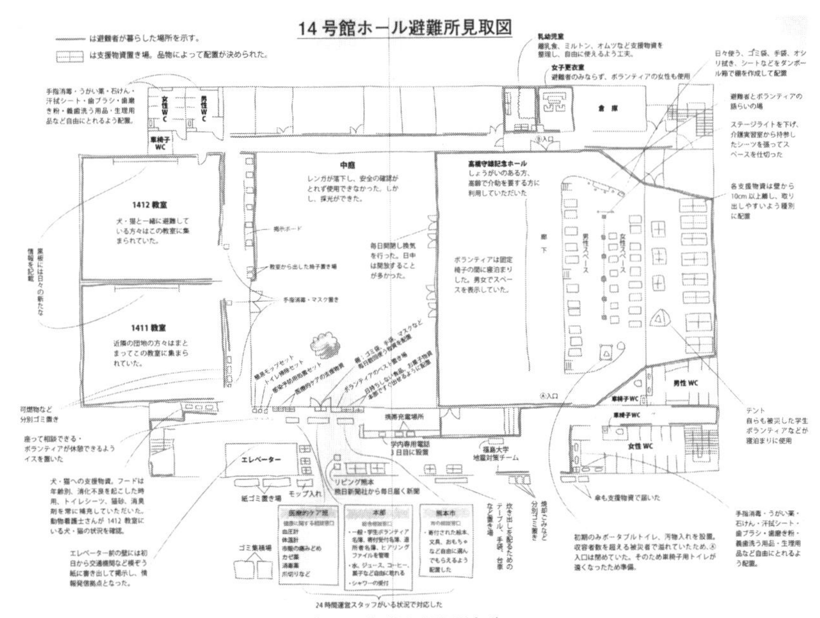

❺ 熊本学園大学避難所の見取り図（2016年熊本地震後）[4]
障害者はホールで滞在し、それ以外は一般世帯とペット連れを別室として受け入れている。

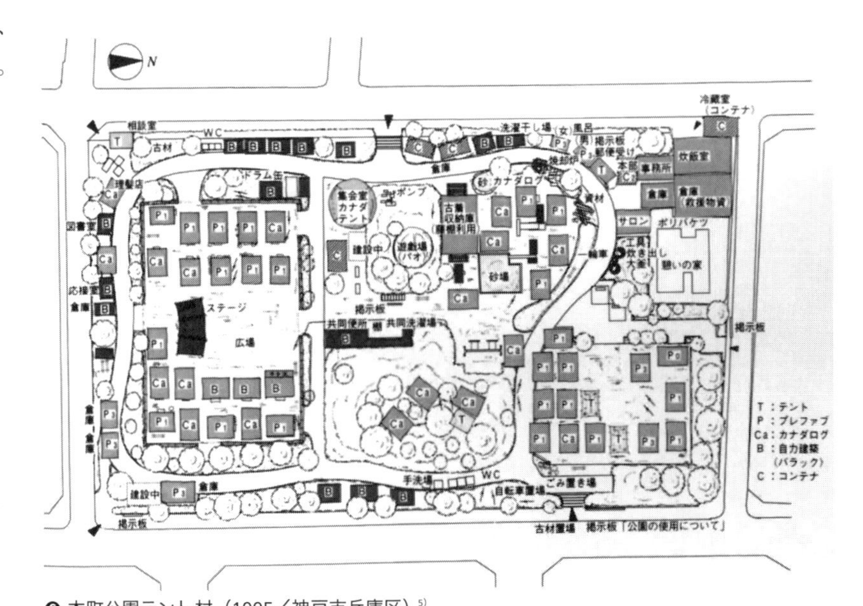

❻ 本町公園テント村（1995／神戸市兵庫区）[5]
避難者やボランティアが自力建設し、公園が一時的な生活再建拠点となった。

国で提供された「パイプハウス」は、鋼管（パイプ）構造の規格型仮設建築であった。以後の災害では、現在の主流である軽量鉄骨プレハブ造の仮設住宅が用いられるようになる。これは当時の国策でもあった工業化住宅→7-3の発展とも軌を一にしていた。

阪神・淡路大震災では、原則として希望者全員に応急仮設住宅が提供された。しかし、用地不足により仮設住宅の立地は郊外や人工島など不便な場所が多く、被災者の孤立や孤独死が社会問題となった。以後、孤立防止は大きなテーマとなり、高齢者・障害者の生活に配慮した福祉型仮設住宅や住民間の見守り・交流を促す住棟配置、集会所の設置などの工夫が取り入れられていった。

東日本大震災では原発事故による広域避難者への対応もあり、行政が借り上げた民間の空き家を仮設住宅とみなして被災者に提供する「みなし仮設」が大量に提供された。みなし仮設は、2016年熊本地震や2018年西日本豪雨災害において供給量の上では主流となりつつある。また、プレハブ仮設以外にも、木造仮設・コンテナ仮設・トレーラーハウス・ムービングハウスなど、地域特性や災害特性に合わせた応急仮設住宅が登場している❼。

恒久住宅（復興住宅）

復興住宅では、災害で失われた住宅を再供給するという喫緊の目的にとどまらず、その時代ごとの住まいの問題に応える先駆的な取組みがなされてきた。

同潤会アパートメントは、当時としてはめずらしい各戸専用の設備や多様な共用施設・空間などを備えており、復興住宅であるとともに、日本における積層型集住や都市的コミュニティのモデルとなった。1934年の「江戸川アパートメント」→5-5は囲み型配置の集住計画として完成度が高く、さらに、住宅と生活支援機能（福祉）の複合化の手法は、いま見ても見習うべきところが多い。

阪神・淡路大震災では、被災者の生活再建支援が至上命題となった。マスハウジングの仕組みがフル活用され、被災自治体は公的住宅の供給や民間住宅との連携により、大量の住宅需要に迅速に対応した。また、被災地の下町的なコミュニティを再現すべく、コレクティブハウジング型の公営住宅が全国で初めて建設されたほか、高齢化社会の到来を見越した数多くの取組みがなされた。

2004年新潟県中越地震では、過疎化が進む山間の集落が被災した。住宅再建において、集落コミュニティの維持や集落景観の保全が主題となり、地元の工務店が参画し木造の復興住宅が実現した。

東日本大震災では、人口減少・高齢化が全国に先んじて進んでいた東北地方が被災した。高齢の入居者の孤立を防ぐために、中間領域をそなえた囲み型配置→5-4やリビングアクセス型平面→5-2などを用いた、入居者の見守りに配慮した災害公営住宅が数多く計画された❽。

4｜災害とともにある住まいとは？

日本では、災害で住まいを失った人びとの住宅再建を公的に支援する仕組みが整えられ、近年は復興住宅におけるコミュニティ形成などにも配慮されている。とはいえ、それは災害対策がどんどん公助（国・自治体）頼みになっていることの裏返しでもある。被災という個別性が高い現象の前では、公助という型にはまった対策は漏れも多く、時として脆弱でさえある。

本来は地域や個人が、災害のリスクを含め、自分たちがどういう土地に住んでいるのか普段からよく理解しておき、知識だけでなく、いざ災害が起きたときに自ら行動できる態度を身につけておくことが欠かせない。住まいは、そういった態度を体現し、他者と共有する最も身近なものであり、日常との地続きで災害と向き合う住まいこそが、災害列島・日本における災害とともにある住まいであると言える。

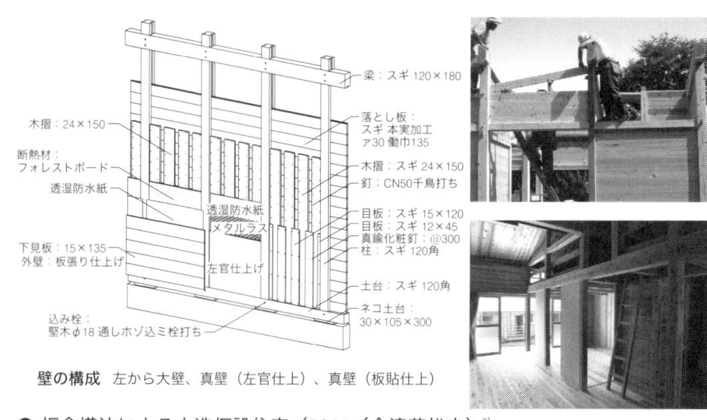

壁の構成 左から大壁、真壁（左官仕上）、真壁（板貼仕上）

❼ 板倉構法による木造仮設住宅（2011／会津若松市）[6]
居住性が高く、使用後の解体・移築が容易である。

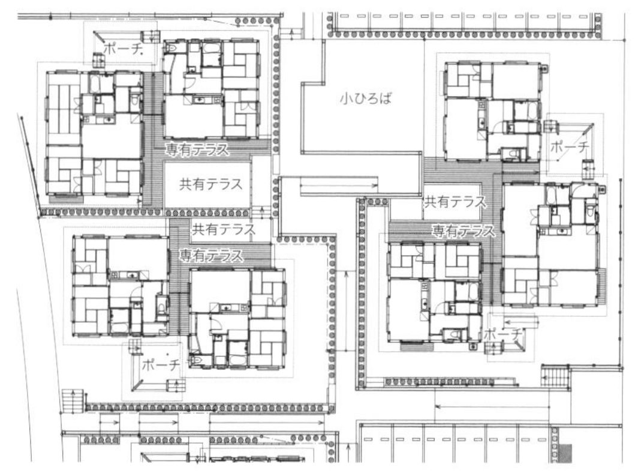

❽ 石巻市北上地区にっこり南団地（2017／手島浩之）[7]
入居者同士の見守りを考慮した囲み型の災害公営住宅。

6-6 住まいを調査する

住まいを調べる。それは、建物の配置や空間の寸法・スケールを測ることに始まり、そこに住む人の暮らしや価値観を理解することにも通じている。住まいをめぐるフィールドワークの世界をのぞいてみよう。

1｜住まいのフィールドワーク

建築をつくるとき、敷地を訪れて土地の形状や周辺環境を自分の目で確認する。あるいは、改修やリノベーションの場合、既存の建物の間取りや寸法を採取する❶。調べるという行為は、計画・設計の見通しを立てる上で不可欠であり、それは住宅の場合も例外ではない。

住まいを調べることが、より長期間、広範囲におよぶこともある。研究者ともなると、場合によっては現地に住みこみ、住み手の暮らしぶりや家族・人間関係、その社会の風習や文化を丹念に調べあげる。そのような、対象と深い関係を築きながら自らの身体さえも道具として現地の人々の考え方や価値観に沿って対象を理解する営みのことを「フィールドワーク」という。フィールドワークは民俗学や人類学といった分野で発達した方法論であるが、住まいを文化的・社会的な存在として捉えるうえで有効であり、建築学でも積極的に取り入れられてきた。

2｜民俗学者による民家調査

日本民俗学の祖として知られる柳田國男は、各地で語り継がれてきた民話や逸話などの口頭伝承から、その地域の居住文化を読み取っている。『遠野物語』(1910)は東北の山村で培われてきた風習や民俗行事を記録した代表的著作である。柳田が建築家・佐藤功一らとともに設立した白芽会(はくぼうかい)は当時、既に失われつつあった古民家の記録・保存を目的とした研究会であった。柳田に師事し、後に「考現学」を提唱したことでも知られる今和次郎は一連の民家調査に参加した。民俗学者は民話や土着信仰の採集を行い、建築家は民家のスケッチや間取りの採集を行うという協働作業であった❷❸。

また、同じく民俗学者の宮本常一は、瀬戸内の島々での民俗調査をきっかけに、衣食住や生業の用具に着目した「民具学」を開拓した。各地の民間伝承を記録した『忘れられた日本人』(1960)は、文字を持たない辺境地域の居住文化を描き出している。こうして民俗学が牽引

❶ 建物の実測と実測の道具の例
左：コンベックスを持って測る人、図面を描きながら寸法を書き込む人で手分けして作業している。右：クリップボード・方眼紙・筆記用具・カメラ・その他（虫除けスプレー・パン・お菓子）

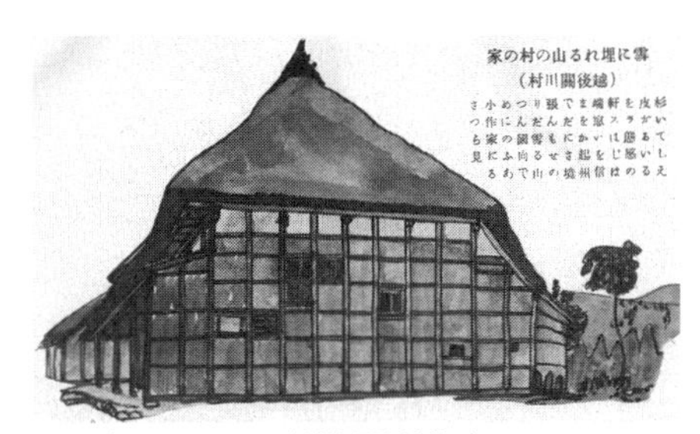

❷ 民家のスケッチ（越後関川村）[1]

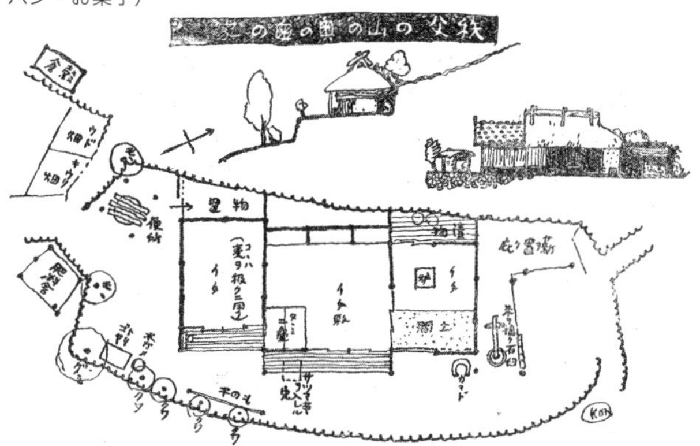

❸ 民家の間取り（秩父の山奥の家）[1]

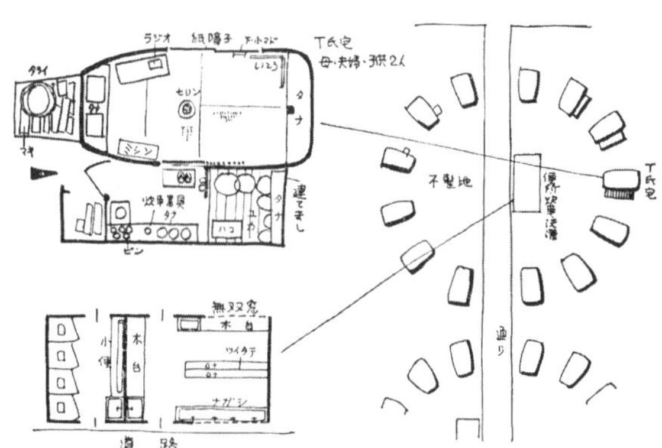

❹ 戦後バス住宅の住み方（大阪・城北バス住宅T氏宅）[2]

してきたフィールドワークの方法は、戦中〜戦後にかけて建築学の分野に取り入れられていく。

3｜建築や住まいの分野への導入

西山夘三は「住み方調査」によって庶民住宅の間取りを大量に収集し、その分析にもとづく食寝分離論・就寝分離則を提唱する→4-3。若い頃に漫画家を志望し、記録魔としても知られた西山は、労働者階級のドヤから上流階級の邸宅まで日本中の住まいを記録・スケッチし、『日本の住まい（壱・弐・参）』（1975〜80）などに収めている❹❺。西山の食寝分離・隔離就寝を参考に、公的住宅団地の標準設計（51C型などに代表される住戸平面のプロトタイプ）を提唱した吉武泰水と鈴木成文もまた、「使われ方調査」によって利用開始後の居住実態を把握し、その成果をもとに計画を洗練させていった。このように、戦中・戦後の深刻な住宅不足という社会的課題への対応を背景として、住まいのフィールドワークは取り入れられ、次第に計画の根拠となる客観的事実を示す「科学」の性質を帯びていった。

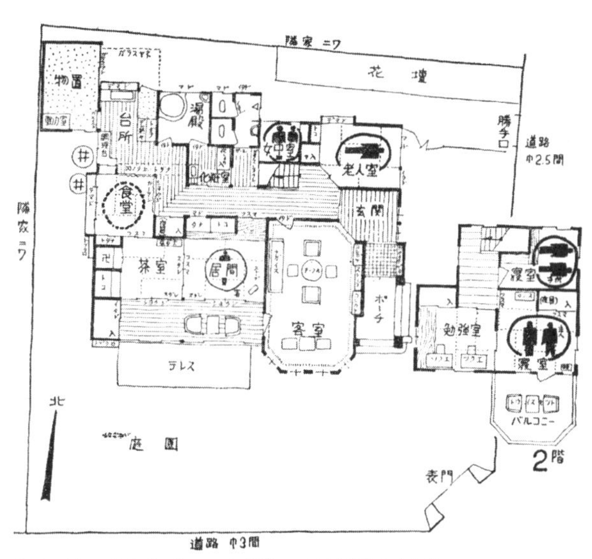

❺ 大邸宅の住み方（1928年建築の中廊下型住宅）[3]
当時はまだ水道がない。炊事、暖房の燃料は電気・ガス・薪炭。家族7人（大人3人、子ども2人、住み込み使用人2人）

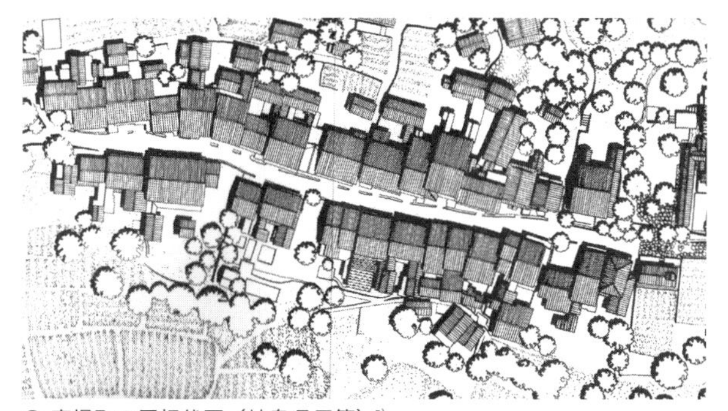

❼ 宿場町の屋根伏図（岐阜県馬籠）[5]

4｜住まいの課題解決から価値発見へ

建築家・著述家B・ルドフスキーの『建築家なしの建築』（1964）は、世界各地の風土に根ざし、現地の材料や技術、風習にもとづいた住まい（ヴァナキュラー住居）の魅力を伝えるとともに、土地・風土から離れて建築の量産に邁進した近代の建築家を痛烈に批判した→1-1。

一方、建築家ロバート・ヴェンチューリは『ラスベガス』（1977）で、大学生たちと行った調査をもとに、平凡で醜悪とみなされていたアメリカのロードサイドの街並みに建築の現代性や土着性を見出した❻。

オレゴン大学が1965年に金沢で行った調査に関わった建築史家・伊藤ていじがまとめた「デザイン・サーヴェイ方法論考」（1967）は、街並みの空間構成や構成要素を極力ありのまま記録するデザイン・サーヴェイの手法を日本に広める。建築史家・神代雄一郎は建築家・宮脇檀とともに、沖ノ島、伊根などの離島・漁村や琴平、馬籠などの門前町・宿場町で調査を行い、集落の空間構造から共同体の性質を読み取った❼。また、東京藝大の学生グループであり、後に建築家となる元倉真琴らは、下町の商店街を分析した「アーバン・ファサード」（1971〜72）を発表した❽。

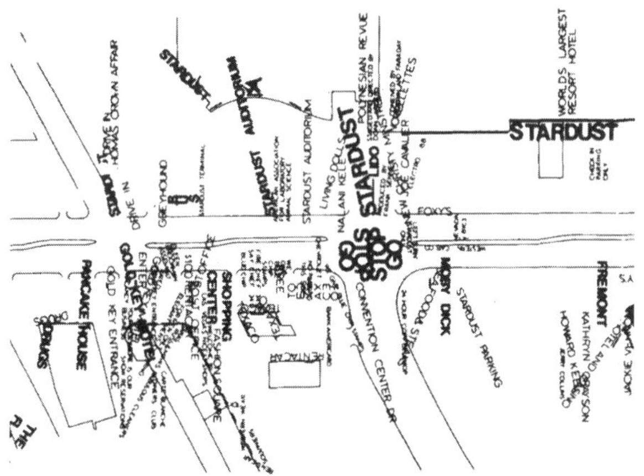

❻ ラスベガスのロードサイド[4]
道路からみえるサイン・看板に書かれた文字をプロットしている。

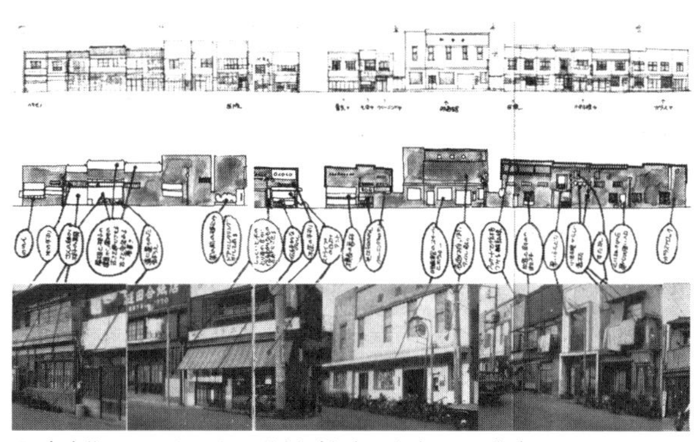

❽ 商店街のファサードの分析（台東区台東二丁目）[6]

欧米と日本では住宅の量的不足の解消という点では解決に一応の目処が立った一方で、スピードと効率を重視する近代の建築のあり方への懐疑が拡がったのが1960〜70年代であった。そのような中、「つくる」ことを一旦保留し、既存の都市や集落の観察・記録を通じて住まう価値を再発見しようとする、ある種の抵抗の表明がフィールドワークやデザイン・サーヴェイであった。

5 | 住まいのフィールドワーク百花繚乱

建築家・原広司は、集落空間に強い関心を示し、大学の休暇期間に学生を連れて中東・アフリカに渡航し、現地で調達した自動車で各地の集落を訪れ、「駆け抜ける者の視点」から住居集合の原理を収集する❾。その成果は『集落の教え』(1998) などにまとめるとともに、自身の設計活動の糧となり、「梅田スカイビル」(1993)、「京都駅ビル」(1997) などの作品に活かされている。また、調査を経験した学生はその後、建築家として活躍している。

畑聰一は、博士課程の学生の時に訪れたギリシャ・キクラデス諸島に長期滞在し、壁や素材に紙をあて表面のでこぼこなどの質感を写し取る手法である「フロッタージュ」に着想を得て、壁のシミや階段の形状などを含めてありのままにスケッチや図面に写し取る「集落のフロッタージュ」を確立する❿。

安藤邦廣は、里山建築の材料と技術・構法に着目した民家研究を行い、建築の詳細や施工法、茅葺き屋根の葺き替えに用いる道具に至るまで、現場で詳細に記録している⓫。

建築史家・建築家である藤森照信は日常にありながら世間が存在を意識しなかったものを対象とし、それらを学問的に調査・発表する「路上観察学会」を芸術家・赤瀬川原平らとともに設立する。「トマソン」⓬(不動産と一体化し「無用の長物」となった建物の一部)の観察など、調査のエッセンスを『路上観察学入門』(1986) で紹介している。

上田篤は、京都の町家街区に住まう人びとのコミュニ

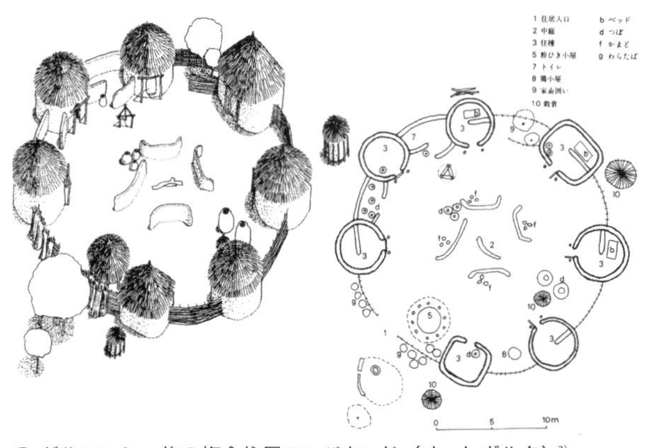

❾ グルマンシュ族の複合住居コンパウンド(オートボルタ)[7]
土壁でできた直径3〜4mの円筒形住棟が円環状に並び、ひとつの住居あるいは集落を成す。

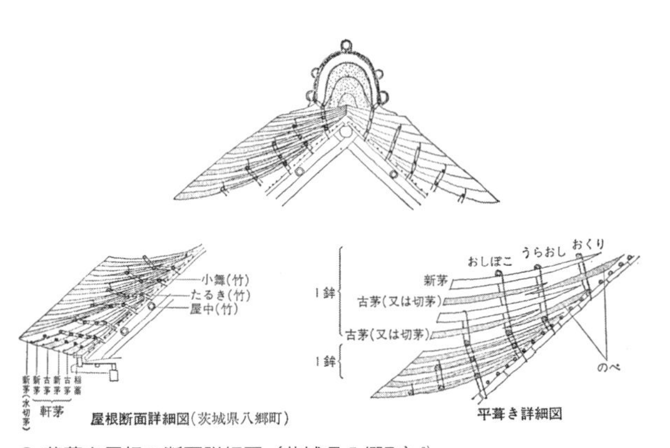

⓫ 茅葺き屋根の断面詳細図(茨城県八郷町)[9]
細部や施工方法をみながら描いた建物の「解剖図」。

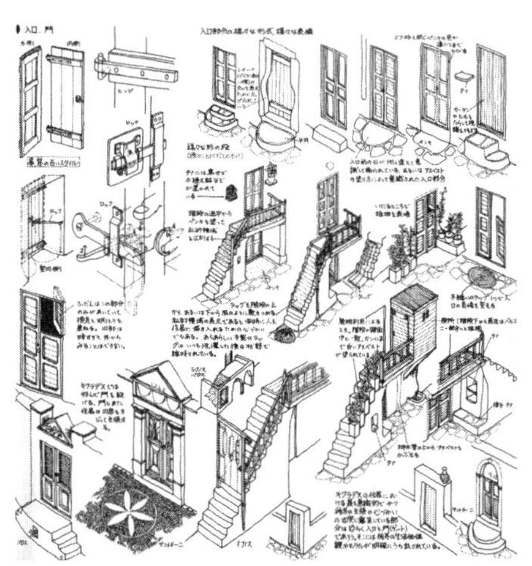

❿ ミノコスの迷宮住居の住居の扉と階段のスケッチ[8]
建築の詳細なエレメントから迷宮のような住居と集落全体まで総体的にとらえて記録する。

⓬ トマソンの例「京大建築純粋階段」(かつてあったアトリエの入口に至る階段)
「純粋階段」とは、純粋な昇降運動を強制し、それ以外何の見返りも期待できない階段。

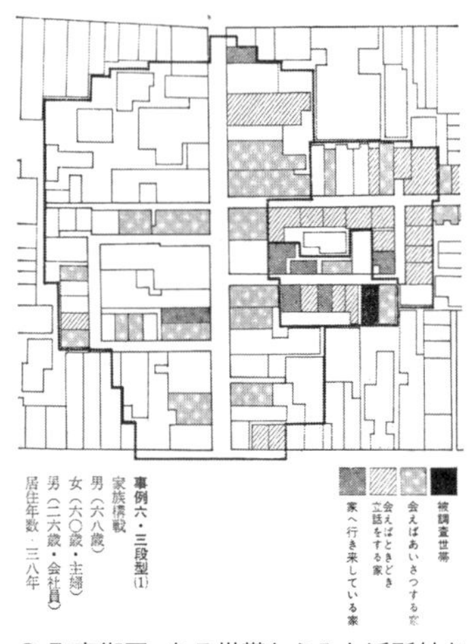

⓭ 町家街区:ある世帯からみた近所付き合いの拡がり[10]

ティを「義理の共同体」と呼び、職住一致社会における人間と空間の関係を、隣近所の付き合いや行事、「鰻の寝床」・格子窓といった都市生活における衝突を避ける工夫から明らかにする⓭。

布野修司は、インドネシアのカンポン（都市集落）の調査にはじまり、一見すると無秩序にもみえるスラムなどの住環境⓮に自律的な秩序を見出し、住宅プロトタイプにもとづいたハウジングの提案を行う。

髙田光雄は、多様な住み方に対応可能な住宅計画を探求する中で、日本初の本格的なスケルトン・インフィル住宅である実験集合住宅NEXT21→5-6などを舞台とした居住実験という方法を繰り返し、新たな住まい像を模索する⓯。

建築家・塚本由晴は、貝島桃代とともに東京を対象としたフィールドワークを行い、住居・店舗・工場・交通など多様な用途が複合した、一般的には「ダメ建築」と見なされがちな事例を収集、ありのままに図解し、東京の都市的特質を描き出している⓰。

このように、1970年代以降の住まいのフィールドワークは、計画・設計・歴史・構法・都市などの分野に展開し、その動機も、建築家や研究者の建築・都市・住まいへの向き合い方の「表現」、学生の「教育」、異文化の「理解」、普通の住まいの価値の「再発見」など実に多様であり、まさに百花繚乱の様相を呈している。

6 | 客観的観察から当事者との協働へ

2000年代以降、インターネットやデジタルツールの普及により世界中の住まいの情報が格段に手に入りやすくなった。また、計測・記録機器も進化しており、例えばドローンや3Dスキャナーは、凧空撮（凧にカメラを括り付けて上空から撮影する方法）やコンベックスによる実測、スケッチといった旧来の手法・道具に代わり、作業を格段に効率化した。

新しい技術が普及しても、現地を実際に訪れ、対象となる建物やそこに暮らす人びとに直にふれあうフィールドワークの重要性は失われていない。インターネットやSNSなどによる間接的体験が主流となる時代にあって、むしろそのかけがえのなさはより一層際立っている。

また、海外に行くことが当たり前になった現代、従来のように調査や観察に徹し、成果を自国に持ち帰るだけではなく、現地の人々と積極的に連携・協働し、フィールドワークの成果をすぐさま現地と共有し、課題解決に応用することも盛んになっている。フィールドワークはもともと、私たちとは異なる文化を生きる人びとあるいは社会から周縁化された人びとへの眼差しから生まれた。このような成り立ちを考えれば、昨今の傾向は、環境・開発・災害・貧困などの社会問題に苛まれる人びとのために住まいに何ができるか、という根源的な問いへの回帰として捉えられるであろう。

⓮ カンポンの住まいの増改築プロセス[11]

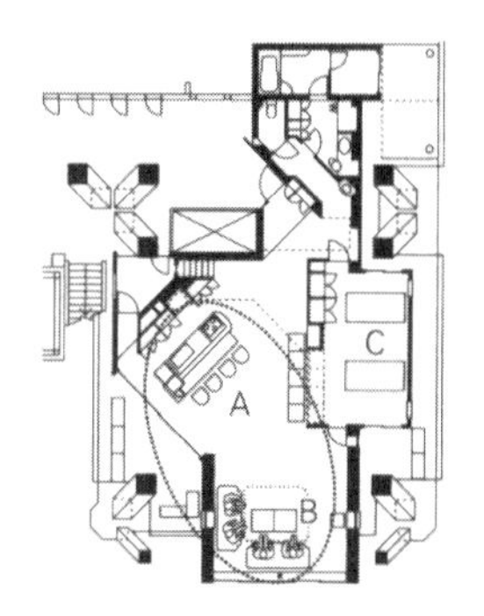

移動収納ユニット使用例1
オープンな場合：収納ユニットをひとまとめにして中心空間と居室1をオープンにして使う。

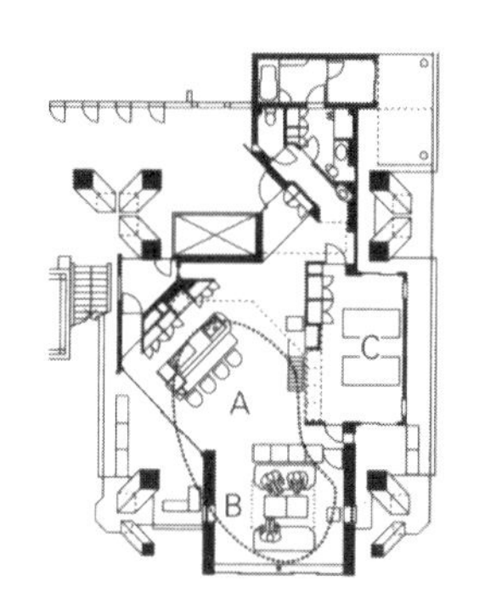

移動収納ユニット使用例2
セミクローズの場合：収納ユニットを中心空間と居室1との間に設置して、居室1をやや閉じて、キッチンと団らん空間の2つに分けて使った例。

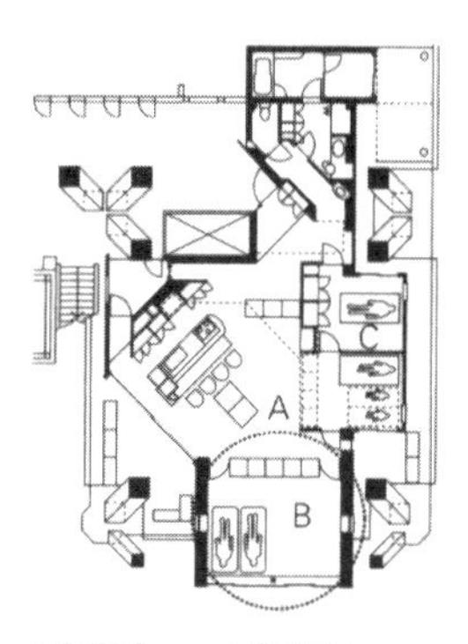

移動収納ユニット使用例3
クローズの場合：家族が多人数で利用する際には閉じて、それぞれの寝室として部屋を用いる。

⓯ 可変性が高い住戸での居住実験（移動収納ユニットの使われ方）[12]

⓰ 貝島桃代・黒田潤三・塚本由晴『メイド・イン・トーキョー』鹿島出版会、2001

column 06

住まいの経験に着目する

野田倫生

なぜ住まいの経験か

どのような家でどのように暮らしてきたかという経験は、「自分に合う住まい」を考えるにあたって最も頼りになる判断材料の一つではないだろうか。雑誌やウェブサイトの閲覧、モデルハウスの見学などで新居のイメージを膨らませるだけでなく、「今の家は日当たりがとても心地いいから、次もリビングの窓は大きくしたい」「前の使いづらいキッチンと配置が似ているから、この家に住むのはやめておこう」というように、実際の体験をもとに住まいを選ぶ人は少なくないはずである。

一方、こうした経験や実感はすぐに思い出せないものも多く、すべてを要求として自覚できるわけではない。それゆえ、住み始めてから不満が生じたり、物理的な制約により思うような暮らしができないといった問題が起こりうる。住まいの経験（＝住経験）を見つめ直し、自らの住み方の傾向や、住環境に対する関心の所在を何となくでも把握できれば、住まいの更新はより満足のいくものになると考える。

住まいの経験を描き出す

住居を選択・設計する際に参照する情報として住まいの経験を扱うには、やはり空間が平面図などで建築的に表現されていることが望ましい。間取り図やスケッチで住経験を描き出す試みは、西山夘三『住み方の記』*1をはじめとし鈴木成文*2、仙田満*3などがそれぞれの目的に応じ取り組んできたが、記憶のなかの住まいを紙の上に再現することは容易ではなく、いずれの調査も経験の主体は建築家や建築学生といった、自ら図を描ける人物に限られていた。

『住経験インタビューのすすめ』*4では、空間を図に表現できる人物が聞き手となり、親しい人物の語った住まいの経験をテキストと平面図に記録する手法により、幅広い対象者の住経験を描き出し、収集することを可能にしている。この手法でも間取り図の作成は決して簡単ではないが、何度も対話を繰り返すことで図は密で生活の様子を感じさせるものになっていき、またそれを目の前にすることで語り手の記憶もより鮮明になっていく❶。

自らの経験を振り返る

集められた住経験を実際に見てみよう。❷の平面図は、主婦である対象者が結婚してから20年以上を過ごす住居である。長く暮らしているため、部屋の用途や家具の配置などにいくつかの変化が見られ、食事場所もその一つとして語られた。入居当初はダイニングに置かれたテーブルですべての食事を行っていた家族だが、段々とリビングが主な食事場所になっていく。現在はすべての食事をリビングでとるようになったが、自分だけ習慣が抜けず朝食をダイニングテーブルでとっているという。

この最終的な食事スタイルは、現在の住居に暮らしているからこそ行き着いたものかもしれないが、見方を変えて、居住者が以前から持っていた住み方の「癖」から

❶ 住経験インタビューの実施イメージ

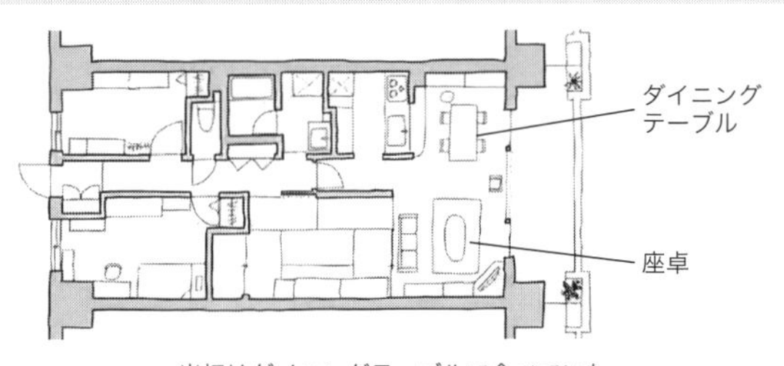

当初はダイニングテーブルで食べていた
▼
夫が一人で食事する際にリビングを使い始めたことをきっかけに
ダイニングとリビングを献立によって使い分けるように
▼
ダイニングの使用頻度が減り、いつもリビングの座卓で食べるように
（対象者の朝食のみダイニング）

❷ ある住居と食事場所の変遷[1)]

生じた習慣だと考えることもできる。実際、語り手の住経験をさらにさかのぼって見ると、子ども時代の住居でも朝食をダイニング、昼夕を居間の座卓で食べるという食事形態を経験していることがわかった。これだけで「癖」と言い切ることは難しいが、仮に彼女が暮らしたすべての住居で同じ習慣が見られたとすると、次の住居でも継続される可能性は高く、本人にとって重要な習慣だと推察することができるだろう。またこの事例の場合、夫の生活に「リビングで食事をする」「座卓で食事をする」といった習慣が染みついていたとも考えられる。いずれにしても、そうした傾向が事前に把握できていれば、リビングは食事をすることを前提に、ダイニングは朝食用の小さなものとして計画するなど、居住者にあった住まいの形が提案できるようになる。

このような「過去と同じ住み方を繰り返している」「直前の習慣が抜けずにいる」などの気づきは、空間や生活を「住経験」として連続的に見ることで初めて得られるものである。経験の振り返りを通して、漠然と認識していた自分の暮らしが少し捉えやすくなるのではないだろうか。

他の誰かの住経験

年齢が若いために住経験が少なかったり、自分の暮らしぶりに特徴が見出せない場合は、他人の住経験に「自分に合う住まい」のヒントを求めるのもいいだろう。住経験を広く集めると、普段あまり見られない特殊な暮らしが時々登場し、住まいに関する私たちの視野を広げてくれる。

❸は、商店街の一角で製麺所を営んでいた住居の平面図である。麺の製造・販売に必要な空間や道具が丁寧に描かれ、職住一体の暮らしがありありと目に浮かぶ。専門的な仕事の空間をそのまま参考にする機会は少ないかもしれないが、例えば、「機械の動く音、バーナーのジッと灯る音でいつも目を覚ます」「(四畳半と) 仕事場との扉は、客が来たときわかるように、基本開けておいた。なので、いつも両親が働く姿を見ながら過ごしていた。」といった対象者の語りは、住み手の実感がこもった言葉として、一般的な住居にはないパブリックとプライベート、職と住の関係を教えてくれる。

他にも、特徴的な気候や文化における住まいの経験や、一軒の家に繰り返し増改築して住みつづける経験など、住経験は実に多様である。たくさんの暮らしを知ることは設計や研究にも役立つだろう。自分の経験と似た住居の異なる住み方を探してみるのも面白いかもしれない。

住まいの経験に着目すること・語ること

住まいの経験は単純なものではない。常に更新され続けるし、自分以外の生活や意思も頻繁に絡んでくる（一つめに紹介した事例でリビングでの食事が主となったのは、やはり夫の影響が大きいだろう)。そのため、経験した住環境や生活行為、感情すべてを詳細に把握したり、どの習慣が重要で、それがどのように生じたのかを完璧に突き止めたりはできない。それでも述べてきたように、住経験が自分に合った住まい、ひいては自分自身を理解するために何らかの示唆を与えてくれることは間違いない。

そして、当たり前だと考えている習慣や意識が自分の個性だと気付かせてくれるのは他者である。だから、住まいの経験を「語る」ことが重要になってくる。主観的な物語は、共有し比較することで理解が深まるのではないだろうか。また、語ることにより誰かの暮らしのヒントになり、設計や研究の可能性を広げる知見になるかもしれない。

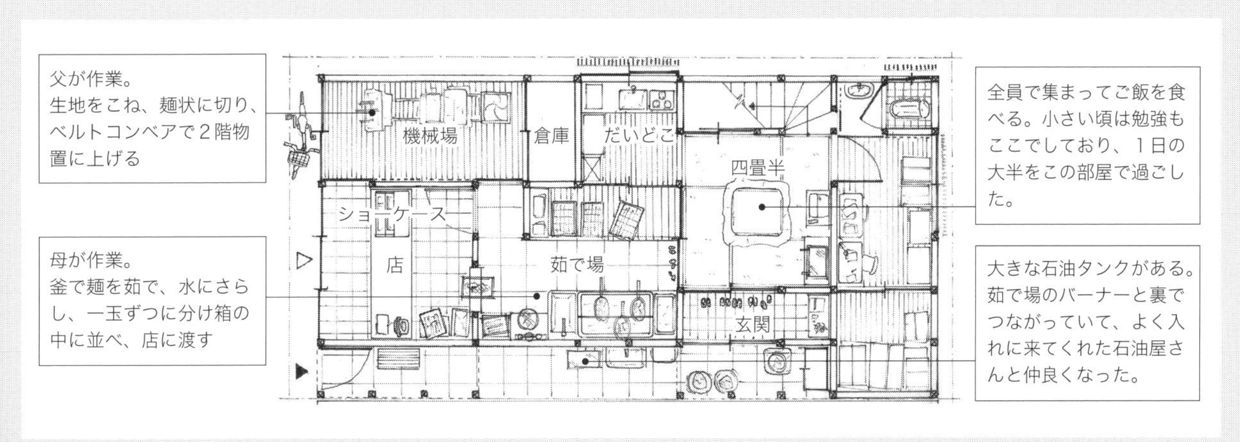

❸ 職住一体の暮らし（麺の製造・販売業）[1)]

【参考文献】

6-1

＊1　日本家政学会『住まいの百科事典』丸善出版、2021
＊2　商品科学研究所『生活財生態学―現代家庭のモノとひと』リブロポート、1980
・小泉和子『図説日本インテリアの歴史―室内でみる日本住宅古代から近代まで』河出書房新社、2015
・藤森照信・田野倉徹也『五十八さんの数寄屋』鹿島出版会、2020
・柳宗悦『民藝とは何か』講談社、2006
・マテリアルワールド・プロジェクト『地球家族』TOTO出版、1994

6-2

＊1　環境共生住宅推進協議会編『環境共生住宅A-Z』ビオシティ、1998
＊2　建築思潮研究所『OMソーラーの家―自然と共生する家づくり』建築資料研究社、1991
＊3　小玉祐一郎『住まいの中の自然―パッシブデザインのすすめ』丸善、2008
・村上周三・小泉雅生ほか『クリマデザイン―新しい環境文化のかたち』鹿島出版会、2016
・松隈章『聴竹居―藤井厚二の木造モダニズム建築』平凡社、2015

6-3

・松原斎樹ほか『図説建築環境』学芸出版社、2017
・柏原士郎ほか『建築デザインと環境計画』朝倉書店、2005
・「建築の設備」入門編集委員会『「建築の設備」入門―空調・給排水衛生・防災・省エネルギー〔新訂第2版〕』彰国社、2017

6-4

・野村歓『住環境のバリアフリー・ユニバーサルデザイン―福祉用具・機器の選択から住まいの新築・改修まで』彰国社、2015
・西野亜希子ほか『地域とつながる高齢者・障がい者の住まい計画と設計― 35の事例』学芸出版社、2024

6-5

・牧紀男『災害の住宅誌―人々の移動とすまい』鹿島出版会、2011
・饗庭伸ほか『津波のあいだ、生きられた村』鹿島出版会、2019
・大窪健之『歴史に学ぶ 減災の知恵―建築・町並みはこうして生き延びてきた』学芸出版社、2012

6-6

・日本建築学会『建築フィールドワークの系譜―先駆的研究室の方法論を探る』昭和堂、2018
・日本建築学会『フィールドに出かけよう！―住まいと暮らしのフィールドワーク』風響社、2012
・日本建築学会『建築・都市計画のための調査・分析方法』井上書院、2012

column 06

＊1　西山夘三『住み方の記〔増補新版〕』筑摩書房、1978
＊2　鈴木成文『住まいを語る―体験記述による日本住居現代史』建築資料研究社、2002
＊3　仙田満『こどもと住まい（上・下）』住まいの図書館出版局、1990
＊4　柳沢究・水島あかね・池尻隆史『住経験インタビューのすすめ』西山夘三記念すまい・まちづくり文庫、2019

【図版出典】

6-1

1）歌川国貞「源氏香の図 薄雲」Wikimedia Commons（パブリックドメイン）
2）撮影：柳沢究
3）撮影：表恒匡
4）『住宅』1925年9月号
5）画像提供：国立科学博物館
6）提供：竹中工務店、撮影：古川泰造
7）分離派建築会『紫烟荘図集』洪洋社、1927
8）吉田五十八「近代数寄屋住宅と明朗性」『建築と社会』1935年10月号
9）撮影：柳沢究
10）内閣府「消費動向調査」より作成
11）ペトリ・ルーッカイネン監督「365日のシンプルライフ（原題：Tavaratalvas、英題：My Stuff）」ウニフィルムOy/ヘルシンキ、2013

6-2

1）日本エネルギー経済研究所「エネルギー・経済統計要覧」、資源エネルギー庁「総合エネルギー統計」、総務省「住民基本台帳」より作成
2）資源エネルギー庁「エネルギー白書2022」より作成
3）一般社団法人環境共生住宅推進協議会HPより作成
4）経済産業省資源エネルギー庁「省エネポータルサイト」
5）建築思潮研究所『OMソーラーの家―自然と共生する家づくり』建築資料研究社、1991
6）提供：小玉祐一郎
7）経済産業省資源エネルギー庁「省エネポータルサイト」より作成

6-3

1）“ANSI/ASHRAE STANDARD 55：Thermal Environmental Conditions for Human Occupancy” 2003より作成
2）一般社団法人日本建材・住宅設備産業協会「平成11年省エネ基準レベルの断熱性能の住宅での試算例」より作成

6-4

1）内閣府「令和5年版高齢社会白書」2023
2）厚生労働省「令和4年生活のしづらさなどに関する調査」2022
3）厚生労働省「2021年度人口動態統計」より作成
4）作成：有限会社サニープレイス 岡村英樹
5）厚生労働省「高齢社会に関する意識調査」2016より作成
6）『地域包括ケアの構築に向けた高齢者の住まいの整備を支援する環境整備のあり方に関する調査研究報告書』高齢者住宅財団、2013

6-5

1）渡邊裕之ほか『水屋・水塚―水防の知恵と住まい』LIXIL出版、2016
2）所蔵：城崎文芸館
3）国土地理院『チリ地震津波調査報告書―海岸地形とチリ地震津波』国土地理院、1961
4）熊本学園大学『平成28年熊本地震 大学避難所45日―障がい者を受け入れた熊本学園大学震災避難所運営の記録』熊本日日新聞社、2017
5）ポンの会「居住運動への展開― 2つのテント村から」『住宅建築』1995年12月号
6）日本板倉建築教會HP「板倉建築とは」
7）提供：手島浩之

6-6

1）今和次郎『日本の民家』鈴木書店、1926
2）西山夘三『日本の住まいⅠ』勁草書房、1975
3）西山夘三『日本の住まいⅡ』勁草書房、1976
4）Robert Venturi, Denise Scott Brown, Steven Izenour “Learningfrom Las Vegas” facsimile edition, 2017
5）明治大学神代研究室、法政大学宮脇ゼミナール『復刻 デザイン・サーヴェイ』彰国社、2012
6）元倉真琴「装飾概念の復活とあなたが都市をつくる」『都市住宅』1971年5月号
7）東京大学生産技術研究所原研究室「住居集合論 その5：西アフリカ地域集落の構造論的考察」『SD別冊』no.12、1979
8）「特集 キクラデスの集落：畑聰一のフィールドノートより」『SD』1972年2月号
9）安藤邦廣『茅葺きの民俗学―生活技術としての民家』はる書房、新装版、2005
10）上田篤『京町家―コミュニティ研究』鹿島出版会、1976
11）布野修司『カンポンの世界』PARCO出版、1991
12）「NEXT21」編集委員会『NEXT21―その設計スピリッツと居住実験10年の全貌』エクスナレッジ、2005

column 06

1）間取り図は各住経験インタビューの聞き手による

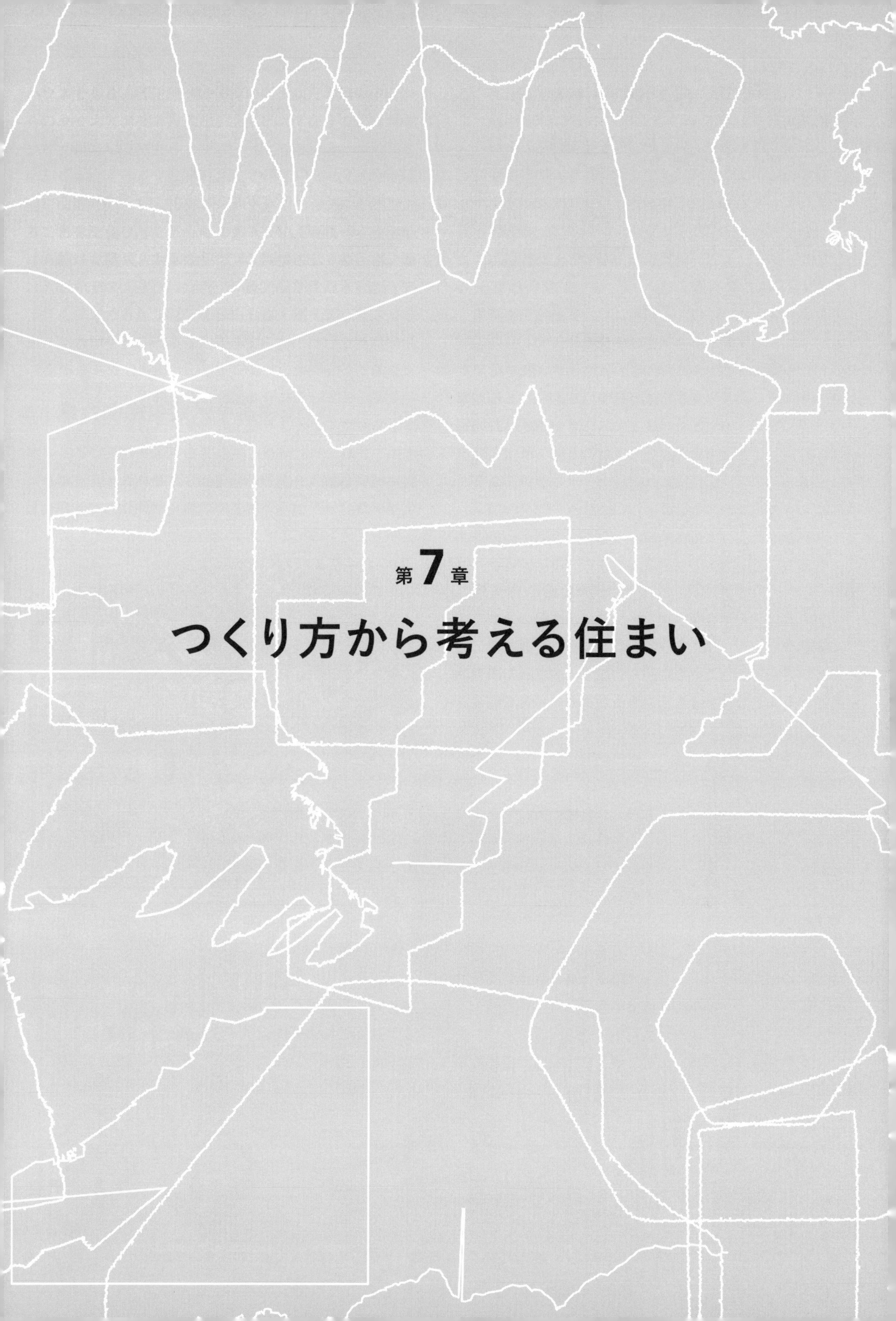

第7章

つくり方から考える住まい

7-1 日本の住まいのかたちとつくり

日本の住まいの多くには「縁側」がある。その縁側は内と外の中間領域を形成し、環境を調整しているという共通点がある一方で、雪が積もる地域、風が強い地域など、場所や時代によって実際の形状や素材が異なる。

1 | 日本の住まいを巡る言葉

大きな屋根と軽やかな壁

日本の住まいを表現する言説には、気候風土に関するもの、大きな屋根とその下部の構成に着目するもの、装飾のない簡素さに関するものなどがある。「徒然草」では夏を基本とした家づくりを推奨している→0-1。あるいは、伝統美に関する随想として広く知られている「陰翳礼讃」は、日本の建物の大きな屋根の下にある闇について述べている。

> 寺院のみならず、宮殿でも、庶民の住宅でも、外から見て最も眼立つものは、或る場合には瓦葺き、或る場合には茅葺きの大きな屋根と、その庇の下にたゞよう濃い闇である。
> （谷崎潤一郎「陰翳礼讃」1933 ※下線筆者）

香山壽夫は「屋根を架けた後に続く建築家の仕事はこの屋根のつくる『闇』を、さらに濃くしたりあるいは薄くしたり明るくしたりしながら、さらに細かい空間の性格をつくっていく」*1 ことであると言う。著書『建築の多様性と対立性』(1962) で知られるロバート・ヴェンチューリが来日した際には、日本の建築を「ROOF AS UMBRELLA. WALLS AS FURNITURE.（傘のような屋根、家具としての壁）」と表現した❶。存在感のある大きな屋根とその下の軽やかな壁という形容は、規則正しく床の上に柱が並び、それを軒の深い屋根が覆って陰影をつくり出している様を言い表している。

清潔な床

屋根の下に広がる床に着目する言説も見られる。世界遺産になっているシドニー・オペラハウスを手がけたヨーン・ウッツォンは各地の建築の基壇についてのスケッチを描いた。それによれば、日本の家の床はテーブルなどの家具のように繊細だという❷。日本と西洋の都市を比較するバリー・シェルトンは、漢字とアルファベットの文字の書き方を始点として建物や都市の構造に至るまで、その違いを「面」と「線」による空間感覚の差異として記述している。❸はシェルトンによるもので、日本の床は自立した「面」であって、いかなる方向にも拡張できるものとされ、厚い壁という「線」で囲われる西洋の建物と対比されている。

日本の木造の住まいは、柱と梁による軸組の上に屋根が載り、柱の間に建具や壁が入るという構成である。前述の大きな屋根、開放的な外周部、繊細な床という日本の家の描写は、高温多湿で雨の多い気候風土に合わせた形状をまさに記述したものである。

近代に発見された「日本的なもの」

近代の建築家たちは、新しい時代の価値観に合致した美意識を伝統的な日本の住まいに見出した。明治時代には身分制度が廃止され、開国とともに建築家という職能が輸入された。西洋の文化や技術を新しく受容する中で、建築家は近代の眼差しで日本の建築を観察し、そこに合理的で機能的な特質を発見していった。建築史家の藤岡洋保は、昭和初期の建築家によるモダニズムのフィルターを通した伝統的な建築の理解を次のように整理する：平面・構造の簡素・明快さ／素材の美の尊重／無装飾／非相称性の重視／周囲の環境との調和／畳割りによるモデュールなどの規格の統一。

例えば、❹は「吉村家住宅」のファサードである。この写真の上部には大和棟の大きな屋根があり、内部には凝った装飾が施されている。しかし、図のように一部分を切り取ると、壁面構成の明快さと無装飾の素材美が強調される。装飾がなく素材感を活かしたデザインの部分を評価し、その機能的な部分を讃える。このような見方は日本の建築の意匠の一側面を理解する方法である。以

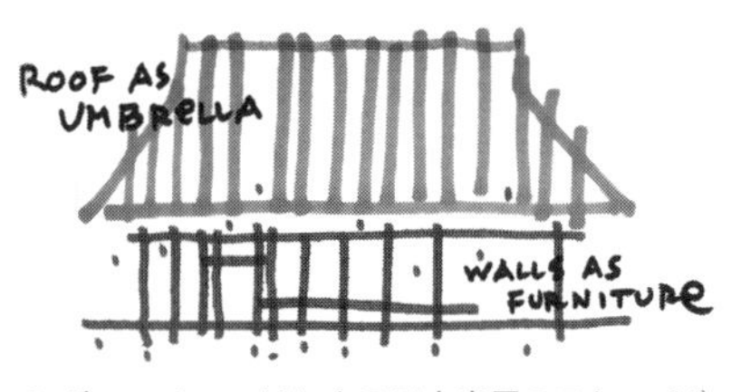

❶ ヴェンチューリによる日本家屋のスケッチ 1)

❷ ウッツォンによるスケッチ 2)

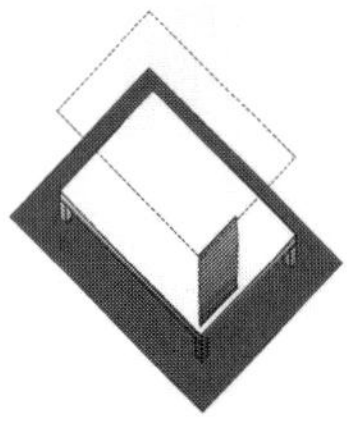

❸ 日本の床と西洋の壁 3)

下、現代の日本の住まいにも通じる屋根・床・壁などの形とつくりとその特質について、主に伝統的な住まいを参照しながら具体的に確認していこう。

2｜屋根はなぜ傾いているのか

屋根は住宅が群となったときに街並みを形成する。同じ切妻屋根の住まいでも、妻側に出入口のある妻入の集落と、軒先側に出入口のある平入の街並みでは景観がまったく異なる。例えば、豪雪地帯の五箇山菅沼集落では急勾配の妻入の合掌造の家屋が水田の間に立ち並んでいる❺。近代の大阪では棟続きで平入の住居が並び、軒先が連続して一体感を高めている❻。沖縄ではあらゆる方向から強い風が吹くために、いずれの方向においても風に抗わない寄棟屋根の住まいが多い。日本の各地では地形や生業に呼応した屋根の形状・構造・材料が選択されていた。

屋根の形状

日本では雨が多く降り、雪が積もる地域もある。屋根の傾斜は雨を流し、場合によっては雪を落として家を守る。そして縁側や窓に雨水が侵入しないようにし、壁を保護するために、屋根の先端を伸ばしたり庇を設けたりする。屋根の基本的な形状は、切妻・寄棟・片流れの3種類である。切妻と寄棟を組み合わせると入母屋に、4枚の屋根面の頂点が1点に集まると方形（宝形）に、片流れの勾配がフラットになれば陸屋根となる❼。

屋根の構造（小屋組）

木造の小屋組には、梁の上に棟木を支える束を立てて屋根の形をつくる和小屋→3-3と呼ばれる形式がある。和小屋では梁の下にある柱とは異なる位置に束を建てるため、平面形状に捉われずに比較的自由に屋根を架けることができる。小屋組には他に、トラスを用いた洋小屋や合掌造に見られる2本の斜めの材で屋根を支える扠首構造→3-3、屋根裏に垂木が美しく並ぶ垂木構造、斜めの梁が力強く屋根を支える登り梁構造などがある。

屋根の材料

屋根をはじめ、住まいはその地域で採れる材料でつくられていた。かつての屋根材の主流であった茅は、ススキやヨシなどの総称で、その地域で育つ草が葺材となっていた。瓦葺きの瓦は産地によって釉薬がかかっていたり炭素膜を持ついぶし瓦だったりする。その他の屋根材としては、檜皮葺き・石葺き・金属板葺きなどがあり、気候と屋根形状と葺き材料により屋根の角度が決められる❽。そして、屋根の形状と構造、材料によって外観の印象が決まる。

3｜柔軟なユカ座の空間

日本の住まいの特徴の一つに靴を脱ぐことがある。靴を脱ぐことにより、床は神聖なものに成り得たり、柔らかい畳による床が生まれたりし、床に直接座るユカ座の文化が独自に発展してきた。日本の長い歴史の中で成立

❹ 吉村家住宅（1615／大阪）の壁面

❺ 菅沼集落の合掌造（富山）

❻ 大阪の近代長屋の街並み（須栄広長屋）[4)]

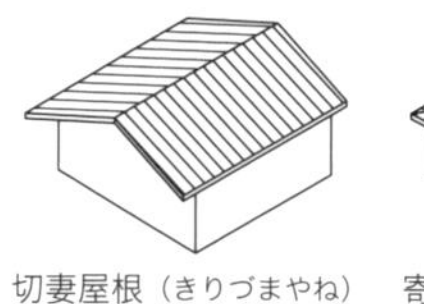
切妻屋根（きりづまやね）
寄棟屋根（よせむねやね）

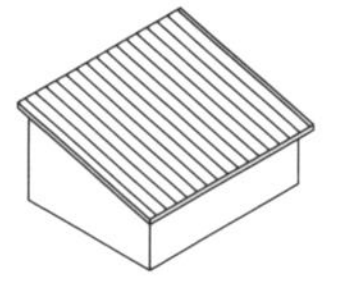
片流れ屋根（かたながれやね）

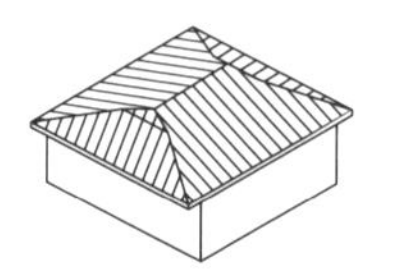
入母屋屋根（いりもややね）

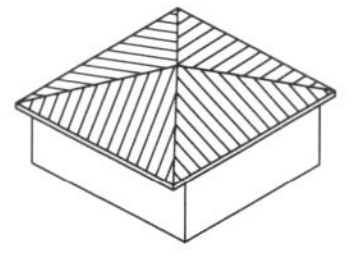
方形屋根（ほうぎょうやね）

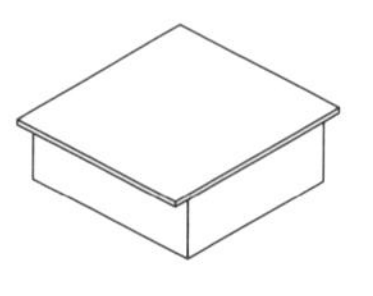
陸屋根（ろくやね）

❼ 基本的な屋根の形状

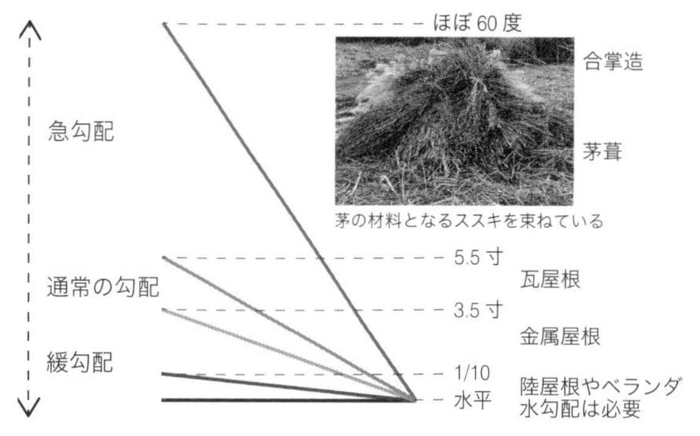

❽ 屋根の傾きと素材の例

したユカ座の空間を現代では和室と呼ぶが、そのルーツを寝殿造や書院造に求めることができる→ 3-1。

可変性と仮設性

平安時代の寝殿造は間仕切りのない広い空間で、床は板間であった。その上に畳や屏風、几帳を置いて場所をつくり、儀式や場面に応じて変化させていた。後年、床に畳が敷き詰められた。畳の部屋は、昼は団らんに、夜は布団を敷いて寝室にと多目的に使うことができる。一般的な木造住宅では、経済的な梁スパンの制約から 8 畳間が最大の部屋となることが多い。8 畳間は 2 人がゆとりをもって眠る、24 人が座り宴を楽しむなど、多様な使い方ができる大きさである❾。

6 畳や 8 畳に部屋が仕切られていても、連続した部屋の襖をあけるとひと続きの間になる。この続き間の仕組みにより、日常的に個室として居住している部屋を、法事などイベントの際には一室空間として大勢で使うことができる。襖の開閉だけで部屋のサイズが変化するのである。建具が引き戸であるため、開け放っても邪魔にならず常時の開放が可能となっている。襖は軽くて取り外しが簡単であり、冬は襖、夏は風が抜ける葦戸と季節に応じて建具替えすることがある→ 6-3。

このような例だけではなく、日本の住まいは仮設的な性質を持ち、可変性に富んでいる。畳の寸法を基準にしながら、桂離宮のように配置を雁行させつつ自在に増築を繰り返したり、礎石の上に立つ柱を持ち上げて建物ごと移築（曳き家）したりするなど、その仮設的な性質と融通の効く様子には多くの利点がある。

伝統の新しい解釈

床の使い方は起居様式→ 2-3 に負うところが大きい。日本では椅子やベッドなどの家具を使わずに直接に床の上で長らく暮らしてきた。テーブルや椅子を使うイス座が明治時代に導入され、置き家具を多く使う生活様式に変わりつつも、靴を脱ぎ、床に座る生活様式も保ち続けている。イス座とユカ座を融合することは、近代から現代を通しての設計上の工夫の一つである。

大正時代には、伝統的な意匠の洗練を目指す吉田五十八により、縁側を利用してイス座とユカ座の間に段差を設けて視線の高さを合わせる提案がなされている❿。左側の縁側に椅子が置かれ、右側の床の間のある座敷では床に座る人がいる。このような断面操作は現代においても有効である。あるいは、清家清による「私の家」→ 3-3 は戦後すぐの小住宅であり、全面に石敷きの土間が用いられ、庭と連続した食堂･茶の間･居間が設けられた。そして、土間の上に移動する畳の台が用意され、生活の場面に応じて可動式の家具で部屋を整えることが提案された。これは寝殿造の構成に着想を得たものであり、調度を設えることで、一つの空間を多目的に使うことができる。

伝統の表現

住まいの近代化、洋風化が進む過程で、多様な伝統の表現が建築家により模索された。吉田五十八は、伝統的な数寄屋の意匠から線を消して空間構成を明朗に見せようとし、堀口捨己は、天井の竿縁、鴨居や柱などの線材を延長させたり交差させたりして水平垂直を強調するような意匠表現を行った→ 6-1。一方、来日した海外の建築家による伝統の表現も展開された。アントニン・レーモンドは、木製の引戸を積極的に採用し、「芯外し」と呼ばれる手法で引き込みの大開口をつくった。フランク・ロイド・ライトやブルーノ・タウトも独自の解釈で和室をつくっている。

4 │ 境界と中間領域

日本の住まいの特徴である家全体を覆う大きな屋根の端は、外壁から大きく張り出している。この部分を軒という。内と外の境界となる軒下空間は、内部空間と外部空間のどちらにも属する曖昧な空間である。柱と柱の間に取り付けられる多様な素材と形状の柱間装置（建具や壁など）が、屋根の下で何層も重なって内外の関係を調整している。この中間領域→ 5-1 が庭と座敷を一体化する。軒をはじめとして、外壁には庇や縁側が取り付き、家を風雨から守っている。反射した光が軒裏を照らすよ

8 畳間に置かれた座卓と座布団

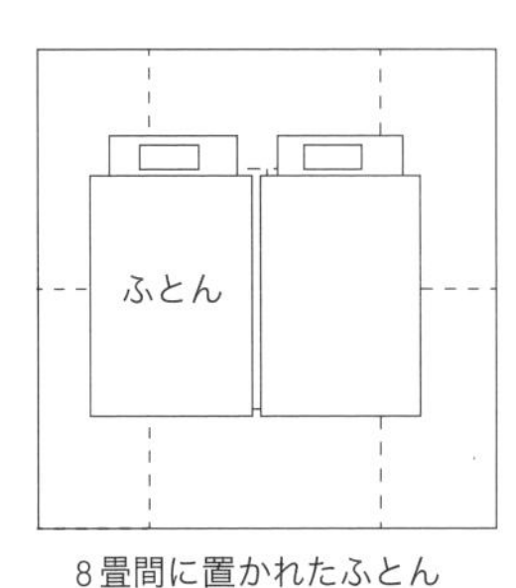

8 畳間に置かれたふとん

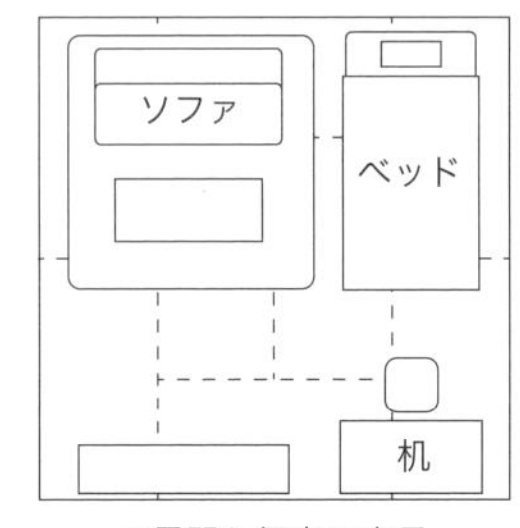

8 畳間と個室の家具

❾ 8 畳間の多様な使い方

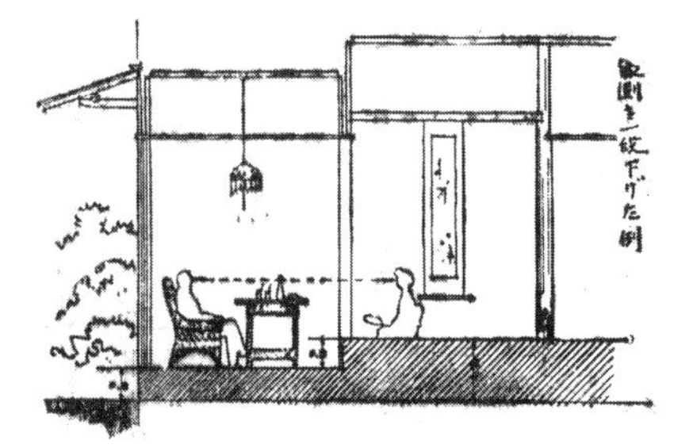

❿ ユカ座とイス座の視線（1924／吉田五十八）[5)]

うに、軒や庇は夏の太陽の光を遮り冬の日光を取り込む役割を担う⓫。中間領域は、環境を制御する技術の宝庫である。

半透明のスクリーン

縁側は美しい光や風を楽しむ場にもなる。縁側の床は光を反射し、家の奥を鈍く照らす。光は床に当たり、そこから照り返って奥に届く。「吉村家住宅」では、北側の庭に向かって書院や幅広の縁側が設けられ、一部は畳敷になっている。⓬は竹原義二による「吉村家住宅」の断面スケッチである。左側の南の庭を室内から見ると逆光になるが、右側の北の庭は順光で樹木が明るく照らされる。

大きな屋根の下の闇の中では、庭から入ってくる光は様々に変化し、障子・葦戸・簾・格子など多種のスクリーンを透過した微妙な反射光を室内に届ける。可動する装置が重なってレイヤー状の奥行きをつくり環境を調整し、⓭のように、暗い室内の障子に光が満ちる。なお、このような半透明のスクリーンは、現代の建築に用いられるパンチングメタルやエッチングガラスを透過する光に通じる。

沖縄の雨端（あまはじ）・秋田の土縁（どえん）

縁側でお茶を飲む、軒下で立ち話するといった光景は、日本的な空間を象徴するものとしてよく描かれる。ただし一口に縁側・軒下と言っても、濡縁（ぬれえん）から土縁・雨端まで、地域ごとの多様性がある。雪が積もることに対応した縁側、強い日差しを避ける縁側などがあり、中間領域には多様さと豊かさがある。

⓮に様々な軒下空間を集めた。「長流亭」の入側（いりがわ）と呼ばれる畳敷の室内の廊下は座敷をぐるりと一周し、腰壁のある連続する障子を介して外と接する。障子の外側に突き上げ式の板戸があり、そこから川面を見下ろせる。都市の2階に設けられた縁側の場合には、手すり越しに空が広がる。手すりの外側に板戸が入り、縁側の内側にガラス戸がはいる。北陸や東北の日本海側の住居では、雨戸の内側に板敷の縁と土間の両方を取り込んだ土縁と呼ばれる軒下空間が見られ、ここで雪を受け止める。沖縄では、板敷きの縁側の外側に石敷きの軒下、雨端が広がる。

現代では断熱・気密性能を上げるために壁や窓が分厚くなり、日本の住まいも壁の建築になりつつある。しかし、環境の面において中間領域から学ぶことは多い。壁1枚だけで外皮性能をコントロールするのではなく、庇や二重の外皮などを用いると多様な空間が生まれる。中間領域はグレーゾーン・灰色の空間・つなぎの間などと言われたりする。内外の視線を調整し、気候を制御し、内と外を接続する役割を担う。風が抜けて光が移ろう居心地のよい場所でもある。日本の伝統的な住まいの形とつくりを捉え直し、その背後にある気候や風土、機能や美しさを理解することは、新しい住まいの形とつくりを構想する上で欠かせない行為である。

⓫ 古井家住宅の軒裏

⓭ 長流亭の書院

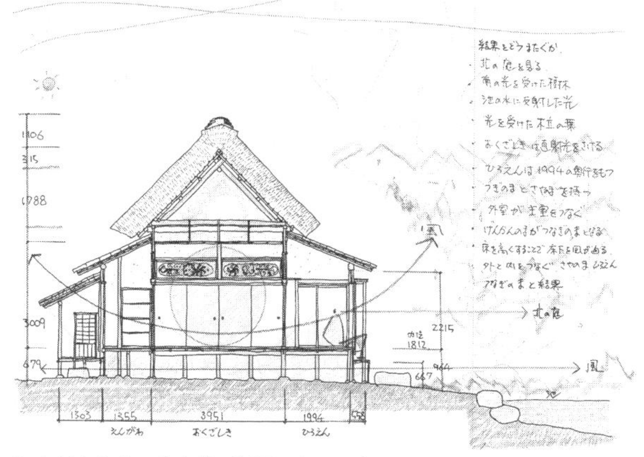

⓬ 吉村家住宅の奥座敷の断面スケッチ[6)]

石川・長流亭の入側

大阪・豊崎長屋の２階

秋田・奈良家住宅の土縁

沖縄・中村家住宅の雨端

⓮ 地域ごとのさまざまな縁側

7-2 構法と住まい

日本で在来構法といえば木造軸組構法であり、小規模な工務店もこれを供給している。大手プレハブ住宅メーカーと伍して、在来構法が日本の戸建住宅生産において主要な位置を占め続けてきたのはなぜか。

1 | 在来構法が主流の日本の戸建住宅市場

住宅市場

大学の建築学科にいると少し誤解しそうになるが、日本の住宅市場において、いわゆる建築家が設計する住宅の割合は少ない。日本の新築住宅市場の構成を❶に示す。戸建住宅と集合住宅がほぼ半々で、戸建住宅の8割以上は木造、鉄骨造は多くがプレハブ住宅だろう。集合住宅のうちマンションはRC（鉄筋コンクリート）造が多く、アパートは木造も鉄骨造もRC造もそれなりの量が供給されている。

こうした住宅をどのような住宅生産者が供給しているかというと、木造戸建住宅の多くは、小規模な工務店や比較的規模の大きな地域ビルダー、パワービルダーが供給している。鉄骨の戸建住宅やアパートは大手ハウスメーカーが多い。RCのマンション、中でも高層マンションはディベロッパーが企画したものをゼネコン（総合建設会社）が建てていて、近年は工期短縮などを目的としてプレキャストコンクリートが多くの部分に使われる。

このように、住宅にどのような材料を使ってどのように建物を構成するかという構法と、誰がそれを供給しているのかは大まかに対応している。そして、新築戸建住宅の多くはこれから説明する木造軸組構法（在来構法）であって、その多くを工務店やビルダーと呼ばれる主体が供給している。

在来構法とは何か

「在来」とは元々あることを指し、特急や新幹線に対する在来線のように、日常的に使われることを意味する。日本の戸建住宅において最も広く使われてきた構法は木造軸組構法であるため、戸建住宅においてはこれを在来構法と呼ぶ。RC造で言うと、プレキャストコンクリートに対して、コンクリートを現場で打設する工法を在来と呼ぶ。

木造軸組構法は、木材資源が豊富だった日本らしく、細長い木材を柱や梁などの軸組として組み合わせる構法である❷。戦後の住宅不足を解消するために設立された

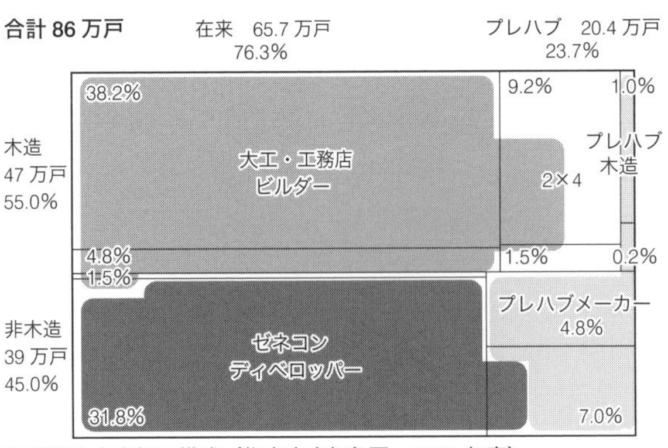

❶ 新築住宅市場の構成（住宅生産気象図、2022年度）

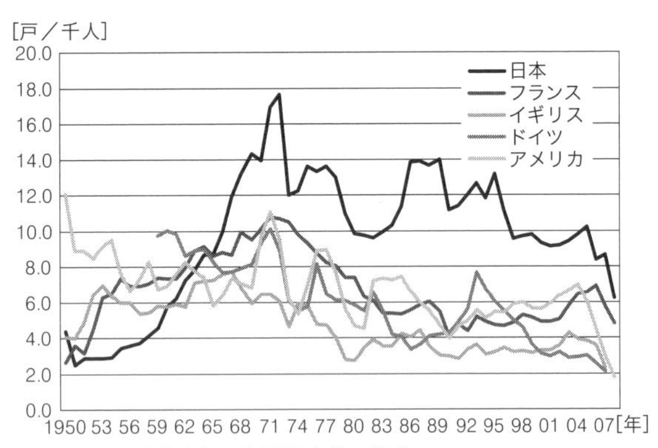

❺ 人口1,000人あたりの年間住宅着工数[1]

❷ 木造在来構法の施工現場

❸ ラオスの在来構法（モルタルを塗って仕上げる）

❹ ツーバイフォーのパネル工場

住宅金融公庫→2-4の仕様に従うことで、木造軸組構法は日本全体で標準化されていった。また、これまで標準的な大きさの木造住宅については、構造計算の審査を省略する四号特例も存在しており、公庫仕様書や四号特例に基づく壁量計算に従うことで、小規模な工務店でも一定の水準の住宅を供給することが可能であった。なお、2025年以降、四号特例のような審査省略制度の対象は、延 $200m^2$ 以下の平屋のみに、大幅に縮小される。

「日本では」と書いたが、世界的に見れば各地の在来構法はRCで柱や梁をつくって間にレンガや日干しレンガを入れた複合組積造（confined masonry）が多く、特に東南アジアや中南米などに多い❸。また、北米の戸建住宅ではツーバイフォー構法が多く、これは2インチ×4インチなどの規格化された断面の部材で枠をつくり、それに合板を貼り付けてパネル化し組み立てるものであり❹、北米においては、これが在来構法と呼ぶべき構法だろう。なお、ツーバイフォー構法は日本でも1974年にオープン化した（特殊な申請を必要とせず建設可能になった）。

2 | 在来構法の合理化

同じ市場で

既に述べたように、在来構法の戸建住宅は小規模な工務店が供給するものも多い。年間数戸しか供給しない工務店と、数万戸を供給する大手プレハブ住宅メーカーが、新築戸建住宅という同じ市場で共存しているのは少し不思議なことで、自動車でいえば各地の町工場とトヨタやホンダが並んで車をつくっているようなものである。

この理由はいくつか考えられる。例えば、衣食住というように日常的に使い、将来流通させる際の価値も考慮される住宅では、新規性の高い技術やデザインは、他の工業製品ほど好まれない。衣服や食事も同じだろう。また、日本の新築住宅市場の規模は諸外国に比べて大きく❺、景気などにも左右されるため、大手企業に市場の大半を占有するインセンティブが働きにくいとも考えられる（例えば住宅着工数が減った際には、自ら所有する工場の生産力が余るリスクが生じる）。また、日本の住宅市場では既に完成した住宅を販売する建売と比べて、施主と設計者が間取りなどを相談して決める注文住宅の割合が高く、規格化や大量生産の効果を発揮しにくかったことなどもあるだろう。プレハブは同じ部品や材料を大量に使ったほうが効率が上がるが、注文住宅では様々な要望に応える必要がある。

このような大手プレハブ住宅メーカー側の事情に対し、逆に在来構法小規模工務店側が残ったのは、地域密着などもあるが、特に1980年代以降に在来構法が合理化と呼ばれる技術革新を続けてきたことで、性能や施工性を向上させてきたことが理由として考えられる。

躯体の合理化

それでは合理化がどのようなものか具体的に見ていこう。かつての在来構法では、蟻継ぎや鎌継ぎなど、継ぎ手・仕口と呼ばれる接合部を大工がのこ鋸やのみ鑿を使って加工していた。これを手刻みと呼び、住宅1棟分の木材を加工するには1ヶ月くらいはかかっていた❻。この時点での在来構法は、工場で機械が加工するプレハブ住宅や、規格化された木材をパネル化するツーバイフォーの生産性には及ばなかったと考えられる。

これを劇的に変えたのがプレカットである。プレカットとは、継ぎ手・仕口を工場であらかじめ（pre）機械加工（cut）することである❼。1970年代に開発されたプレカットはルーターが回転してほぞを削り取るような単純なものだったが、1980年代にライン化して連続的な加工が可能になったことで大幅に加工時間を短縮し、2000年頃には大半の新築在来構法住宅で使われるようになった❽。床面積あたりでいうと、手刻みの加工は坪1人工（にんく）とも言われていたが（大工1人が1日で面積1坪分加工できる）、現在、大型のプレカット工場だと1時間程度で1棟（30坪〜40坪）の加工が終わり、精度も高い。

プレカットの他にも、木材は乾燥収縮による変形や強度のばらつきが問題となっていたが、こうした問題が少ない集成材や人工乾燥材が広がり、継ぎ手・仕口による

❻ 継ぎ手・仕口の加工

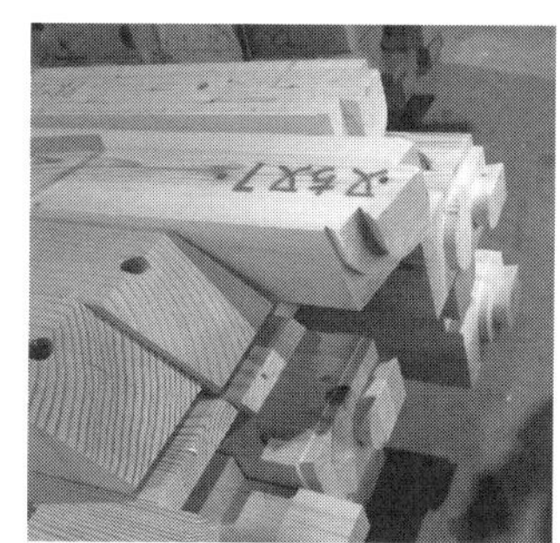
❼ プレカットされた木材

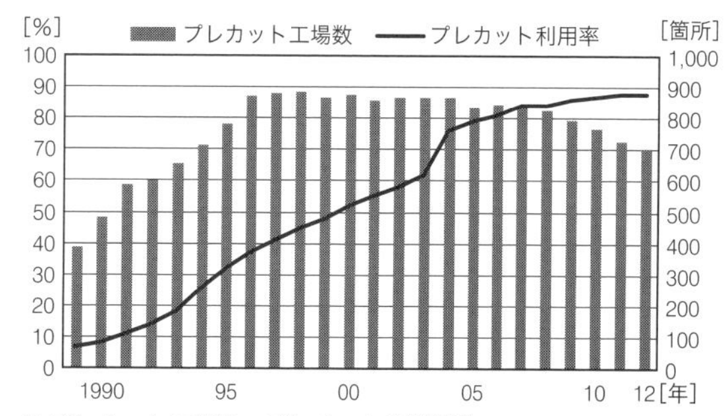

❽ プレカット工場数、プレカット率推移[2)]

断面欠損が少なく強度の高い金物など、様々な合理化の技術開発がなされた。他にも例えば、在来構法の床組は土台、大引、根太といった順に断面が大きな部材から順に直交させて並べて面を構成していたが、24mm や 28mm の厚さの合板を土台（2 階なら梁）に直接打ち付ける根太レス構法が使われるようになった❾。根太を省略することで工期も短縮でき、土台と合板が一体化することで耐力も向上する。このように工期短縮や性能向上を実現する技術が開発され、特に 1995 年の阪神・淡路大震災や 2000 年の住宅性能表示制度以降、取り入れられた。在来構法と言っても、変わり続けてきたのだ。

躯体以外の変化

新築の戸建住宅を建てるには、大工を含めて 30 から 40 ほどの職種が必要とされる。在来構法住宅を建てる現場は町場（まちば）と呼ばれ、それぞれ地域で活動する瓦、左官、畳、建具などの職人を集めて行われてきた。例えば、瓦屋に図面を渡せば、見積もりをして材料を揃え、施工まで行う。最初に頼んだ瓦屋が忙しくても、別の瓦屋が同じような作業をすることはできる。こうした仕組みが全国に存在することで、彼らを組み合わせて自由度の高い建築生産を改修なども含めて効率よく行うことができた。

在来構法の躯体が手刻みからプレカットに変化したように、瓦や畳など従来使われてきた材料・建材も、新建材などへの置き換えが進んだ。具体的に言えば、瓦から石綿スレートに、壁は漆喰や土壁などの左官工事から外壁のサイディングや内壁のクロスに、床の畳はフローリングに、建具はサッシに置き換えられた。こうした新しい材料の方が品質も安定しており、乾式で施工することで工期も短縮できる場合も多い。結果的には、在来構法住宅でも内外装ともプレハブ住宅→ 7-3 と大きく変わらなくなったとも言える。❿を見て、プレハブ住宅か木造在来構法住宅かを見分けることは難しいだろう。

さらに、プレカットや金物といった躯体の合理化や耐震性の向上に加えて、1990 年前後からは高気密・高断熱化→ 6-2 など、温熱環境を改善する技術の導入も進んだ。それまでも厚さ 50mm や 100mm のグラスウールなどの断熱材を柱の間や天井裏などに配置してきたが、断熱材の種類もグラスウール、ロックウールなどの繊維系に加えて、ウレタンなどの吹きつけや、スタイロフォームのようなボードが登場し、位置も屋根断熱、基礎断熱あるいは外壁の外張り断熱など多様化した。また、従来のように断熱材を入れるだけでは壁体内結露が発生することがわかり、室内側に防湿シートを設置したり、断熱性だけではなく気密性を高める取組みも広がった。

工務店の多くはハウスメーカーと違って、自社で工場や研究開発部門を持っているわけではないが、こうした技術変化に対応し、住宅の性能向上に対応することができた。それは、これまで見てきたような技術変化がオープンなかたちで行われ、工務店は既に開発された技術を自らの住宅づくりに合わせて選択することができたためである。

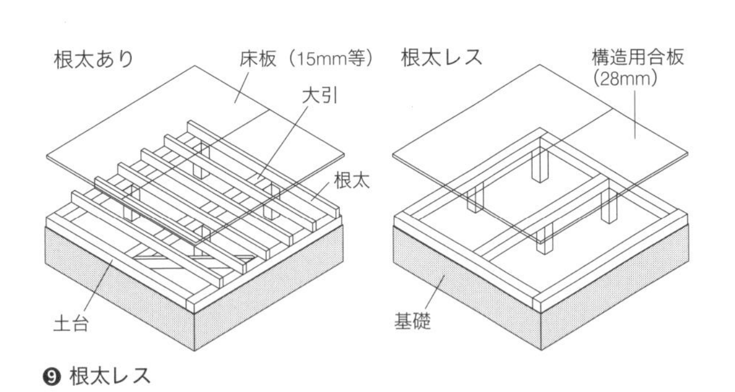

❾ 根太レス

❿ 典型的な現代住宅の内装

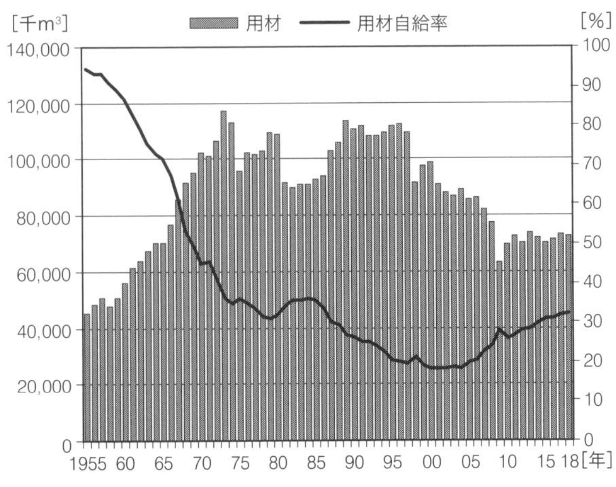

⓫ 国産材自給率の推移 3)

3 | 現代的な課題

木材流通

このように在来木造はオープンに存在する様々な資源（もの、人）を組み合わせて生産されることで、個々の顧客の要望や、要求水準の向上に合わせた住宅生産を行えてきた。しかし、2000年代以降は新たな問題も見られるようになった。

一つは材料の問題で、ここでは木材について考える。現在の在来構法では、柱にはホワイトウッド集成材、梁はレッドウッド集成材といった輸入集成材が多く用いられ、国産材の割合は低かった⓫。これは、性能に加えて費用面の影響が大きい。2021年のウッドショックでは、世界的な需要の増加などを受けて、こうした輸入材の調達が難しくなった。これまでは、より安く強度がある木材を求めてきたが、資源の有効活用が求められ、日本の住宅市場が縮小する中で、考え方を変える必要も出てくるだろう。例えば森林認証材や地域材の利用など、資源循環や環境保護の観点から、材料の調達を見直す時期にきている。特に、安定的な材料調達を考えて、地産地消のように比較的近い地域の木材を使ったり、川上側と継続的な関係を築こうとする取組みも見られるようになった。また、各自治体などではそのような取組みを支援する制度もある⓬。

職人

材料に加えて職人不足の問題もある。例えば日本全国の大工の数は1980年の90万人から2020年には3分の1の30万人程度にまで減少した⓭。高齢化も進み、大工の半数程度は50代以上であり、今後も人数の減少は避けられない。今まで、日本のどの地域にも大工がいて在来構法住宅を建てることができたのは、その着工数が多く、大工のなり手もたくさんいたからである。左官や畳職人も同様である。これからの人口減少や着工数の減少を考えると大工になりたい人間も減る。また、プレカット工場のようなオープンなかたちで存在していた加工施設への投資も行われにくくなる。旺盛な住宅需要を背景にオープンな技術開発によって施工性や性能を向上させてきた日本の在来構法住宅であるが、今後迎える縮小期にはこれまでと違った取組みが求められる。

地域とストック

最後に、これまで全国各地に小規模な工務店が存在し、主に新築の木造在来構法住宅を供給してきたのは、工務店が活動範囲とする自動車で1時間、2時間といった範囲に、一定の需要が見込めたからである。しかし、これから特に地方で人口が減少していくと、人口が減った地域の工務店は活動を継続することが難しくなる。こうした地域の工務店は、活動範囲を広げるか、事業内容をたとえば新築の注文住宅以外にも広げるかといった判断を迫られることになる。

工務店がいなくなれば、空き家などのストックを維持管理していくことも難しくなるだろう。逆にいえば、地域に活力があれば、工務店にとって事業を行いやすくなるわけで、そうした意味で、地域と小規模な生産主体とは持ちつ持たれつの関係であった。今後、木材をはじめとする材料流通や職人とあわせて地域の住宅生産をどのように維持していくかは大きな課題と言えよう。

⓬ 地域材を使った住宅の例

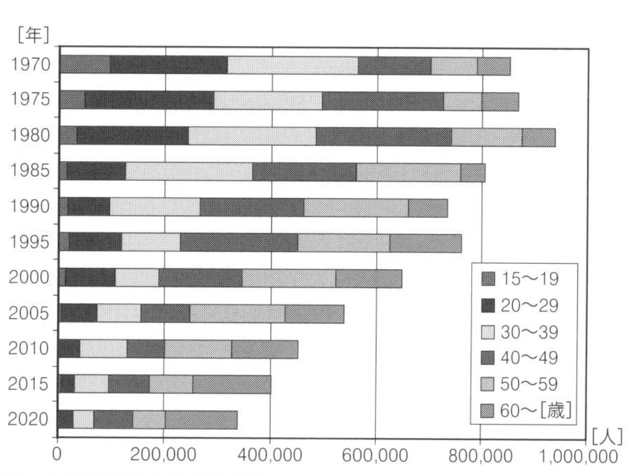

⓭ 大工数の推移と年齢構成 4)

7-3 住まいの工業化
プレハブ住宅

戦後、住宅不足を背景に産業化した日本のプレハブ住宅は、当初どのような理念で、どのような技術にもとづき供給されたのか。また、社会的・経済的変化を経て現在に至るまでどのような変遷をたどってきたのだろうか。

1｜住宅を大量につくる

自動車の大量生産

大規模かつ複雑な製品の大量生産・工場生産化に成功した先駆けとして、自動車のT型フォード（1908）がある。それを支えたのは、ベルトコンベアを一定の早さで車体が流れ、互換性のある部品が次々に取り付けられていく組立ライン方式であった❶。同じものを大量につくることで、材料は安く購入でき、例えばハンドルを取り付ける人はその作業だけをするので、習熟効果で取り付けのスピードも上がる。1908年に850ドルだったT型フォードは1925年には290ドルになり、フォードの夢であった工場の工員が買える自動車を実現した。建築家もT型フォードや自動車の大量生産に憧れ、ル・コルビュジエもシトロアン住宅という住宅をモデルにした量産型の住宅の提案を行った。

住宅の大量生産

第二次世界大戦後、住宅の大量生産に成功した事例としてアメリカの「レヴィットタウン」がある。背景には500万戸とも言われたアメリカの住宅不足があり、1棟1万ドル以下の住宅を供給すれば、政府から支援を受け取ることができた。ウィリアム・レヴィットは、フォードの組立ライン方式を、住宅に応用することを思いついた。舞台はニューヨーク郊外のロングアイランドである。土地や住宅は自動車のようにベルトコンベアを流れてはいかない。レヴィットタウンの工事現場では、土地から次の土地あるいは住宅へ、職人が移動する。職種を27職種に分割して、1日の仕事になるように同期化する。例えば階段を取り付ける職人は階段を取り付け、1日で仕事を終わらせ次の住宅へと移動する。これはベルトコンベアを一定の速さで車が流れるのと基本的には変わらない。結果的にレヴィットタウンでは約1万8千戸の住宅が建設され、大きな成功を収めた❷。

同時期のアメリカ西海岸でもケーススタディハウスと呼ばれる特徴的な住宅群が現れた。ケーススタディハウスは戦後のアメリカの住宅像を提示することを目的とし、30程度の住宅が建築家によって設計され、鉄、ガラスなどの新しい材料を使った工業化らしいデザインで知られる。代表例の一つに「イームズ邸」がある。イームズ邸ではアメリカのビル用の建材カタログにある既製の建材を組み合わせて建設され、工業化した部品が流通する時代の住宅生産のあり方を示した❸。

2｜日本のプレハブ住宅メーカーの始まり

住宅不足の中から

戦後、日本も420万戸と言われる膨大な住宅不足に直面した。前川國男の「プレモス」や浦辺鎮太郎の「クラケン」など建築家によるプレハブ住宅の提案も見られた。プレモスが山陰工業と共同で開発されたように、戦争が終わり軍事産業の平和利用を目的として開発されたものも見られた❹。

積水ハウス、大和ハウス工業など現在の大手プレハブ住宅メーカーは1960～70年前後にプレハブ住宅の供給を開始しており、プレハブ住宅の原型となるのは大和ハウス工業の「ミゼットハウス」（1959）である❺。住宅不足が解消に向かい、住宅の狭さが問題になる中で、ミゼ

❶ T型フォードの組立ライン[1)]

❷ レヴィットタウン（1947～51）[2)]

❸ イームズ邸（1949）[3)]

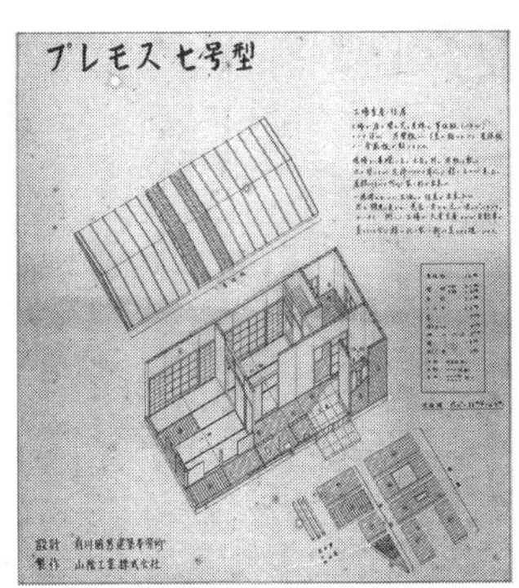

❹ プレモス七号型（1946）[4)]

ットハウスは庭先に3時間で建てられる勉強部屋として販売された。4.5畳と6畳の2タイプでトイレや浴室はなく、切妻屋根のシンプルな形態で、軽量鉄骨とパネルを現場で組み立てた。翌1960年には、積水化学（翌年から積水ハウスとして会社も独立）が「セキスイハウスA型」を発売した❻❼。風呂、台所、トイレがつき住宅と呼べる機能が備わった。セキスイハウスは当初、化学メーカー（積水化学）の新事業としてプラスチックの住宅生産を目指して開発されたが、防火などの問題からミゼットハウスと同じく、軽量鉄骨が構造に採用された。翌年には松下電工から「松下1号型」が発売され、現在のパナソニックホームズにつながる。このように膨大な住宅不足の中での住宅産業は将来が嘱望された産業であり、他産業からの進出が相次いだ。鉄骨以外にもミサワホームや永大産業の木質パネル、大成パルコンのプレキャストコンクリートなどの構造があり、構造は鉄骨だが、旭化成のALC（ヘーベル）など新建材も積極的に適用された。

現在の大手住宅メーカーとして最後に登場するのが積水化学（商品名：セキスイハイム）である❽❾。積水ハウスとセキスイハイムは別会社であり、積水化学がセキスイハイムを供給している。「セキスイハイムM1」は、外壁や設備を工場で箱型の鉄骨ユニットに取り付け現場で積み上げるという工場生産化率を高めたプレハブらしい構法である。

初期プレハブ住宅の技術的な特徴

こうした1960年代前後のプレハブ住宅には、比較的

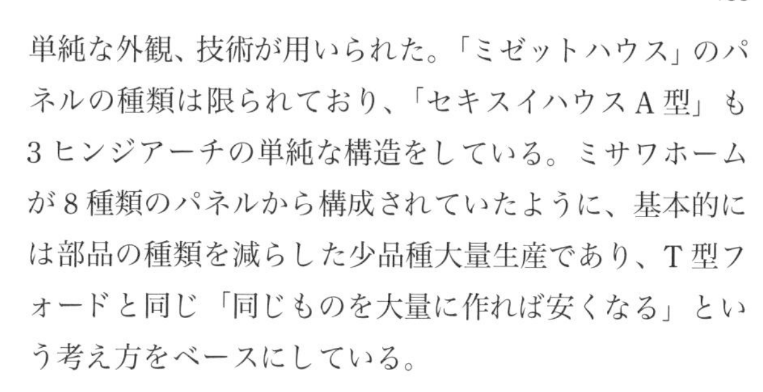

単純な外観、技術が用いられた。「ミゼットハウス」のパネルの種類は限られており、「セキスイハウスA型」も3ヒンジアーチの単純な構造をしている。ミサワホームが8種類のパネルから構成されていたように、基本的には部品の種類を減らした少品種大量生産であり、T型フォードと同じ「同じものを大量に作れば安くなる」という考え方をベースにしている。

3｜プレハブ住宅のその後

住要求の多様化

日本では、1968年に住戸数が世帯数を上回り、住宅不足は統計の上では解消され、1973年に全都道府県でも統計上の住宅不足解消となった。住宅不足を背景として少品種大量生産から始まったプレハブ住宅も徐々に住要求多様化への対応が求められるようになる。1970年代前半に欠陥プレハブ問題と呼ばれるプレハブ住宅の品質問題が起こったこともあり、品質管理も厳格化した。日本の住宅着工戸数は高度経済成長の追い風も受けて1973年の190万戸まで増加を続けていたが、同年のオイルショックで住宅着工戸数が3分の2まで激減したことも、大量生産期の終わりを告げる象徴的な出来事であった。

多様化とともに起こったプレハブ住宅の変化として企画住宅や商品化住宅と呼ばれる一連の住宅群がある。マーケティングを行い特定の顧客層に向けて外観や仕様をデザインし

❺ ミゼットハウス（1959）[5]

❻ セキスイハウスA型（1960）[6]

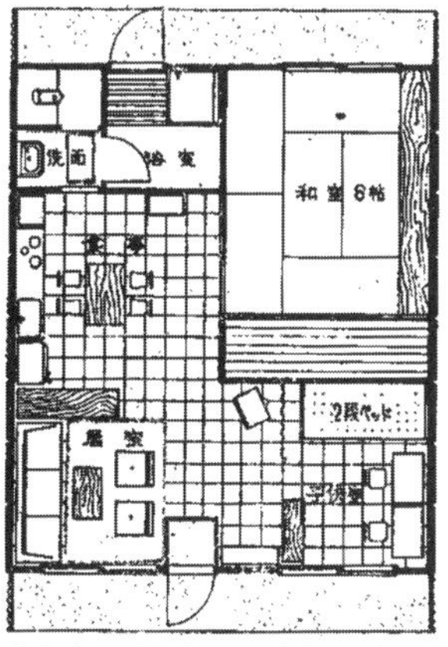

❼ セキスイハウスA型プラン[7]

❽ セキスイハイムM1（1971）[8]

❾ セキスイハイムM1の工場[8]

た住宅であり、プランや仕様を絞り込むことで、コストダウンを図ることが多い。企画住宅の代表例として、「ミサワホームＯ型」⑩⑪は３世帯住宅も見据えた面積の広さを持ち、プランは４パターンに限定された。総２階の大型パネルを用いて効率化を図りながら、窓まわりなどのオリジナルの部品によって単調な印象を避ける。単にプランや仕様を絞り込みコストダウンを図った従来の「規格」住宅に対して、住民に提案する「企画」住宅と名付けられた。外観などで、消費者が容易に識別可能な特徴を持った住宅群には「商品化住宅」という呼び名も付けられた。代表例としては、プレハブ住宅ではなくツーバイフォー構法であるが、「コロニアル 80」(三井ホーム)⑫など、洋風の意匠の住宅商品や、積水ハウスの「フェトーのある家」など、特定の部位・部品を取り付けて識別性を高めた住宅群がある。

このように住宅全体を特定のデザインで統一する方向に加えて、消費者が内外装や設備を自由に選べる方向にも技術開発は進んだが、こうした変化はクロスをはじめとする仕上げ材や住宅設備のメーカーの発展と並行した。石綿スレートやサイディングなど、大手プレハブ住宅メーカーが先行的に取り入れて普及した建材も多い。こうした選択の幅を広げることによって一見多様な住宅が生み出されたようにも思えるが、どの家も屋根は石綿スレート、壁はサイディング、内部の壁や天井はクロスといった画一化が進んだ。こうした建材はプレハブ住宅以外の木造在来構法住宅などにも使われ、新築戸建住宅の外観からハウスメーカーか工務店かを見分けることは現在では難しい⑬。

構法・生産面の変化

同時期の構法・生産面の変化を見ると、プレハブ住宅が登場した当初の切妻屋根・平屋で矩形平面といった単純な形状から、入り隅・出隅があり、２階建でも総２階ではなく下屋がつき、寄棟屋根が乗るといったような多様な形状に対応できるようになった。具体的には、柱や壁と小屋組を分離し、トラスの屋根を組むといった構法の変化が起こり、自由な平面形状や屋根形状を実現しやすくなった。生産面でも、設計や工場でのコンピュータの使用や機械の発達によって、同じ部品を大量につくるのではなく、多様な部品をコストや時間を削減しつつ製造できるようになった。こうした生産のあり方は、少品種大量生産から多品種少量生産へとも言われ、住宅１棟ごとにラインを部品が流れる邸別生産とも言われる⑭。

プレハブ住宅の多くは特殊な構法が使われているため、建設にあたっては本来１棟ずつ国土交通大臣による認定を受ける必要があるが、多様なプランに対応する型式認定という特殊な認定制度によって、１棟ずつ詳細な検討

⑩ ミサワホームＯ型（1976）[9]

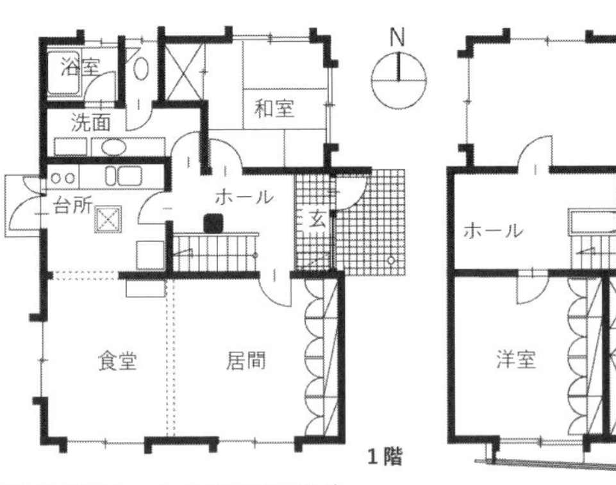

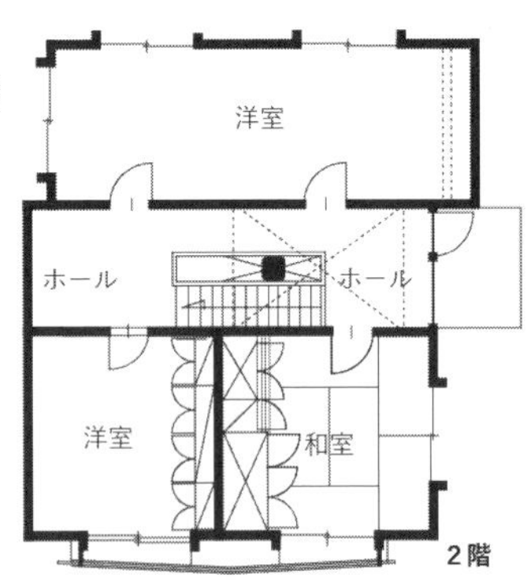

⑪ ミサワホームＯ型の平面図[9]

⑫ コロニアル 80（1980）[10]

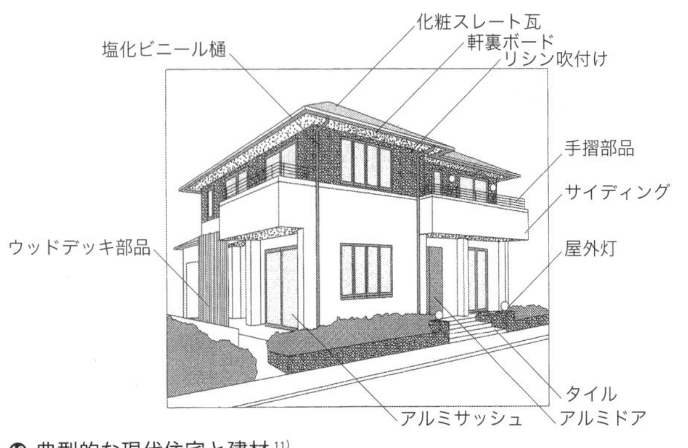

⑬ 典型的な現代住宅と建材[11]

をしなくても建設が可能になっている。

プレハブ住宅のこれから

プレハブ住宅に限らず大手住宅メーカーが手がける住宅の商品化については、建築家や研究者から批判を受けることもあった。具体的には、営利性に走った内外観を重視するデザインの傾向や、そもそも住宅を商品として選択する行為が、住民が主体性を発揮して理想の住宅をつくりだす機会をうばうといった批判である。

たしかに、住宅は商品として扱われるようになったし、そうした変化とプレハブ住宅の関係は深い。住宅の広告宣伝や販売手法も洗練され、テレビCMやカタログ、展示場、営業マンといった広告や営業の手法は、多くの人々にとって一般的なものになっていった。かつて住宅がどのようなものになるかは、つくるまでわからなかったが、展示場やカタログから住宅を選び、営業や設計と相談しながら思い描いた家を買うという流れは当たり前のものになっている。

結果的にこうした営業や販売管理の費用が加わることもあって、大手プレハブ住宅メーカーの住宅は、住宅全体の平均価格よりも高い。少し古いデータではあるが、住宅の坪単価が上がるほどプレハブ住宅の割合は増加する⑮。戦後、住宅不足を背景として、同じものを大量につくれば安くなるという少品種大量生産の考え方でスタートしたプレハブ住宅は、商品化などを経て高級化、ブランド化したとも言え、ここに戦後の住宅生産の大きな転換が見て取れる。現在、大手プレハブ住宅メーカーの住宅を購入する大きな理由の一つは、大手企業がつくる住宅の方が問題が起きにくいと考えてのことだろうし、その安心感に消費者はお金を払うわけである。

大手プレハブ住宅メーカーの初期の住宅が発売されてから60年余が経過し、現在までの供給量は積水ハウス1社で200万戸を超えるなど膨大な量に達した。こうしたストックをどのように活用するか、再築などの取組みも見られるが、前掲の特殊な認定制度の影響もあり、課題は多い。また、国内市場が縮小する中で人口増加が見込まれる国・地域への進出も継続的に図られているが⑯、日本国内で独自に発展したプレハブ住宅を海外に展開するには、住宅に対する意識や住宅金融を始めとした制度の違いなどハードルも高く、日本のプレハブ住宅の強みは何かを見直す必要に迫られている。プレハブ住宅およびプレハブ住宅メーカーが日本の住宅に与えた影響を冷静に振り返るべき時期に来ている。

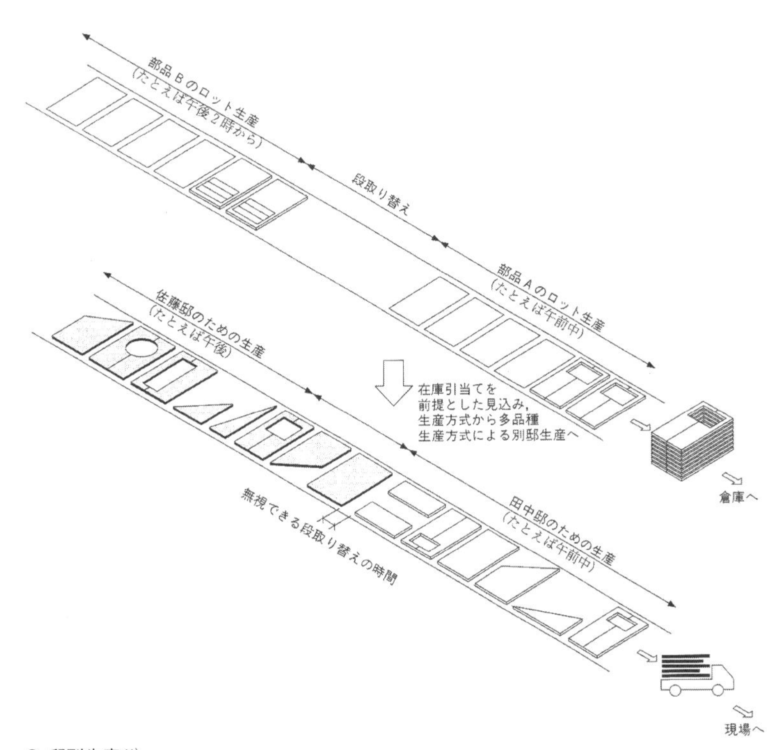

⑭ 邸別生産[11]

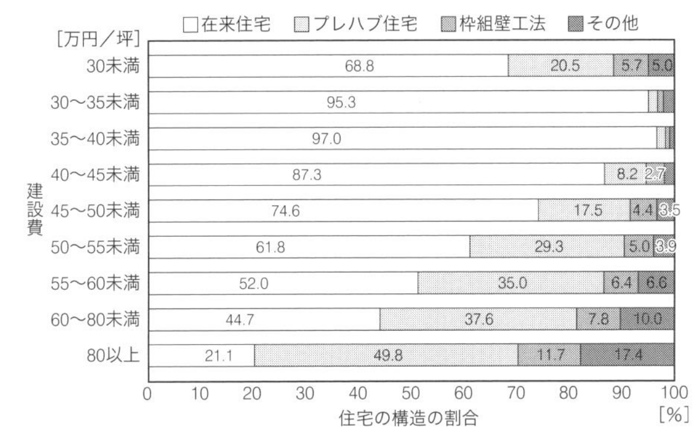

⑮ プレハブ住宅は高い（1992年度）[11]

⑯ タイ・バンコクに建つSCGハイムの展示場

7-4 住まいの維持と管理

なぜ住まいの維持と管理が必要か。持続可能な社会の実現のため、適切な維持管理による住まいの長寿命化が求められている。維持管理を通して居住者が愛着を感じ、地域の中で守っていく資産としての住まいを考えたい。

1 ｜ なぜ住まいに維持管理が必要か

住まいの維持管理とは

あらゆる建物は経年劣化する。時間の経過と使用頻度に応じて劣化・損耗・故障し、雨風や紫外線により風化する。時間と自然の力は建物の表層だけでなく骨組みまで破壊し、最終的には廃墟にしてしまう。これを防ぐためには維持管理（メンテナンス）が不可欠である。

住まいの場合、経年変化は住み手の生活の質に直接関わるため、とりわけ切実である。劣化した部分の補修および劣化を未然に防ぐための処置など、良好な状態を維持するための定期的な点検や管理が必要である。このような維持管理は、我が国の伝統的な住居の成り立ちにおいて欠かすことのできない要素である。例えば、岐阜県の白川郷では合掌造の茅葺き屋根を「結（ゆい）」と呼ばれる村人同士の共同作業によって維持してきた。葺き替えのための茅の確保も村人が担い、伝統的な家屋の管理に務めてきた❶。

住まいにおけるDIYも維持管理のあり方の一つである。DIYとはDo It Yourself（自分でやる）の略語であり、その起源は1910年代のアメリカにさかのぼる。住宅の維持管理や性能向上を、専門家ではなく住み手自らの手で行うという社会的な動きである。DIYは、第二次世界大戦後のイギリスにおいて国土復興への国民運動のスローガンにも使われ、世界的に注目されるきっかけとなった。我が国でもDIYは、中古の住宅を居住者自らがリフォームする手法として定着している。

住まいの長寿命化と維持管理コスト

住まいを適切に維持管理すれば、経年劣化を遅らせ、住まいを長寿命化させることができる。これは住生活の向上および環境負荷の低減を図る上で有効である。

しかしながら、住まいの維持管理には相応のコスト（費用や手間）がかかる。これを正しく把握しておかなければ、長く継続することはできない。日常的な清掃をはじめ、定期的な点検と建物の不具合や劣化を抑えるための補修、できる限り建設当初の水準にまで戻す大規模な修繕など、維持管理コストの多寡は多様である。あらかじめどのような維持管理がいつ必要かを考慮した、中長期的な計画を立てなければならない。ライフサイクルコスト（LCC：Life Cycle Cost）とは、建物の建設から使用、解体廃棄までにかかる総費用を指す❷。住まいにもLCCの考え方を適用することで、より計画的な維持管理が可能となる。

多大な維持管理コストのかかる住宅は、住み手にとって過大な負担となり、空き家を増加させる社会的リスクとなりかねない。長期に渡り良好な状態で使用しやすい住宅の普及が求められている。長期優良住宅認定制度（新築は2009年、既存住宅は2016年開始）では、建築だけでなく維持保全に関する計画も作成し、その計画に基づく定期的な点検や整備を求めている❸。

点検・補修による性能向上

我が国では長らく、住宅性能は完成時を最高点とし、以降は経年とともに低下すると捉えられてきた。そして、ある時点で居住困難な限界的状態に達し寿命を迎えるという流れである。そのような場合での点検・補修は、寿

❶ 白川郷の結による屋根の葺き替え[1]

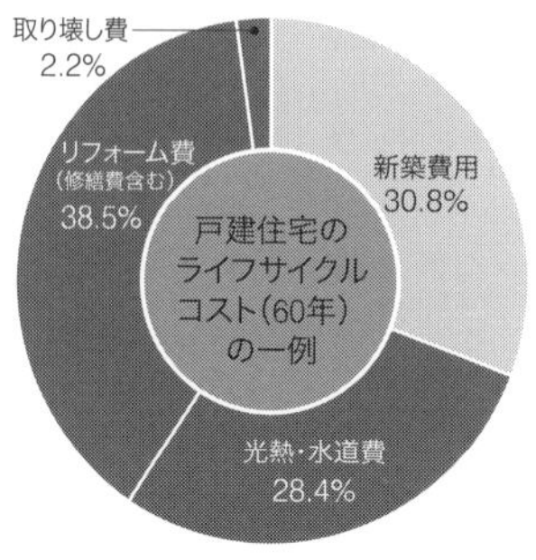

❷ 戸建住宅のライフサイクルコストの一例[2]

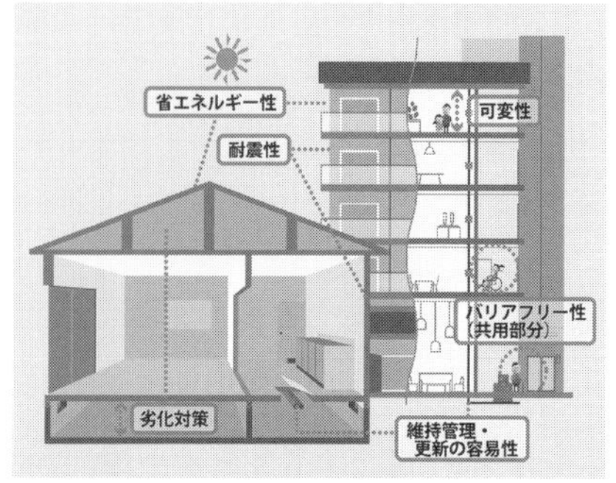

❸ 長期優良住宅の主な認定基準[3]

命までの耐用年数の延長が目的とされた。

ところが、近年の技術革新や社会情勢の変化により、開口部の断熱性能向上やLED照明をはじめとする長寿命設備機器の開発・普及が進み、建設当初の住宅性能を超えるレベルが住宅に要求されるようになった。これに伴い、住まいの資産価値を下げないだけでなく、機能向上させる修繕・改修が求められている❹。

このような要求に対し、耐用年数を長期化した外壁材や屋根葺材など新しい建材が開発されるようになり、住宅性能の向上を支えている。しかし、新建材にまつわる課題は多い。例えば「メンテナンスフリー」を謳ったものも流通するようになったが、実際はメンテナンスが不要なわけではなく、メンテナンスの容易さや頻度の少なさを示す場合が多く、使用には注意が必要である。また、高性能化および多機能化のために、異なる材料を複合させた（金属＋樹脂＋窯業系素材など）建材も多く開発・使用されているが、再資源化や再利用が困難など、廃棄や処理の方法に課題が残されている。

定期的な点検の目的

屋根面や床下など普段見ることのない箇所を確認するなど、住まいを定期的に点検する目的は、住み手が日常生活の中で気づきにくい劣化や不具合の早期発見である。また、点検により将来発生し得る不具合を予想し事前に対処できることも重要な点である。劣化が進行してからよりも補修の範囲と規模を抑えることができ、ライフサイクルコストという長い目で見ると経済的である。

住み手自身が定期点検を行う場合、補修における更新時期などを的確に判断できるだけでなく、住まい各部の機能や適切な使い方への理解が深まるという効果もある。例えば外壁材の経年変化を確認することにより、庇の重要性や壁の近くの植栽の影響を把握できるなどである。住み手による点検には、住まいの機能面での効用の他に、住み手の「住まいへの愛着」を醸成するという心理的な作用もある。住まいへの愛着が高まると、日常的な点検や手入れも苦にならなくなり、維持管理と積極的な住まいへの関与が好循環する「住みこなし」→4-3につながる。

2｜維持管理の様々な方法

住まいの維持管理における三つの立場

住まいの維持管理の主体は居住者（所有者または管理者の場合もある）である。しかし、住まいの維持管理を適切に行っていくためには、その住まいの計画・設計・施工から使用・維持管理に関わるあらゆる人々がそれぞれの立場において適切に関与することが重要である。「居住者」「専門家」「第三者」の三つの立場から維持管理の方法について整理してみるとわかりやすい❺。

居住者（所有者または管理者）

居住者による日常生活の中での点検・手入れが最も基本的な維持管理の方法となる。住みながらでないと気づけないような不具合は多い。また、普段は目にしない箇所の点検は、維持管理履歴を作成しつつ、定期的に実施することが必要である。さらなる詳細な点検や補修を専門家に依頼するのも居住者である。

専門家

より専門的な立場から住まいの維持管理に携わるのは、まずつくり手の設計者と施工者である。住まいの設計および施工を通して、建物の耐用年数と経年変化を把握し、それを居住者に伝達する義務を負う。点検箇所・方法や、補修方法とその依頼先などの情報提供をし、維持保全計画の策定と提示を行うのも設計者と施工者である。特に設計者は、計画段階から使用時における維持管理のしやすさについて配慮することが求められる。

また、住まいの保守管理を担う様々な専門業者がいる。外壁・屋根・基礎土台・設備・配管など、部位に特化して点検・補修を行う専門業者がある一方で、近年は住宅医など、既存住宅の調査診断（ホームインスペクション）の専門家に対する需要も高まっている。住宅の長寿命化のためには、専門家による適切な点検・補修が欠かせない。

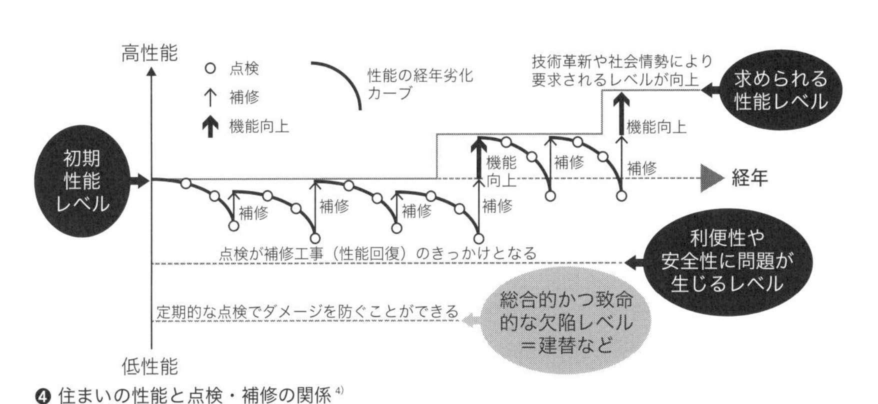

❹ 住まいの性能と点検・補修の関係[4)]

❺ 住まいの維持管理における3つの立場

第三者

住まいは決して単独で存在するのではなく、まちを構成している建物の一つだと捉えれば、地域で住まいを維持管理していくという発想も必要である。近隣住民どうしが連帯し、良好な景観や近隣環境を維持管理するために、個々の住まいの保守状況を互いに確認し合う関係性を築くことが重要である。

基本的な点検・補修の方法

住まいの点検・補修を適切に行うためには、各部の劣化しやすい箇所を把握した上で、不具合の有無と対策について確認していく必要がある❻。そのため専門家と居住者とが、それぞれの責任・分担を正しく理解した上で協力し合うことが重要である。屋根の上や床下など住まいの部位によっては、居住者だけで点検するには危険が伴い、正しく実施できないものがあるためである。しかし、外壁や屋根など目視だけで点検可能な部位も多いため、居住者による日常的な実施が望まれる。

維持管理しやすい計画

住まいのつくり手である設計者・施工者は、維持管理しやすい計画を心がけなければならない。まず建物の外壁の補修の際に足場を組めるように隣地から十分離すことが重要である。また、配管・配線の点検・補修ができるよう適切な位置に点検口を設置し、設備機器の点検・交換の際に必要な作業空間を確保しておきたい。さらに、将来の改修を見据えて、構造と仕上げとの分離が容易な納まりや、部材の交換を見据えた構造の採用も検討したい。

3｜集合住宅の維持管理とその課題

分譲集合住宅と賃貸集合住宅における違い

居住世帯が複数あることや、設備や躯体の所有形態が複雑であることなど、集合住宅（建築基準法では共同住宅→0-3）は、建築士などの有資格者による定期検査が法的に義務付けられている。

賃貸集合住宅と分譲集合住宅（いわゆるマンション）とでは、維持管理の方法が大きく異なる。賃貸集合住宅では、所有者が維持管理の責任を負うが、入居者である居住者にも日常的な管理が求められることがある。一方、分譲集合住宅は複数の区分所有者による共同管理となる。そのため区分所有者全員による管理組合がつくられ、管理のためのルール（管理規約）が決められる。

分譲集合住宅は、区分所有者それぞれが専有できる専有部分と、所有者全体で共有する共有部分とに分かれる。住戸内などの専有部分の維持管理は、居住者（所有者）が責任を負い、外壁や共用廊下など共有部分は管理組合の責任となる。

集合住宅の維持管理業務には相応の知識と労力が必要となるため、多くの場合は、集合住宅の維持管理業務を専門に請け負う管理会社に委託するか、専門的な知識と技能を備えた管理員を直接雇用することになる。

集合住宅の点検・補修と修繕計画

集合住宅では設備機器や配管が多く、専有部分と共有部分の両方に渡って配置される❼。点検・補修は入居状況に対応しなければならないため、計画的な点検が欠かせない。給水設備、消防設備、昇降機設備の不具合は、居住者の健康や安全に重大な影響を及ぼすので、良好な状態で維持・運営されるために、法的な定期点検が義務付けられている。

定期的な点検の他に、集合住宅では長期に渡る修繕計画を立てる必要がある。特に分譲集合住宅では大規模な修繕を円滑に実施するために、管理組合において修繕と

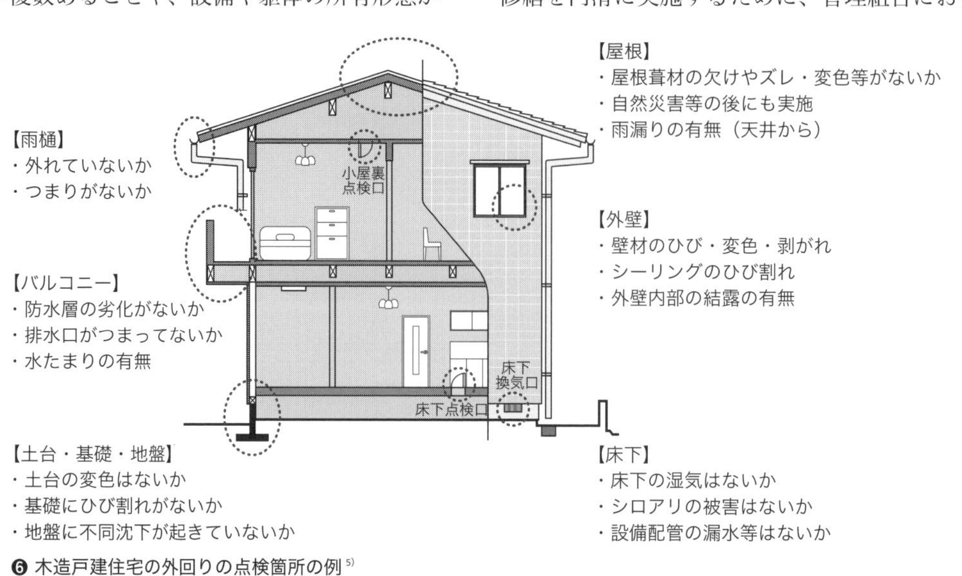

❻ 木造戸建住宅の外回りの点検箇所の例[5)]

改修の長期計画について予め合意を得て、修繕にかかる費用を積み立てておくことが重要である。

集合住宅の維持管理における課題

築年数の多い分譲集合住宅の中には、適切に維持管理や修繕がされなかったために、経年劣化や陳腐化が進行したものがあり、水漏れなど生活に支障が出るような深刻な被害が生じている。被害が拡大した後での補修は費用が嵩み、所有者の負担が困難になると、劣化がさらに進行するという負の循環につながる。

同様に、築年数の多い集合住宅では居住者（所有者）の高齢化が顕著である。所有者による費用負担が困難になるとともに、管理組合役員の成り手不足など管理運営に支障が生じる。この背景には、空き住戸の増加や賃貸化の進行による所有者不在も一因としてある。

管理不全の集合住宅は、建物内だけでなく近隣にも悪影響を及ぼす。景観上の劣化だけでなく、塀や外壁の崩落など安全性の問題や、雑草の繁茂や汚臭の発生など衛生面での問題にも発展し得る。高齢化が進行する日本における喫緊の社会的課題である❽❾。

近年駅前などに多く建設されている超高層（一般的に地上20階以上、建物高さ60m以上のもの）の分譲集合住宅、いわゆるタワーマンションについても維持管理の課題は多い。超高層建築では、外壁材料の剥落予防などのために3年間隔の定期検査と調査報告が義務付けられる。ゴンドラを用いた点検・補修となりコストがかさむため、管理費用を計画的に準備する必要がある。

規模の大きい超高層分譲集合住宅では、1棟あたり1,000戸を超える。それに伴い管理組合も拡大し、大規模修繕工事の内容や時期など重要事項の合意形成が難しくなる。また、低層階と高層階で管理組合の理事会を分ける事例もあるように、所有と利用の複雑化が課題となっている。

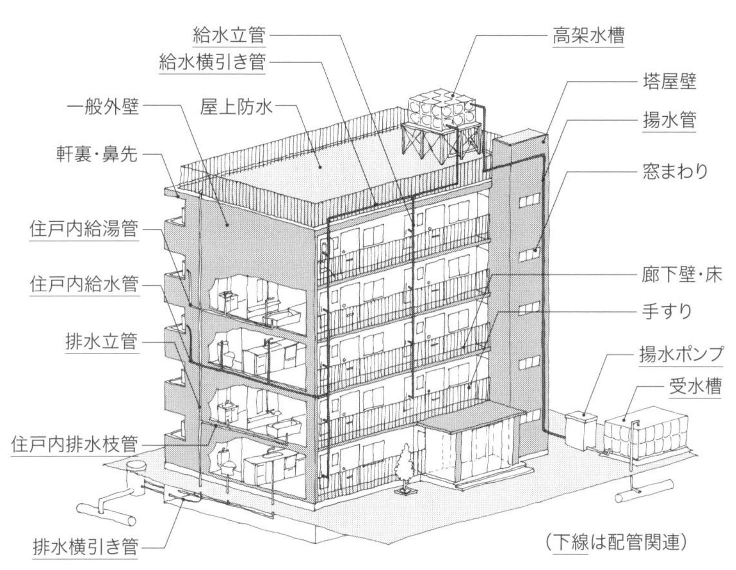

❼ 集合住宅の点検箇所の例

❽ 廃墟化したマンション（滋賀県）[6)]

❾ マンション共用部の管理不全の例[6)]

7-5 住宅の更新とストック活用

引っ越しを前提とする借家文化から、高度成長期のスクラップアンドビルドを経て、21世紀の現代日本は積み上がった住宅ストックの活用が課題となりつつある。既存の価値を高めつつ使い続けるリノベーションの最前線では何が起こっているのだろうか？

1｜短命な日本の住まい

平均寿命26年の衝撃

1996年の建設白書において、「日本の住宅の平均寿命は26年」という衝撃的な報告がなされる。そこではアメリカの住宅の平均寿命が約103年、イギリスの住宅については平均寿命が約141年、平均年齢が約48年と推定され、それらに比べ日本の住宅のライフサイクルが非常に短いことが示された❶。

日本の住宅が他の先進諸国に比べ短命なことにはいくつかの理由がある。東アジア特有の高温多湿の環境、地震・台風などの自然災害の発生頻度の高さ、なども住宅の寿命に影響しているが、もっとも大きな要因の一つは、高度成長期には量の供給が重視され、比較的質の低い住宅が多く建てられたことであろう。大量生産・大量消費という形で経済発展を遂げてきた戦後日本の文化そのものと、その意識的な反映としての国民の強い新築へのこだわりである。多くの場合、建物そのものの物的性状や機能の限界による物理的寿命に至る前に、住み手や社会の事情による取り壊しという社会的寿命が、住まいの寿命を決定しているのである。

こうした背景には、一戸建の木造住宅であれば22年で償却される、つまり資産価値がなくなるという日本の税制度の影響もある。建設後22年以上の住宅は不動産市場では価値がないだけでなく、解体にコストがかかる負債として扱われる現状にもつながっている。日本の住宅市場は今も新築が大半であり、既存住宅の流通は約14.5%（2018年）と、欧米諸国に比べてかなり低い❷。

住まいを使い続けるには

なぜ住宅が短命であることが問題なのか。高度成長期を経て、地球規模の環境問題に向き合うにいたり、せっかく資本や資源を投資した住宅が長持ちせず、早々に解体されてゴミとなるような社会は、経済的な観点からも、地球環境の保全の観点からも、持続的でないことが明らかになった。また、「古い家のない町は、思い出のない人と同じである」と東山魁夷の言葉にあるように、住まいを含めた環境を丸ごとつくり替えることは、地域や個人にとってかけがえのない歴史やアイデンティティを失うことにもつながる。では、住まいを使い捨てず使い続けるにはどうしたらよいか。

そもそも、建て替えを含む住まいの更新の必要が生じるのは、生活と住まいの対応関係に大小の不具合が起きたときである。その際に取りうる選択肢は建て替えの他に、住み替え、今あるものを更新（リノベーション）する、という方法がある。また、そもそも更新しやすい家をつくるというアプローチも重要である。以下、それぞれについて見ていきたい。

2｜住み替えによる住まいの更新

戦前の借家文化

家族が増えれば広い家に、忙しくなれば職場の近くに引越しをするなど、生活の変化に応じて適切な賃貸住宅に住み替えていくことも住まいの更新の一手段である。極端な例では、江戸時代の浮世絵画家・葛飾北斎は生涯の間に93回引越しをしたと言われる。1941年の調査によると主要24都市の借家率（借家住まいの戸数／全戸

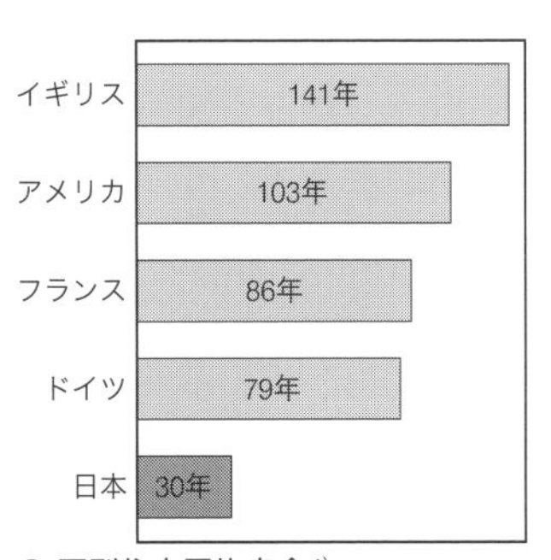

❶ 国別住宅平均寿命 1)

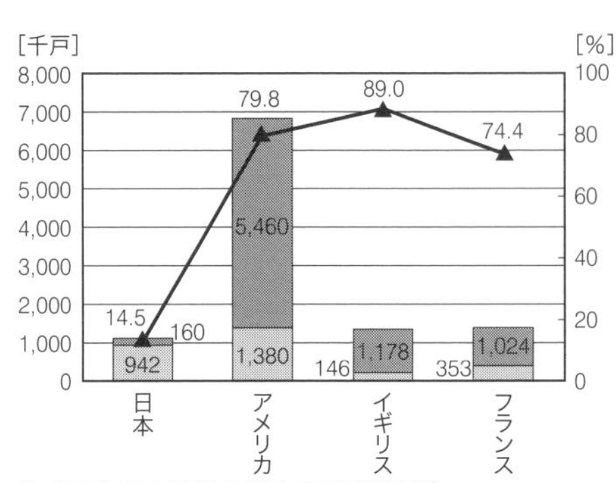

❷ 既存住宅の流通の割合の国別比較 2)

❸ 復元された裸貸しの家の内装 3)

数）は77.8%（大阪市は91%）であった。戦前までの日本の大都市部では住民のほとんどが借家住まいであり、つまり住まいの更新は住み替えが主流であった。

江戸時代から昭和初期にかけて大阪で発達した借家のシステムに裸貸（はだかがし）がある❸。裸貸では、畳や襖・障子といった建具から、かまど・流しといった水まわり設備まですべて借り手が自分で用意する。そのために萬（よろず）建道具売買所という店があり、そこで借家に必要な設備がすべて手に入ったという。上方落語の「宿替え」では、大阪の借家文化が引越し騒動とともに生き生きと描かれる。畳と一緒に敷居も持ち運ぼうとする主人公の様子が笑いを誘うが、当時の大阪の借家人は引越しごとに畳や建具を家から取り外す必要があったことがその背景にある。そうした借家文化を支えていたのが、畳の寸法を基準として間取りが決まる合理的な住宅生産システムであった→4-2。

借家率の変遷

高度成長期には持家政策→2-4の進展もあり、戦前までの引越しによる住み替えの文化は少数派になった。住まいは所有するものとなり、どうせ買うなら新築、使いにくくなれば建て直すスクラップ＆ビルドが住まいにおいても主流となった。

とはいえ全国における借家率は2013年で36%であり、現代においても家族構成員の変化や経済状態の悪化などに際して、賃貸住宅の住み替えは最も手軽な住宅更新の手法である。しかし、賃貸住宅にはライフスタイルに応じた住まいの選択肢が少なく、住み手に応じたカスタマイズもできないことがほとんどである。また、住宅が余る時代においては、持家でもライフステージに応じた住み替えができるよう、既存住宅の流通の活性化などシステムの構築が必要であろう。

3｜更新しやすい住まいの模索

二段階供給方式

SI（スケルトン・インフィル）方式は、建築を時間の経過とともに変化するものと捉え、変化しにくい部分をスケルトン（構造）、生活に応じて変化しやすい部分をインフィル（内装や設備）と分類して二段階で提供することで、絶えず変化する居住環境への要求に応えようとするシステムである→5-6。

類似した考え方に、1960年代以降の発展途上国の居住地改善事業で用いられたコアハウジングがある❹。初めに最小限の水まわり（台所・トイレ・浴室）と1室程度の小規模な建物（コアハウス）を提供し、その後の増改築は居住者の自助努力に委ねるという手法である。1980年代にタイで行われた事例を調査した田中麻里の報告❺からは、最初に提供されたコア部分を中心として、その周囲にキッチンやリビングスペース、店舗などの増築部が追加され、住民自らが自分たちの力で、多様な生活環境を構築していった様を見てとることができる。これは、低所得者層向けのローコスト住宅を、質を保ちつつ大量供給するための方法であると同時に、あらかじめ増改築を想定した住まいの建設システムと見ることもできる。近年でもチリの建築家アレハンドロ・アラヴェナらによる「キンタ・モンロイの集合住宅」（2003／エレメンタル）があり、居住者による増築が魅力的な居住空

❹ 建設直後のコアハウス[4)]

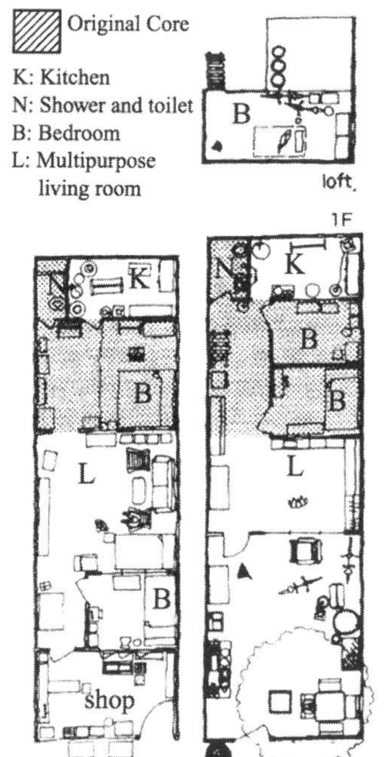

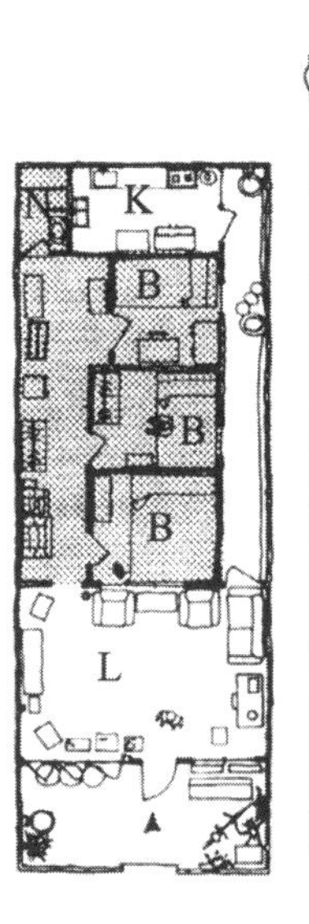

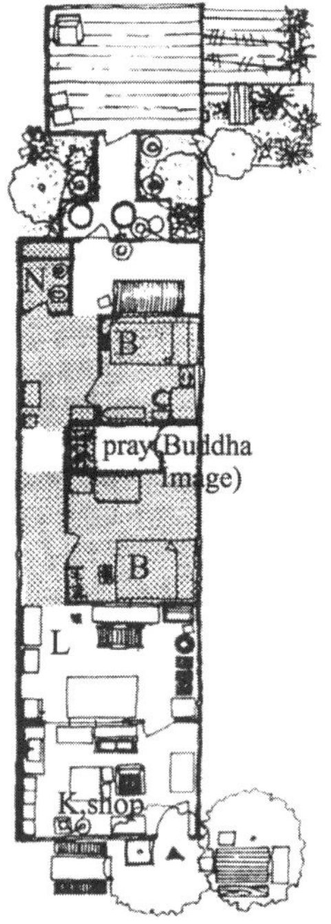

❺ コアハウスの増築後の平面（タイ）[5)]

間をつくり出している。居住者自らが住まいを更新していくことを促すシステムとして、途上国に限らず参考にすべき事例である。

オープンシステム

市場に流通し、誰もが購入可能な部品や材料を用いて、建物を含む「製品」を組み立てるシステムのことをオープンシステムと呼ぶ。市場開放された部品群で組み立てられる建物では、市場競争によって部品の品質の向上と低コスト化が実現され、また建物それ自体も、様々な部品が取り付け可能なものとなり、設計や部分的更新のフレキシビリティが高まると考えられた。石山修武による『秋葉原感覚で住宅を考える』*[1]はその試みの一つだが、大多数の住まい手は自分で組み立てるのではなく、商品化された住宅を選択することを選んだことはその後の大手ハウスメーカーの隆盛を見れば明らかである。しかしホームセンターが日本各地に立地し、インターネットでの資材の購入も一般化した現代だからこそ、家を丸ごと自作することは難しいとしても、住まいの部分的な更新への可能性は広がっていると言えるだろう。

4｜積み上がるストックへの対応

空き家率の増加

近年の研究*[2]では、2005年における全国の専用住宅(戸建住宅)の平均寿命は50〜60年程度と算出されている。1996年の建設白書の指摘から見れば、日本の住宅ストックが一定の質を満たし、寿命についても改善しつつあると言える。その一方で、住宅ストックの量は世帯数を大きく上回っている。全国の空き家数は過去30年で倍増し、空き家率は13.6%に達した→2-4。日本の住宅は新築住宅を「つくる時代」から既存住宅を「使う時代」へと移行しつつある。

リノベーションの隆盛と再評価

2000年頃から建築雑誌などで盛んに住宅のリノベーション特集が組まれるようになった。同じ頃、「劇的ビフォーアフター」など、身近な住まいのリノベーションを取り上げるテレビ番組も増え始め、リノベーションという言葉は広く一般に知られるようになった。

2000年代のリノベーションの増加は、直接的にはバブル崩壊やリーマンショックなどの経済不況による新規建設への投資減少の影響が大きい。しかし、それと並行して進行した、個人や地域の固有性・記憶・アイデンティティの源として時間や歴史を感じられる古い街並みや建築を評価するという文化的な成熟が、リノベーションの隆盛に一役を買っている。その影響は、2000年頃にまずは古民家改修のブームとして現れた。その一例として、「御所西の町家」❻は、京都の市街地の路地奥の長屋を、既存の土間や土壁などを最大限残しながら、セカンドハウスとして改修した事例である。2020年代に入っても、古い建物が多く残る地域では若者の移住先として、古民家のリノベーションへの興味が継続している。

今後も、空き家問題が深刻化し、また地球温暖化対策を中心とする持続可能な開発への取組みが本格化する中で、リノベーションへの期待はさらに高まっていくだろう。

5｜最前線としてのリノベーション

建築史における再評価

篠原一男が「住宅は芸術である」→0-1と1962年に宣言してから半世紀以上が過ぎ、いまや「リノベーションは芸術である」(藤村龍至)と言われるようになった。それに伴い、リノベーション的デザインとも呼ばれる新しいデザインの潮流も生まれつつある。

建築史家の加藤耕一は『時がつくる建築：リノベーシ

❻ 京都の路地奥の町家を改修した「御所西の町家」(2012／森田一弥)[6)]

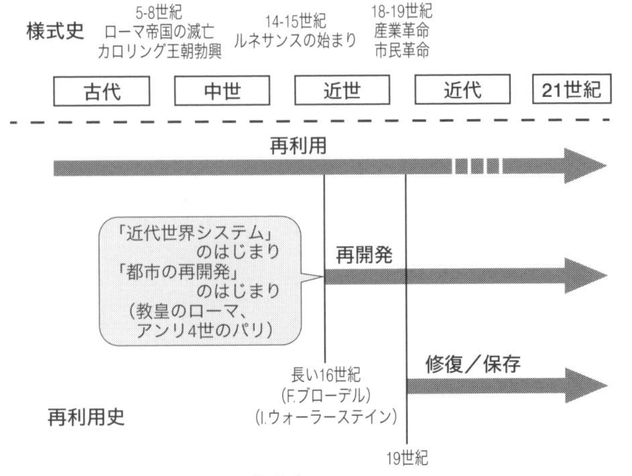

❼ 既存建築に対する三つの態度[7)]

ョンの西洋建築史』において、既存建築に対する三つの態度として「再利用」「再開発」「修復／保存」を挙げる。その中でも「再利用（リノベーション）」は最も古くから主流であった建築行為であり、保存と更新のバランスを取りつつリビングヘリテージとして既存建築を使い続けようとする態度であると指摘し、建築史におけるリノベーションの再評価を行っている❼。

新しい価値観の創出へ

2000年頃のリノベーションのデザインは、既存の空間を白く塗装してイメージを一新したり、古い既存部分にモダンなインテリアを挿入したり、新旧を対比的に取り扱うデザインが主流であった。しかしその後のリノベーションの広がりにより、様々なデザインアプローチが試みられるようになった。

近年のリノベーションの隆盛によって見出されたテーマとしては、「時間の設計」「引き算のデザイン」「部分の集積」などが挙げられる。

昭和の時代に建てられた木造の戸建住宅を改修した「調布の家」❽では、既存建物にあったものと、新しく持ち込まれたもの、あらゆる雑多なエレメントが、価値の優劣なく断片的に併置されることで、長い時間を経てきた建物が蓄積してきた多元的な時間を併存させる設計が試みられている。

「SAYAMA FLAT」❾は、都心部からはずれた街に建つ築29年の社宅を集合住宅へとコンバージョンしたものである。既存のインテリアの一部を残しながら間仕切り壁や押し入れなどを撤去するという、リノベーションだからこそ可能な「引き算だけのデザイン」に徹することで、見慣れたはずのインテリアが見慣れるものへと異化されている。

「門脇邸」❿では、新築の住宅でありながら建物全体を統合するようなシステムやコンセプトを与えないことで、統一された秩序のない部分の集積というリノベーション的なデザインが試みられている。

近年は築年数を経た良質なマンションが「ビンテージマンション」として人気を集めるなど、リノベーションによって獲得された新しい空間イメージや価値観は、旧来の新築偏重という住まい手の嗜好を確実に変えつつある。

リノベーションされた空間には、自ずとその場所が積み重ねた時間の痕跡が現れる。ケヴィン・リンチは、人間が心の拠り所として生きる空間において時間が経過した痕跡が感じられることの重要性を指摘した*3が、私たちはリノベーションという行為について、経済性の観点からだけでなく、それが生み出す空間の魅力や価値についても再認識する必要があるだろう。

❽ 調布の家（2014／青木弘司）[8)]

❾ SAYAMA FLAT（2008／長坂常）[9)]

❿ 門脇邸（2018／門脇耕三）[10)]

column 07

住まいとコモンズ

松村　淳

古くて新しい概念としてのコモンズ

コモンズは古くて新しい概念である。そもそもは共同体をつくり定住という方法を選択した我々の祖先が守り続けてきた生きるために必要な諸資源を指す。具体的には薪炭を得るための雑木林や、漁場としての河川や湖沼、海岸などである。日本においてコモンズは「入会地（いりあいち）」と呼ばれ、そこに暮らす地域の人々によって維持管理されてきた。コモンズに学問的な注目が集まったのは1960年代にG・ハーディンの論文「コモンズの悲劇」によって、コモンズの不可能性という課題が提起されたことがきっかけである。その後、1980年代にE・オストロムがコモンズの悲劇の解決のために、政府セクターによる統治でもなく、市場や私有化に委ねるのでもない、集団行動を導くための制度づくりを提唱した。近年は居住福祉論や社会政策論の観点から、都市におけるコモンズの可能性に注目が集まっている。

社会で求められるコモンズ

都市におけるコモンズが研究対象として注目され始めた背景の一つには、居場所のなさが人々の幸福度を低下させていることが認識され始めたことがある。

近年、「トー横キッズ」「グリ下キッズ」なる用語を報道でよく見聞きするようになった。家や学校、地域社会に居場所がない青少年たちが、居場所を求めて都会の片隅に集うようになっているという事例であり、犯罪の温床として社会問題化している。

こうした社会課題に対処するために政府は2023年に「こどもの居場所づくりに関する指針」を閣議決定した。そこで謳われている子どもの居場所とは、子どもが安全に多様な人々と関われる機会や場所であり、官民一体となってボトムアップでつくっていくことが目指されている。このような取組みは、健全な子どもの育成に貢献しうるものであると考える。

しかし、気軽に集える居場所が存在しないという課題は青少年に限った話だろうか？　答えは否、であろう。大人にも気軽に集える居場所は大幅に不足していると言える。「現代の都市空間における居場所」という問題に積極的に取り組んできたのは主としてアメリカの社会学者・人類学者であった。その背景にはプライベートを重視するあまり、極度に「個人化」したアメリカ人に特徴的なライフスタイルがある。しかし、アメリカ人の「ふるさと」であるヨーロッパにはパブやカフェといった場所があり、仕事帰りの人々が気軽に集い楽しむ文化がある。アメリカの都市社会学者レイ・オルデンバーグはそうした場所を「サードプレイス」と定義し、近年は日本でも広く知られるようになっている*1。社会学者のエリック・クリネンバーグは「社会的インフラ」の重要性を説いている。クリネンバーグが述べる社会的インフラとは、図書館や学校、公園といった公共施設や、市民農園などの緑地を指す。また、市民団体などは人々が集える固定的な場があれば、そこが社会的インフラである*2。こうした社会的インフラの充実度がその街に暮らす人々の幸福度を上げるだけではなく、災害時の生存率にも関わってくることをクリネンバーグは明らかにした。

空き家という「資源」をコモンズに仕立てる

上述したサードプレイスや社会的インフラは、基本的には、商店や既存の公共施設の援用であった。少子高齢化が急速に進む現代日本においては、800万戸を超える空き家の存在が大きな社会問題になっている→2-4。そうした状況を勘案すれば、空き家・空き店舗の有効活用の方策としてコモンズ整備をつなぎ合わせることで、より

❶ 壁塗りワークショップの様子

効率的な社会課題の解決に結びつくと考えることに無理はないだろう。

建築構法の視点から住宅を論じる松村秀一は「箱の産業から場の産業へ」というスローガンを掲げ、空き家や空き店舗などの既存ストックの有効活用が次世代の建築家の仕事の主流になっていくと説く＊3。日本建築学会も「建築の仕事がなくなっていくと言われて久しいが、建築の職能を再構築するためにも、社会の期待に応えるためにも、建築のいとなみを拡張していくことが、今必要とされている」＊4という認識を示している。

コモンズをいかにつくるか

居場所としてのコモンズは、市井の人々が空き家など身近にある建築ストックを利活用しながら、居場所をつくっていくというボトムアップ型の活動によって支えられるべきものである。しかし、高度成長期以降、住宅は建てるものから買うものになり、人々は「住むこと」や「建てること」に真正面から向き合わなくなった。こうした状況下におかれた多くの人々にとって、住むことや建てることに意識を向け、それらに必要な技術や知識を身につけていくことは容易ではない。

このような閉塞した状況を打ち破るには、市民に寄り添ってくれる建築の専門家の存在が鍵となる。そこで注目すべきなのが「街場の建築家」の存在である。彼らは地域に密着し、建築設計にとどまらない幅広い活動を展開する建築のプロフェッションである。仕事として建築設計・監理の業務を請け負うだけでなく、家を建てるプロセスの中に住民や地域の人々を巻き込むワークショップ❶を開催するなどし、その活動を通して、市民に建築の知識・技術を身につけてもらう役割を担っているのである。

街場の建築家がつくるコモンズの例

最後に街場の建築家が手掛けたコモンズの事例を取りあげたい。兵庫県宝塚市清荒神地区にあるawaiと名付けられたシェアハウスである。医師の邸宅であった広大な空き家を借りた建築家は、収益性よりも人々が気軽に集える場所をつくることを優先した。その結果、一階部分が広大なキッチン・ダイニングスペースとなっている。そこは、シェアハウスに暮らす住人と外から来るゲストが食事を囲んで交流することが可能なコモンズとしての役割を担っている❷。

また、施工にあたっては、可能な限り友人や知人、地域の人々を巻き込む工夫をしている❸。その際、重要なツールがSNSである。彼らは主としてInstagramを活用し、静止画だけではなく動画も活用しながら、施工の様子を紹介したり、施工イベントを通知したりもするのである。こうすることで、施工の段階からオンライン上にコミュニティが出来上がっていくのである。居場所としてのコモンズは、空き家活用の有効な方向性として今後も需要が高まっていく可能性が高く、コモンズの企画や建設、運営などのノウハウが建築家の新しい職能として期待される。

❷ ダイニングキッチンを活用したパーティ

❸ 施工ワークショップへの参加を呼びかけるブルーシート

column 08

住まいを設計すること　架構から考える

木村吉成・松本尚子

建築の生存戦略

建築が解体され、建っていた土地が更地になる。つい昨日までそこにあった建築がどんなものだったか、なかなか思い出すことができない。それがわたしたちのまわりで日常的に起こっている出来事、建築の「死」だ。

設計した建物が、できることならば長くこの世にあり続け、人々のいきいきとした生活、活動の場としてその役割を果たし続けて欲しい、設計者なら皆そう考えるだろう。だけど、建築が残り続けることは簡単ではない。建築はひとたびそこに建つと変わらずにあり続ける実体だが、その一方で取り巻く社会状況は非実体で、さらに変動する。そしてそのふたつの関係に齟齬が生じると、たちまち存続の危機に瀕する。それはどれだけ優れた建築作品であったとしても変わらない。必要がないと判断されればこの世から消え去ることになる。だからこの世に長く存在させようとするならば今現在だけでなく、例えば100年先の未来にも必要とされるあり方を、つまり建築の生存戦略を立てなければならない。

私たちは、設計プロセスの段階からその戦略を立ててゆくべきだと考えている。設計に取り組む際、一般的には敷地や環境に関わる諸条件（コンテクスト）や設計の与件（プログラム）を整理し、建築の外形を決定するボリュームスタディを経てプランニングをし、最後に構造を考える。あるいはプランニングから始めてそれを立体化し、その後に構造を考えるというプロセスになると思うが、我々の事務所ではそのどちらでもない。コンテクストとプログラムの整理・検討を行い、更に将来的な使われ方を想定した可変性について考え、まず最初に構造、つまり「架構」の設計からスタートする。そこで設計される架構は、広さや気積といった数値化されうるものや、一定の領域性を指し示しはするものの、まだその場で人々がどのように暮らし、使うのかはわからないといった状態だ。しかしそのことが重要で、建築が建つ敷地条件や広域の環境、法的なコード（規則）、さらには建設における合理といったパラメーターに向けて最適化した架構を探し求める。そのとき、架構が規定する領域が内か外かもわからない状態でどんどん進める。

ところでこの「架構の状態」というのは具象的かつ抽象的だ。具体的な構造部材のメンバーやスパン、階高といった「数字」はそこにあるものの、どういった使われ方がなされるのかはまったくわからないからだ。そして概ねそれらが満たされるような状態にたどり着いた段階で（この架構でいこうと決めたとき）、初めてプランニングを行う。その根底には、建築における架構は長い時間の中でずっと使われるものである一方で、プラン、つまり間取りとは、あるライフスタイルを具体化したものに過ぎない、という考えがある。プラン優位になると、現在のライフスタイルや使い方に向けての最適化が進み、時間を経てライフスタイルや使い方、暮らす・使う主体（例えば家族）が変わってしまうと、立ちどころに機能しなくなる。

「架構」と「それ以外」

上記のようなプロセスを、主に縮尺1/100の軸組模型を大量に作成しスタディを重ねる❶。同時にその架構の

❶ 軸組スタディ

❷ houseA/shopB（2016）[1)]

部分、つまりディテールも同じ段階で検討する。それは1/100と1/1のスケールレンジの狭間の思考である。

後ほど行うプランニングについては、あくまで「現在」の生活や使い方にフィットさせるといった程度の位置づけだ（そのプランでさえ数多のバリエーションが考えられる）。このように、プランの位置づけを建築の最上位におかないことで、そのプランすらも「仮」であるといったような、その後の使い方によってはいくらでも可変してしまうものとして設計することにより、長い時間の中で起こるだろう使い方に向けた試行が何度も繰り返される可能性が開かれる。このようにして建築が、実体・社会・経済に対して構えたタフなものになるのではないかと考えている。

また、建築空間の内外にあらわれるマテリアルやエレメントといった要素もまた「仮」のようなものである。建築に内在する様々な階層性を整理し、概ね二つに分けることで「架構」と「それ以外」の状態を構想する。それ以外には、生活者・使用者が持ち込む家具などといったしつらえも含まれている。それ以外という階層に位置づけることにより、空間にあらわれる「設計したもの」と「設計していないもの」のあいだでしばしば起こる対立を回避する（設計した空間に置かれる家具や調度品さえも空間の質を担保する要素であると捉えコントロール下に置きたくなる欲望さえも）。

そのようにして、架構がつくり出す秩序、あるいはコンディションの中に設計したもの・していないものが雑多に、そして多種にせめぎ合う状態にこそ価値があり、それはエレガントだとさえ思う。考えるとこの地球上の「世界」自体がそのように成り立っているからだ。建築の設計を排除や選別からではなく、許容や寛容といった地平から行いたいというわれわれの願いでもある。

未来に向けてネットワークを拡げる

ある程度面積に余裕のある敷地においては、その可変という言葉の捉え方自体が変わってくる。空地に増築したりできるからだ。「house A/shop B」❷という、間口4.6m、奥行15.5mの敷地に建つ店舗併用住宅の設計に取り掛かり始めたときにクライアントから、計画敷地の隣の土地がもし売りにでたら購入したいというアイデアを聞いた。連棟長屋の一端の切り離しだったその敷地は隣にほぼ同じ大きさの土地があり、もし入手したら敷地の面積も間口もほぼ倍となる。そのアイデアにわれわれは興奮し、結果的には隣を購入してそこに建築ができた際に完成する、つまり「半分」の状態を設計することにした。つまり手掛けたのは「一期計画」というわけである。当然単体でも成立するように架構を考え完成させた❸。その後、クライアントは有言実行で実際に隣の土地を入手した。今はその半分の状態からどう全体をつくりあげるかといった二期計画がゆるやかに進行している。

ギャラリーやオフィスを併設した住居プロジェクト「house S/salon A」では、購入した土地（間口3m、奥行13.7m）の両隣（片側は長手に平行に、もう片側は長手に隣地の短辺が3軒接している）をゆくゆく入手することができれば建築の間口がまた倍となったり、あるいはL型やT型のフットプリントが現れるといった、つまり拡張を前提とした構造コアのような建築を提案をした。それは喜んで受け入れられ、現在工事が進行している❹。

このように、架構の設計を建築の主目的とし、その時々の暮らしに合わせてフィットさせるようなプランニングを行うやり方や、狭小地であっても隣地（あるいは隣接していない敷地）までも計画地とみなして設計を行うやり方は、その場のコンテクスト（過去や経緯）を引き受け、未来に向けて関係性を、つまりネットワークを拡げるような手法である。それは必ずしも有形のものでなくてもよいし、場合によっては近隣に建つ建物さえもそのネットワークの結節点とみなすことさえ可能かもしれない。都市や郊外といった人の営為が堆積した環境を引き受け、100年先の未来へ建築を手渡す、そんな長い時間感覚を有した設計を行うことによりつくり出される環境は、おもしろく、またいきいきとしたものになるのではないかと想像する。

❸ houseA/shopB の構造躯体[2)]

❹ houseS/salonA

【参考文献】

7-1

＊1　香山壽夫『建築意匠講義』東京大学出版会、1996
・藤岡洋保『近代建築史』森北出版、2011
・竹原義二・小池志保子・竹内正明『竹原義二の視点―日本建築に学ぶ設計手法』学芸出版社、2023
・西澤文隆『西澤文隆の仕事（1）―透ける』鹿島出版会、1988
・平井聖『改訂版 図説 日本住宅の歴史』学芸出版社、2021
・青木淳ほか監修『日本の建築空間―新建築 2005 年 11 月臨時増刊』新建築社、2005
・二川幸夫企画・撮影、伊藤ていじ文『日本の民家　新版』A. D. A. Edita Tokyo、1991

7-2

・内田祥哉『日本の伝統建築の構法―柔軟性と寿命』市ヶ谷出版社、2009
・松村秀一『建築とモノ世界をつなぐ』彰国社、2005

7-3

・松村秀一『住宅という考え方』東京大学出版会、1999
・『大和ハウス工業の 30 年』大和ハウス工業㈱、1985

7-4

・日本家政学会編『住まいの百科事典』丸善、2021
・若林英彦『建築材料読本』明現社、1986
・田村恭ほか『新建築学大系 49 維持管理』彰国社、1983
・小林敏男『基礎からわかる建築材料と維持管理の知識』 鹿島出版会、2019
・建築思潮研究所 『集合住宅のメンテナンスとリニューアル』建築資料研究社、1995
・山岡淳一郎『生きのびるマンション―「二つの老い」をこえて』岩波書店、2019

7-5

＊1　石山修武『秋葉原感覚で住宅を考える』晶文社、1984
＊2　小松幸夫「1997 年と 2005 年における家屋の寿命推計」『日本建築学会計画系論文集』632 号、2008
＊3　ケヴィン・リンチ『時間の中の都市―内部の時間と外部の時間』鹿島研究所出版会、1974
・加藤耕一『時がつくる建築―リノベーションの西洋建築史』東京大学出版会、2017
・住総研「受け継がれる住まい」調査研究委員会『受け継がれる住まい―住居の保存と再生法』柏書房、2016

column 07

＊1　レイ・オルデンバーグ、忠平美幸訳『サードプレイス―コミュニティの核になる「とびきり居心地よい場所」』みすず書房、2013
＊2　エリック・クリネンバーグ、藤原朝子訳『集まる場所が必要だ―孤立を防ぎ、暮らしを守る「開かれた場」の社会学』英治出版、2021
＊3　松村秀一『建築―新しい仕事のかたち―箱の産業から場の産業へ』彰国社、2013
＊4　日本建築学会『まち建築―まちを生かす 36 のモノづくりコトづくり』彰国社、2014

【図版出典】

7-1

1）ヴェンチューリ、スコット・ブラウン、高垣建次郎ほか訳『建築とデコラティブアーツ』鹿島出版会、1991
2）Jørn Utzon“Platforms & Plateaus：ideas of a danish architect”zodiac 10, 1962
3）バリー・シェルトン、片木篤訳『日本の都市から学ぶこと』鹿島出版会、2014
4）撮影：多田ユウコ
5）吉田五十八「縁側をヴェランダーに利用する方法」『婦人倶楽部』5(8)、講談社、1924
6）提供：竹原義二

7-2

1）住宅金融普及協会「ポケット住宅データ 2009」2009 および各国の人口統計データより作成
2）一般社団法人全国木造住宅機械プレカット協会の資料（1989 ～ 2012）より作成
3）林野庁「木材需給表」（1955 ～ 2018）より作成
4）国勢調査（1970 ～ 2020）より作成

7-3

1）Henry Ford Museum, The Edison Institute. Neg. No. 833-987（David Hounshell, From American System to Mass Production p.257）
2）Wikimedia Commons（パブリックドメイン）
3）Ⓒ IK's World Trip（CC BY 2.0）https://www.flickr.com/photos/ikkoskinen/356425941
4）所蔵：国（文化庁国立近現代建築資料館）
5）所蔵：大和ハウス工業
6）所蔵：積水ハウス
7）『住宅』1960 年 12 月号
8）所蔵：積水化学
9）所蔵：ミサワホーム
10）所蔵：三井ホーム
11）松村秀一『住宅ができる世界のしくみ』彰国社、1998

7-4

1）提供：岐阜県白川村役場
2）小松幸夫・遠藤和義「戸建住宅のライフサイクルコストの推計」『日本建築学会計画系論文集』65 巻 534 号、2000 より作成
3）一般社団法人住宅性能評価・表示協会『認定制度概要パンフレット〔新築版〕』2023
4）日本家政学会編『住まいの百科事典』丸善、2021 より作成
5）一般社団法人住宅性能評価・表示協会「長期優良住宅普及促進コンソーシアム」資料より作成
6）提供：野洲市住宅課

7-5

1）国土交通省『平成 8 年度 建設白書』1996 より作成
2）国土交通省『既存住宅市場の活性化について』2020 より作成
3）撮影：前田昌弘
4）Mark Napier“The origins and spread of core housing”http://web.mit.edu/incrementalhousing/articlesPhotographs/pdfs/Origins-Spread-CoreHousing.pdf
5）Mari Tanaka, Yukiyo Kikuchi“Spatial Characteristics of Core Housing Units Brought by Residents' Extension Activities at Tung Song Hong Settlements in Thailand”*Journal of Asian Architecture and Building Engineering*, 2003. 11
6）撮影：表恒匡
7）加藤耕一『時がつくる建築―リノベーションの西洋建築史』東京大学出版会、2017
8）撮影：山岸剛
9）撮影：太田拓実
10）撮影：森崎健一／マルモスタジオ

column 08

1）撮影：大竹央祐
2）撮影：笹倉洋平

索引

す

せ

そ

た

ち

掲載作品リスト（図版が掲載されているもののみ）

○ 基本的に公開／△ 見学できる場合あり（特別公開など）／＊ 所在地が公開されているもの

公開	名称	竣工年	設計者等	所在地／施設名等	ページ
○	土葺きの竪穴住居	縄文期	—	（復元）三内丸山遺跡	66
○	祭祀権者の住まい	弥生期	—	（復元）吉野ヶ里遺跡	66
	東三条殿	平安期	—	（現存せず）	67
○	方丈	平安期	—	（復元）下鴨神社	9, 109
○	熊野神社長床	鎌倉期	—	福島県喜多方市	69
	足利義教の室町殿	室町期	—	（現存せず）	68
○	箱木家住宅	室町後期	—	兵庫県神戸市	74
○	古井家住宅	室町後期	—	兵庫県姫路市	76, 177
△	東求堂同仁斎	1486	—	京都府京都市	68
○	二条城二の丸御殿	1603	—	京都府京都市	69
○	龍安寺方丈	1606	—	京都府京都市	69
△	吉村家住宅	1615	—	大阪府羽曳野市	175, 177
○	桂離宮松琴亭	17C	—	京都府京都市	146
○	旧佐藤家住宅	18C	—	宮城県角田市	75
○	修学院離宮寿月観	1824	—	京都府京都市	69
△	新島襄旧邸	1877	—	京都府京都市	78
○	森鷗外・夏目漱石の家	1887 頃	—	（移築）明治村	78
○	無鄰菴（洋館）	1898	新家孝正	京都府京都市	146
○	旧諸戸家住宅	1913	J・コンドル、伊藤末次郎	三重県桑名市	79
＊	軍艦島 30 号棟	1916	—	長崎県長崎市	134
	中廊下型住宅	1917	剣持初次郎	—	49
	文化村住宅	1922	生活改善同盟会	（現存せず）	80
	お茶の水文化アパートメント	1925	W・M・ヴォーリズ	（現存せず）	134
	紫烟荘	1926	堀口捨己	（現存せず）	147
	同潤会清砂通アパートメント	1927	同潤会	（現存せず）	59
○	聴竹居	1928	藤井厚二	京都府大山崎町	10, 103, 147, 151
	下寺住宅	1930	大阪市	（現存せず）	135
○	サヴォア邸	1931	ル・コルビュジエ	フランス	10, 112
	川口邸（中廊下型住宅）	1932	—	—	79
	南日東住宅	1933	大阪市	（現存せず）	135
	同潤会江戸川アパート	1934	同潤会	（現存せず）	135
△	土浦亀城邸	1935	土浦亀城	（移築）ポーラ青山ビルディング	147
○	河井寛次郎記念館	1937	河井寛次郎	京都府京都市	148
	お花茶屋分譲住宅	1940	同潤会	（現存せず）	101
○	前川國男自邸	1941	前川國男	（移築）江戸東京たてもの園	103
	バス住宅（城北バス住宅）	1946	—	（現存せず）	166
	プレモス七号型	1946	前川國男	—	182
○	イームズ邸	1949	チャールズ＆レイ・イームズ	アメリカ	182
	立体最小限住居	1950	池辺陽	（現存せず）	80, 83
△	堀川団地	1950～53	京都府住宅協会	京都府京都市	21
＊	森博士の家	1951	清家清	東京都文京区	16
	51C 型住宅標準設計	1951	吉武泰水＋鈴木成文	—	81, 99, 124, 167
	最小限住居	1952	増沢洵	（現存せず）	82, 103
○	ユニテ・ダビタシオン（マルセイユ）	1952	ル・コルビュジエ	フランス	126
	コアのある H 氏の住まい	1953	増沢洵	東京都世田谷区	82
△	私の家	1954	清家清	東京都大田区	77, 176
	電車住宅	1955	—	（現存せず）	59
	プルーイット・アイゴー団地	1956	ミノル・ヤマサキ	（現存せず）	18
	四谷コーポラス	1956	佐藤工業	（現存せず）	136
＊	浦邸	1956	吉阪隆正	兵庫県西宮市／浦家住宅主屋	126
	スカイハウス	1958	菊竹清訓	東京都文京区	107, 127
＊	香里団地	1958	日本住宅公団	大阪府枚方市	59
○	晴海高層アパート	1958	日本住宅公団	（一部移築）UR まちとくらしのミュージアム	135
	ミゼットハウス	1959	大和ハウス工業	—	183
	セキスイハウス A 型	1960	積水化学工業	長野県軽井沢町／山崎家及び臼井家別荘	183
	正面のない家（N 氏邸）	1960	西澤文隆	（現存せず）	118
	エシェリック邸	1961	ルイス・カーン	アメリカ	110
	正面のない家（H 邸）	1962	西澤文隆	（現存せず）	123
	サニーボックス	1963	藤木忠善	東京都新宿区	126
	公私室型の住宅	1966	住宅金融公庫選定	—	49
△	川合健二邸	1966	川合健二	愛知県豊橋市／ CORRUGATED HOUSE	93
	塔の家	1966	東孝光	東京都渋谷区	126
＊	坂出市営京町団地	1968～86	大高正人	香川県坂出市	136
	武田先生の個室群住居	1970	黒沢隆	—	108
	セキスイハイム M1	1971	大野勝彦＋積水化学工業	茨城県つくば市／積水化学工業	183
○	沢田マンション	1971～	沢田嘉農	高知県高知市	17
＊	川崎河原町高層住宅	1972	大谷幸夫	神奈川県川崎市	139
＊	広島市営基町団地	1973	大高正人	広島県広島市	136
	谷川さんの住宅	1974	篠原一男	群馬県長野原町／ Tanikawa House	11
	原邸（原広司自邸）	1974	原広司	東京都町田市	83, 122
	中心のある家	1974	阿部勤	埼玉県所沢市	84, 105
	中野本町の家	1976	伊東豊雄	（現存せず）	83, 112
	ミサワホーム O 型	1976	ミサワホーム	—	184
	住吉の長屋	1976	安藤忠雄	大阪府大阪市	94
△	千島団地	1977	日本住宅公団（UR 都市機構）	大阪府大阪市	21
	山川山荘	1977	山本理顕	長野県南牧村	108
	ホシカワ・キュービクルズ	1977	黒沢隆	千葉県市川市	109

公開	名称	竣工年	設計者等	所在地／施設名等	ページ
＊	北大路高野住宅	1978	川崎清	京都府京都市	138
＊	芦屋浜高層住宅	1979	ASTEM	兵庫県芦屋市	140
	コロニアル '80	1980	三井ホーム	—	184
＊	ドムス香里	1981	石井修	大阪府寝屋川市	20, 138
＊	都住創中大江	1981	ヘキサ	大阪府大阪市	141
＊	清新北ハイツ 4-9 号棟	1983	住宅・都市整備公団	東京都江戸川区	138
○	シルバーハット	1984	伊東豊雄	（再生）今治市伊東豊雄建築ミュージアム	128
	つくばの家 I	1984	小玉祐一郎	茨城県つくば市	153
＊	ユーコート	1985	京の家創り会設計集団洛西コーポプロジェクトチーム	京都府京都市	100, 141
＊	前沢パークタウン第 1 期	1988	宮脇檀ほか	富山県黒部市	138
＊	ラビリンス	1989	早川邦彦	東京都杉並区	140
	岡山の住宅	1992	山本理顕	岡山県岡山市	84
△	NEXT21	1993	大阪ガス NEXT21 建設委員会	大阪府大阪市	111, 140, 169
	ドラキュラの家	1995	石山修武	千葉県長生郡	85
＊	つなね	1996	VANS	奈良県奈良市	141
	箱の家 1	1995	難波和彦	東京都杉並区	105
△	南の家	1995	堀部安嗣	鹿児島県さつま町	111
△	深沢環境共生住宅	1997	世田谷区ほか	東京都世田谷区	152
	ウィークエンドハウス	1998	西沢立衛	群馬県碓氷郡	105
＊	ハイタウン北方・妹島棟	1998	妹島和世	岐阜県北方町	108, 140
＊	茨城県営滑川アパート	1998	長谷川逸子＋横須賀満夫	茨城県日立市	139
	ミニ・ハウス	1998	アトリエ・ワン	東京都練馬区	118
△	COCO 湘南台	1999	COCO 湘南	神奈川県藤沢市	53
	矩形の森	2000	五十嵐淳	北海道佐呂間町	105
	小さな家	2000	妹島和世	東京都港区	126
	黒の家	2001	千葉学	東京都大田区	126
	ヒムロハウス	2002	小嶋一浩	大阪府枚方市	85, 125
	101 番目の家	2002	竹原義二	大阪府豊中市	112
	梅林の家	2003	妹島和世	東京都世田谷区	84
＊	白石市営鷹巣第二住宅シルバーハウジング	2003	渡辺真理＋木下庸子	宮城県白石市	132
△	コレクティブハウスかんかん森	2003	公共施設研究所	東京都荒川区	141
○	サツキとメイの家	2005	—	愛知県長久手市／ジブリパーク	79
	森山邸	2005	西沢立衛	東京都大田区	85
	T House	2005	藤本壮介	群馬県前橋市	108
＊	蟻鱒鳶ル	2005 ～	岡啓輔	東京都港区	17
△	コトバノイエ	2006	矢部達也	兵庫県川西市／ books+kotobanoie	113
＊	釧路町営住宅・遠矢団地	2006	アトリエブンク	北海道釧路町	161
△	スガモフラット	2007	コレクティブハウジング社	東京都豊島区	52
	まことちゃんハウス	2007	—	東京都武蔵野市	93
	SAYAMAFLAT	2008	長坂常	埼玉県狭山市	193
＊	ヨコハマアパートメント	2009	オンデザインパートナーズ	神奈川県横浜市	141
	六甲の住居	2011	島田陽	兵庫県神戸市	62
	二重螺旋の家	2011	大西麻貴＋百田有希	東京都台東区	112
	経堂の住宅	2011	長谷川豪	東京都世田谷区	113
	山崎町の住居	2012	島田陽	兵庫県宍粟市	63
＊	SHARE yaraicho	2012	篠原聡子＋内村綾乃	東京都新宿区	124
	行橋の住宅	2012	末廣香織＋末廣宣子＋桝田洋子	福岡県行橋市	128
	御所西の町家	2012	森田一弥	京都府京都市	192
	西野山ハウス（NISHINOYAMA HOUSE）	2013	妹島和世	京都府京都市	138
	六甲道の家	2014	榊原節子	兵庫県神戸市	105
＊	食堂付きアパート	2014	仲俊治	東京都目黒区／ Stairs	132
	調布の家	2014	青木弘司	東京都調布市	193
	ハミルトンの住居	2015	島田陽	オーストラリア	63
	北摂の住居	2015	島田陽	大阪府	85
	十ノ坪の家	2015	竹原義二	京都府相楽郡	128
	法然院の家	2016	森田一弥	京都府京都市	105
	HHH	2016	山隈直人	兵庫県芦屋市	127
○	house A/shop B	2016	木村吉成＋松本尚子	京都府京都市／ BOLTS HARDWARE STORE	197
	園部の住居	2017	島田陽	京都府南丹市	63, 77
	宮本町の住居	2017	島田陽	大阪府岸和田市	62, 127
＊	石巻市北上地区にっこり南団地	2017	手島浩之	宮城県石巻市	165
	淡路島の住宅	2018	末光弘和＋末光陽子	兵庫県淡路市	85
	あそびハウス	2018	塩田有紀＋塩田哲也	愛知県	108
○	喫茶ランドリー本店	2018	ブルースタジオ＋石井大吾	東京都墨田区	131
＊	SPACESPACE HOUSE	2018	香川貴範＋岸上純子	大阪市北区	124
	門脇邸	2018	門脇耕三	東京都世田谷区	193
△	まれびとの家	2019	VUILD 秋吉浩気	富山県南砺市	85
	銀閣寺前町の家	2019	森田一弥	京都府京都市	146
	霧島の家	2020	森田一弥	鹿児島県霧島市	113
	ジャジャハウス	2023	藤田雄介＋青井哲人ほか	東京都町田市	105
＊	Brillia Tower 浜離宮	2023	松田平田設計	東京都港区	137
＊	伊根の舟屋	—	—	京都府伊根町	37, 162
○	砺波平野の散居村	—	—	富山県砺波市	31
○	答志集落	—	—	三重県鳥羽市	32
○	椎葉村	—	—	宮崎県椎葉村	33
○	狩俣集落	—	—	沖縄県宮古島市	34
○	南部の曲り家（旧藤原家住宅）	—	—	（移築）日本民家集落博物館	35
○	秋山郷の茅壁の家（旧山田家住宅）	—	—	（移築）日本民家集落博物館	35
○	飛騨白川の合掌造の家（旧大井家住宅）	—	—	（移築）日本民家集落博物館	36
○	チセ	—	—	（復元）ウポポイ	36
○	椎根の石屋根倉庫（対馬の石葺屋根の家）	—	—	長崎県対馬市	38

著者略歴　［　］は執筆担当箇所

編著者

柳沢 究　（やなぎさわ きわむ）　[0-1、0-3、column 00、3-1、3-4、4-1]
京都大学大学院工学研究科准教授。
1975年生まれ。2001年京都大学大学院工学研究科修了。究建築研究室代表、名城大学准教授などを経て現職。博士（工学）、一級建築士。
著書（共著）『住経験インタビューのすすめ』西山夘三記念すまい・まちづくり文庫、『住まいがつたえる世界のくらし』世界思想社、『初歩からの建築製図』学芸出版社など。
受賞：京都建築賞優秀賞、地域住宅計画賞、住総研実践・研究選奨など。

森田一弥　（もりた かずや）　[4-4～4-6、6-1、7-5]
京都府立大学大学院生命環境科学研究科准教授。
1971年生まれ。1997年京都大学大学院工学研究科修了。「しっくい浅原」に入門、左官職人として京都御所などの文化財建築の修復工事に従事、2000年森田一弥建築設計事務所を設立、カタルーニャ工科大学留学などを経て、2020年より現職。
著書（共著）『建築をつくるとは、』『京都土壁案内』学芸出版社など。

前田昌弘　（まえだ まさひろ）　[4-3、5-2、5-4、6-5、6-6]
京都大学大学院人間・環境学研究科准教授。
1980年生まれ。京都大学工学部建築学科卒業、京都大学大学院工学研究科修了。博士（工学）。京都大学大学院工学研究科助教、同講師、京都府立大学大学院准教授などを経て現職。
著書『津波被災と再定住』京都大学学術出版会、共著『建築フィールドワークの系譜』昭和堂、『住まいから問うシェアの未来』学芸出版社、『コミュニティ・デザイン新論』さいはて社、『世界居住文化大図鑑』柊風舎・共訳など。

著者

小池志保子　（こいけ しほこ）　[3-5、5-1、5-3、7-1]
大阪公立大学大学院生活科学研究科教授。
1976年生まれ。京都工芸繊維大学大学院修了。中村勇大アトリエを経てウズラボ共同設立。博士（工学）、一級建築士。
著書（共著）『ほっとかない郊外』OMUP、『図解ニッポン住宅建築』『リノベーションの教科書』『竹原義二の視点』以上、学芸出版社など。
受賞：Regional Holcim Awards Acknowledgement prizes、グッドデザイン賞、大阪建築コンクール大阪府知事賞ほか。

室﨑千重　（むろさき ちえ）　[2-1～2-3、6-4]
奈良女子大学研究院生活環境科学系准教授。
1975年生まれ。神戸大学大学院自然科学研究科修了。㈱現代計画研究所、兵庫県立福祉のまちづくり研究所研究員を経て現職。博士（工学）、一級建築士。
著書（共著）『利用者本位の建築デザイン』彰国社、『地域とつながる高齢者・障がい者の住まい』『空き家・空きビルの福祉転用』以上、学芸出版社など。

佐野こずえ　（さの こずえ）　[1-3、1-4、6-2、6-3]
近畿大学建築学部講師。
1971年生まれ。2002年大阪大学大学院工学研究科建築学専攻博士後期課程単位取得退学、2003年同大学院博士（工学）取得。大手前大学・大手前短期大学・大阪大谷大学・摂南大学非常勤講師、豊中市政策企画部とよなか都市創造研究所研究助手を経て現職。
著書（共著）『建築デザインと環境計画』朝倉書店、『マンション学事典』民事法研究会、『建築・まちづくりの夢をカタチにする力』彰国社。

清水郁郎　（しみず いくろう）　[0-2、1-1、1-2]
芝浦工業大学建築学部建築学科教授。
1966年生まれ。総合研究大学院大学修了。国立民族学博物館などを経て現職。博士（文学）。
著書『景観で考える－人類学と考古学からのアプローチ』臨川書店・共著、『家屋とひとの民族誌』風響社など。

魚谷繁礼　（うおや しげのり）　[3-2、5-5、5-6]
魚谷繁礼建築研究所代表。
1977年生まれ。兵庫県出身。2001年京都大学工学部卒業、2003年同大学大学院工学研究科修了。2020年より京都工芸繊維大学特任教授のほか、京都大学、京都府立大学、京都建築専門学校など非常勤講師。
著書：『住宅リノベーション図集』オーム社、『魚谷繁礼建築集』TOTO出版など。
受賞：2023年「郭巨山会所」で日本建築学会賞（作品）など。

権藤智之　（ごんどう ともゆき）　[4-2、7-2、7-3]
東京大学大学院工学系研究科建築学専攻准教授。
1983年生まれ。東京大学工学部建築学科卒業、同大学大学院博士課程修了。博士（工学）。首都大学東京（現・東京都立大学）准教授を経て、2017年より東京大学特任准教授、2022年より現職。
著書（共著）『箱の産業』彰国社、『内田祥哉は語る』鹿島出版会など。

政木哲也　（まさき てつや）　[2-4、3-3、7-4]
京都橘大学工学部建築デザイン学科専任講師。
1982年生まれ。2007年京都大学大学院修士課程修了。㈱久米設計、株式会社メガにて設計業務に従事し、2016年より現職。2019年京都工芸繊維大学大学院博士後期課程修了。博士（工学）、一級建築士。
著書『本のある空間採集』学芸出版社、共著『建築デザイン製図』学芸出版社、『世界住居誌』昭和堂。

島田 陽　（しまだ よう）　[column 02]
京都市立芸術大学教授。
1972年神戸生まれ。1997年京都市立芸術大学大学院修了後、直ちにタトアーキテクツ設立。
受賞：「六甲の住居」でLIXILデザインコンテスト2012金賞、第29回吉岡賞、「石切の住居」で日本建築設計学会賞大賞（2016）、「ハミルトンの住居」でNational Commendation, AIA National Architecture Awards、「宮本町の住居」でDezeen Awards2018 House of the Year。
著書『自由な住宅の設計』『島田陽 住宅/YO SHIMADA HOUSES』『日常の設計の日常』『7iP #04 YO SHIMADA』など。

木村吉成（きむら よしなり）［column 08］
大阪芸術大学芸術学部建築学科准教授。
1973年生まれ。1996年大阪芸術大学芸術学部建築学科卒業、1996年狩野忠正建築研究所を経て、2003年木村松本建築設計事務所を共同設立。

松本尚子（まつもと なおこ）［column 08］
京都芸術大学環境デザイン学科准教授。
1975年生まれ。1997年大阪芸術大学芸術学部建築学科卒業、2003年木村松本建築設計事務所を共同設立。大阪公立大学非常勤講師。
（木村松本建築設計事務所として）
著書『住宅設計原寸図集』オーム社
受賞歴：JIA東海住宅建築賞、JIA関西建築家新人賞、新建築吉岡賞、藤井厚二賞、JIA新人賞など。

松村 淳（まつむら じゅん）［column 07］
神戸学院大学人文学部講師。
1973年香川県生まれ。関西学院大学社会学部・京都芸術大学芸術学部建築デザインコース卒業、関西学院大学大学院博士後期課程単位取得退学。博士（社会学）。関西学院大学教員などを経て現職。専攻は地域社会学・建築社会学。二級建築士、専門社会調査士。
著書『建築家として生きる―職業としての建築家の社会学』晃洋書房、『建築家の解体』筑摩書房、『愛されるコモンズをつくる―街場の建築家たちの挑戦』晃洋書房、『消費と労働の文化社会学』ナカニシヤ出版など。
受賞：日本労働社会学会著作賞

岩崎 泰（いわさき やすし）［column 03］
岩崎建築研究室主宰。
1973年生まれ。1999年京都大学大学院工学研究科修了、二村建築研究所入所。二村和幸氏の元で数寄屋や茶室を学ぶ。2002年裏千家志倶会常廣宗睦氏に師事、裏千家茶道を開始。2007年岩崎建築研究室を下鴨に開設。2014年茶名（宗泰）拝受。茶室のリフォームや新築をメインに、和の住まい、和菓子舗、茶道具店、日本料理店、数寄屋旅館などの設計監理を行っている。一級建築士。

北 雄介（きた ゆうすけ）［column 05］
長岡造形大学造形学部建築・環境デザイン学科准教授。
1982年生まれ。京都大学大学院工学研究科建築学専攻博士課程修了。京都大学学際融合教育研究推進センターデザイン学ユニット特定講師等を経て現職。博士（工学）、一級建築士。
著書『街歩きと都市の様相―空間体験の全体性を読み解く』京都大学学術出版会など。
受賞：日本認知科学会・第11回野島久雄賞受賞。

辻 琢磨（つじ たくま）［column 01］
辻琢磨建築企画事務所代表、403architecture [dajiba] 共同主宰
1986年生まれ。横浜国立大学大学院Y-GSA修了後、橋本健史、彌田徹とともに2011年に403architecture [dajiba]（以下403）を共同設立、2017年に辻琢磨建築企画事務所を設立し現職。一級建築士。
著書（主著）『建築で思考し、都市でつくる / Feedback』LIXIL出版（403として）
受賞：2014年「富塚の天井」で第30回吉岡賞、2016年ヴェネチア・ビエンナーレ国際建築展日本館で審査員特別表彰（共に403として）。

清山陽平（きよやま ようへい）［column 04］
京都大学大学院工学研究科建築学専攻助教。
1992年生まれ。2021年京都大学大学院指導認定単位取得退学。同大学院研究員を経て、2021年より現職。工学修士（京都大学）。遍在性の高い現代風景にローカリティを探求する調査や制作を、地域計画学研究として実践する。

野田倫生（のだ ともき）［column 06］
京都大学大学院工学研究科建築学専攻博士後期課程。
1997年生まれ。2023年同大学院博士前期課程修了。修士(工学)。

図版作成協力

大庭 徹、上坂朋花、大嶋和希、竹中遥紀、宮崎美来

本書の情報は下記のURLでご確認いただけます。

https://book.gakugei-pub.co.jp/gakugei-book/9784761529093/

住居計画入門
住まいをめぐる文化・歴史・空間

2024年12月25日　第1版第1刷発行
2025年 6 月20日　第1版第3刷発行

編著者………柳沢究・森田一弥・前田昌弘
著　者………小池志保子・室﨑千重・佐野こずえ・清水郁郎・魚谷繁礼・権藤智之・政木哲也・島田陽・木村吉成・松本尚子・松村淳・岩崎泰・北雄介・辻琢磨・清山陽平・野田倫生

発行者………井口夏実
発行所………株式会社 学芸出版社
〒600－8216
京都市下京区木津屋橋通西洞院東入
電話 075－343－0811
http://www.gakugei-pub.jp/
E-mail: info@gakugei-pub.jp
編　集………中木保代

ＤＴＰ………村角洋一デザイン事務所
装　丁………北田雄一郎
印刷・製本…モリモト印刷

ISBN 978－4－7615－2909－3

関連書籍

住空間計画学

藤本和男・辻壽一・細田みぎわ・山内靖朗・松尾兆郎・種村俊昭 著
B5 変判・192 頁・本体 2800 円＋税

住空間の計画・設計を学ぶための入門教科書。住空間の成立から構成手法、計画プロセス、設計手法を、多くの写真・図面で解説する。現代建築家の作品など数多くの事例を盛り込み、テーマごとに見開きでわかりやすく構成。集合住宅やインテリア、エクステリア、リノベーション、ストック活用まで国内外の住空間を幅広く紹介。

改訂版 図説 日本住宅の歴史

平井聖 著
B5 変判・140 頁・本体 2200 円＋税

大河ドラマの時代考証を長年務めた著者が贈る日本住宅通史の改訂版。約 400 枚の手描き図と平易な解説文で、人々の住まいと暮らしを楽しく描く。これからの住宅のあり方を考えるために、我が国の住宅の歴史をふりかえり、時代の特色とともに、私達の住宅がどのような経緯ででき上がったかを探る。住居史のテキストに最適。

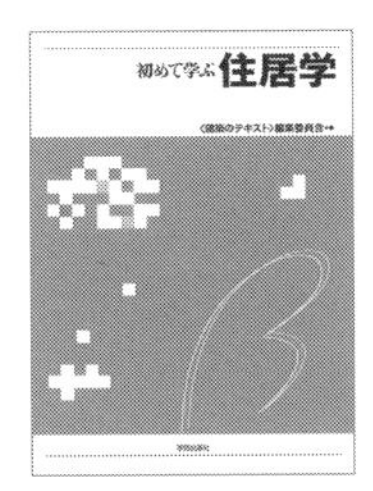

初めて学ぶ住居学

〈建築のテキスト〉編集委員会 編
B5 判・168 頁・本体 2500 円＋税

「地球・都市・まち」の環境の中に住まいを位置づけ、基本的な項目についてわかりやすく解説。住まいの移り変わりなどの歴史を学び、風土との関わり、そのありかたなどについて言及。さらに、住まいの防災・防犯・防火・長寿命化、体と心の心地よさ、誰もが使いやすい住まいについて、多数の図版とともにやさしく述べている。

住まいの建築計画

今村仁美・田中美都 著
B5 変判・156 頁・本体 2800 円＋税

暮らしの工夫を豊富に盛り込んだ単位空間をはじめ、住まいの歴史、バリアフリーへの対応、安心で安全な構造、地域環境や住環境にまつわる法規、建設コストの概算手順まで、300 点超のイラストで徹底解説。〈計画〉〈構造〉〈法規〉〈積算〉を関連付けた画期的な入門書。体系的に楽しく学べる、プランニングの勘どころ！
